APROPIACIÓN Y PROPIEDAD. UN ENFOQUE INSTITUCIONAL DE LA ECONOMÍA MEXICANA

APROPIACIÓN Y PROPIEDAD. UN ENFOQUE INSTITUCIONAL DE LA ECONOMÍA MEXICANA

Fernando Jeannot (Coordinador)
Pascual García Alba Iduñate
Víctor Hugo Lares Romero
Óscar Enrique Martínez López
Ernesto Henry Turner Barragán

EDICIONES Y GRÁFICOS
EÓN

UNIVERSIDAD AUTÓNOMA METROPOLITANA
Casa abierta al tiempo
Azcapotzalco

Casa abierta al tiempo
UNIVERSIDAD AUTÓNOMA METROPOLITANA

Rector General
Dr. José Lema Labadie
Secretario General
Mtro. Luis Javier Melgoza Valdivia

UNIVERSIDAD AUTÓNOMA METROPOLITANA
Casa abierta al tiempo Azcapotzalco

Rector
Dr. Adrián de Garay Sánchez
Secretaria de Unidad
Dra. Sylvie Turpin Marion

División de Ciencias Sociales y Humanidades

Director
Dr. Roberto Gutiérrez López
Secretario Académico
Dr. Gerardo González Ascencio
Jefe del Departamento de Economía
Dr. Alfredo Sánchez Daza
Coordinadora de Difusión y Publicaciones
Dra. Elsa Muñiz García

ISBN: 978-970-31-0849-7

Primera edición: 2007

Impreso en México
Printed in Mexico

ÍNDICE

INTRODUCCIÓN GENERAL

Fernando Jeannot

Dijeron Marx y Engels (1998: 25): "el comunismo no impide a nadie poder apropiarse de los productos sociales, solamente quita el poder de someter, por medio de esa apropiación, al trabajo de otra persona". Independientemente de la teoría del valor comunista, desde la perspectiva de las colaboraciones reunidas en este volumen rescatamos de esta cita la vinculación sistémica entre apropiación y propiedad porque creemos que no puede entenderse con cabalidad a esta última sin derivarla del proceso de apropiación que la genera. Aún más, Engels (1985: 99) situó a la apropiación y la propiedad en una perspectiva antropológica muy esclarecedora cuando sostuvo: ... *en la estructura social fundada en los lazos sanguíneos* –se refería a las sociedades primitivas– *la productividad del trabajo se desarrolló de más en más y, junto a ella, la propiedad privada con el intercambio, la desigualdad de las riquezas, la posibilidad de utilizar la fuerza de trabajo de otro y, al mismo tiempo, los fundamentos de la lucha de clases: todos ellos elementos nuevos que redundaron, con el transcurso de las generaciones, en la adaptación de la vieja organización social a las nuevas circunstancias hasta que la incompatibilidad de los unos con las otras condujeron a una transformación radical.* Ciertamente que así sucedió en el mundo real que precedió a Marx y Engels, pero con consecuencias imprevistas por el mito comunista como la que señaló Maximilian Rubel (1994: 14): *la explotación del hombre por el hombre ligada a la propiedad estatal es más terrible que la que corresponde a los regímenes burgueses clásicos.*

Los anarquistas, siempre situados a la izquierda de los comunistas, previeron desde los debates de la 1ª. Internacional entre Marx y Baku–

nin que el capitalismo de estado tendría efectos nefastos sobre las clases trabajadoras. En este sentido fue que Proudhon (1966: 3) invalidó de manera teleológica a la propiedad cuando en un panfleto repitió varias veces que *la propiedad es el robo* con mucha pasión y pocos argumentos. Por el contrario, si pueden rastrearse los argumentos de los anarquistas con respecto a la apropiación y su propiedad en el compendio de Horowitz (1964) que nos brinda muchos elementos para recordar que los anarquistas fueron tales porque no creían en un mundo anárquico, sino cooperativo, tal como el que hoy planteamos por medio de la teoría de los juegos. En esta edición también puede verse por qué el anarquismo fue un liberalismo consecuente que postulaba la destrucción política y organizativa del Estado, mientras que el liberalismo es un anarquismo frustrado que necesita de un Estado procurador de los derechos de propiedad privada.

Uno de los mejores exponentes del liberalismo económico (Buchanan 1981) nos explicó por qué esta doctrina es estatista para los anárquicos quienes ingenuamente creen en una capacidad de auto organización que las sociedades no tienen, así como que toda propiedad individual debe representar auto limitación de la libertad individual en pos de la convivencia social en el liberalismo. Ello sin desmedro que von Mises (1994: 37) haya escrito: *los principios del liberalismo se condensan en una sencilla palabra: propiedad; es decir, control privado de los factores de la producción, pues los bienes de consumo tienen que ser siempre de condición privada. Todas las restantes exigencias liberales derivan de tal fundamental presupuesto*. Desde aquí podemos colegir que la propiedad privada de un cepillo de dientes tiene una naturaleza diferente –basada en el valor de uso– a la de los bienes de producción basados en el valor de cambio y generadores del excedente organizacional. Pero todos los liberales siempre han pecado por naturalistas y Hayek (1982: 89) no fue la excepción porque vio en la propiedad privada la base de un orden institucional espontáneo, natural, que desechaba a los procesos de apropiación conducentes a la propiedad como encadenamiento dinámico de las jerarquías en el trabajo. Para Hayek, la propiedad en su forma clásica donde el administrador y el propietario son la misma persona, tenía virtudes superlativas en la asignación de recursos porque suponía una eficacia empresarial que los agentes privados no siempre tienen en la realidad. Si bien estos fueron planteamientos liberales de hace tiempo, sus ideas han sido retomadas por los neo conservadores de tanta influencia en la política actual de los Estados Unidos. El éxito económico de Occidente sería consecuencia de la institucionalización de la propiedad privada, dicen los neo conservadores (Pipes 2002), pero también algunos institucionalistas muy distinguidos como North (1973). Más que occidental, dicen otros neo conservadores (Bethell 1998), las leyes que definen y protegen a la propiedad privada representan el triunfo más noble de la humanidad sobre sí misma, particularmente porque allí donde se establecieron estas leyes hubo prosperidad, mientras que en donde no, pobreza y estancamiento. La formalización de la propiedad privada tanto de los bienes de producción como de los de consumo, habría sido entonces la clave del progreso, y aún el soporte esencial de la democracia política.

Adolf Berle y Gardiner Means (1932) distinguieron la propiedad privada de un cepillo de dientes de la de los bienes de producción. También razonaron sobre la buena política económica del Estado gobierno, hoy diríamos buena gobernanza pública, sin expropiaciones y con mucha propiedad privada en el sector correspondiente (1959). Con lo que antecedieron a uno de los clásicos del institucionalismo (Galbraith 1967), quien nos dictó clases sobre el conflicto de intereses que promueve la separación de la propiedad corporativa con respecto a su gestión, es decir la separación de la propiedad de la apropiación. La *tecnoestructura* constituida por los managers y el personal de confianza, lograba rentabilizar una *ownership* o propiedad en las grandes empresas, difusa porque atomizada, a través de una gestión que no optimaba al excedente organizacional, sino que lo inflaba junto con la cifra de negocios para reivindicar sus intereses particulares o *excluyentes*, como diría Olson (2000) para designar aquellos distintos del interés general.

Hoy en día vivimos un mundo de propiedad intangible donde es significativo que resurjan condenaciones anarquistas como la de que la propiedad intelectual es el robo (Sagot–Duvauraoux 2002) porque se admite con grandes reticencias a la nueva configuración de los factores productivos. De todas maneras, estas admoniciones vinculan la apropiación ahora con respecto a la propiedad intelectual que no era significativa en tiempos de Proudhon. También es demostrativo que actualmente revaloricemos la propiedad social al lado de la privada (Castel y Haroche 2001) y la gubernamental al lado de las otras dos, porque las distintas formas de propiedad derivan de otros tantos procesos de apropiación. Para reconocer las concatenaciones entre apropiación y propiedad no es necesario apelar a Chávez o Evo Morales, sino comenzar por Leon Walras (1990) quien hace mucho tiempo quería nacionalizar la tierra como parte de una posición liberal muy distinta a la de los neo conservadores de hoy en día. Pero si este ensayo insiste en matizar las posiciones liberales sobre la propiedad con la apropiación desde un enfoque institucionalista, tampoco parece que debamos tentarnos por la resurgencia del ilusionismo anti capitalista propio de la mitología dieciochesca (Duchorov e Hinkelammert 2004), de un sistema social que se mundializa acelerada y realmente desde la Cuenca del Pacífico donde no todo es propiedad privada, pero más lentamente desde el Occidente que institucionalizó tanto a la propiedad privada como a los procesos de apropiación productivos. No se olvide que Occidente formalizó la propiedad privada de los medios de producción al mismo tiempo que realizaba la Revolución Industrial que transformó las formas de apropiación, ni que algo similar está sucediendo en el Oriente más dinámico, obviamente que con grandes mediaciones espaciales, temporales y tecnológicas.

Con todos los antecedentes reseñados hasta aquí como telón de fondo, este ensayo trata de la apropiación y la propiedad en México actualmente con un enfoque institucional de su economía. Lo hemos configurado como convergencia entre una larga lista de obras neoclásicas que han ido levantando supuestos heredados, y autores institucionalistas expresamente presentados como tales. Al fin de cada capítulo figuran las referencias correspondientes. La confluencia indicada se sitúa en la Escuela de los Derechos de Propiedad quien representa ampliamente al neo institucionalismo.

La idea básica de la Escuela de los Derechos de Propiedad (Esc–DerProp en adelante) es que los desajustes sociales de la economía se deben a que los derechos de propiedad de sus miembros sobre los recursos disponibles, no están bien definidos. La definición de los derechos de propiedad representa un ordenamiento institucional que precisa el significado de los mismos con respecto a tres características: (1) son individuales porque corresponden a un solo sujeto (persona física o moral), (2) son excluyentes porque no puede haber diversas propiedades sobre un mismo objeto, y (3) son transferibles. Si un recurso cualquiera no pertenece a nadie en particular, cada usuario va a tratar de aprovecharse de las circunstancias sin tomar en cuenta las consecuencias negativas de su comportamiento oportunista, por ejemplo, despreocupándose de la renovación del recurso en cuestión. Estos oportunistas actúan un comportamiento de rentistas, pero no de empresarios innovadores. Un rentista no es otra cosa que un pasajero clandestino en el tren del progreso comunitario, por lo que la solución política y organizativa que propone la EscDerProp es de privatizar el recurso del caso a fin de preservarlo tanto en el presente como en el futuro.

El neo institucionalismo inicia el tema de los derechos de propiedad a partir del Teorema de Coase según el cual el conflicto creado por las externalidades puede ser resuelto de una manera eficiente organizando un mercado de derechos de propiedad con respecto a los recursos afectados por las dichas externalidades. Deriva así en una postura claramente opuesta a la Escuela del Bienestar de Pigou y Keynes, ya que sostiene que dicho bienestar colectivo solo puede producirlo la iniciativa individual, pero no la estatal. Como principio metodológico esencial, la EscDerProp le atribuye carácter exógeno a la distribución inicial de los derechos de propiedad, porque solamente se ubica en el intercambio de los mismos con prescindencia de los derechos habidos antes de intercambiar y entonces se dirige a un criterio de eficiencia paretiano de naturaleza estática pero no dinámica.

La influencia que tiene actualmente la EscDerProp es enorme en quienes citan a sus autores explícitamente y, mucho más, en quienes utilizan los conceptos de esta Escuela sin mencionarla. Sin embargo y a poco andar del Teorema de Coase y otras colaboraciones que detallaremos más adelante, se formularon algunos reparos generales que hemos tomado en cuenta en los capítulos siguientes. En primer lugar, cuando esta teoría se aplica a sociedades llamadas *primitivas* como las que corresponden a los indígenas de Bolivia, Brasil, México o Perú, difícilmente puede aceptarse que aplique el prototipo neo clásico de la microeconomía que utiliza la EscDerProp. En segundo lugar, la creación de mercados de derechos de propiedad no es espontánea en la realidad sino que siempre y en todo lugar requiere del Estado gobierno que regula y reglamenta las transacciones respectivas. En tercer lugar, ningún liberalismo económico niega la importancia de los bienes públicos como complemento integrativo del mercado. En los bienes públicos existe un consumo conjunto cuya administración estatal eficiente reduce riesgos, optimiza la satisfacción del consumidor y promueve la cooperación social; por lo que, y aún desde el punto de vista liberal, toda privatización genérica deducida de la doctrina propuesta por la EscDerProp bien puede resultar ineficiente e ineficaz. Finalmente, al relegar el reparto inicial de derechos de propiedad a un estado de naturaleza y al hacer lo propio con el proceso dinámico que entraña la apropiación (Clark 1961), la EscDerProp se inclina tanto hacia una concepción creacionista de estos derechos como a un espontaneísmo de mercado concentrado en el Subastador omnisciente y omnipotente que fabula la realidad institucional del gran problema de la coordinación colectiva. Ambas inclinaciones han sido refutadas de diversas maneras, pero muy especialmente en el sentido de este ensayo, cuando se reconoció que las instituciones son endógenas al intercambio.

El capítulo 1 se refiere a la apropiación capitalista que forma propiedad por medio del excedente organizacional. Junto con el capítulo 2 referido a la evolución real de las formas de propiedad, constituyen la base analítica sobre la cual se asienta el resto de la obra. La apropiación capitalista en el presente debe ser competitiva porque las variedades de capitalismos rivalizan entre sí para ganar mercados y generar mayor valor agregado. Mal puede entonces idealizarse a los derechos de propiedad con prescindencia de los procesos de apropiación. Muy en especial para los mercados emergentes, las reformas deben concernir tanto a la formalización de los derechos de propiedad como a la institucionalización de procesos de apropiación productivos.

El capítulo 2 muestra la evolución de las formas de propiedad desde la forma clásica hasta la intelectual, pasando por la corporativa. Formula una crítica fundamental a la EscDerProp en tanto que ésta tiende a idealizar un predominio de la forma clásica que ha dejado de tener vigencia, si es que alguna vez la tuvo, porque desde siempre hubo propiedad privada atomizada al lado de monopolios u oligopolios. Por esto es que un enfoque evolutivo y realista tiene tanta importancia para encuadrar el significado de las argumentaciones teoréticas alejadas de la realidad, al mismo tiempo que para acercarnos a las políticas eficientes que pueden transformar nuestro régimen de acumulación, empezando por el Estado de Derecho y la seguridad pública.

El capítulo 3 comienza el tratamiento del caso mexicano que será objeto, también, de todos los capítulos que lo continúan. Deja de lado la discusión dramatizada del viejo y el nuevo modelo económico, para rastrear la debilidad institucional de las reformas en una buena lista de sectores de actividad, ahora y aquí cuando las naciones competitivas se caracterizan por un Estado fuerte institucionalmente, pero no por un Estado Propietario. Plantea así una idea esencial de todo el ensayo: el progreso de México depende de las reformas institucionales eficientes y eficaces, es decir perdurables, mucho más que del triunfo electoral del elenco político A o del elenco político B.

El capítulo 4 se integra temáticamente a toda la obra, pero en particular con el 3. Analiza la competitividad estructural de México para explicar por qué este país se encuentra rezagado en la clasificación internacional correspondiente. La explicación se refiere a la falta de energía que tienen los sectores ganadores o *winners* para arrastrar a los demás por medio de una tasa de crecimiento del producto suficientemente cuantiosa. Pero no debe entenderse la anterior afirmación como una exaltación de la economía de mercado sin Estado, porque, precisamente, es la articulación dinámica de ambos la que puede propulsar al crecimiento del producto. Como el Estado es una relación esencialmente política, resulta indispensable plantearse las grandes preguntas y respuestas de la economía política de las reformas, aun la falta de las mismas como expresión de la misma economía política, en este caso bastante opaca.

El capítulo 5 nos muestra la evolución de las finanzas del Estado desde los tiempos durante los cuales la economía mexicana creció a un buen ritmo pero aplicando la fórmula *crezca ahora y pague después*, hasta el presente de presupuestos equilibrados con estancamiento. Con abundante apoyo estadístico, analiza la baja carga fiscal que impide a las sucesivas administraciones actuar una participación mucho más activa del Estado en la economía, tal como lo requiere el desafío competitivo de las naciones en la economía mundializada de hoy en día. Atención especial se dedica a pormenorizar cómo el contrato social que hace tiempo fue funcional en México, desde hace varios años ha dejado de serlo, particularmente con respecto al mandato social en los ingresos, gastos y deuda del Estado.

El capítulo 6 contrapone la adaptabilidad al transplante de instituciones financieras que ha evidenciado México en los últimos años, versus la rigidez institucional que ha bloqueado el transplante de varios componentes del buen gobierno como la probidad pública, la rendición de cuentas, el Estado de Derecho y otros más. Complementa al capítulo 5 situando a las finanzas públicas como parte de la gobernanza del Estado. Destaca que si bien se ha cumplido con las primeras etapas del ajuste estructural al reducir la inflación en el largo plazo, estabilizar el tipo de cambio, equilibrar el presupuesto público y reducir la tasa de interés, aún es necesario imprimir mucha más flexibilidad a las rigideces estructurales propias de una economía improductiva, porque, como suele decirse, el desarrollo económico depende de la plasticidad ante el cambio y la movilización de los factores productivos.

El capítulo 7 explica la dinámica principal de la economía mexicana que es informal. En efecto, no solamente el Estado ha sido rebasado en el monopolio de la violencia, sino que la economía informal representa la mayor parte del producto. Claro está que una formalización de los derechos de propiedad privada sería un buen paso para ir transformando a la economía de rentas en otra de productividad, pero ello no bastaría para tal transformación, si no se recicla competitivamente a la oligarquía compradora por medio de una masa crítica de empresarios schumpeterianos. Tal vez como consecuencia de un subdesarrollo intelectual, nos hemos retrasado en el análisis sistémico de la economía informal por lo que cabe precisar cual es el estado del arte en la conceptualización básica de este asunto, para luego dimensionar varios aspectos muy significativos del caso mexicano.

El capítulo 8 recapitula de qué manera el institucionalismo gana predicamento entre muy numerosos economistas. Comienza con una evaluación mesurada de los Consensos de Washington y Huatusco para situarnos en la actualidad de un México que redunda en el ajuste permanente después de 1982. Ni las privatizaciones representaron abatir al rentismo ni en los Bancos ni en las carreteras, ni la estabilidad macroeconómica desembocó en una deflación competitiva; por lo que si bien existe amplio consenso sobre la prioridad estratégica de la reforma institucional, la ingeniería correspondiente está dejando mucho que desear. De todas maneras, resulta de utilidad parametrar el futuro para monitorear el cambio institucional que nos resulta imperioso asumir para ganar la batalla del bienestar y la calidad de vida. Nuestro ejército de institucionalistas no debe olvidar que nos contemplan más de doscientos años de pensamiento económico sobre la apropiación que produce propiedad.

Fernando Jeannot

BIBLIOGRAFÍA

Berle, Adolf y Gardiner Jeans
1932 "The modern corporation and private property", Mac Millan.
Berle, Adolf
1959 "Power without property", Brace.
Bethell, Tom
1998 "The noblest triumph: property and prosperity through the ages" Palgrave Macmillan.
Buchanan, James
1981 "The Limits of Liberty: Between Anarchy and Leviathan", Univ. of Chicago Press.
Castel, Robert y Claudine Haroche
2001 "Propriété privé, propriété sociale, propriété de soi", Fayard.
Clark, John Maurice
1961 "Competition as a dynamic process", Brooking Institution.
Duchorov, Ulrich y Franz Hinkelammert
2004 "La vida o el capital. Alternativas a la dictadura global de la propiedad", Dríada.
Engels, Friedrich
1985 "El origen de la familia, la propiedad privada y el Estado", Quinto Sol.
Galbraith, John
1967 "El nuevo estado industrial", Ariel.
Hayek, Friedrich
1982 "Droit, legislation et liberté", Presses Universitaires de France.
Horowitz, Irving
1964 "Los anarquistas", Alianza.
Marx, Karl y Friedrich Engels
1998 "Manifiesto comunista", Crítica.
Mises, Ludwig von.
1994 "Liberalismo". Planeta Agostini.
North, Douglas y Robert Thomas
1973 "The risc of the western world", Cambridge.
Olson, Mancur
2000 "Power and prosperity. Outgrowing communist and capitalist dictatorships", Basic Books.

Pipes, Richard
2002 "Propiedad y libertad", Turner y Fondo de Cultura Económica.
Proudhon, Pièrre–Joseph
1966 "Qu'est ce que la propriété?", Garnier Flammarion.
Rubel, Maximilian
1994 Presentación de Carlos Marx en "Philosophie", La Pleiade.
Sagot–Duvauroux, Dominique
2002 "La propriété intellectuelle c'est le vol", Presses du Réel.
Walras, Leon
1990 "De la propriété intelectuelle" en Leon Walras "Les études d'économie sociale", Economica.

CAPÍTULO 1
EL PROCESO DE APROPIACIÓN CAPITALISTA

*Fernando Jeannot**

1. INTRODUCCIÓN AL CAPÍTULO 1

Los derechos de propiedad constituyen una parte fundamental de las *dotaciones iniciales*, las cuales representan a los recursos que tiene cada agente económico antes de intercambiar en el mercado. Una vez formada la propiedad por medio del proceso de apropiación que transforma a las dotaciones iniciales, estos derechos pueden ser intercambiados de nueva cuenta, y cada vez más rápidamente cuanto más nos adentramos en el capitalismo de intangibles y la economía del conocimiento, ambos caracterizados por el desarrollo de los derechos de propiedad intelectual.

Con base en la dotación inicial de derechos de propiedad es que las empresas desarrollan un proceso de apropiación por medio del cual se captura el excedente organizacional a fin de hacer posible la acumulación de capital. Esta apropiación es el incentivo más importante que motiva el comportamiento de los agentes económicos que hacen crecer a la economía; si bien dicho incentivo no tiene un carácter unívoco sino que puede derivar de formas productivas de movilizar a los factores o, por el contrario, improductivas.

La teoría económica, particularmente la *Escuela de los Derechos de Propiedad* (EscDerProp en adelante) no siempre otorga el lugar destacado que merece tal proceso, sino que en muchos casos opta por hacer

* Departamento de Economía. Universidad Autónoma Metropolitana–Azcapotzalco. fjean@correo.azc.uam.mx

un tratamiento implícito del mismo, cuando no apela a un enfoque tan mecanicista como escasamente analítico. Mientras los derechos de propiedad se refieren al uso y goce de una cosa por parte del agente económico, la apropiación es un comportamiento del mismo agente destinado a adueñarse, a poseer en propiedad un patrimonio en función de los incentivos o motivaciones prevalecientes en un régimen económico determinado. Entonces, la apropiación es distinta del derecho de propiedad porque derechos de propiedad hay siempre; mientras las formas de apropiación difieren según se trate de un régimen productivo o improductivo: en el primero, las formas de apropiación desarrollan las ganancias de productividad; mientras que en el segundo proliferan los cazadores de rentas.

Si la economía de la EscDerProp configura una ciencia adjudicataria naturalmente sesgada hacia los costos de oportunidad por su énfasis en la asignación de recursos, al mismo tiempo que relega los procesos de apropiación; por el contrario, el enfoque institucionalista se concentra en las reglas del juego, normas, hábitos y costumbres, formales o informales, que permiten producir, distribuir y consumir bienes o servicios de acuerdo a la apropiación que conduce a la propiedad. Esta última es la perspectiva del presente capítulo, el cual se continúa y complementa con todos los siguientes.

2. DOTACIONES INICIALES Y APROPIACIÓN

Comenzamos con una expresión coloquial: los derechos de propiedad no están dentro de las coliflores ni los trae la cigüeña de París, sino que derivan de los procesos de apropiación (Veblen 1995: 33). Particularmente con respecto a las empresas en tanto que agente fundamental de la economía de mercado, su naturaleza se remite a las formas productivas o improductivas de obtener excedente organizacional quienes, a su turno, permiten al sujeto acceder a nuevas formas de propiedad. La EscDerProp (Alchian 1950, Barzel 1997, Coase 1994, Demsetz 1967, Pejovich 1985 y sus discípulos) considera a la dotación inicial en derechos de propiedad privada como variable exógena o, en su lenguaje, como parte de un *estado de naturaleza*. En tanto que líder intelectual de la EscDerProp, Coase (1973: 115) recupera la tradición económica de que hay solamente dos agentes (empresas y familias) y solamente una forma de propiedad: la privada; al mismo tiempo que los costos de las transacciones son nulos, se internalizan las externalidades y la dotación inicial de derechos de propiedad corresponde a un estado de naturaleza.

El estado de naturaleza tiene dos nociones habituales. En economía, particularmente en la EscDerProp, se refiere a un conjunto de fenómenos aleatorios exógenos que no dependen de las acciones o comportamientos de los individuos o de la sociedad. En este sentido y cuando consideramos una variable como dada, la remitimos, de hecho, al estado de naturaleza. En estadística, el estado de naturaleza se refiere a diversas ocurrencias posibles, es decir: afectadas por la probabilidad de una o varias variables aleatorias, cuyo ejemplo proverbial es el clima sin alteraciones humanas. Dejamos de lado este concepto estadístico y regresamos al utilizado por la EscDerProp. Si nos demarcamos de la teoría neoclásica como la que utiliza la EscDerProp, cabe destacar que en la economía real los estados de naturaleza son causados por los seres humanos; es decir que la producción, la distribución y el consumo de bienes representan procesos controlados y no controlados. Cuando son controlados, el estado de naturaleza resultante se reduce al mínimo, pero en el caso contrario el estado de naturaleza resultante adquiere entidad propia en el sentido de que los agentes económicos respectivos no lo administran o, lo que es lo mismo, que el riesgo se transforma en incertidumbre. Esta *manufactura de la incertidumbre* en tanto que control conducente al descontrol, se ejemplifica con los accidentes nucleares como el de Chernobyl u otros. Cuando la EscDerProp remite la dotación inicial en derechos de propiedad a un estado de naturaleza, lo hace hacia la incertidumbre, la nada, el vacío; es decir, asume una versión creacionista similar a la de la cigüeña proveniente de París quien, en este caso dotaría de derechos de propiedad como dotación inicial de recursos.

El comportamiento de apropiación en los agentes económicos consiste en la reacción de los mismos ante las motivaciones o incentivos que propenden la captura de rentas o, alternativamente, el desarrollo de las ganancias de productividad, pero siempre dentro de un proceso controlado o administrado que forma propiedad (Veblen 1995: 29). Los actos realizados con ciertas reglas del juego y reiterados dan lugar a instituciones, al mismo tiempo que estas reglas del juego condicionan a los comportamientos subsecuentes. En general, estas reiteraciones pueden referirse a dos lógicas de acción (Veblen 1995: 194), la captura de rentas, o el desarrollo de las ganancias de productividad. Estas lógicas de acción son comportamientos reales que responden a motivaciones o incentivos propios que pueden observarse objetiva o conductivamente sin necesidad de apelar a ninguna fábula como la de la Mano Invisible, Robinson Crusoe o Robin Hood. De esta forma es posible analizar las condiciones iniciales en derechos de propiedad quienes en los modelos dinámicos cumplen trayectorias que son funciones del tiempo y enlazan las condiciones iniciales con el resultado en derechos de propiedad alcanzado por el proceso de apropiación (Barzel 1997: 3).

El capitalismo representa un perfil institucional de la economía que tiene la virtud, cuando es competitivo, de generar un excedente organizacional masivo. Este *perfil* está constituido por las reglas del juego que promueven una economía de mercado eficiente y eficaz en la producción, distribución y consumo de bienes. Las instituciones económicas del capitalismo son evolutivas (Williamson 1989: 242) desde los mercados que funcionan con altos costos de las transacciones (economías improductivas) hasta aquellas que lo hacen con bajos costos de este tipo (economías competitivas). Ambas situaciones se relacionan con las ganancias de productividad, por lo que los costos de las transacciones no representan dimensiones absolutas sino relativas a la productividad de los factores. Las instituciones del capitalismo no están fuera del tiempo y del espacio, sino fuertemente circunstanciadas por el behaviorismo de los agentes económicos, pero no por el prototipo ideal de la microeconomía neoclásica (Ibídem: 53 a 72); por lo tanto, la racionalidad correspondiente no es perfecta o substantiva, sino limitada y puede dar lugar a más de un patrón de comportamiento (Ibídem: 55). Estos patrones están guiados tanto por el utilitarismo como por el oportunismo que llevan a vulnerar los contratos por medio de la selección adversa o el riesgo moral (Ibídem 53 a 72), por lo que las empresas privadas que configuran al mercado también sufren a las burocracias respectivas que administran mal los costos de las transacciones y por ello hacen que el funcionamiento del mercado sea demasiado oneroso y redundante en una competencia de baja intensidad (Ibídem: 160). Si la teoría no institucional del mercado postula que el excedente organizacional se maximiza por definición, la corrección institucionalista conduce a poner en tela de juicio este módulo del capitalismo porque las economías improductivas maximizan beneficios o se adaptan al prevaleciente en su medio por medio de las rentas, pero no a través del excedente organizacional (en este texto nunca se utiliza el término *renta* como sinónimo de *ingreso*). Todas las instituciones del capitalismo que venimos de evocar hacen indispensable relacionar los derechos de propiedad con los procesos de apropiación, muy especialmente porque desde hace más de un siglo el conocimiento científico que desarrolla el evolucionismo propio de un análisis institucional se opone al carácter mágico del creacionismo.

Si consideramos el desarrollo competitivo por países, veremos que solamente en una minoría de ellos el capitalismo ha alcanzado posiciones competitivas avanzadas. Diferentemente, si tomamos el PIB per cápita registraremos la bipolaridad Norte–Sur en desmedro de aquellos que se encuentran por debajo del ecuador. Ahora bien, si relacionamos el PIB per cápita con el grado de economía informal, constataremos que a mayor PIBpc menor economía informal, aunque en todo caso y durante los últimos años esta informalidad crece en todo el mundo. La economía informal es importante para el crecimiento y el desarrollo económico porque es componente negativo del perfil institucional promotor del progreso competitivo que mencionamos anteriormente. Aunque nunca hay que perder de vista que la informalidad constituye propiedad privada informal mal definida, cierto es que en las naciones que han alcanzado mayor desarrollo capitalista la formalización de los derechos de propiedad y los procesos de apropiación fueron configurando un orden institucional propicio a una economía de mercado eficiente y eficaz que más allá del óptimo paretiano fue montando un juego *ganar ganar* que premió a todos los apostadores, particularmente a los capitalistas y a los asalariados o a los dominantes y dominados.

Con respecto a los países rezagados competitivamente, la EscDerProp ha dicho que *los habitantes pobres de estos países –la gran mayoría– sí tienen cosas. Pero la mayoría (sic) de ellos no cuenta con los medios de representar su propiedad y crear capital. Tienen casas pero no títulos, cosechas pero no certificados de propiedad, negocios pero no escrituras de constitución ni acciones que permitan a sus activos llevar una vida paralela en el mundo del capital. La falta de estas representaciones esenciales explica por qué personas que se han adaptado a todo otro invento occidental, desde el bolígrafo hasta el reactor nuclear, no han podido producir capital suficiente para hacer funcionar su capitalismo local* (Soto 2001: 33). En efecto, pensamos nosotros, los pobres tanto como los ricos, los semi pobres tanto como los semi ricos, verifican un comportamiento de rentista opuesto al desarrollo de las ganancias de productividad que conduce al capitalismo competitivo, pero favorable a la captura de rentas mediante el narcotráfico, la evasión y la elusión fiscal, la sobre o sub facturación de las empresas, el contrabando, la prostitución y el comercio de armas, lo delitos de cuello blanco, etc.

En el caso de los países avanzados competitivamente, la EscDer-Prop ha dicho que *fue al universalizar la propiedad formal que Occidente cruzó la línea que conducía al éxito capitalista y éste dejó de ser un club privado para volverse una cultura popular y transformar a los temidos "banditti" de George Washington en los amados pioneros que la cultura norteamericana hoy venera* (sic) (Soto 2001: 36). En efecto, pensamos nosotros, el capitalismo norteamericano transformó su economía de rentas en otra de productividad aproximadamente desde 1850 hasta 1914 mediante una acumulación primitiva propia de los "banditti" y otros corruptos del sector privado, pero acompañada del desarrollo tecnológico y organizativo que hicieron de esta acumulación primitiva, al mismo tiempo, una originaria del capitalismo competitivo. Un pionero esencial del capitalismo competitivo basado en la propiedad formal de los bienes de producción, que no "banditti" sino empresario innovador, fue Henry Ford. Y esta continuidad que estamos subrayando entre la economía norteamericana dominada por la informalidad antes de 1914 y la posterior dominada por la formalidad es significativa porque la ventaja competitiva se gana, se conserva o se pierde, según que los procesos de apropiación que conducen a las formas de propiedad sean productivos, porque basados en la innovación, o su contrario, basado en los cazadores de rentas y la sociedad del mismo carácter.

La función de producción en general, es un proceso macro económico que convierte a los insumos en productos. La escritura matemática de la función de producción que se utiliza habitualmente no debería inducir a error porque en realidad se trata de un proceso colectivo liderado por los empresarios que gestionan la apropiación, pero no una mecánica impersonal que sucede en un mercado de Mano Invisible. No se olvide que elegir la escritura con un sistema de ecuaciones implica determinismo, cosa que no sucede si se opta por un juego. Sin determinismo, los fundamentos micro económicos de esta relación entre insumos y productos dependen de la aptitud empresarial de quien conduce el conjunto jerárquico respectivo, del régimen de incentivos que corresponde al conjunto nacional, de la tecnología de la producción, y de la forma organizativa que se adopte pero, sobre todo, de la dotación inicial en derechos de propiedad que se instrumente.

La teoría de la empresa basada en la función de producción neo clásica oculta el proceso de apropiación (Barzel 1997: 10). En efecto, esta teoría se sitúa en el equilibrio general de Walras, Arrow y Debreu, es decir, en un escenario de concurrencia pura y perfecta que utiliza la expresión formal de la empresa neo clásica dada por la ecuación Y = f (K,L) donde Y es la cantidad producida y K y L los factores de la producción capital y trabajo. Por definición, la productividad marginal de los factores es decreciente. Asimila la empresa a una caja negra ex nihilo y entonces utiliza una óptica creacionista similar a la de los bebés cobijados en coliflores o pasajeros transportados por la cigüeña. Esta empresa surgida de la nada maximiza al excedente organizacional bajo restricción de costos; es decir, que la expresión formal de la caja negra es una función de producción. Tomadora de precios, pero no formadora de los mismos, representa una adaptación mecánica de la física donde no existe excedente organizacional, no hay diferencia entre el papel del capital y el del trabajo y los derechos de propiedad se consideran dados, es decir, propios de un estado de naturaleza exógeno a los actores de la producción. Como ignora el proceso de apropiación, la teoría neoclásica de la empresa omite el hecho real de que en el proceso de apropiación es determinante la aptitud o idoneidad empresarial, la cual consiste en la pertinencia de una especialización de la empresa con respecto al medio ambiente de los negocios que corresponda. Cuando es efectiva, esta idoneidad dota a la organización de una ventaja competitiva sostenida o perdurable que tiende a generalizar formas de apropiación basadas en las ganancias de productividad pero, cuando no lo es, el empresario del caso no es otra cosa que un rentista basado en la dotación inicial de derechos de propiedad.

Si se quiere analizar la asignación sin producción o los derechos de propiedad sin apropiación, resulta útil utilizar los costos de oportunidad lo que significa adaptar el método de análisis a un prejuicio. Estos costos representan la cantidad de otros bienes a la que se debe renunciar para obtenerlo o la ganancia no realizada porque se aplicó el recurso en una alternativa que no produce la ganancia máxima. La EscDerProp (Pejovich, 1985: 196) se refieren a las ganancias de oportunidad en tanto que los identifican con el valor de una producción que podría generar un conjunto dado de recursos en el mejor uso alternativo. De todas maneras, esta noción deriva de la teoría neo clásica del comercio internacional (por ejemplo: Haberler 1968) que se opone a la clásica de las ventajas comparativas basadas en las teorías del valor trabajo, por lo que consistentemente con la doctrina neoclásica, la dicha EscDerProp ignorará los procesos de apropiación camuflados en los costos de oportunidad.

Como derivación del comportamiento neoclásico, el enfoque de la EscDerProp observa las características de lo que podríamos llamar la administración de las opciones o la administración de los costos de oportunidad, siempre con derechos de propiedad dados y procesos de apropiación implícitos. Es así que la EscDerProp se inclina por la adjudicación de recursos en general porque todo individuo desea numerosas cosas y este anhelo da lugar a los satisfactores correspondientes. Los satisfactores se producen utilizando recursos. Como los recursos son escasos y los deseos múltiples, deviene significante el uso alternativo que se haga de los mismos, y así surge la noción de costo de oportunidad. Si la economía es vista como un proceso de adjudicación, ella consistiría esencialmente en analizar los usos alternativos de los recursos, las sustituciones posibles y las consecuencias adjudicatarias de diversas elecciones y políticas siendo irrelevantes las formas de propiedad adquiridas y los diversos procesos de apropiación posibles (productivos o no). Pero los deseos no son solamente infinitos, sino que derivan de distintas preferencias que cambian tanto como un acto de consumo precede a otro (este es un levantamiento del supuesto tradicional en la economía neoclásica por parte de la EscDerProp). Esta infinitud de los deseos y este cambio en las preferencias, hace que la adjudicación de recursos y satisfactores se asimile a un problema operativo sesgado donde no se contempla ni la generación de recursos apropiados ni la generación de propiedades. Se remite la reflexión, entonces, a una economía de la oferta con recursos en pie de producción, derechos de propiedad dados y una demanda con necesidades establecidas.

Contrariamente a la anterior conducta con derechos de propiedad situados en el estado de naturaleza, un enfoque institucional de la economía se dirige a observar dos características humanas atribuibles a las racionalidades genéricas que dan vida a los intercambios: el comportamiento productivo o, alternativamente, el comportamiento improductivo, los cuales se derivan de lo teorizado por Veblen (1995: 9) con respecto a la clase ociosa o laboriosa. El comportamiento productivo coincide con el innovador y el improductivo con el del rentista. Estamos dejando de lado entonces a la soberanía del consumidor, al mismo tiempo que nos estamos inclinando por las racionalidades básicas que imperan en los agentes económicos que movilizan a los factores de la producción, por lo que se toma en cuenta más la generación de recursos originaria de las propiedades que a la utilización de los mismos en el consumo final. Apropiación y propiedad adquieren así toda su relevancia: según sea la apropiación será la funcionalidad de las propiedades porque la captura de rentas da lugar a propiedades patrimonialistas caracterizadas por la sobre acumulación en capital físico y poca asunción de riesgos, mientras que las ganancias de productividad dan lugar a propiedades competitivas caracterizadas por el capital riesgo y la innovación.

3. LA APROPIACIÓN EN EL INTERCAMBIO DE PROPIEDADES

La propiedad privada es la institución fundadora de la economía de mercado porque hace posible el intercambio pacífico entre los agentes que allí actúan, fundamentalmente las empresas. Es lo opuesto de las propiedades gubernamental o comunal. Mientras que el liberalismo económico se basa en la propiedad privada, el socialismo lo hace en la gubernamental. La EscDerProp tuvo el mérito de levantar el supuesto de los derechos de propiedad como implícitos en la asignación de recursos y, por el contrario, justificar el mercado de derechos de propiedad en vez del de bienes o servicios. Su punto de partida fue el conocido Teorema de Coase enunciado más arriba, el cual postula que con derechos de propiedad bien definidos y costos de transacción nulos dentro de un escenario de concurrencia perfecta los agentes privados resuelven sus conflictos de intereses sin la intervención del Estado y cualquiera sea la dotación inicial en derechos de propiedad privada que detente cada uno de los participantes. Este recorte de los fenómenos reales que remite la dotación inicial de derechos de propiedad a un estado de naturaleza, consistentemente con ello postula que los mismos derechos son irrelevantes para la resolución de los conflictos de intereses entre particulares, por lo que la irrelevancia representa la equipotencia de los participantes en el intercambio correspondiente abriendo la puerta a una muy especial teoría del poder y las instituciones de mercado.

Recordamos que los tres elementos básicos del derecho de propiedad privada son: la unicidad del sujeto, la exclusividad con respecto al bien o servicio, y la posibilidad de transferir el derecho indicado. El primero se refiere tanto a personas físicas como morales. El segundo al uso del bien o servicio y relaciona al sujeto con el objeto, mientras que el tercero relaciona a un sujeto con otro. Este último configura intercambios de propiedades. La apropiación, a su vez, se presenta en dos procesos diferentes, el productivo y el improductivo, siendo que ambos generan propiedades. Solamente como consecuencia de una visión adjudicataria de la economía sustentada en una racionalidad unívoca, es que se puede vislumbrar al derecho de propiedad como representante de usos alternativos en los recursos escasos. Reducida la economía a un problema operativo, se piensa en la optimación del proceso decisorio. Más tarde y como se adopta una concepción individualista de la economía, el tratamiento se centraliza en los derechos de propiedad privada con menosprecio de las otras formas de propiedad como la comunal o la estatal y con total marginación de los procesos de apropiación productivos o improductivos.

El intercambio es un acuerdo bilateral o contrato que busca optimizar la satisfacción de los participantes. Todo sujeto realiza el intercambio porque espera que los beneficios derivados de la adquisición de un bien o servicio superen al costo de oportunidad; sin embargo y en una economía de mercado, los bienes o servicios producen satisfacción a quienes tienen el derecho de usarlos porque es propietario mediante diversos mecanismos de apropiación. La cuantía de la satisfacción que obtiene cada participante es totalmente subjetiva, por lo que solo especulativamente la escuela neoclásica postula *funciones de utilidad*. Al mismo tiempo, el costo del intercambio puede verse como lo que representa renunciar a otras aplicaciones de recursos, mientras que los beneficios del intercambio son esperados o ex ante pero no los resultados efectivos de la prestación y su contraparte registradas en el contrato. "El intercambio no deriva de la existencia de un excedente que alguna persona quiera eliminar, sino del hecho de que diversas personas piensan diferente" acerca de bienes y servicios también diversos (Pejovich 1985: 39). No se trata de eliminar excedente, creemos nosotros, sino de formarlo en las empresas que son la columna vertebral de la economía de mercado.

Las actividades de producción, distribución y consumo de bienes ponen en acto la interacción social que entrañan los derechos de propiedad y apropiación de dos maneras. Por una parte, el modo de ver institucional destaca que las relaciones de propiedad afectan al comportamiento económico, pero también que este último afecta a las relaciones de propiedad esencialmente a través de las formas de apropiación y el medio ambiente competitivo donde tienen lugar. Por otra parte, la economía adjudicataria o neoclásica se refiere a las mismas actividades que en el caso anterior, pero situadas en el escenario de elecciones que permiten los derechos de propiedad privada prevalecientes sin tomar en cuenta ni las formas de apropiación ni el ambiente competitivo. La economía adjudicataria se remite a los momentos de equilibrio dentro de un marco institucional establecido que en realidad es ignorado porque se considera como dado; mientras que el enfoque institucionalista evalúa proceso de causación acumulativa.

Así como los derechos de propiedad son relaciones entre los hombres derivadas de la existencia de bienes escasos y referentes a su uso, también las formas de apropiación registran procesos similares pero destinados a generar derechos de propiedad. Mientras la transferencia de derechos de propiedad se relaciona con el mercado abierto, las formas de apropiación lo hacen con las empresas. Es propio de toda economía de mercado tener por objetivo esencial el desarrollo de los intercambios que ponen en práctica a los derechos de propiedad generados por las formas de apropiación. A fin de favorecer este desarrollo, la experiencia de diversos mercados muestra que la mejor manera de organizar el comercio exterior es a través de una combinación de proteccionismo con libertad de comercio. Bien institucionalizada esta combinación de estrategias alternativas, se reconoce sin dificultad que el desarrollo de los intercambios permite que todas las personas busquen, negocien y exploten todas las oportunidades de contratar. En cambio y si no existe una combinación adecuada de proteccionismo con libertad comercial, numerosas oportunidades de intercambio permanecerán desaprovechadas y con ello se adelgazará el desarrollo de los procesos de apropiación y las formas de propiedad.

El desarrollo de los intercambios depende mucho de los costos de las transacciones que tengan lugar en un medio de negocios determinado. Recordamos que los costos de las transacciones representan el costo de descubrir oportunidades de intercambio, de negociarlas, vigilarlas y hacerlas cumplir. Básicamente, son costos de la información acerca de las oportunidades de intercambio, de su negociación y ejecución, quienes redundan en precios de concurrencia imperfecta a causa de la estructura del mercado. Cuanto más bajan los costos de la información, más baratos serán los costos de las transacciones. Por otra parte, cuanto más elevados sean los costos de las transacciones ya no por los costos de la información, sino por los costos de la negociación de la vigilancia y el cumplimiento del contrato de intercambio, más permaneceremos en distintos escenarios de concurrencia imperfecta donde tienen lugar determinados procesos de apropiación generadores de similares formas de propiedad. La concurrencia imperfecta desemboca en propiedades del mismo género. De cualquier manera, el costo de funcionamiento de los mercados no es gratuito como supone la creacionista Mano Invisible, sino que representa lo que cuesta participar en los mercados para asignar recursos o transferir derechos de propiedad.

El contrato fotografía al intercambio y a los derechos de propiedad cedidos o adquiridos y a las formas de apropiación utilizadas. Solamente por medio de un supuesto totalmente arbitrario puede postularse que este intercambio se realiza sin costos de las transacciones. En cambio, la situación real acaece con costos de las transacciones y derechos de propiedad que son instrumentados de una u otra manera según sean los incentivos que ponen en acto diversas formas de apropiación (Barzel 1997: 14). Todas ellas, también en la realidad, se sitúan en diversos escenarios de concurrencia imperfecta. El contrato circunstancia los derechos de propiedad obtenidos sobre los bienes intercambiados, las prestaciones acordadas y las fechas de entrega; pero también puede situar en el tiempo y el espacio a los procesos de apropiación. Un contrato bien formulado reduce los costos de las transacciones y, por lo tanto, incentiva la realización del intercambio en el mercado abierto, pero también todo contrato bien formulado reduce los costos de fabricación. Por lo que este elemento institucional que es el contrato influye tanto sobre el proceso controlado que es la apropiación de excedente organizacional como en la transmisión de los derechos de propiedad por medio de su compra venta que influye en la asignación de recursos.

Los costos de las transacciones muy abultados, o las restricciones excesivas a los derechos de propiedad o el fomento de las formas de apropiación improductivas, frenan la expansión de los intercambios. "Los costos elevados de las transacciones asignan los recursos en for–

ma diferentes de la solución que daría el mercado cuando todas las consecuencias de diversas actividades afectaran plenamente a las partes contratantes" (Pejovich 1985: 145). Es esta creencia doctrinaria la que hace suponer que existe un proceso de internalización de externalidades en los mercados liberales de cualquier clase de economía (Demsetz 1967: 322) siendo que, por el contrario, una economía improductiva, estancada, rezagada competitivamente, tiende a perpetuar la existencia de externalidades (Coase 1994: 171) porque encuentra en ellas una verdadera fuente de excedente organizacional improductivo. Por ello es que el Teorema de Coase es un panegírico del espontaneísmo de mercado, ya que los costos de las transacciones nunca son nulos, generalmente los derechos de propiedad no están bien definidos ni surgen de la nada, sino que derivan de determinadas formas de apropiación.

De acuerdo al perfil en la distribución del ingreso y las formas de apropiación prevalecientes, la libertad de contratación genera incentivos para el aprovechamiento de las oportunidades de intercambio del mismo carácter. Desde el punto de vista de una teoría del comportamiento del consumidor, surge la ley de la demanda: los individuos demandan más de cualquier bien a un precio menor y menos de ese bien a un precio mayor; pero los cambios en el perfil de la distribución del ingreso, de las preferencias, de la pirámide poblacional y en los derechos de propiedad, etc. contribuyen todos a desplazar la misma curva de demanda. Habitualmente, cuantos más derechos de propiedad adquiera una persona en un bien o servicio, mayor será el valor del mismo, por lo que la cantidad demandada a un precio dado aumentará a medida que aumenta el componente de derechos de propiedad adquiridos por el comprador. Por ejemplo: se comprarán automóviles más baratos si se acepta comprarlos con la obligación de dibujar publicidad en la carrocería. Por ello es que la curva de demanda muestra la relación existente entre el precio y la cantidad demandada de cualquier conjunto específico de derechos de propiedad que contenga el bien a intercambiar.

La concurrencia al mercado significa que los individuos y empresas buscan oportunidades de intercambio y negocian las condiciones del mismo. El primer aspecto resulta de la economía liberal de mercado o capitalismo privado, mientras que el segundo pone en juego el poder de mercado que depende de las formas de apropiación. En este sentido, no interesa el precio de equilibrio como tal, sino el proceso que lleva a ese precio. Este proceso puede verse desde el punto de vista de los valores de uso como aquel que permite a los participantes lograr satisfacción a través del intercambio. Pero desde el punto de vista de las formas de apropiación, resulta en la captura de rentas o en el desarrollo de las ganancias de productividad que generan sendas propiedades.

Un caso notorio de apropiación improductiva es la especulación. Recordamos que ésta consiste en una forma de renta o plus valía que se obtiene por la diferencia de precio con respecto a un mismo bien o servicio en el tiempo o en el espacio. Se puede ignorar su carácter improductivo solamente si le negamos identidad a las diversas formas de apropiación que puedan existir y suponemos –arbitrariamente– que todas son productivas y que ello da lugar a precios de equilibrio que concilian la eficiencia económica con la social. En el mismo sentido, todo arbitraje regulatorio en tanto que transacción económica realizada para sacar excedente organizacional de las diferencias entre la regulación y la reglamentación económicas de un país A, con respecto a un país B, es una verdadera renta de regulación que en nada desarrolla las ganancias de productividad. Igualmente, la inflación de apropiación es otra forma de especulación en el tiempo con respecto al nivel de precios que disemina toda una lógica de la improductividad. Todo lo cual es ignorado por la EscDerProp quien ignora el hecho de que los especuladores capturan rentas en vez de desarrollar las ganancias de productividad a tal punto que un autor representante de tal enfoque llega a afirmar que "los especuladores realizan con frecuencia una función social útil" Pejovich (1985: 82).

En todo ese mundo de concurrencia imperfecta y desarrollo de los intercambios del mismo carácter, resulta demostrativo del reduccionismo que prevalece en la EscDerProp cuando asimila la concurrencia solamente con la que se lleva a cabo mediante los precios supuestamente correctos o *right prices*, siendo que el conflicto de lógicas de apropiación (productivas o improductivas) no sucede en ese escenario sino en otro de precios sesgados. Es únicamente en un medio de concurrencia perfecta donde el derecho de propiedad privada adjudicará los bienes y servicios a los usos que producen mayor satisfacción a los participantes en el intercambio. Es solamente dentro de estas condiciones excepcionales de los intercambios, donde el precio de equilibrio representa el precio más alto al que pueden vender los vendedores todo lo que quieran vender y el precio más bajo al que pueden comprar los adquirentes todo lo que quieran comprar. Necesariamente, los procesos de apropiación que forman propiedad no son equilibrados sino acumulativos.

Claro está que la poca relevancia real de la concurrencia vía precios no implica negar que tal forma de concurrencia si existe, pero en otros escenarios diferentes al de la concurrencia perfecta donde tanto los costos de las transacciones, como la estructura del mercado y las formas de apropiación prevalecientes, como el componente en derechos de propiedad que tienen los bienes y servicios, todos ellos influyen en la configuración real de los intercambios imperfectos que generan propiedades del mismo género. En las situaciones de concurrencia imperfecta existen realmente dos lógicas de acción operantes en los procesos de apropiación: la productiva basada en las ganancias de productividad y la improductiva cuyo pilar es la captura de rentas.

Una estructura es un conjunto de proporciones y relaciones situadas en el tiempo y el espacio. Es habitual en los libros de texto (por ejemplo Case 1997, Mankiw 2000) distinguir dos configuraciones estructurales de manera universal y abstracta haciendo una interpretación determinada del concepto estructura. Por una parte, está el mercado de concurrencia pura que implica un mercado de empresas tanto tomadoras de precios como atomizadas; mientras que, por otra parte, la concurrencia imperfecta representaría un elenco de agentes económicos formadores de precios organizados en mono u oligopolios. Conducente a determinadas formas de apropiación, una fuente importante del poder de mercado del que gozan los monopolios es el porcentaje de la oferta total que controlan. Las rentas respectivas se obtienen por el ejercicio de este poder con independencia de las relaciones de precios y cantidades que imagina la mecánica del equilibrio general, por lo que en la realidad las restricciones gubernamentales a los derechos de propiedad se sitúan en un escenario de concurrencia imperfecta que se suma al producido por las estructuras de mercado respectivas donde, precisamente, son las formas de propiedad monopolistas quienes impiden la concurrencia perfecta. Entonces, es admisible decir que todos los autores neoclásicos tan apegados a la cosmovisión del equilibrio general, actúan como verdaderos predicadores cuando apologizan los méritos de la concurrencia. Si esta concurrencia perfecta no existe más que en los análisis abstractos y universales, parece ilusorio oponerse a los controles de precios o racionamientos quienes dan razón de una faceta más de la concurrencia imperfecta real que puede servir para, por ejemplo, corregir los fallos del mercado tan importantes en economías como la mexicana.

Más que traducir las fantasías del equilibrio general en políticas espontaneistas de mercado que idealizan, pero no calculan prácticamente, a los costos de oportunidad, conviene tener presente que el desplazamiento hacia arriba de la frontera de producción resulta del desarrollo de los intercambios basados en los procesos de apropiación productivos en un medio determinado de concurrencia imperfecta, tal como son los mercados emergentes. Si la frontera de producción indica que la misma es técnicamente eficiente porque no es posible aumentar la producción de un bien sin disminuir la de otro, el concepto de sustentabilidad de los factores de la producción parece representar una noción mucho más realista que esta hipotética generalización de los costos de oportunidad. Dicha sustentabilidad consiste en la movilización de los factores productivos que resulta en una tasa de crecimiento del producto suficientemente cuantiosa y duradera, porque derivada del régimen institucional de la nación que logra un aumento sostenido o durable del producto per capita en función de las ganancias de productividad que logran las empresas que utilizan procesos de apropiación productivos.

"En una economía de propiedad privada y libre intercambio, los dueños de los recursos tienen fuertes incentivos para buscar su mejor uso ¿Por qué? Porque un componente importante del derecho de propiedad privada es la posibilidad de apropiación de los rendimientos" (Pejovich 1985: 105). Sin embargo, pensamos nosotros, esta apropiación puede ser productiva o su contrario, aunque siempre permita generar nuevas propiedades. Se opta por producir el bien A en vez del B, porque al precio mínimo de A se maximiza el ingreso relativo y de ahí en más. "El resultado es una curva de oferta de pendiente positiva. Así pues, en una economía de propiedad privada, la curva de oferta de un bien muestra el precio mínimo necesario para inducir a los productores a ofrecer cada cantidad posible para su venta" (Ibídem) con independencia de los efectos negativos de los procesos de apropiación improductivos en la colectividad.

Diversas circunstancias interfieren en el uso eficiente de los recursos dentro de una economía liberal de mercado basada en la propiedad privada de los recursos que proviene de los procesos de apropiación. La primera, por ejemplo, es el ambiente competitivo o no competitivo donde se desenvuelven las empresas. En el caso de que este no lo sea, los empresarios se *conforman* – el *satisfacing* de Simon (2006), también considerado por Alchian (1950: 111) – pero no maximizan, con cierto nivel de rentabilidad sin optimizar la función de costos porque no hay la suficiente presión de la competencia como para asignar óptimamente los recursos. La segunda, también por ejemplo, es que la información necesaria para tomar decisiones es costosa y habitualmente incompleta, más cuanto menos esté desarrollada la economía del conocimiento. Vale la pena aclarar que la *economía del conocimiento* precede en el tiempo a la *nueva economía* basada en las similares tecnologías de la información y las comunicaciones, y a la *economía de la información* que considera a ésta como cualquier otra mercancía. La economía del conocimiento representa un desarrollo cualitativo y cuantitativo de los derechos de propiedad intelectual y de la economía de la información (Coase 1994: 85). Aunque ya hace mucho tiempo los fundadores del institucionalismo (Veblen 1995: 369) ya habían estudiado la relación entre los conocimientos y la economía de mercado, actualmente, se consideran cuatro componentes básicos de la economía del conocimiento: la innovación que genera derechos de propiedad intelectual, la inversión en investigación y desarrollo que hace lo propio, el aprendizaje determinado por la cultura nacional y el capital en educación que repercute directamente en la productividad del trabajo. Y la tercera circunstancia, como último ejemplo, es la incertidumbre o la falta de información con respecto a las alternativas de comportamiento de los agentes congéneres o de los líderes del mercado. Cada propietario de recursos debe decidir por sí mismo cuánta información desea comprar antes de decidir cómo va a usarla; por lo que la incertidumbre afecta la posibilidad misma de dibujar la curva de oferta dotando de alto riesgo a los planes de inversión, los cuales preferirán rentabilidades de corto plazo mucho más derivadas de las rentas que de las ganancias de productividad mediante procesos de apropiación improductivos.

En la medida que se acepta el planteamiento de la asignación de recursos como resultante de los costos de oportunidad, se cierra el círculo de la EscDerProp, la cual sustenta una idea muy particular de los procesos de apropiación que derivan en una u otra forma de repartir los ingresos nacionales. En efecto, esta entiende que el costo microeconómico representa la respuesta de los productores ante las preferencias de los consumidores, mientras que el comportamiento resultante de estos consumidores da lugar a la teoría de la demanda. En forma mecánica y especulativa, dicha Escuela pretende dar una solución teórica a los problemas sociales básicos de quién obtiene qué y quién hace qué bajo derechos de propiedad considerados como dados, es decir exógenos. En realidad y en procesos de apropiación productivos, tanto costos como demandas se relacionan positivamente con las ganancias de productividad y montan un juego de todos ganan, mientras que en otros improductivos lo hacen con la captura de rentas que produce otro juego de suma cero.

La determinación del precio y volumen de la producción implica reunir los elementos detallados anteriormente de manera que se pueda avanzar en el análisis de la interacción existente entre el comportamiento de los consumidores y las respuestas de los productores, lo cual entraña uno de los problemas sociales más importantes, tal como lo es la generación (apropiación) y asignación (reparto) de los recursos escasos. Pero siempre hay que tomar en cuenta que la racionalidad macro económica puede ser competitiva o no competitiva, por lo que el análisis de la asignación y el uso de los recursos se ven afectados por el ambiente macro económico en el que ocurre el intercambio basado en los derechos de propiedad privada propios de la organización liberal de los mercados. No hay ninguna ciencia de la producción opuesta a los valores colectivos implícitos en la distribución del ingreso, sino que ambos resultan de un orden institucional favorable a los procesos de apropiación productivos o, por el contrario, promotores de los cazadores de rentas (Galbraith 1995: XXIII).

El tipo de racionalidad macroeconómica productiva o no, afecta decididamente la asignación y el uso de los factores de manera tal que el intercambio funcionaliza procesos de apropiación también productivos o improductivos (Alchian 1950: 121). La EscDerProp plantea sus argumentaciones a partir de costos de las transacciones nulos porque solo de esta forma puede sostener a su teoría espontaneista del intercambio. Razonar con costos de las transacciones nulos implica adaptar una mecánica sin fricción, es decir sesgar el análisis hacia una adaptación falaz de la física. En realidad y desde un punto de vista institucionalista, no vale la pena razonar con costos de las transacciones nulos ni tampoco pensar que el régimen de derechos de propiedad privada puede solucionar espontáneamente todos los conflictos de intereses como si el mercado pudiera funcionar sin funcionarios gubernamentales, ni jueces ni policías ni, sobre todo, bienes públicos.

Desde el punto de vista institucionalista utilizado en este trabajo la dinámica del mercado está constituida por dos racionalidades reales en las empresas privadas: la basada en las ganancias de productividad y la racionalidad de los cazadores de rentas. Estos comportamientos determinan los precios de mercado, obviamente, pero poniendo en acto dos tipos de procesos de apropiación: el competitivo y el rentista siempre bajos los condicionamientos que impone a sus titulares cada régimen nacional o local de derechos de propiedad que limita el uso del suelo, prescribe una tasación de las herencias, prohíbe la producción de estupefacientes, etc.. Así, puede haber mercados restringidos, tantos como limitaciones a los derechos de propiedad existan. Dado que desde siempre han existido limitaciones a los derechos de propiedad por razones de convivencia social, no se trata de idealizar el libertarismo en los derechos de propiedad, sino de convenir una regulación óptima de los mismos mediante la ingeniería institucional.

Los determinantes esenciales en la asignación de recursos y en la composición de la producción de cualquier economía nacional son la racionalidad macroeconómica imperante, quien se traduce en determinados costos de las transacciones y derechos de propiedad. Cualquier economía muy competitiva establece restricciones específicas a estos derechos, sin que ello menoscabe a sus preceptos liberales e individualistas. En cualquier lado y por iteración, los procesos de apropiación interactúan con los derechos de propiedad para hacer posible diversas formas de generar propiedades. Solamente una visión idealista de los derechos de propiedad prácticamente anarquista, puede argumentar sobre un escenario donde estos derechos no sean objeto de restricciones. Ni la eficiencia técnica de la producción ni el bienestar colectivo pueden dejar de lado las implicaciones reales de cada régimen específico y particular de los derechos de propiedad y los procesos de apropiación respectivos. La EscDerProp practica un reduccionismo arbitrario cuando argumenta sobre el supuesto de los derechos de propiedad sin limitaciones, sin regulaciones y sin procesos de apropiación improductivos.

En una economía de propiedad privada, se combinan la toma de decisiones y la asunción del riesgo (el costo) para generar una estructura específica de incentivos productivos o improductivos. El costo de una operación X lo pagan los propietarios privados cuando sólo se movilizan recursos privados, pero los de una operación Z lo pagan los ciudadanos cuando se movilizan recursos públicos. Por una parte, el formador de precios puede afectar a estos ciudadanos vendiendo una cantidad menor o mayor del bien o servicio a fin de capturar rentas de concurrencia imperfecta, pero no sucede así para los tomadores de precios que son los consumidores. Por otra parte, los funcionarios públicos venales capturan rentas de regulación ejercitando las internalidades que constituyen una de las grandes fallas del gobierno apologizado por los socialistas más o menos keynesianos, por lo que es una característica esencial de las economías improductivas que predominen los cazadores de rentas tanto en el sector privado como en el público. Entonces y si bien la forma de propiedad privada es la predominante, ello no quiere decir que los procesos de apropiación productivos tengan la misma dominancia (Galbraith 1995: XXXII).

Cierto es que los abultados costos de las transacciones y las restricciones legales a la libertad de contratar frenan el desarrollo de los intercambios; pero igualmente lo hacen los procesos de apropiación improductivos, quienes limitan, achican, restringen, el conjunto de factores productivos movilizados por el mercado y, en consecuencia, nulifican toda la potencialidad que tiene este último para desarrollar las fuerzas productivas (Coase 1994: 71). Esta es una óptica extranjera al Teorema de Coase quien sostiene que no cuenta quién detente cuáles derechos de propiedad, donde están incluidas las responsabilidades por daños, porque los participantes resolverán privadamente los conflictos de intereses siempre que los derechos de propiedad estén bien definidos y los costos de las transacciones sean nulos. Solamente en el ámbito de esta idealización de la EscDerProp que pretende generalizar un caso tanto irreal como excepcional, puede pensarse que las transacciones de mercado hacen coincidir el óptimo privado con el social en la medida que la economía se aproxime de los costos de las transacciones nulos. Es por esto que Stiglitz (1993: 73) le llamó *la Falacia de Coase*, en lugar de *Teorema* induciéndonos a pensar que los procesos de apropiación productivos que generan similares formas de propiedad no existen por definición como supone la EscDerProp.

La asignación de recursos bajo restricciones a los derechos de propiedad privada, se divide fundamentalmente en dos: (1) restricciones a la existencia misma de los derechos de propiedad como las barreras a la entrada, y (2) a la transferencia voluntaria de esos derechos como los controles de precios. Cuando acaece (1) se vulneran las preferencias sociales. Cuando acaece (2) se genera escasez. Todo ello en el supuesto de una macroeconomía nacional de racionalidad productiva, porque los tres determinantes básicos de la asignación de recursos y de la composición de la producción en una economía de mercado son la forma de concurrencia, los derechos de propiedad y las formas de apropiación. Tales condiciones hacen que los agentes económicos se comporten de una forma competitiva o no competitiva según predomine una apropiación basada en las ganancias de productividad o en la captura de rentas. Como a los fallos del mercado deben sumársele los del sector público y los de las empresas, estos incentivos promoverán las ganancias de productividad cuanto más competitivo sea el capital social de la nación correspondiente, es decir, la capacidad de organización que tiene la colectividad respectiva.

Dice la EscDerProp: "toda interferencia con el derecho de propiedad privada reduce los incentivos para buscar el mejor uso de los recursos. El resultado de la atenuación de la propiedad privada es una mayor desviación de la composición de la producción frente a los deseos de la comunidad o, más probablemente, la ineficiencia técnica de la producción" (Pejovich 1985: 142). Ello puede afirmarse en el supuesto de que solamente existiera la empresa clásica, la única forma de intercambio fuera la transacción de mercado, y no existiera otra institución que la propiedad privada como mecanismo de movilización de recursos. Por ello es necesario considerar a las imperfecciones teóricas, aunque no reales, tanto del mercado, como del sector público, como de las empresas, para plantear diversas formas de combinación entre derechos de propiedad y formas de apropiación. Diferentemente a lo que señala Pejovich, toda interferencia rentista en los procesos de apropiación productivos que generan ganancias de productividad, es lo que imprime ineficiencia e ineficacia en la asignación de recursos, sea ello bajo la forma de propiedad pública o privada.

La externalidad es un efecto de la acción de un agente económico sobre otro que no es registrada por los precios corrientes. Puede ser positiva (vacunación preventiva) o negativa (contaminación ambiental). Es un *intercambio* (acto de reciprocidad con respecto a bienes y servicios) donde las partes contratantes no reciben todas las consecuencias del mismo. Cuando no existen externalidades sólo hay costos y excedente organizacional privados. Cuando sí existen, hay costos y excedente organizacional sociales. Sólo pueden coincidir costos y excedente organizacional sociales cuando no existen externalidades, es decir nunca. Una economía productiva tiende a interiorizar las externalidades con base en las ganancias de productividad que resultan de procesos de apropiación competitivos; mientras que otra improductiva se especializa en rentabilizar las externalidades que produce sistemáticamente una sociedad de rentistas. Con respecto a esta realidad demasiado costosa de nuestros mercados sumergidos, la solución de la EscDerProp pretende que las partes que originan una exterioridad potencial pueden derivar ganancias de los acuerdos voluntarios donde, con un carácter social impecable, neutralizan las externalidades en vez de generarlas. Todo ello en una situación de poquísimos participantes, porque en la situación real de numerosos contratantes, los elevados costos de las transacciones impiden el surgimiento de acuerdos voluntarios. Pero no es solamente una cuestión de grandes números, ya que en las economías improductivas caracterizadas por similares procesos de apropiación proliferan los pasajeros clandestinos con sus coaliciones de rentistas. Por todo ello no cabe duda que son los agentes privados y la forma de propiedad respectiva quienes generan externalidades negativas como el oportunismo contractual de estos pasajeros clandestinos que se apropian y forman propiedad privada a costa de un juego suma cero con respecto a la colectividad.

El idealismo espontaneísta sugiere que mientras sean nulos los costos de las transacciones, las formas de propiedad prevalecientes y las externalidades potenciales no afectarán la correcta asignación de los recursos ni la composición de la producción en un escenario donde la economía global reproduce fielmente la solución voluntaria y unánime de los mercados armónicos de la concurrencia perfecta. Desde el punto de vista espontaneísta de la economía propio del liberalismo, las negociaciones de mercado en las transacciones del mismo carácter eliminarán todas las divergencias entre los costos privados y los sociales movilizando los recursos hacia las asignaciones más valiosas. Sin embargo, las externalidades surgen de los intercambios que no contratan todas las consecuencias de las prestaciones mutuas; es decir, que el precio al que se pacta el intercambio no comprende todas las consecuencias del contrato. Las externalidades hacen diferir costos y excedente organizacional sociales porque la propiedad privada no es exhaustiva, ni su operación basta para que el mercado abierto funcione con eficiencia y eficacia. Una sociedad de confianza reduce los costos de las transacciones derivados del oportunismo contractual, mientras que otra de suspicacia produce el efecto contrario. Los avances tecnológicos tienen resultados ambivalentes sobre los cotos de las transacciones, por un lado reduce algunos componentes, pero por otro los aumenta: el Internet reduce los costos de la información pero también aumenta la economía informal que genera externalidades negativas.

Una conclusión general es que hay que analizar las convenciones de los derechos de propiedad prevalecientes con sus respectivos premios y castigos para formular proposiciones verificables acerca de la asignación de recursos y los incentivos destinados a mejorar la eficiencia de la producción. Según sean los regímenes de premios y castigos que afecten a los procesos de apropiación, pero no a los derechos de propiedad, serán las externalidades positivas o negativas que tengan lugar. En general, un ambiente competitivo basado en las ganancias de productividad tiende a reducir las externalidades negativas y a aumentar las positivas sean ellas generadas por el sector público o por el privado.

4. APROPIACIÓN DEL EXCEDENTE ORGANIZACIONAL

Según la EscDerProp, el excedente organizacional consiste en las ganancias por período de tiempo que superan a los costos de oportunidad de todos los recursos utilizados en la producción (Pejovich 1985: 214). Sin embargo y desde un punto de vista realista, el excedente organizacional es un plus de los ingresos con respecto a los gastos que obtiene una empresa u organización. Competitivamente, el mismo excedente no es el resultado de una sumatoria de racionalidades contractuales e individuales, sino de la coordinación informativa de un determinado grupo de agentes económicos, los cuales logran una competitividad colectiva unificada por la empresa y, al mismo tiempo, superior a la sumatoria de las competencias individuales (Bergeron, 1996: 15). Es decir, que el excedente organizacional representa una sinergia de los esfuerzos individuales (Demsetz 1967: 324 y Soto 2001: 242 y Williamson 1989: 211 a 241 y Mises 1994: 35); por lo que dos o más se asocian entre sí –cualquiera fuere la relación de poder– porque cada uno obtendrá un beneficio más que proporcional con respecto al esfuerzo respectivamente aportado. Esta última es una definición endógena del excedente organizacional porque resulta de una empresa diferente del mercado abierto en tanto que basada en las jerarquías del proceso de trabajo y la apropiación correspondiente de sus beneficios.

Podríamos decir que la función esencial del contrato mercantil es especificar los derechos de propiedad que se intercambian y situar al proceso de apropiación referido a un proceso de trabajo determinado. Estos acuerdos contractuales están condicionados por los derechos de propiedad existentes; por ejemplo, la forma de propiedad ejidal antes de las reformas de la administración Salinas impedía que los propietarios de las parcelas pudieran venderlas o rentarlas en forma particular. Pero también están condicionados por el tipo de excedente organizacional que se procesa; por ejemplo y en la empresa flexible, se firmará un contrato laboral de muy distinto contenido al de la empresa rígida porque diversos son los procesos de apropiación correspondientes.

Dentro de un ambiente concurrencial basado en las ganancias de productividad, la curva de oferta se desplaza a causa de estas ganancias como resultado de un excedente organizacional productivo. Diversos aspectos pueden desarrollar las ganancias de productividad, como la el progreso tecnológico u organizativo, la apertura de nuevos mercados, el desplazamiento competitivo de otros participantes en el mercado, etc. El desarrollo de las ganancias de productividad es lo que permite pasar de un juego suma cero a un juego de todos ganan tanto a nivel micro como macro económico. Si ello no sucede así, será porque en paralelo al desarrollo de las ganancias de productividad intervienen factores de reparto del ingreso que bloquean al *goteo* en el nivel micro y a la redistribución del ingreso favorable a la productividad en el nivel macro. Pero siempre será cierto que el desarrollo de las ganancias de productividad representa que el mismo conjunto de factores productivos genera mayor producción en la empresa cualitativamente mejor organizada, tal como nos enseñó Leibenstein (1987: 101). La misma idea con otras palabras: a causa de las ganancias de productividad que generan los procesos de apropiación productivos, la oferta se desplaza hacia abajo y la frontera de producción hacia la derecha.

Si dentro de los períodos históricos donde predominaron las formas de acumulación extensivas pudimos considerar a la función de producción como dada, ello es imposible en este capitalismo postmoderno caracterizado por el predominio de los intangibles y un intenso cambio tecnológico u organizativo. Los ajustes en el nivel de la producción mediante cambios en el empleo de los recursos o insumos son intensos y reiterativos tanto en el corto como en el largo plazo, por lo que la vinculación entre propiedad y apropiación adquiere nuevos significados según que la economía se acerque rápidamente (China), o se acerque muy lentamente (México), a la sustentabilidad de los factores de la producción. La confrontación de estos dos ejemplos nos patentiza que más que un modelo liberal de la propiedad privada, es resolverte del progreso la apropiación productiva del excedente organizacional con formas de propiedad privada o gubernamental.

El desarrollo de las ganancias de productividad depende mucho de la especialización de los activos y la idoneidad empresarial que gestiona a los procesos de apropiación del excedente organizacional. En efecto, la especialización de los activos permite concursar eficientemente en términos de precios y calidades de los productos o servicios elaborados; mientras que la idoneidad empresarial redunda en la pertinencia de una especialización de la empresa con respecto al medio ambiente de los negocios que corresponda, por lo que constituye una ventaja competitiva fundamental. Como vemos, el desarrollo de las ganancias de productividad no es exclusivamente un proceso microeconómico, sino que también es un resultado de la vinculación con el medio de negocios nacional cada vez más internacionalizado a causa de la mundialización.

En la época de Adán Smith la forma de especialización más productiva fue la mera división del trabajo, pero ahora lo es la producción flexible basada en equipos polivalentes que ponen en acto procesos de apropiación mucho más basados en la colaboración de clases que en su contrario. Según sea el grado desarrollo competitivo de los países (economía productivas o de rentas), será el tipo de especialización que predomina en el ambiente nacional respectivo. Aún desde el punto de vista de los costos de oportunidad, el mérito de la especialización adecuada consiste en que el volumen deseado de cualquier bien o servicio se produce al costo más bajo en términos del valor de otros bienes o servicios sacrificados, por lo que opera la perecuación de la tasa de ganancias siempre que los procesos de apropiación sean competitivos, es decir, que no estén basados en la captura de rentas.

La teoría de la captura de la reglamentación nos enseña que el capitalismo privado es víctima de los funcionarios públicos venales coludidos con empresarios privados beneficiarios de la corrupción. Por su parte, las economías improductivas generan empresas ineficaces donde el excedente organizacional es apropiado por los empresarios respectivos sin que desarrollen las ganancias de productividad, sea con regímenes basados en la propiedad privada de los medios de producción (México) o estatal (Cuba); por lo que la experiencia nos muestra que ninguna forma de propiedad en particular es condición suficiente para que los procesos de apropiación productivos generen formas de propiedad eficientes y eficaces en la utilización de los recursos nacionales.

Toda economía se enfrenta al problema operativo de determinar las áreas más rentables para la aplicación de recursos y, una vez logrado lo anterior, lograr la movilización de los excedentes hacia estas utilizaciones. En este cometido operacional, la *main current economic* se apega a un capitalismo privado de organización liberal extrema porque coincide con la visión mecanicista del proceso general de intercambios. El proceso iterativo hacia una posición de equilibrio, más bien que las propiedades del equilibrio, es lo que interesa a esta física sesgada de la economía positiva. Pero aún esta óptica mecanicista comienza a tomar otros significados cuando se admite que el excedente organizacional es un resultado institucional fruto de la conjunción de esfuerzos.

En una economía de propiedad privada y libre intercambio se piensa que el excedente organizacional cumple con la tarea de identificar las áreas de rentabilidad más promisorias y de movilizar los recursos escasos hacia ellas. Sin embargo, "la libertad de intercambio voluntario por la vía de su efecto sobre la tasa de excedente organizacional identifica la existencia de una mala asignación de recursos" (Pejovich 1985: 198). ¿Cómo se corrigen las malas asignaciones?: mediante transferencias de recursos en las cantidades adecuadas hasta que el excedente organizacional en términos de costos de oportunidad sea nulo. Este proceso de perecuación tiene lugar porque el derecho de propiedad privada contiene el atributo de recibir los excedentes organizacionales, rendimientos o ganancias de los activos correspondientes. Por lo tanto y bajo todas estas condiciones mecanicistas adjudicadas a la situación ideal de la concurrencia perfecta, el derecho de propiedad privada provee incentivos para que los propietarios busquen la colocación más rentable de sus recursos, pero no sucede así cuando nos desplazamos al universo de las economías improductivas en concurrencia imperfecta.

La visión mecanicista del excedente organizacional puede generalizarse de la siguiente forma. "La ausencia de restricciones a la libertad de intercambio voluntario y el derecho de propiedad privada de los recursos, echan a andar un proceso de ajuste en la asignación de recursos que funciona para igualar las ganancias por un peso de recursos. Esta tendencia hacia una tasa media de ganancia significa que los beneficios se igualarán a cero. Recuérdese que la nulidad de los beneficios no implica la ausencia de ganancias con respecto a los recursos utilizados. Cuando se dice que los beneficios se igualan a cero solamente se sostiene que los recursos producen tanto como podrían hacerlo en usos alternativos. La tendencia hacia una tasa igual de ganancias para todo el mercado implica precisamente eso. Cada propietario está obteniendo de sus recursos todo lo que podría obtener mediante su empleo en otra parte" (Pejovich 1985: 195). Sin embargo y en el caso de concurrencia imperfecta, estas virtudes adjudicatarias de recursos que tendrían los derechos de propiedad privada no operan.

La teoría de nulidad del excedente organizacional no toma en cuenta que las empresas pueden obtener rendimientos crecientes. Tampoco considera que los cambios institucionales afecten su dinámica (salario mínimo, flexibilización mercado laboral, demandas cautivas, etc.), la cual adquiere muy diversos significados según sea el régimen de incentivos y el ambiente competitivo del caso. Situados en una economía competitiva, la innovación es la fuente del excedente organizacional productivo, el cual desarrolla nuevas oportunidades de intercambio de acuerdo con la racionalidad macroeconómica económico preferida por la comunidad. En tanto que proceso de apropiación, la innovación representa un cambio en la función de producción y el empresario innovador es un líder social siempre que transforme al ambiente de baja competitividad en otro de alta.

Generalmente, los bloqueos de la concurrencia perfecta constituyen fuentes de excedente organizacional improductivo o renta. Ejemplo de ello es el dumping o la sobre facturación de las empresas, las colusiones y fusiones, las barreras a la entrada, y el excedente organizacional de oligopolio o de cualquier otra estructura imperfecta del mercado, todo lo cual no constituye creación de nueva riqueza, sino transferencia de recursos. Contrariamente, el crecimiento competitivo del excedente organizacional está ligado a: (1) el capital institucional, (2) la evolución tecnológica y del capital humano, (3) el progreso de la productividad y de la competitividad, (4) la transformación de la estructura productiva, (5) la sustentabilidad de los factores de la producción. Estos factores derivan de los estudios realizados por Kuznets (1971: 82) quien subrayó que no existe una teoría del crecimiento económico universal y atemporal, y con ello dio paso a los estudios institucionalistas necesariamente circunstanciados muy particularmente con respecto a los incentivos de la apropiación y la propiedad. El mismo autor relevó empíricamente siete vinculaciones del crecimiento económico, los cuales podemos anotar en forma actualizada como sigue: (a) modificaciones demográficas que incrementan la capacidad potencial de generar producto (esperanza de vida, nutrición, hábitat), (b) declive de las actividades primarias y emergencia de las actividades transformadoras, que en su oportunidad se llamó industrialización y actualmente terciarización, (c) urbanización como nueva forma de vida mundializada que propende la creatividad y el desarrollo del insumo en conocimientos, (d) transformación de la estructura económica hacia el perfil de la modernización competitiva, (e) nueva sinergia entre equidad y eficiencia, (f) transformación del capital institucional desde una economía improductiva a una economía productiva, (g) transformación de los valores a causa de la innovación empresarial y social.

Siempre dentro de la innovación como proceso representativo de las economías competitivas, ¿cuál es la diferencia esencial entre la inversión y la innovación con respecto al crecimiento económico?: "la inversión genera un crecimiento de las producciones futuras mediante una combinación del sacrificio voluntario e involuntario del consumo corriente. El sacrificio voluntario del consumo corriente representa un ajuste deseado en el patrón de consumo de la comunidad a través del tiempo. El ahorro involuntario (ahorro forzado) indica el ajuste del patrón de consumo de la comunidad que debe hacerse en opinión de la élite gobernante. En cambio, la innovación aumenta el conjunto de elecciones de oportunidades de la comunidad y procrea al *innovador*, es decir, un hombre que acepta deliberadamente el riesgo de que su iniciativa sea rechazada por la comunidad y, por lo tanto, que el cambio resultante en la riqueza del innovador pueda considerarse como una remuneración por haber mejorado la situación de la comunidad" (Pejovich 1985: 220). Aparte de que la influencia de Schumpeter en estos principios es evidente, lo anterior implica que el excedente organizacional de los empresarios innovadores tiene una justificación social, pero que el de los empresarios rentistas carece de tal fundamento. Igualmente, con respecto a la puesta en práctica de una política social innovadora que se valida colectivamente o, por el contrario, a una mera transición sin cambios positivos en la justicia social que solamente otorga beneficios sectoriales.

La empresa es un régimen de jerarquías que implica dos características: (1) el costo de supervisión y vigilancia del proceso de producción en equipo debe compararse con el costo de contratación alternativo en el mercado abierto para determinar el tamaño eficiente de la empresa, y (2) el progreso tecnológico, organizativo y del talento innovador de los empresarios tiende a reducir el costo de la producción en equipo relativamente al costo alternativo de contratación en el mercado abierto. No existe un tamaño determinado a priori, sino que la escala variable de los rendimientos determina al tamaño eficiente de las empresas, por lo que la integración vertical, aunque sea monopolista, puede ser productiva y competitiva. Lo anterior se razona suponiendo que no existen fallos de las empresas o que estos han sido neutralizados por la vía contractual o jerárquica, pero siempre poniendo de relieve los fundamentos que corresponden a los procesos de apropiación productiva y sus propiedades.

De acuerdo a la forma de propiedad, podemos decir que existen tres formas esenciales de empresa: la clásica, la cooperativa y la paraestatal. En esta oportunidad no tratamos las dos últimas y nos concentramos en la primera. El comportamiento de la empresa clásica está muy condicionado por los derechos de propiedad poseídos por el agente administrador que funge como empresario/propietario. Este derecho de propiedad le atribuye tres derechos con respecto al proceso de apropiación: (1) recibir el residuo con respecto al pago de todos los insumos cualquiera sea su naturaleza, es decir, considerando al salario como un insumo. Este residuo es el excedente organizacional, en este caso apropiado al 100% por el empresario/propietario, el cual provee incentivos para combinar adecuadamente la producción en equipo de la empresa con los contratos de mercado abierto siempre que se esté dentro de un ambiente de alta competitividad; (2) de contratar o dar de baja a los empleados, y (3) de vender los derechos de propiedad en el mercado abierto.

La empresa clásica verifica, como cualquier otra clase de empresa, la importancia determinante del excedente organizacional, porque la maximización de los rendimientos se lleva a cabo a través de un proceso de captura de la información, de mantenimiento del equipo, etc. La empresa clásica situada en un escenario de concurrencia perfecta y alta competitividad, supone que los costos de las transacciones son nulos, que no existen barreras a la entrada y que hay movilidad perfecta de los factores. Con todas esas condiciones, el objetivo de maximizar excedente organizacional es inapelable porque es un resultado funcional de la mecánica con que se idealiza al mercado abierto, quien impone desde afuera esta condición de existencia para un empresario/propietario que desea maximizar su utilidad.

El derecho de propiedad privada en un escenario de racionalidad substantiva genera incentivos para que el tomador de decisiones empresariales persiga el objetivo de maximización del excedente organizacional: "este comportamiento motivado por el propio interés de los propietarios/administradores genera beneficios públicos porque una consecuencia importante de la búsqueda maximización por parte del propietario/administrador es la asignación de recursos que refleje las preferencias de la comunidad acerca de la composición de la producción" (Pejovich 1985: 235). Como es evidente, pensamos nosotros, ello solamente sucede en el mundo idealizado de Pareto y la ortodoxia neoclásica donde la soberanía del consumidor y la perecuación de la tasa de ganancia hacen que la producción brinde todos los satisfactores que el consumo requiere en mercados completos y mediante contratos exhaustivos. Muy otro es el bosquejo del proceso de apropiación cuando las fallas en la teoría neoclásica del mercado nos acercan a la realidad de la concurrencia imperfecta, los mercados y contratos incompletos. Entonces no existe ningún equilibrio entre oferta y demanda que represente la armonía entre el consumo y la producción, sino que la apropiación privada insume grandes costos sociales en un desarrollo que siempre desemboca en la propiedad privada.

La EscDerProp postula que a medida que fluyen los recursos hacia las actividades que otorgan excedente organizacional positivo (precio > costo medio) ello entraña un cambio en la composición de la producción, porque (1) el aumento en la oferta de los bienes rentables reduce su precio y entonces el excedente organizacional. Al igualarse el precio con el costo medio de todas las empresas no existen más incentivos a la entrada y (2) la valuación de los recursos mediante la puja concurrencial tiende a igualar las curvas de costos de diversas empresas. La EscDerProp nos propone así un notable proceso de perecuación microeconómico, el cual daría lugar a la desaparición no solamente del sobre beneficio, sino también de los empresarios como colectores del residuo en el proceso de producción.

La producción puede realizarse en el mercado abierto o mediante una empresa. La comparación entre los costos de contratar al mercado abierto y los costos del equipo de producción nos indicará el tamaño eficiente de la empresa clásica. Como siempre, la razón de existir de la empresa es que produzca más barato y de mejor calidad que el mercado abierto, de manera tal que el justificativo de la empresa también es el justificativo del empresario/propietario competitivo, pero no rentista. No se trata de cuestionar la tendencia de los empresarios clásicos a maximizar el beneficio, sino de destacar que diversas restricciones como las asimetrías de información o la racionalidad limitada les permiten obtener beneficios, es cierto, y muchas veces cuantiosos, pero no necesariamente máximos como supone la EscDerProp. El objetivo de maximización del excedente organizacional es un objetivo ideal porque solamente es verificable en un escenario de concurrencia perfecta y racionalidad substantiva que no se verifica empíricamente. Desde un punto de vista real, ese mismo excedente organizacional, cualquiera fuere su cuantía, deriva del conjunto de derechos poseídos por el administrador/propietario (repetimos: apropiarse del residuo del proceso de trabajo en equipo, contratar y despedir miembros del equipo y vender todos estos derechos en el mercado abierto) y de su pericia en el ejercicio de estos derechos de apropiación. Schumpeter tomó otra perspectiva, cuando señaló que el empresario/administrador, pero no propietario, obtenía el excedente organizacional a causa de las innovaciones, porque el mismo no era cualquier empresario, sino solamente el que realizaba innovaciones para desarrollar las ganancias de productividad, mientras que los accionistas no eran otra cosa que rentistas.

La evolución del capitalismo desde las formas de acumulación en serie o masiva hacia las formas flexibles renueva las grandes diferencias que existen entre la empresa clásica y la corporación nacional o transnacional de nuestros días. En la evolución indicada, no solamente se fueron especializando las funciones de propietarios y administradores, sino que las responsabilidades patrimoniales de los propietarios se fueron acotando. De esta forma se pasó de la responsabilidad propietaria ilimitada a la limitada, y luego a la accionaria. Existe una diferencia entre la responsabilidad limitada y la accionaria: mientras en la primera la responsabilidad del propietario se limita a una parte del capital de la empresa, en la segunda solamente al lote de acciones suscriptas. Habitualmente, cada accionista goza de los siguientes derechos derivados de la responsabilidad limitada: (a) de voto en las juntas de accionistas, (b) de venta de las acciones y (c) de limitar el máximo de su responsabilidad al valor 0 de la acción respectiva. Por todo lo cual el proceso de apropiación deviene cada vez más colectivo en empresas ya muy lejos del prototipo neoclásico no solamente porque el proceso de trabajo es distinto a causa de la flexibilización, sino porque la distribución de riesgos y responsabilidades también.

La gestión de la corporación se apoya esencialmente en los administradores o managers, quienes van a mediar en el ejercicio de todos los derechos de los propietarios. Solamente en una situación ideal (Demsetz 1967: 311), el excedente organizacional máximo se transmitiría al 100% a los accionistas porque es requisito de tal proceso que los costos de agencia fueran nulos y el contrato de agencia perfecto. Entonces, se habría asimilado la función de utilidad de los managers con la de los accionistas. En la realidad, lo anterior carece de relevancia y significación porque lo que prevalece es una verdadera economía política de la empresa privada, donde prevalece el conflicto de intereses entre managers y accionistas durante el proceso de apropiación. Si alguien se empeñara en calcular los costos de oportunidad, en todo caso, tendría que referirse a los costos de agencia relativos a elencos de administradores alternativos.

Las dos vías habituales que utilizan los managers para apropiarse del excedente organizacional son los costos de funcionamiento del equipo empresarial y los costos de las transacciones; es decir, hacia el interior de la empresa o hacia el mercado abierto. Como la racionalidad tanto de los managers como de los accionistas no es substantiva sino limitada, los managers deberán contabilizar el excedente organizacional que, por lo menos, satisfaga las aspiraciones de los accionistas. En este sentido podemos suponer que el excedente organizacional reportado satisface al cálculo de los costos de oportunidad que pueden realizar los accionistas, quienes, al mismo tiempo, deberán estar dispuestos a pagar el precio de la pericia administrativa y, sobre todo, de la lealtad que cobran los managers. En ambos casos y siguiendo a Simon (2006), podemos decir que se obtienen dividendos y remuneraciones que satisfacen las expectativas de los agentes económicos aunque no se trate de un excedente organizacional máximo. Aún la apropiación por parte de los administradores de bienes no pecuniarios (imagen, posiciones en el sociograma, relaciones públicas, etc.) se disimulan habitualmente en los costos de funcionamiento del equipo con desmedro del excedente organizacional que pertenece a los accionistas. Todo ello concuerda con las particularidades de la relación de agencia en las empresas. En primer lugar, porque la valuación del mercado puede, subjetivamente, sancionar el comportamiento del mandatario (manager) con premio (aumenta valor de la acción) o castigo (venta de acciones). En segundo lugar, porque todo administrador tenderá a hacer ver a los accionistas que el excedente organizacional obtenido es superior a los costos de oportunidad de la inversión. En tercer lugar, porque cuando un accionista tiene un peso relativo importante entre los tenedores de acciones y logra manipular políticamente al consejo de administración, se establece una especial simbiosis entre mandantes y mandatarios, la cual representa una verdadera dominación por parte de estos managers mucho más políticos que tecnócratas. En cuarto lugar y a la inversa, cuando ningún accionista puede hacer sombra al poder de los managers, la atomización del derecho de los propietarios es causa esencial del poder de los administradores. Y en quinto lugar, los accionistas, aun con poca concentración de las acciones, tienen gran interés en promover la concurrencia entre los miembros de la tecnoestructura para evitar que esta funcione como un bloque consolidado de intereses.

Disentimos con la visión espontaneísta de la EscDerProp, quien sostiene que las "fuerzas del mercado tienden a proteger a los accionistas" (Pejovich 1985: 252), porque el mercado se idealiza con una serie de mecanismos irreales solamente teoréticos. Así es que el excedente organizacional reportado y el máximo coinciden a causa de un proceso de perecuación de las ganancias solamente imaginable en un escenario de concurrencia perfecta y racionalidad substantiva, la función de utilidad del mandante se asimila a la del mandatario y la corporación moderna a una empresa clásica. En realidad, la corporación colecta ahorro público y en consecuencia adquiere contornos de empresa pública, por lo que se hace más evidente que en otros casos que la corporación privada causa importantes efectos en la sociedad (pérdida de los fondos de retiros por parte de los pequeños accionistas de empresas como Enron y similares).

"Si los administradores se están desviando del objetivo de la maximización del excedente organizacional, o son simplemente ineficaces, el precio de mercado de las acciones de la empresa bajará", asevera la EscDerProp (Pejovich 1985: 254). Los accionistas contratan nuevos managers y los recursos se asignan con mayor eficacia y eficiencia mientras que la corporación produce bienes o servicios en mayor concordancia con la demanda efectiva de los distintos tramos de ingresos. En este sentido es que la economía adjudicataria sostiene que "el sistema de incentivos existente en una economía de propiedad privada y mercado abierto funciona para convertir el comportamiento egoísta en un excedente organizacional público" (Ibídem). No ha sido otra la presunción de todos los utilitaristas empezando por David Hume, Adán Smith y similares. Pero ello puede imaginarse en un escenario de mercado perfecto donde, entre otras cosas, prevalece un código ético y moral tan legítimo como para asegurar el auto cumplimiento de los contratos y de esta forma erradicar la selección adversa y el riesgo moral en los procesos de apropiación.

La evolución de los derechos de propiedad y las formas de apropiación hicieron paralela la evolución organizativa de la empresa clásica hacia la corporación postmoderna con la responsabilidad ilimitada hacia la limitada. Un fenómeno derivado de lo anterior fue la dispersión de los derechos de propiedad en la atomización de los accionistas y el capitalismo popular; por lo que una visión social de la gran empresa es cada vez más necesaria. Desde el punto de vista de los derechos de propiedad, la corporación postmoderna no solamente atenúa estos derechos, sino que genera la necesidad de establecer una relación de agencia en el interior de la corporación misma, con lo que se establecen los fundamentos de la tecnocracia privada. Establecida la relación de agencia en la corporación y el conflicto de intereses inherente, los managers tienen la oportunidad de desviarse de la maximización del excedente organizacional que prevé la ortodoxia neoclásica. Si así lo hicieren, vulnerarían al excedente organizacional residual que corresponde a los accionistas en tanto que propietarios y atacarían la eficiencia económica que maximiza el bienestar de la población. La empresa sería entonces una forma organizativa muy defectuosa (en términos de costos y de forma organizativa) para aprovechar las potencialidades de las tecnologías de avanzada y los grandes mercados nacionales o multinacionales. Sin embargo, los criterios de gobernanza privada tienden a proteger los derechos de los accionistas frente a la tecnocracia privada. En este sentido puede admitirse que los criterios de gobernanza privada tienen un significado social, en tanto que impone condiciones a la colecta de ahorro público y al proceso de apropiación subsiguiente.

5. RESUMEN DEL CAPÍTULO 1

"La vida del hombre en sociedad, al igual que la vida de las demás especies animales, es una lucha por la existencia y, por ende, un proceso de adaptación selectiva. La evolución de la estructura social ha sido un proceso de selección natural de instituciones" (Veblen 1995: 194). En efecto y contra toda concepción creacionista, los derechos de propiedad surgen de procesos de apropiación circunstanciados, los cuales son el fruto de la evolución institucional dentro de ambientes nacionales productivos o improductivos.

La dotación inicial en derechos de propiedad se transforma mediante el proceso de apropiación para generar nuevas propiedades. En economía, estas nuevas propiedades resultan de un proceso dinámico residente en la producción, la distribución o el consumo de bienes, el cual puede basarse en las ganancias de productividad o en la captura de rentas y de esta forma dar lugar a una economía competitiva u otra improductiva. La EscDerProp otorga gran importancia a la definición de los mismos derechos y con ello se vincula claramente al institucionalismo. En efecto, una buena definición de los derechos de propiedad consiste en el ordenamiento institucional que precisa el significado de los mismos con respecto a su individualidad, su exclusividad y su transferencia, para lo cual es indispensable la participación del Estado gobierno, hecho que no lo niega ni la EscDerProp ni ningún liberalismo económico. Así, la EscDerProp matiza sus ideas creacionistas con respecto a los derechos de propiedad y se sitúa en el terreno de las políticas institucionales. Igualmente lo hace el Teorema de Coase, a quien podemos rotular como el capítulo 1 de la EscDerProp, para el cual la buena definición de los derechos de propiedad es fundamental para que opere el intercambio de los mismos: desde siempre no hay mercado sin Estado ni viceversa. Lo que no destaca el Teorema de Coase es que las limitaciones a los mismos derechos que existen desde que se institucionalizan los derechos de propiedad en cualquier sociedad, dependen superlativamente de las convenciones sociales circunstanciadas. Todo lo cual nos lleva a valorizar la naturaleza institucional de los derechos de propiedad y sus procesos de apropiación, pero no la doctrina creacionista que remite la dotación inicial de estos derechos a los estados de naturaleza.

Desde el punto de vista institucional, la economía es una ciencia de los contratos en tanto que estos representan pactos o convenios, implícitos o explícitos, escritos o verbales. El contrato de intercambio es el medio por el cual los derechos de propiedad afectan el comportamiento económico, porque según sea la amplitud y características de los derechos transmitidos en el intercambio, serán los valores de las prestaciones, es decir los precios. Por ello es que los derechos de propiedad intercambiados afectan tanto a la producción como a la distribución o al consumo de bienes y servicios. Se intercambia para obtener satisfactores, pero también para montar procesos de apropiación a partir de los bienes o servicios entregados o recibidos. Estos procesos de apropiación pueden ser productivos o su contrario, aunque siempre desembocan en propiedades.

Desde el punto de vista de la EscDerProp, el excedente organizacional representa un proceso mediante el cual se asignan recursos a las formas de utilización más valiosas. Entonces, el excedente organizacional descansa sobre una concepción de la economía como manifestación de la racionalidad substantiva que solamente es teórica. Esta idealización de la racionalidad económica necesita de un concepto del mismo carácter, tal como es el de los costos de oportunidad. Así, la EscDerProp piensa que el costo de oportunidad define el valor de la producción que puede generar un conjunto de recursos en el mejor uso alternativo. Pero en la realidad, no en la idealización del mercado que hace la EscDerProp, el cálculo de los costos de oportunidad se hace muy difícil, por no decir indeterminado, porque la información es costosa, opaca y no fluye espontáneamente; porque realmente los costos de las transacciones deben ser administrados con pericia en ambientes de concurrencia imperfecta; porque existen diversas formas de propiedad que no corresponden a la empresa neoclásica. Por todo lo cual y si quisiéramos analizar al excedente organizacional en términos de costos de oportunidad, tendríamos que ubicarlos en concurrencia imperfecta donde, como mínimo, no habría perecuación de la tasa de ganancia y, en consecuencia, tampoco procesos de apropiación acumulativos y propiedades imperfectas. En consecuencia, debemos desplazarnos desde el análisis del excedente organizacional en términos de costos de oportunidad hacia los términos de la causalidad acumulativa.

Con respecto a nuestros capitalismos actuales basados en los intangibles y la economía del conocimiento, la EscDerProp hace un gran aporte analítico cuando señala que el intercambio no solamente existe para operar la transferencia de mercancías o servicios, sino que también encuentra una razón de ser fundamental en la transferencia de derechos de propiedad los cuales, mediante formas de apropiación consecuentes, darán lugar a nuevas propiedades. No se intercambian derechos de propiedad para ponerlos en un cuadro de la sala, sino para instrumentar procesos de apropiación como consecuencia de tal intercambio de derechos de usar y gozar de los bienes y servicios respectivos, particularmente la fuerza de trabajo, y así generar excedente organizacional. Por el contrario, lo que significativamente la EscDer-Prop no distingue, es que la propiedad de un cepillo de dientes es muy diversa de la propiedad de los medios de producción, porque mientras la primera sólo se relaciona con un valor de uso, la segunda lo hace con la posibilidad de generar y apropiarse del excedente organizacional merced al conjunto de los factores productivos, pero no solamente los derechos de propiedad.

La recolección del ahorro público por medio de acciones ha sido un elemento esencial para la expansión de las corporaciones privadas en la economía mundial. Por ello es que las teorías de la Revolución de los Managers como consecuencia de la separación entre propiedad y control (conflicto de agencia) tienen un significado mucho más amplio que el reductible a la microeconomía. La dispersión de las acciones fue y es un elemento esencial para el desarrollo de una tecnoestructura que hoy entra en conflicto de intereses con los llamados *inversionistas institucionales* mostrando, una vez más, que es indispensable articular el análisis de los derechos de propiedad con las formas de apropiación y alejándose de cualquier visión creacionista de los derechos de propiedad, sean ellos materiales o intelectuales.

5. BIBLIOGRAFÍA

Alchian, Armen

1950 "Uncertainty, evolution and economic theory" en revista "Journal of Political Economy" vol.58, no. 3.

Barzel, Yoram

1997 "Economics analysis of property rights", Cambridge Univ. Press.

Bergeron, Sophie
1996 "Information, competence économique et organisation", en revista "Economie appliquée" no. 2, Institut de Sciences Mathematiques et Économiques Apliquées (ISMEA).
Case, Karl E. y Ray C. Flair
1997 "Principios de microeconomía", Prentice Hall Hispano–americana.
Coase, Ronald
1994 "La empresa, el mercado, la ley", Alianza.
Coase, Ronald
1973 "El problema del costo social" en William Breit y Harold Hockman "Microeconomía", Nueva Editorial Interamericana.
Demsetz, Harold
1967 "Toward a property rights", en "American Economic Re–view" mayo.
Galbraith, John
1995 "La teoría de la clase ociosa de Thorstein Veblen" en Thor–stein Veblen "Teoría de la clase ociosa", Fondo de Cultura Económica.
Haberler, Gottfried
1968 "Theory of international trade", Kelley Pub.
Kuznets, Simon
1971 "Economic growth of nations. Total output and production structure" Harvard Univ. Press.
Leibenstein, Harvey
1987) "Inside the firm. The inefficiencies of hierarchy", Harvard Univ. Press.
Mankiw, Gregory
2000 "Principios de economía" Mc Graw Hill.
Mises, Ludwig von
1994 "Liberalismo", Planeta Agostini.
Pejovich, Svetozar
1985 "Fundamentos de economía. Un enfoque basado en los de–rechos de propiedad" Fondo de Cultura Económica.
Simon, Herbert
2006 "De la rationalité substantive à la rationalité procédurale", en www.mcxapc.org 7 junio.

Soto, Hernando de
2001 "El misterio del capital", Diana.
Stiglitz, Joseph
1993 "El papel económico del Estado", Instituto de Estudios Fiscales.
Veblen, Thorstein
1995 "Teoría de la clase ociosa", Fondo de Cultura Económica.
Williamson, Oliver
1989 "Las instituciones económicas del capitalismo", Fondo de Cultura Económica.

CAPÍTULO 2
EVOLUCIÓN DE LA PROPIEDAD: DESDE LA FORMA CLÁSICA HASTA LA INTELECTUAL

*Víctor Hugo Lares Romero**

1. INTRODUCCIÓN AL CAPÍTULO 2

Conviene precisar el punto de vista con el que se enfoca la cuestión de la propiedad. El propósito es el de hacer un análisis en el que se combinen elementos económicos con elementos jurídicos para situarnos en el contexto de la Escuela de los Derechos de Propiedad (EscDerProp en adelante) del neo institucionalismo. Es decir, se trata de abordar las relaciones entre economía y derecho observando a la propiedad no desde el punto exclusivo de las formas jurídicas ajenas o independientes de la realidad fáctica, sino, y de ahí el soporte de la economía, situando a lo jurídico en determinados contextos económicos reales, particularmente el relacionado con los derechos de propiedad. Lo anterior porque uno de los propósitos del presente análisis es precisamente ir más allá de los planteamientos normativos tradicionales acerca de lo que la propiedad es y confrontar las determinaciones clásicas de su concepto para ver la medida en que la economía real ha modificado la teoría jurídica por medio de las nuevas configuraciones de la propiedad como la intelectual. Para la EscDerProp, la propiedad consiste *en el derecho de consumir, obtener ingresos y enajenar activos* (Barzel).

En el mismo orden de ideas se afirma que una visión institucionalista del derecho consiste en "ver cómo cada parte de un ordenamiento jurídico positivo actúa efectivamente en la sociedad, y de desarrollar

* Profesor Investigador. Departamento de Derecho. Universidad Autónoma Metropolitana Azcapotzalco. victorhlares@yahoo.es

a partir de ella investigaciones empíricas sobre los comportamientos, o mejor, sobre las actitudes que los particulares o los grupos asumen frente a determinadas normas o instituciones" (Treves 1974: 178). Para ser consecuentes con estos planteamientos teóricos, el estudio que de la propiedad se hace aquí versa sobre el comportamiento efectivo de la propiedad en algunas de sus formas más destacadas y dominantes. Es por ello que para verificar lo bien o mal fundado de las interrogantes que aquí se plantean así como las conclusiones a las que se llegan, conviene destacar que la característica de la propiedad que es más importante para el desarrollo de este trabajo es la del control o limitaciones al derecho irrestricto de la misma, más que su sacralización propia del derecho liberal y la economía neoclásica.

2. EL CONCEPTO CLÁSICO DE LA PROPIEDAD EN EL LIBERALISMO ECONÓMICO

El institucionalismo económico fundado por Veblen, Commons y Mitchel –entre otros– se opuso a la Escuela Neoclásica (Corei 1995: 25) porque considera que esta última tiene una visión mecanicista de la economía basada en distintos equilibrios de precios y cantidades. Contra esto, el institucionalismo no cree que sea pertinente privilegiar los equilibrios como principal método de análisis, sino la causalidad acumulativa; al mismo tiempo que se centra en estudiar de manera circunstanciada, pero no abstracta, de qué manera los usos, las costumbres y las leyes, presiden los intercambios; por lo que las instituciones no son ningún *marco* como erróneamente suele afirmarse. Por lo tanto, para el institucionalismo económico son tan importantes las reglas del juego formales (la Constitución y todos sus derivados), como las informales (corrupción gubernamental, evasión de impuestos, oportunismo en los contratos, etc.). Es notoria la vinculación de la economía institucional con el derecho formal o consuetudinario, aunque los institucionalistas económicos no hacen estudios multidisciplinarios, sino de frontera y tal como puede consultarse ampliamente en Carlton (2006).

La historia del derecho de propiedad y el propio concepto de la misma han sido objeto de preocupación y de estudio de los juristas y los economistas de todas las épocas. Cabe preguntarse en una primera aproximación: ¿qué es la propiedad?, tal como lo hiciera el clásico del anarquismo Pierre Joseph Proudhon (1984: 39), para responder con base en sus juicios valorativos y nuestras palabras que la propiedad privada es una institución propia del liberalismo mercantil. La noción escolar de la propiedad, más que definirla describe cuáles son los provechos que una persona puede retirar de las cosas de las cuales es propietario. Entre estas utilidades se encuentran el uso, el fruto y el disfrute, o la libre disposición de las cosas objeto de la propiedad. El objeto en el derecho, es decir la cosa, puede ser cualquier bien corpóreo o incorpóreo, fungible o no fungible, consumibles por su primer uso o no consumibles, además de otras clasificaciones que se pueden dar, pero siempre estableciendo una relación de sujeto con la cosa y con respecto a los terceros que deben respetar el derecho correspondiente. En todo caso, siempre hay una distinción fundamental entre el concepto de bien en sentido jurídico o económico. Desde el primero, bien es todo aquello que pueda ser objeto de apropiación; desde el segundo, un bien lo es cuando puede ser útil al hombre, es decir, cuando satisface alguna necesidad aunque en el caso de los bienes de capital el concepto jurídico se asimila perfectamente al económico. Entonces, ambas nociones convergen cuando en el capitalismo los bienes sirven para construir otros bienes, al mismo tiempo que solamente en segunda instancia satisfacen necesidades, por lo que surge así la propiedad de los bienes de producción como resultado de la apropiación de los beneficios.

Además es pertinente hacer todavía algunas consideraciones que permiten aclaraciones necesarias para quienes no son especialistas en derecho. Es el caso de la facultad de disposición como parte de los derechos del propietario. El derecho de disponer incluye la facultad de enajenar, este último aspecto es tan importante que incluso se puede distinguir de la propiedad porque configura el derecho más amplio de contratar. Ahora bien, desde tiempos del derecho romano el derecho de propiedad comprende los elementos ya señalados del uso, fruto y disposición del bien del cual se es propietario. El primer aspecto, el uso, se refiere a la utilización de la cosa misma sin más, en cambio cuando se habla del fruto se trata ya no de la cosa misma sino de los productos de la misma, por ejemplo la plusvalía de un terreno, lo cual indica otra zona de intersección entre la economía y el derecho, porque estamos ante una renta como forma de beneficio que se transforma en propiedad mediante el proceso de apropiación (ver capítulo 1).

Importa señalar que las nociones jurídicas de bien y la correspondiente de propiedad, se consolidan en la época moderna con el

Código Civil de Napoleón de 1804, donde resurge, después de haber sido desplazado durante muchos siglos, el concepto romano de propiedad, aunque con nuevos fundamentos ideológicos y filosóficos. En efecto, no es lo mismo el imperio romano en el siglo V, que el siglo X, que 1789 y, menos aún, que durante las últimas dos centurias. Es más, si la propiedad fue objeto de reivindicación por parte de la Revolución Francesa hasta convertirse prácticamente en parte de su lema, era justamente porque todavía en 1789 la propiedad, tal como fue recogida por el citado Código, no existía. La propiedad en ese tiempo podía descomponerse frecuentemente en dominio eminente y dominio útil, además ella comportaba frecuentemente aspectos políticos. Lo económico no había podido separarse netamente de lo político, el propietario lo era en el sentido más extenso de la palabra. El señor era el propietario, el vasallo era el que trabajaba la tierra y quien la detentaba pero no era el propietario que se adueñaba de las plusvalías mediante la apropiación. Ese derecho de disposición sí existió en la época romana cuando predominaba la filosofía antigua, pero distinto fue cuando el derecho surgido de la Revolución Francesa se basó en el individualismo liberal y el derecho natural que si bien fue desarrollado por los doctores de la Iglesia cristiana, más tarde fue secularizado por los revolucionarios. Como vemos el camino de la propiedad tal como hoy es concebida, ha sido arduo y azaroso tanto como la evolución de las instituciones en el tiempo.

Además, el derecho de propiedad o mejor dicho, la institución de la propiedad privada, es un concepto cuyas fronteras no están suficientemente precisadas ni delimitadas, porque la propiedad es una zona de convergencia, pero no su contrario, entre lo jurídico y lo económico. ¿Hasta dónde llega lo económico y hasta dónde lo jurídico? No podría establecerse una separación nítida que el institucionalismo no pretende realizar. Cuando actualmente hablamos de la reforma del Estado como prioritaria para la modernización de nuestros países, es evidente que la Escuela de la Elección Pública de clara vocación institucionalista (Buchanan y Tullock 1962: 134) nos adiestró en pensar que la verdadera reforma económica es la reforma jurídica de la economía, entendiendo a esta como la reforma constitucional; lo cual pone frente a un dilema a los puristas del derecho, quienes reducen éste a formas vacías carentes del significado en condiciones de tiempo y lugar que representa una institución como la propiedad.

Más allá de estas reflexiones históricas en torno al derecho de propiedad que ha marcado la humanidad, podemos decir que adquiere su forma clásica durante el siglo XVIII, porque la principal forma de riqueza de este siglo es la de la tierra y sus frutos, es decir la propiedad de bienes inmuebles, la propiedad raíz. Es por eso que el Código se ocupaba "principalmente de la propiedad inmueble, no consagrando más que breves disposiciones a la propiedad mueble y pasando completamente en silencio las llamadas propiedades incorporales" (Planiol y Rippert, 2002: 7.) que lograrán tanta importancia en nuestros días. A lo anterior y a las características ya también mencionadas de uso disfrute y disposición, se agrega que se trata de un derecho con fundamentos individualistas, perpetuos, exclusivos y absolutos propios del liberalismo económico. El conjunto de reglas sobre la propiedad clásica permitió a dicha propiedad ser eminentemente transferible por medio de la libre contratación, tal como lo destaca actualmente la Escuela de los Derechos de Propiedad (EscDerProp en adelante) (Pejovich 1985).

Desde una perspectiva socialista puede debatirse acerca de lo bien o mal fundado de dichos rasgos; pero conviene más centrar nuestra atención no en el concepto de propiedad propiamente hablando, sino en su objeto, en otras palabras, en las nuevas formas de riqueza. Este planteamiento obedece a que el contenido del derecho de propiedad ha ido cambiando en cuanto a su objeto. Las formas de riqueza que han ido apareciendo y desarrollándose han constituido los diferentes objetos, ello no ha sido sin cuestionamientos ni resistencias, no obstante, la necesidad de una protección jurídica se ha impuesto dando nuevas configuraciones al derecho de propiedad. Claro, hoy la propiedad de la tierra dista mucho de ocupar el lugar que ocupaba en la Francia Revolucionaria porque en la actualidad cuando un deportista profesional sufre una lesión, la organización deportiva al servicio de la cual pone en práctica sus talentos sufre un menoscabo considerable en su patrimonio; es decir, un club de fútbol es dueño de los servicios y talentos de dicho deportista porque la riqueza intelectual se torna cada día más importante. La propiedad industrial (marcas y patentes) es otro género de la misma que hoy ocupa un lugar preponderante, otro tanto puede decirse de la propiedad financiera y de la propiedad corporativa. No obstante el desarrollo de las nuevas formas de la propiedad y a pesar de las sucesivas readecuaciones del derecho los conceptos de base de la propiedad continúan siendo los de la propiedad heredada del derecho romano con la justificación filosófica del pensamiento secular liberal.

Lo que va evolucionando más rápido es la materia o contenido de este derecho. Las constantes actualizaciones de las normas jurídicas acerca de la propiedad han seguido siendo desfasadas y ello porque parten invariablemente de la concepción clásica, dando prueba de un tradicionalismo cristalizado. La falta de correspondencia de las formas jurídicas es evidente, así cuando sabemos que hoy una de las principales formas de propiedad es la propiedad del saber en todas sus formas, ante esta forma de riqueza los derechos nacionales han sido superados por los detentadores de este conocimiento y si en una época no muy lejana, los conocimientos eran o llegaban a ser parte del patrimonio de la humanidad en poco tiempo, hoy vemos multiplicarse los ejemplos en los que se observa que los acaparadores del conocimiento llegan a convertirse en propietarios hasta de las especies animales y vegetales considerados durante mucho tiempo como perteneciendo a las naciones o bien a la humanidad en su conjunto. Se han desarrollado, en efecto, formas legales que permiten un control que puede prolongar la duración de la propiedad industrial. Este hecho ha provocado reacciones, las cuales sumadas a otros factores como puede ser el alto costo de la utilización del conocimiento y el aprovechamiento de esas nuevas formas de propiedad, promueven de hecho la concentración de la riqueza. Así, los campesinos mexicanos hoy tienen que adquirir los derechos para explotar determinadas variedades del maíz cuando que ese cereal es originario de América, pero las nuevas formas de propiedad no lo son.

En otro orden de ideas, se observan efectos contraproducentes en cuanto a estos nuevos objetos de la propiedad cuando en el campo de la medicina los grandes laboratorios hacen caso omiso de la propagación del VIH y no tratan de contribuir a detener esta pandemia sino que le han puesto un precio muy caro a sus productos. No responden a la lógica de la satisfacción de necesidades ni de la salud pública sino a la de la demanda solvente, es decir a la lógica de las ganancias, aun cuando sus clientes potenciales se mueran. Si bien en algunos países de África se venden estas medicinas como productos similares gracias a un acuerdo internacional, pero para ello tuvo que haber un enfrentamiento de intereses hasta que finalmente se impusieron reglas del juego circunstanciadas en beneficio de los enfermos africanos. Como quiera que sea, el derecho de propiedad otorga patentes con respecto a las cuales los laboratorios son los titulares de ese derecho y tienen derecho a ejercerlo durante aproximadamente 20 años. No tienen por que vender sus productos a un precio razonable porque irían contra las reglas del sistema, es decir la ley de la oferta y la demanda. Claro, desde el momento en que se trata de monopolios transnacionales que acaparan el mercado de la medicina se plantea la cuestión de la reglamentación pública de la producción privada, pero también la cuestión del poder de las corporaciones para imponer precios al consumidor y usufructuar la demanda cautiva.

Otro ámbito en el cual se manifiestan con nitidez nuevas características en torno a la propiedad es en el campo de lo que podemos llamar la propiedad mercantil de cosas tan especiales como lo son los títulos de crédito, en particular aquellos que han dado lugar a hablar de una cierta forma de copropiedad. En este caso varios aspectos son de destacarse; primero, que hay aquí una separación entre la propiedad tradicional que es la civil y que se apega a normas y principios seculares y otra propiedad que presenta con respecto a la primera forma variaciones importantes que tienen que ver, por ejemplo, con la facilidad o dificultad con que la riqueza circula, pero también con las garantías jurídicas otorgadas a una y a otra forma de propiedad. La propiedad mercantil está respaldada por normas jurídicas en las que estas directrices se regulan que han evolucionado con respecto a las características esenciales del derecho de propiedad clásico.

Esta propiedad mercantil, que es, las más de las veces, corporativa rebasa los límites de lo mercantil, por lo menos en el sentido de volver caducos los conceptos tradicionales de la propiedad. Detengámonos un tanto a ver, entre otras cosas, porque el derecho liberal tradicional, se ve superado por la realidad. Nos referimos a aquel orden normativo en el que el libre mercado prosperó, es decir, el de la libertad, el de la igualdad, el de la autonomía de la voluntad, que en materia de propiedad se traduce en la libre disposición de los bienes por parte del titular del derecho de propiedad. Quien piense que en materia de propiedad corporativa ser dueño equivale a poder disponer libremente de aquello de lo que se es propietario, se llevará más de una desagradable sorpresa, tanto si se es accionista y por lo tanto parte de una sociedad mercantil, como si se es acreedor de la sociedad, es decir, titular de obligaciones conocidas también como bonos en tanto que títulos de crédito.

Como puede colegirse de lo expuesto hasta aquí, varios son los cambios que ha habido en torno a la propiedad privada, uno concierne al objeto de este derecho, donde se observa una tendencia a la extensión del derecho de propiedad, se puede decir a formas inéditas de la propiedad; otro cambio visible consiste en que si bien para algunos titulares de este derecho vemos aumentar la riqueza y el control sobre ella, esto es debido a que el derecho clásico de propiedad ha sido desbordado en más de un aspecto, lo que lleva a considerar la evolución institucional que se ha observado en este campo del derecho desde las formas clásicas hasta la intelectual.

La propiedad clásica representa un concepto genérico de propiedad que adquiere sentido institucionalista cuando se lo articula con los procesos de apropiación, tal como hizo Pièrre–Joseph Proudhon (1984), aunque en nuestro caso con otra metodología que va más allá de una concepción formal de la ciencia jurídica, pues aquí se sostiene que si bien el derecho puede definirse desde un punto de vista formalista, nosotros vinculamos la forma de propiedad como derivada del proceso de apropiación de naturaleza esencialmente económica. Si la respuesta ante el interrogante de qué es la propiedad la limitáramos a la forma jurídica permaneceríamos en un significado nominalista, formalista, súper estructural porque el derecho es un fenómeno de relaciones sociales donde se verifican una serie de interrelaciones, particularmente aquellas que gestan la propiedad por medio de los procesos de apropiación con base en las reglas del juego que presiden los intercambios En suma, se trata de una perspectiva de análisis en la que convergen el derecho formal, con el consuetudinario y la economía.

La relación que con más insistencia aparece en los trabajos de ciertos especialistas en la economía del derecho (por ejemplo Posner 1972: capítulo 1) es aquella que adjudica a la propiedad privada un rol fundamental para la existencia y funcionamiento del sistema económico de libre mercado, aspecto que desarrollará ampliamente la EscDerProp a partir del conocido Teorema de Coase (1974: 156) quien sostiene que si no existen costos de las transacciones y los derechos de propiedad están bien definidos, los agentes económicos pueden resolver sus conflictos de intereses en el mercado sin la participación del Estado; lo que representa un modelo de concurrencia perfecta donde la creación de riqueza es independiente de cómo se reparten los derechos de propiedad porque los agentes pueden intercambiar no solamente productos, sino también derechos de propiedad. La misma idea con otras palabras: dados un sistema de libre concurrencia, sin efectos renta y con costes de transacción despreciables, los convenios voluntarios entre los distintos agentes económicos pueden conducir a un óptimo paretiano aun cuando existan efectos externos y cualquiera sea la titularidad de los derechos de propiedad.

La propiedad es a la vez un concepto económico e institucional por medio del cual una cosa no se convierte en bien, si no es gracias a los derechos que se tienen sobre ella. El derecho de propiedad sirve de base para el intercambio porque sin el respaldo del derecho esas relaciones no serían posibles. Pero la propiedad no basta para que se lleven a cabo los intercambios en todo tiempo y lugar, porque este derecho debe ser completado con las normas correspondientes que regulen el intercambio de derechos. De esta manera estas dos clases de normas confieren, "el control de un bien o de un servicio, de tal suerte que haya una relación entre el hecho de adquirir y el hecho de disponer" (Jacquemin y Schrans: 1974: 7). Las anteriores afirmaciones conducen a asegurar que más los derechos de propiedad son estrictos, mayor es el valor de los bienes, de tal suerte que se puede concluir que "en último de los casos, el verdadero bien es menos la cosa que el derecho mismo" (Jacquemin y Schrans 1974: 12), coincidiendo totalmente con la EscDerProp (Pejovich 1985: 75) quien subraya que para que los derechos de propiedad privada sirvan como instrumento eficaz en la asignación de recursos, los mismos deben ser transferibles.

El concepto clásico de la propiedad no se adecua al mundo y riqueza modernos porque, entre otros aspectos, el intercambio se realiza en un universo configurado por una pluralidad de agentes distintos del escenario bilateral utilizado por el Teorema de Coase y la EscDerProp. Más aún, los mercados cada vez más intangibles del presente requieren una reglamentación pública no solamente de los derechos de propiedad, sino también de los instrumentos del intercambio como el Internet. El derecho es un producto histórico, particularmente el de propiedad, de tal suerte que es el conjunto de circunstancias, en una época y lugar determinados las que se encuentran en el origen de la existencia de las relaciones económicas que exigen, para su adecuado funcionamiento, cierto tipo de instituciones y no otras. En otros términos, la propiedad no es un concepto puramente abstracto e intemporal, por el contrario es un derecho con contenidos precisos respondiendo a intereses y situaciones concretas y por lo tanto cambiantes.

Cuando se piensa en ese derecho real que es la propiedad, al lado de los derechos llamados personales, distinguiéndose como se ha dicho, en que estos últimos regulan relaciones entre deudores y acreedores y los reales, por su parte, se refieren a relaciones de los titulares del derecho con las cosas pero siempre con el atributo de la transferibilidad, a este derecho se le atribuyen una serie de elementos sin los cuales se le considera incompleto. Al mismo tiempo, este derecho se descompone en otros que completan el concepto clásico de la propiedad, a saber, los derechos de usar, disfrutar y disponer de la cosa objeto de la propiedad como parte de un derecho individual, exclusivo, absoluto, y perpetuo rodeado de las máximas garantías jurídicas. Como históricamente este derecho surgió cuando la principal forma de riqueza era la tierra, sus normas son, sobre todo, adecuadas para la riqueza inmobiliaria. No ha de pasarse por alto que se trata de derecho privado, es decir, se trata de propiedad privada. Hoy, en cambio, la riqueza inmobiliaria, sin dejar de ser importante ha sido desplazada, en gran medida, por la riqueza industrial, la comercial, la financiera.

Huelga decir que sin estos nuevos contenidos la propiedad en el mundo moderno es inconcebible. La propiedad se ha extendido llegando a abarcar aspectos impensables aún durante buena parte del siglo XX. Ahora las naciones y los pueblos tienen que recurrir al formalismo jurídico para proteger su diversidad agrícola, han de patentar, verbigracia, sus especies vegetales y animales, de lo contrario corren el riesgo de que los grandes laboratorios y grandes empresas lo hagan y luego tengan que pagar regalías por el uso de lo que es su herencia ancestral. Se está en presencia de viejas formas de propiedad frente a nuevas manifestaciones de la misma que transforman la configuración tanto de las formas de propiedad como de los procesos de apropiación. Estas nuevas clases de propiedad y apropiación cuentan con la ventaja de disponer de ventajas bajo la forma de elementos científicos, técnicos, financieros y administrativos que van desplazando a la propiedad clásica del puesto preeminente que le otorga la EscDerProp.

De manera incidental, se acota que a pesar de las teorías que consideran al derecho de propiedad como un simple reflejo o manifestación de las relaciones económicas, puede considerarse que el orden económico del liberalismo mercantil no puede concebirse ni funcionar sin la propiedad privada de los medios de producción, de manera que se trata de una red de relaciones en la cual para la existencia de determinada economía es necesaria la existencia de determinada clase de derecho y no otra, la relación es tan estrecha, reiteramos, que no es fácil distinguir donde comienza el derecho y donde termina la economía o viceversa, porque, para el institucionalismo (Corei 1995: 76), las fronteras entre estas dos ciencias sociales representan zonas de intersección más que líneas de exclusión. Los dos aspectos se interrelacionan y se determinan mutuamente combinándose para manifestarse como una unidad en la realidad, la cual es el punto de partida y el de llegada para el análisis institucional que rechaza el teoricismo neoclásico del *como si*.

Estos rasgos del derecho de propiedad persisten en la reglamentación clásica y siguen mostrando su aplicación y utilidad en determinadas formas de intercambio poco representativas de la realidad de nuestros días, porque al lado de estas formas clásicas ha hecho su aparición otro orden de propiedades y apropiaciones que desborda estas figuras jurídicas de las relaciones bilaterales en concurrencia perfecta y que, en ocasiones, está incluso en contradicción con el modelo original; en efecto, uno es el modelo liberal surgido de la Revolución Francesa y otro es el modelo a que el primero ha dado lugar luego de profundas mutaciones aún cuando en apariencia siga estando en vigor el derecho clásico (Champaud, 1997: 215). Apelamos a la noción de *modelo* porque ella permite dar unidad simple que identifica las instituciones respectivas y pone en evidencia la contradicción y justifican sus modificaciones. De lo dicho se desprende pues que el análisis de la propiedad y su apropiación debe realizarse en, por lo menos, dos modelos distintos. El modelo liberal clásico de la propiedad y el postindustrial. Adentrémonos pues en los rasgos particulares de ambos modelos de la propiedad no sin antes señalar, como lo hacen A. Jacquemin y G. Schrans (1974: 11) que "frente a la escasez de recursos y a la voluntad de distribuirlos entre las diferentes necesidades, de tal manera que la colectividad obtenga un máximo de satisfacción, las reglas jurídicas están llamadas, en primer lugar, a crear el régimen adecuado que permitirá a las actividades humanas alcanzar dicha meta. Más específicamente, nuestra economía de mercado supone la existencia de instituciones jurídicas óptimas que le aseguren su desarrollo". Creemos que el modelo clásico de la propiedad y la apropiación ha dejado de representar esta optimalidad.

A toda fase del capitalismo corresponde una forma de propiedad predominante: en el comercial fue la micro empresa artesanal, en el industrial la fábrica de producción en serie y en post industrial la empresa organizada por las nuevas tecnologías de la información y las comunicaciones. Recuérdese que, conforme a la mayoría de las teorías económicas se han aceptado que una cosa no se convierte en un bien económico sino hasta cuando se le considera como un valor de cambio al cual se le aplica determinada forma de de propiedad. Conforme a las teorías clásicas este concepto incluye, como ya se mencionó, a los derechos que se refieren a las distintas utilidades o provechos que el titular del derecho puede obtener. Esto supone un derecho *erga homnes*, esto es, un derecho, real que permite adquirir, detentar y disponer de una cosa de la manera más absoluta, con exclusión de todos los demás sujetos. Estas características llevan implícita la facultad de disponer y de enajenar imprescindible para toda economía de mercado, pues ello posibilita la libre circulación de bienes y de servicios, la cual pone en acto no solamente la propiedad individual sino los límites que se establecen a la misma en función de la convivencia. En todo caso, el precio del bien o servicio a transferir estará condicionado por la cantidad y calidad de derechos de propiedad que se transfieren, por lo que bien puede darse el caso estudiado por Corei (1995: 125) de que contrariamente a lo previsto por la ley de la oferta y la demanda, cuando determinado bien cuesta caro ello promueve su consumo. En síntesis, es esta forma de la propiedad clásica la incorporada a los Códigos Civiles, empezando por el de Napoleón, en su todavía artículo 544 cuyas disposiciones deben interpretarse de acuerdo al punto de vista señalado. Este artículo corresponde en el Código Civil para el Distrito Federal al 830, aun cuando, como es comprensible, ha sido profundamente modificado bien sea por el legislador, bien sea por la aplicación misma del derecho.

Al lado de estas particularidades esenciales del modo de propiedad clásico abordado, hay otras que aunque a veces no se hagan explícitas, tienen una importancia fundamental. Así pueden apuntarse como lo hace el profesor Raúl Brañes, otros principios de la propiedad liberal (Brañes, 1982: 2 y 3). Se trata a esta figura central en el Código Civil, como un derecho eminentemente individual en concordancia con el hecho de que la Revolución de 1789 fue individualista a tal grado que la propiedad colectiva, la copropiedad en particular, no es sino una expresión más de la individual porque el copropietario puede disponer de su propiedad. Ahora bien, dado que la regulación tenía que hacerse a través de disposiciones abstractas y generales no podía referirse al tipo de riqueza que se regulaba, es decir, no podía mencionar el objeto de la propiedad. Sin embargo y como la principal forma de riqueza era la propiedad de la tierra, huelga decir que la regulación correspondiente se orientaba a los procesos de apropiación del mismo objeto. No obstante, como no era la única forma de riqueza y como una excepción a la pretensión de universalidad de las reglas contenidas en la legislación civil, se promulgó también un Código de Comercio, cosa totalmente incongruente con la reivindicación de igualdad, libertad, sobre todo, fraternidad. El Código de Comercio como excepción vino a completar el sistema aun a costa de esta primera gran fisura en los propósitos revolucionarios, porque el Código Civil veía reducida su abstracción y generalidad respecto de su pretensión de regular la vida y conductas de todos los ciudadanos, para permitir la vigencia de una legislación de excepción, la cual contenía el germen de las transformaciones futuras que no tardarían en dejarse sentir. Es decir que de acuerdo con el principio de igualdad, todos los individuos deben estar sometidos a las mismas reglas. Al contrario cuando existen normas diferenciadas, desde un punto de vista abstracto e igualitario se cae en discriminaciones cuyas consecuencias pueden considerarse como privilegios, lo cual está lejos de las aspiraciones republicanas de igualdad y fraternidad.

La limitación original más importante al derecho de propiedad clásico es, desde aquel tiempo, la expropiación, pero ella tendrá que ser hecha mediante justa y previa indemnización, lo cual eleva y consolida en realidad el rango de este derecho. Esta afirmación tiene mayor fuerza si se le sitúa en el contexto de la Revolución Francesa en el que surgió. En efecto, los fundamentos filosóficos del *ancien régime* cedieron su lugar a nuevas justificaciones. Si durante la época anterior a 1789 la base de la sociedad era la colectividad, la nueva base tenía como elemento principal al individuo; además, la intervención del Estado se reducía a lo mínimo, el principio era la no intervención del Estado; en fin, el hecho de exigir para la expropiación una justa y previa indemnización lo que hace es cambiar el objeto de la propiedad, pero sin privar a todo propietario de su derecho genérico.

Durante el siglo XIX y una vez que la concentración económica se efectuó, las instituciones jurídicas se vieron igualmente afectadas. Así, recordemos que ya en la Encíclica Rerum Novarum de León XIII de 1891 y más tarde en la Constitución de Weimar de 1919 se habla de la función social de la normatividad, en especial de la propiedad función social, esto es, se empieza a poner límites a la propiedad que antes no se conocían. Las hipótesis de expropiación se multiplican y sus fundamentos se renuevan de tal suerte que su carácter autoritario se consolida en nombre de la entonces nueva función social del Estado, la propiedad, la libre contratación y sus instituciones complementarias.

En México, los principios del liberalismo ya analizados fueron incorporados a diferentes ordenamientos, ya que era necesario establecer la libertad política y acogerse a las nuevas reglas del flujo de riquezas, por lo que entre las normas indispensables para lograr dicho fin se encontraba la libertad de cambio para mejor insertar al país en los intercambios económicos internacionales. Desde la recepción del orden jurídico liberal sus principales leyes han sido modificadas o mitigadas por otras disposiciones producto de las circunstancias históricas particulares del país. Desde el México precolombino ha existido la propiedad comunal y otras formas de propiedad colectiva, las cuales coincidían en buena medida con formas de propiedad colectiva traídas por los conquistadores. Dichas formas subsistieron con la conquista y después de la independencia por respeto a los grupos autóctonos, aunque implicando hasta la fecha que esas formas se consideren un lastre para el desarrollo económico de la nación. Para nadie es un secreto que en el México de nuestros días el artículo 27 de la Constitución vigente que consagra determinadas propiedades públicas es un obstáculo para la inversión privada y extranjera en el rubro del petróleo y demás hidrocarburos.

En nuestros días, el régimen de propiedad está plasmado en el artículo 27 constitucional y respecto a él conviene hacer observaciones análogas a las que se han podido hacer al Código Civil, en el sentido de que las disposiciones constitucionales respecto a la propiedad de la tierra ya han sido superadas por la realidad o, en todo caso, que ya no son suficientes. Ciertamente existen otras disposiciones en el mismo texto de la Constitución de 1917 que regulan otras formas de propiedad; sin embargo, son ya igualmente insuficientes ante cierto tipo de riqueza, como lo es el caso de la riqueza financiera y, sobre todo ante nuevas formas de propiedad como la cibernética. Esto, para no ejemplificar sino con un tipo de realidad ante la cual el derecho se encuentra completamente rebasado; pero rebasado desde el punto de vista jurídico formal, porque los vacíos legales han sido ocupados por la práctica jurídica de determinado código ético y moral.

Volvamos a las disposiciones sobre la propiedad. En primer lugar, el artículo 27 constitucional al regular fundamentalmente la propiedad de la tierra se ha visto superado por la realidad, pese a otras normas complementarias. Desde este punto de vista habría que señalar que la Constitución de 1917 no incorporó todas las bases normativas para poder fundar una nueva fachada institucional que pudiera servir de base para un nuevo tipo de relaciones, por lo que al menos en lo que se refiere a la propiedad, sus lagunas se han hecho evidentes. Tampoco fue completamente liberal porque se puede deducir respecto a las normas sobre la propiedad que estas constituyen una manifestación del Estado de Derecho Social tradicionalmente opuesto a la EscDerProp, aunque esas garantías colectivas sobre la propiedad tienen raíces más remotas que las fundadas en las doctrinas del Estado de Derecho Social en Europa. En todo caso y en lo que se refiere al campo, no cabe duda que tal como se aplicó el artículo 27, lo que se produjo fue la subordinación del campo al desarrollo urbano, industrial y comercial por medio del paternalismo agrario.

Por otra parte, es indispensable considerar que las normas sobre la propiedad no son las únicas para que una economía de mercado pueda ser funcional porque se requieren, de igual modo, normas sobre el intercambio, es decir, libertad para poder contratar haciendo de la voluntad individual la resolverte de los contratos respectivos, particularmente en los mercados liberales donde se supone que estos contratos son exhaustivos, representan información simétrica y equipotencia de los signatarios, pero no el poder asimétrico que otorga determinado estatus en la sociedad. Están dadas las condiciones para que bajo el señuelo de la libertad contractual, se realicen las transacciones más lesivas, pues, desde el punto de vista legal y dado que son tales, son justas. Lo que se está diciendo es que las normas sobre la propiedad se completan necesariamente con otros tipos de principios normativos sin los cuales serían ineficaces.

Los principios sobre los intercambios son recogidos en la Constitución bajo el nombre de libertad de trabajo, de industria y de comercio, amén de la regulación que se hace en los códigos civiles. Estas aseveraciones tienen como base postulados planteados en los órdenes jurídicos nacionales. Por ejemplo y siempre desde el punto de vista casi unánime de la doctrina jurídica, una de sus principales características es la primacía de la ley. Por supuesto, este rasgo no es explicable por sí mismo, por el contrario, tiene su origen y se corresponde con un momento histórico determinado por la democracia política que debe ser el gobierno de las leyes, pero no de los hombres. Mediante estas libertades quiere lograrse un estado permanente de libre concurrencia, cuando ésta implica necesariamente vencedores y vencidos (Farjat, 1982: 238). Por eso nace el Estado moderno con la economía de mercado y por eso, paradójicamente, en la medida en que la concentración económica se acentúa, crece, igualmente el poder del mismo Estado como si se tratara, en ciertos casos, de una ley ineluctable. En otros tipos de Estado lo que se observa es una muy tangible confrontación entre los dos centros de acumulación del poder actual, a saber, el Estado y las grandes unidades económicas. Destaca como factor decisivo la capacidad de control del capital, más allá de la cuestión de la propiedad, mejor dicho, sirviéndose y modificando la institución de la propiedad.

Lo menos que se puede decir es que la propiedad y la reglamentación clásica concomitante ya no corresponden a las nuevas circunstancias económicas. Golpe a golpe, paso a paso el derecho ha ido adecuándose en la práctica, pero también ha ido quedándose a la zaga de los hechos, tanto en la teoría como en la legislación. Lo más notable de todos estos aspectos, de los múltiples cambios y de las pruebas de una constante inadecuación de lo jurídico, es que en el mundo del derecho de nuestros días el Código Civil sigue vigente y sus análisis siguen estudiándose en todas las escuelas de derecho sin poner, las más de las veces, el énfasis necesario en las mutaciones de la propiedad. Como anotó Schumpeter (1983: 201): "la evolución capitalista arrincona en los planos secundarios todas las instituciones, especialmente la propiedad y la libertad de contratar, que responderían a necesidades y a las prácticas de una actividad económica verdaderamente privada", porque este autor tenía en mente la forma clásica de la propiedad poco adaptada a la evolución del capitalismo principalmente porque el mismo autor desarrolló la idea de que solamente se justifica el beneficio que es fruto de la innovación empresarial y con ello se avalan las formas de apropiación productivas pero no la captura de rentas que es propia de las economías improductivas y las formas de propiedad del mismo carácter.

El derecho de propiedad se ha transformado profundamente, pero no ha sido un cambio de leyes únicamente ni ha sido producto únicamente de la actividad de los poderes públicos, en realidad se ha ido observando que la fuente de la cual se ha estado originando el derecho ha ido cambiando lenta pero seguramente de origen, porque en las economías de mercado que se generalizan con posterioridad a 1989, esa fuente se ha trasladado, en buena medida, al sector privado. Por esto no es causal que ya algunas constituciones nos hablen de la propiedad productiva al lado de la propiedad personal, por ejemplo en el caso italiano. En México se habla de *patrimonio familiar*, aun cuando su aplicación no sea profusa. En todo caso, es de toda pertinencia distinguir la propiedad para el consumo relacionada con los valores de uso, de la propiedad para la producción que fundamenta los procesos de apropiación y la generación de excedente organizacional, tal como se hace desde los clásicos de las teorías manageriales de la empresa (Berle, 1968: 281). Esta desagregación de la propiedad privada con respecto a las corporaciones, ha sido retomada por los teóricos de la relación de agencia (Jensen 2003: 178) para analizar la economía política de la empresa que tiene un dato esencial en el hecho real de que desde hace mucho tiempo (Berle 1968: capítulo 1) la propiedad corporativa se refiere a otros agentes (los accionistas propietarios), distintos de los administradores de la firma (los managers o tecnoestructura en palabras de Galbraith) quienes, por lo tanto, tienen intereses divergentes de los de los propietarios corporativos.

La regulación jurídica actual de la propiedad ya no corresponde al esquema liberal clásico. Si bien ese modelo ya ha sido derogado por los hechos, la inmensa mayoría de los juristas continúa asumiéndolo como el *Modelo Único* propio de un pensamiento del mismo carácter; es decir, una mentalidad que es resultado unívoco del fundamentalismo de mercado, pero no del liberalismo en sentido amplio, la cual ha sido la ideología dominante en la política económica de los 1990. Ella consiste en pensar que existe una sola política económica correcta según la inserción nacional en las relaciones internacionales y que los derechos de propiedad privada tienen virtudes irrestrictas en la asignación de recursos, tal como lo postula la EscDerProp quien menosprecia el significado de los procesos de apropiación (ver capítulo 1 de esta publicación). Como indicador del subdesarrollo de nuestras instituciones jurídicas, esta normatividad clásica de los derechos de propiedad está vigente para lo que podemos llamar propiedad para el consumo y para una buena parte de la propiedad para la producción, siendo que aunque la forma clásica de ambas ya no corresponda a las relaciones dominantes de producción, lo que continúa pesando mucho en el mercado de los juristas es este Pensamiento Único muchas veces también asumido por los poderes públicos y privados.

Pareciera ser que el Estado gana terreno en sus funciones con respecto a los derechos de propiedad privada, porque constituye una fuerte desventaja para todos los mercados emergentes que este gobierno tenga que asumir enjundiosas políticas institucionales a fin de definir y hacer cumplir los derechos mencionados. Es por ello que aún en el caso de que el Estado se limitara a definir y hacer cumplir los derechos de propiedad, aún en este caso de un gobierno reducida a su mínima expresión, se necesitaría más Estado y no menos en contra de las postulaciones de la doctrina liberal. ¿Es éste el único fenómeno contemporáneo con respecto a la propiedad? Ciertamente no, porque ya es un lugar común señalar que un paquete de acciones, por ejemplo que represente el 10% del capital accionario, puede vaciar la noción de propiedad en el mundo de las grandes sociedades anónimas (Farjat, 1982: 12). Con lo que vamos transitando al siguiente apartado de este capítulo.

3. LA PROPIEDAD EN EL CAPITALISMO POSTINDUSTRIAL

El régimen jurídico al cual se somete hoy en día la propiedad cabe dentro de un modelo que pudiéramos llamar de derecho económico postindustrial, en el cual tiende a relativizarse el concepto clásico de los derechos de propiedad. Mientras el orden clásico de la propiedad representaba una naturaleza espontánea e individual del mismo derecho, en el derecho consuetudinario actual sobresale la separación de la propiedad corporativa de su administración. En el ordenamiento institucional clásico, residió un verdadero espontaneísmo de mercado porque la auto regulación de este debe basarse en una dotación inicial de derechos de propiedad remitida al mítico Estado de Naturaleza (ver capítulo 1); al mismo tiempo que el individualismo metodológico de los neoclásicos tendía a evaporar el análisis de los fenómenos colectivos, dando por resultado que ambos preceptos doctrinarios impidieran actualizar el conocimiento de las actuales formas de propiedad. No sucede lo mismo cuando las teorías institucionalistas de las corporaciones (Jensen 2003: 111) parten de una relación de agencia en donde los mandantes o propietarios accionistas deben tener la pericia necesaria de celebrar un buen contrato de agencia que logre aproximar infinitesimalmente la función de utilidad de aquellos mandantes con la de estos mandatarios o managers o tecnoestructura. Cierto es que sigue existiendo una forma de apropiación y de circulación de la riqueza originada históricamente en formas clásicas del derecho de propiedad, pero ahora están organizadas de un modo diferente que depende de la evolución corporativa ya muy distante de la empresa representativa del capitalismo comercial naciente en el Alto Medioevo pero declinante desde hace mucho tiempo; por ello es que la EscDerProp (Hansmann 1988: 286) clasifica diversas formas de propiedad según los costos comparativos del control y de la contratación.

3.1. La propiedad corporativa

Si bien en el ambiente internacional hablar de la *propiedad corporativa* representa hacerlo con respecto a la propiedad de las grandes empresas, en México y por causas históricas, cuando se habla de esta clase de propiedad puede hacerse referencia a la propiedad del clero y de las comunidades indígenas. Ambos tipos de propiedades se hallaban fuera del comercio, su desamortización fue considerada necesaria por los gobiernos liberales de la segunda mitad del siglo XIX (Diccionario Jurídico Mexicano, tomo 1, 1999: 341). No es esta clase de propiedad a la que nos referimos, sino a la propiedad que forma el patrimonio de las sociedades mercantiles y de manera especial al de las grandes empresas y grupos empresariales, tal como se hace internacionalmente.

La propiedad corporativa es sólo un subconjunto de la propiedad mercantil. Uno de los objetos de este género de propiedad son los títulos de crédito, en particular aquellos que han dado lugar a hablar de una cierta forma de copropiedad, esta copropiedad en el derecho mercantil se acerca más a una propiedad colectiva que a una copropiedad. Varios aspectos son de destacarse; primero que hay aquí una separación entre la propiedad tradicional que es la civil y que se apega a normas seculares derivadas de la legislación liberal y, segundo, otro tipo de propiedad civil que presenta con respecto a la primera variaciones importantes que tienen que ver, por ejemplo, con la facilidad o dificultad con que la riqueza circula, pero también con las garantías jurídicas otorgadas a una y a otra propiedad. Así, hoy las intervenciones del Estado se han multiplicado, lo mismo puede decirse de las leyes en relación con otras formas de propiedad que han abandonado el campo del derecho civil para constituir ramas autónomas del derecho.

Antes de continuar es indispensable hacer algunas aclaraciones con respecto a los títulos de crédito porque una cosa es afirmar que estos papeles comerciales son cosas y otra muy distinta es afirmar que los derechos son cosas. No, lo que sucede es que la doctrina jurídica hace una distinción fundamental entre derechos reales y derechos personales. Estos últimos regulan relaciones entre acreedores y deudores, en tanto que los primeros, entre los cuales se encuentra la propiedad, regulan relaciones entre el propietario de una cosa y la cosa misma, pero también las relaciones del propietario con terceras personas. No se trata, en este caso de los derechos de propiedad como fundamento de la economía de mercado, de las relaciones entre personas y cosas, sino de las relaciones entre personas, particularmente funcionalizadas por la transmisión de los derechos de propiedad. En fin, en todas las obras doctrinarias sobre la propiedad siempre hay un capítulo consagrado a las formas mediante las cuales una persona puede devenir propietario, empezando por la ocupación originaria, que ya no se da, hasta las formas modernas de adquirir la propiedad. Mucho menos tratado es que dentro de las formas de propiedad originarias del capitalismo puede haber propiedad y acumulación *primitiva* o pre capitalista, que no necesariamente es *originaria* o conducente a tal modo de producción en sus etapas comercial, industrial y postindustrial, porque los procesos de apropiación correspondientes no están basados en el desarrollo tecnológico y organizativo.

Con frecuencia, afirma un jurista, se observa que en este tipo de propiedad se siguen las siguientes reglas: "primero, los derechos sobre los bienes se hacen a través de títulos de crédito. Segundo, dichos títulos de crédito serán colectivos, en serie, seriales o en masa. Tercero, otorgarán a sus propietarios o tenedores los mismos derechos y obligaciones. Cuarto, se constituye un régimen equitativo y democrático en las expresiones de voluntad de los partícipes o tenedores de los títulos de crédito colectivos. Quinto, la emisión de estos títulos la hará una institución fiduciaria, como fundamento de institucionalidad, seriedad, profesionalismo e imparcialidad" (Gómez Gordoa, 1998: 247 y 248). Se puede estar o no de acuerdo con estas aseveraciones, lo cierto es que, de alguna manera, están respaldadas por normas jurídicas vigentes, aunque por otro lado y si bien son significativas estas características de la propiedad de importantes títulos de crédito, también conviene señalar que las normas relativas a los títulos de crédito son tan variadas en sus principios como especies de títulos hay. Su común denominador es el alejamiento de las normas clásicas de la propiedad porque la evolución institucional y organizativa remite el modelo tradicional, en el mejor de los casos, a una etapa histórica pretérita y tal como lo ha estudiado la EscDerProp (Alchian 1950: 156).

El fenómeno que nos interesa destacar es el de la colectivización del capital de las grandes sociedades anónimas y de cómo la titularidad de algunas acciones en las que él se descompone permite el control de la empresa y por ende de sus recursos, siempre condicionado por la asimetría de información que hay entre mandantes propietarios y mandatarios administradores. Dado que la toma de decisiones de la administración y hasta la disposición del capital de la sociedad obedecen al principio mayoritario, se afecta el derecho clásico de disponer de lo que se es propietario porque este poder pasa a los administradores o a los socios controladores mediante mecanismos esencialmente políticos aunque residentes en la microeconomía. En efecto, en las grandes sociedades por acciones se observa un gran número de accionistas y, por otra parte, está también la complejidad administrativa, contable y técnica en el manejo de las sociedades, de manera tal que la sumatoria de los mismos permiten a una minoría de accionistas o a otra similar de gerentes controlar la gran empresa, pero siempre en función de la pericia relacional, aunque no de la titularidad en los derechos de propiedad (Farjat, 1982:170).

Este hecho se observa en las grandes sociedades anónimas que llegan a adquirir tal importancia como para transformarse en agentes estratégicos de las economías nacionales. Por consiguiente, es a través de la división entre la propiedad y la gestión de las grandes empresas que se pone en acto la eficacia empresarial para generar excedente organizacional con base en un modelo de propiedad muy distinto del clásico que ubicaba en una sola persona física la propiedad y la gestión de la firma. Este fenómeno se acentúa en los grupos de sociedades en los cuales una de ellas participa en el capital de otra o de muchas otras o, alternativamente, cuando se constituyen redes de empresas que actúan en conjunto pero que no pierden su individualidad moral como entidad jurídica ni se asocian formalmente con otras. Esto se ve claramente en las llamadas *sociedades de inversión* que han sido normadas por la Ley de Sociedades de Inversión vigente en México desde el 14 de enero de 1985.

Estas sociedades de inversión institucionalizan a los organismos especializados en la propiedad *colectiva*, porque representativa de un amplio conjunto de accionistas de las empresas. Se trata de la organización empresarial de la propiedad correspondiente tanto a los accionistas *preferentes o controladores*, ya que por medio de prestanombres e información confidencial o por ellos mismos, llegan a manipular en buena medida no solamente a la empresa, sino también a la Bolsa, como al conjunto de los accionistas que tienen un peso relativo muy escaso en la propiedad corporativa. Por supuesto que este último caso se trata de propietarios sin poder de decisión económica, es decir de propietarios sin poder de disposición, ni de uso, ni de disfrute, por lo que se está muy lejos de aquel derecho de propiedad clásico en donde la relación con el objeto de la misma era absoluto, exclusivo e individual. Además y en el sentido del carácter colectivo de las grandes empresas que instrumentan sendas formas de propiedad privada y apropiación, estas sociedades permiten disponer del ahorro público sin riesgo de perder el control de sus entidades organizativas. No se olvide que las sociedades de inversión son creadas regularmente por Bancos lo cual acrecienta su poder de concentración económica, ya de por sí enorme. Ciertamente que los Bancos no pueden controlar absolutamente a la gestión de las sociedades de inversión, pero múltiples vinculaciones organizativas formales o informales les permiten a ambos tipos de firmas centralizar buena parte del control financiero de la propiedad.

Todo grupo financiero importante cuenta con sus sociedades de inversión, al cual el legislador mexicano ha agregado la Ley para Regular las Agrupaciones Financieras que reglamenta a las sociedades controladoras. La sociedad controladora es una "sociedad anónima encargada de adquirir y administrar las acciones emitidas por una entidad financiera, es decir, dicha sociedad organiza varias sociedades que dependen de ella accionariamente para que éstas realicen su objetivo, ya sea la intermediación de dinero, la captación o la inversión de capitales u otras actividades" (De La Fuente, 1996: 740).

Los procesos de apropiación del capitalismo postindustrial ya no corresponden al modelo clásico de la propiedad. Al mismo tiempo que el ordenamiento jurídico formal se desfasa de las relaciones de intercambio propias del post industrialismo, estos grupos empresariales multi modales llegan a controlar parte importante de los procesos de apropiación nacionales. Su poder puede ser regional, nacional o globalizado, de manera tal que no sólo ha rebasado el derecho de propiedad clásico, sino que su misma capacidad le hace compartir el poder del Estado. Ya se señalaba a principios del siglo XX: "conviene sin embargo, hacer notar que la concentración de grandes riquezas realizada hoy en día en provecho de sociedades o aun de particulares, produce consecuencias políticas indiscutibles. La propiedad confiere un poder que se le puede comparar con justeza al que resultaba antiguamente de la posesión de la tierra, y realiza, por tanto, un desmembramiento de la soberanía, de la cual es bien difícil afirmar que el Estado sea el único detentador" (Planiol y Rippert, 2002: 13) El control de la propiedad transfiere a sus titulares una parte de la soberanía nacional. Si eso era a principios del siglo XX, hoy sigue siendo pertinente con mucha mayor razón en un mundo donde el poder de las más grandes empresas es mundial. ¿Debemos seguir con la misma normatividad formal o debemos reformarla a partir de una ingeniería institucional aplicada a las formas de propiedad que nos actualice abriéndonos la puerta del progreso económico? Nos parece evidente que debemos emprender la reforma del Estado cuanto antes iniciando con nuestra norma de normas que es la Constitución: con tanta urgencia como la que reclaman las carencias de muchos de nuestros compatriotas sumergidos en la calidad de vida por los enormes costos sociales que impone nuestra economía improductiva cuyos gerentes detentan propiedades corporativas excesivamente concentradas.

La evolución institucional ha puesto de relieve la importancia de la gobernanza y el gobierno de la empresa, dada la mundialización de los mercados bursátiles y la influencia de los llamados inversionistas institucionales fundamentalmente de origen estadounidense. Dentro del sector privado, cuando se habla de gobernanza se entiende hacer referencia a un concentrado de instituciones que delimitan el comportamiento de los responsables de la gestión. Es una masa crítica de intangibles que encuadran la toma de decisiones con vistas a la conducción de una empresa determinada, cualquiera sea el elenco de gobierno correspondiente. La gobernanza de la empresa representa un conjunto de reglas del juego que nivelan el poder de los accionistas con respecto al de los managers y su *tecnoestructura*, tomando la noción de Galbraith (1967). Fue un asunto surgido a causa de la reacción de los accionistas frente al poder de esta tecnoestructura, pero no porque el gobierno vaya a expropiarlas. La gobernanza es intangible; el gobierno de la empresa no. Para que la gobernanza sea efectivamente tal cosa, ella deberá ser respetada por cualquier elenco de gobierno en las empresas.

El gobierno de la empresa representa la conducción de tal organismo de acuerdo al organigrama correspondiente y a los principios de gobernanza para la empresa. La *corporate governance o gouvernement d'entreprise* fueron expresiones muy difundidas desde mediados de los novecientos noventa haciendo alusión a una revalida del poder de los accionistas dentro de la empresa. Una consecuencia del poder creciente de los administradores internacionales de fondos de pensión fue inducir a los consejos de administración de las empresas afectadas a reducir la nómina de personal a fin de aumentar los dividendos. Ello tuvo nítidas consecuencias sobre la subcontratación y la flexibilización del mercado de trabajo.

Habitualmente, los principios de gobernanza de la empresa constituyen un escenario de gobierno para la empresa donde se desarrollan los mecanismos de control de los managers, al mismo tiempo que se especifican los derechos de los accionistas. Adicionalmente, estos principios recomiendan la cogestión por parte de los empleados y obreros (OCDE 1999). En detalle, tales principios consisten en (1) El poder ejecutivo debe ser distinto del poder controlador. El director general no debe presidir al consejo de administración. (2) El nombramiento de los dirigentes y el establecimiento de sus remuneraciones deben quedar a cargo del consejo de administración, pero no del director general. En este cometido, el consejo de administración designará un comité de nombramientos y otro de remuneraciones. (3) Independientemente de los managers, el consejo de administración debe acceder a una amplia información general, pero particularmente a la relacionada con el control de la empresa. Con esta finalidad, se habilitará un comité de auditoria, minimamente una vez al año. (4) Se designarán administradores independientes de cualquier accionista en particular y de los managers, los cuales formarán parte del consejo de administración. (5) Se despedirán a los directores faltistas. (6) Derechos de los accionistas. (6.1.) El registro de títulos de voto debe realizarse con el tiempo adecuado y mediante un proceso claro. (6.2) Deben disponer de suficiente información para participar en las decisiones. (6.3) Los procedimientos de voto deben ser equitativos. (6.4) Debe publicitarse el control desproporcionado por parte de algún accionista en particular.

(7) Trato justo para los accionistas minoritarios o extranjeros. (7.1) Prohibición de operaciones de iniciados (predadores). (7.2) Posibilidad real de defender sus derechos. (8) Rol de las diferentes partes de la empresa, particularmente empleados y obreros. (8.2) Asegurar durabilidad empresas financieramente sanas. (8.2) Desarrollar formas de cogestión y/o participación.

En particular, se han determinado seis derechos básicos de los accionistas minoritarios destinados a morigerar el poder de los managers y de los grandes accionistas (Banco Mundial 2003:65). (a) Voto personal en la Asamblea o por medio de representante o delegación de voto enviada por correo. (b) Venta de acciones varios días antes de la Asamblea. (c) Posibilidad de acumular votos para elegir consejeros. (d) Obligación de la empresa de recomprar acciones minoritarias ante determinadas decisiones. (e) Derecho preferente de compra ante nuevas emisiones. (f) Adecuado porcentaje del capital que se necesita para convocar a Asamblea Extraordinaria.

Lo anterior implica que la economía política de la empresa registra la existencia no solamente del conflicto de agencia dentro de la misma, sino que se suscitan conflictos de intereses entre accionistas mayoritarios y minoritarios u otros participantes en la generación de excedente organizacional. Una forma especial del conflicto entre accionistas mayoritarios y minoritarios es que exista un accionista *controlador*, en tanto que tiene una parte mayoritaria del capital.

La experiencia latinoamericana reciente demuestra la vigencia e importancia de estos *controladores* (Banco Mundial 2002: 60). Si bien las ventas de acciones de las empresas privatizadas representaron importantes inversiones de cartera, diversificación de la estructura de la propiedad y desarrollo de los mercados bursátiles, el gobierno de estas empresas no ha logrado consolidar la diversificación de la propiedad neutralizando a los accionistas controladores.

Muchas empresas tienen un gobierno poco eficaz, porque según un estudio reciente (Banco Mundial 2003: 56) en el que se examinó la eficiencia en la distribución de los recursos, los resultados dejaron mucho que desear. En efecto y analizando los datos de 65 países no socialistas entre 1963 y 1996 con empresas grandes y pequeñas, tanto públicas como privadas, se determinó la sensibilidad media de la inversión industrial al valor añadido en el sector manufacturero. "Las conclusiones del estudio indican que el grado de sensibilidad es bajo en los países de ingresos más bajos, por lo que es mucho menos probable que la inversión se vea afectada por los cambios en el valor añadido" (Ibidem). Cuando los flujos de inversión nueva no son sensibles al valor añadido en las economías de bajo ingreso per cápita, ello muestra que no existe la sustentabilidad en los factores de la producción que es necesaria para la emergencia económica. En Alemania, Japón y EU la sensibilidad de la inversión al valor añadido es el doble que en México, por lo que aquí se registra una infrainversión en las industrias en crecimiento, mientras que se produce una sobre inversión en las industrias en declive. Es posible deducir entonces que la escasa competencia monopólica u oligopólica en las economías rezagadas implican más barreras a la entrada, menos sustentabilidad de los factores y, consecuentemente, que las grandes empresas oligopólicas de las economías rezagadas contribuyen a montar el círculo vicioso de la pobreza.

El consejo de administración de las grandes empresas es un organismo esencialmente político, no solamente porque define la orientación estratégica de las empresas, sino porque arbitra y consensa permanentemente con los diversos miembros de la organización, quienes no tienen una función de utilidad homogénea. De todas maneras, las funciones del consejo de administración quedan acotadas por la legislación nacional y por los estatutos de la empresa, circunstanciando en gran medida sus acciones. Por ejemplo, en los Estados Unidos porque es más sensible a los intereses de los accionistas, pero en Holanda se inclina preferentemente por equilibrar el poder de los diversos participantes.

En los últimos años (Banco Mundial 2002: 69), organismos del sector privado de más de treinta países han publicado códigos de funcionamiento para los Consejos de Administración. Las recomendaciones son fundamentalmente para que se aumente el número de miembros independientes en los mismos, así como que estos consejeros independientes presidan las comisiones donde son más agudos los conflictos de intereses entre los managers y los accionistas.

3.2. La propiedad intelectual

La propiedad intelectual se define como el conjunto de derechos exclusivos para explotar industrial y comercialmente algunos bienes incorpóreos de la empresa, es una forma de propiedad privada espe–

cial donde el autor de una obra literaria, científica o artística tiene el derecho de explotarla y disponer de ella a su voluntad. La propiedad intelectual es un activo, y como tal, se puede comprar, vender, ceder bajo licencia, intercambiar o entregar gratuitamente como cualquier otra forma de propiedad. El dueño de la propiedad intelectual tiene derecho de impedir la venta o el uso no autorizados de la propiedad. Satisface intereses de tipo particular y protege a los creadores de las obras. Aunque no son derechos absolutos, la función social delimita su campo de acción, por lo que existe un período de tiempo y territorio sobre el cual tienen vigencia. Así, el autor monopoliza por un tiempo la explotación de su obra, pero una vez transcurrido este tiempo se entra en la etapa del dominio público y puede ser utilizada por cualquiera. Estos límites temporales están justificados en la medida en que representan una reglamentación social, pero también la salvaguarda de derechos individuales.

El alcance de la protección y los requisitos para obtenerla varían de un país a otro, pero también hay semejanzas entre los convenios nacionales. Más aún, en la actualidad, se percibe una tendencia mundial a la armonización de las leyes nacionales. Los países que tienen industrias locales innovadoras cuentan siempre con leyes para fomentar la innovación, regulando el copiado de invenciones, símbolos de identificación y expresiones creativas. En general, los derechos de propiedad intelectual (DPI en adelante) se dividen en derechos de autor y propiedad industrial: los derechos de autor comprenden creaciones artísticas y creaciones literarias (filmes, publicaciones, la industria de la grabación y el software), mientras que la propiedad industrial protege invenciones, signos distintivos, represión de la competencia desleal, tecnología y protección a secretos comerciales.

El propósito principal de las marcas comerciales y las de servicios es indicar la fuente de origen de los mismos y establecer la diferencia entre los productos de una marca registrada frente a los demás. Dichas marcas simbolizan también la calidad de los bienes y servicios que las ostentan. La mayoría de las marcas comerciales y de servicio son palabras pero pueden ser casi cualquier cosa que permita distinguir un producto o servicio de otro; por ejemplo, símbolos, logotipos, sonidos, diseños y aun configuraciones no funcionales distintivas del producto. La duración de la protección que se otorga a una marca puede renovarse y, de ese modo, ampliar su vigencia en forma indefinida.

El derecho de autor es un derecho exclusivo de reproducir una obra original, contenida en cualquier medio tangible de expresión, para elaborar obras derivadas del trabajo original, así como el hecho de interpretar o exhibir la obra, en el caso de las obras musicales, dramáticas, coreográficas y escultóricas. La protección de derechos de autor no se concede a ninguna idea, procedimiento, proceso, sistema, método de operación, concepto, principio o descubrimiento, independientemente de la forma en que esté descrito, explicado o materializado. Más bien, los derechos de autor imparten una protección que se limita a la expresión particular de un autor sobre una idea, proceso, concepto o algo similar en un medio tangible. La protección de derechos de autor subsiste en forma automática desde el momento de la creación respectiva.

El *Agreement on Trade Related Issues of Intellectual Property Rights* (TRIP en adelante) dispone una norma mínima para la vigencia de la protección de los derechos de autor. Si se trata de una persona, el término de la vigencia es la vida natural del autor más 50 años. En el caso de entidad corporativa, son 50 años a partir del final del año civil de la publicación autorizada o, si no existe dicha publicación, desde el final del año civil de su creación. La vigencia de la protección para interpretaciones en vivo que han sido grabadas es de 50 años para el intérprete y el productor, y 20 años para quien transmite la obra. Para garantizar la protección de derechos de autor, la obra en cuestión debe ser original o de autoría, contenida en un medio de expresión tangible. Las siguientes obras de autoría corresponden a ésta definición: obra literaria (incluso programas de computadora), obras musicales con su respectiva letra, obras teatrales y diálogos, pantomimas y obras coreográficas, trabajos pictóricos, gráficos y escultóricos, películas cinematográficas y otras obras audiovisuales y grabaciones de sonido.

Un secreto industrial es información que se considera secreta o no es del conocimiento general de la industria correspondiente, la cual confiere a su dueño una ventaja sobre sus competidores. La protección del secreto industrial existe en la medida en la que su propietario mantenga en secreto o en plan confidencial, y no haya sido obtenida en forma legal e independiente por otras personas. Algunos ejemplos de secretos industriales son: fórmulas, patrones, métodos, programas, técnicas, procesos o compilaciones de información, que le confieren una ventaja competitiva a la empresa que los posee. Los secretos industriales no se registran como otras formas de propiedad intelectual.

La OMPI realiza la siguiente descripción de una patente: "Una patente es un derecho amparado por una ley y concedido en virtud de la misma a una persona, para impedir, durante un tiempo limitado que terceros llevan a cabo ciertos actos en relación con la nueva invención que se describe; el privilegio es concedido con carácter de derecho por una autoridad oficial a la persona que está facultada para solicitarlo y que cumple las condiciones prescritas" (Naciones Unidas; 1975). El TRIP establece un periodo de 20 años de protección a partir de la fecha de solicitud, con una cobertura limitada sólo al territorio del país que otorga la patente. El requisito más importante para obtener una patente es que el solicitante debe describir la invención de forma clara y completa de tal manera que el invento pueda ser reproducido por cualquier interesado después de que expire la patente.

La persona que tiene derecho a solicitar una patente es el inventor (incluida una persona jurídica que ha adquirido el derecho del inventor a solicitar la patente) y las condiciones prescritas incluyen normalmente el pago de una tasa y ciertos requisitos relativos al alcance que debe tener la descripción de la invención, pero en una determinada fase del procedimiento esa descripción se revela al público. Se considera que la finalidad principal de la legislación sobre patentes en todos los países es proporcionar un incentivo para estimular la invención y fomentar el desarrollo económico. El rótulo *sistema de patentes* comprende un complicado conjunto de acuerdos y costumbres legales; aunque los principios económicos del sistema de patentes son relativamente claros. Todas las leyes de patentes tienen mucho en común: su propósito es alentar los inventos y su método es asegurar al propietario de la patente un cierto control sobre el uso del invento para el cual logró obtener una patente. Una patente equivale a conceder un monopolio, lo que permite que quienes poseen los derechos de patente, controlen la producción y también, dentro de los límites establecidos por la demanda, el precio de los productos patentados (Gould y Gruben; 1996: 323).

Las patentes constituyen activos que valorizan las empresas mediante un monopolio temporal que les permite recuperar la inversión y, eventualmente, seguir invirtiendo en la investigación de nuevos productos. En la medida que la innovación es sistémica, se desarrolla una economía productiva donde se amplían los mercados. En el caso contrario de una economía rentista donde no existe una adecuada definición de estos derechos de propiedad, los empresarios no patentan ni innovan sistémicamente, pero pueden guardar el secreto industrial corriendo el riesgo de ser imitados sin poder reclamar pagos compensatorios. Uno es el caso en que la innovación no puede imitarse fácilmente y el secreto industrial encuentra una protección implícita; pero otro es lo contrario, cuando terceras personas o empresas pueden practicar conductas oportunistas propias de una economía de rentas. De esta forma, la definición del sistema de patentes es fundamental para el intercambio que desarrolla los mercados formales y así una economía que impide el desarrollo de las coaliciones de *pasajeros clandestinos* (derechos de propiedad privada informales) fomentando los beneficios en función del avance tecnológico como demanda la concurrencia mundializada del capitalismo en el presente.

Al existir un sistema de patentes, el inventor tiene incentivos para desarrollar una innovación que le garantice el monopolio en el mercado y le asegure mayores ingresos que en una situación de libre competencia con base en lo inventado; por lo que puede recoger los frutos de su actividad inventiva gracias al monopolio, pero un monopolio que desarrolla las ganancias de productividad tanto como la renta de concentración. Bien que promotor de los monopolios de invención, un sistema de patentes eficiente se espera que contribuya a la innovación en varios aspectos: (a) permitiendo la recuperación de la inversión en innovación tecnológica (ID). Una patente recompensa la inversión de tiempo, dinero y esfuerzo asociada a la investigación, por lo que estimula mayores investigaciones al inducir a los competidores a inventar opciones alternativas que siempre permitirán que las compañías recuperen sus costos de investigación y desarrollo durante la vigencia de sus derechos exclusivos. (b) Estableciendo un periodo de tiempo suficiente para crear un ambiente económico favorable para que la invención se convierta en un producto con mercado. El plazo limitado de una patente protege también el interés público al propiciar la rápida comercialización de los inventos, con lo cual éstos llegan al público en fecha más temprana que tardía. Las patentes propician también una mayor latitud en el intercambio de información entre grupos de investigación, ayudan a evitar la duplicación de investigaciones, y acrecientan el acervo general del conocimiento público. (c) Configurando un sistema adecuado de colección, clasificación y difusión de la información tecnológica.

El primer punto es uno de los principales justificantes del sistema de patentes. La inversión en ID para la generación de nuevos productos o procesos es en general muy cuantiosa y requiere de periodos de tiempo muy largos. Además, debido a que existe incertidumbre con respecto del resultado, se considera que la inversión es sumamente riesgosa. Respecto al segundo punto, resulta obvio que las ganancias monopólicas del innovador deben ser suficientemente grandes para compensar la cantidad de gasto realizado en ID. El monopolio por un periodo de tiempo limitado puede que no sea suficiente para cubrir los costos de la inversión, por lo que, en este caso, debería de existir un tiempo mayor. Por otra parte, si se tiene un producto nuevo en el mercado debería de pasar el tiempo suficiente para difundir y dar a conocer el producto hasta generar una demanda considerable de parte del consumidor. Cabe mencionar que el tiempo de protección de la patente no debe ser muy largo ya que se está incurriendo en un perjuicio contra el consumidor por el hecho de existir un monopolio que impide a la comunidad sacar provecho de la nueva tecnología.

La difusión tecnológica es uno de los componentes más promisorios del sistema de patentes. Como se mencionó anteriormente, la comunidad está dispuesta a asumir los costos del monopolio con tal de acceder al conocimiento de la nueva tecnología. Este intercambio entre el inventor y la sociedad descansa sobre la base de que el progreso industrial es deseable, pero si no fuera divulgada la información tecnológica, la sociedad no lo alcanzaría o, en el mejor de los casos, lo alcanzaría en un tiempo mucho más largo. Por eso, resulta del interés de la sociedad que se conceda la patente porque éste es un medio para que el inventor divulgue sus conocimientos al término de la protección respectiva.

Todos los miembros de la Organización Mundial de Comercio (OMC) deben someterse a las disposiciones de patentes contenidas en el TRIP, pero las patentes se expiden conforme a las leyes nacionales, por lo que una patente estadounidense sólo puede aplicarse contra infracciones cometidas en los Estados Unidos. Los recursos que pueden aplicarse en casos de infracción a las patentes pueden ser mandatos judiciales, órdenes de entregar o destruir los artículos en cuestión, indemnizaciones y hasta privación de la libertad. Para que sea patentable, una invención debe ser novedosa, útil y no obvia, por lo que debe representar una aplicación práctica. No sólo los aspectos utilitarios de los inventos nuevos y útiles son patentables, pues muchos países conceden también protección de patentes a nuevos diseños industriales de tipo ornamental, quienes junto con las marcas hacen que prácticamente se pueda patentar o marcar un universo muy amplio de innovaciones (www.usinfo 13 junio 2004).

El papel que desempeña el sistema de patentes es doble ya que, por una parte, debe funcionar como un estímulo para la generación de procesos innovadores y, por la otra, como agente que contribuye a la difusión de conocimientos. Al respecto existen varias opiniones opuestas, generalmente liberales las que enfatizan el estímulo a la innovación, y generalmente socialistas las que subrayan la difusión de conocimientos. Dentro de la primera opción, las compañías deben ponderar el valor potencial del derecho de propiedad intelectual frente a la probabilidad de recuperar dicho valor, y frente a los costos de obtener, ejercer y conservar ese derecho. Las patentes pueden ser entendidas como uno de los medios por los cuales los empresarios protegen sus innovaciones, aumentan las ganancias de monopolio y hacen más difícil la imitación y la competencia. Pero dentro de la segunda opción la regulación estatal es parte de todo el dinamismo que el Estado debe aplicar a los flujos de información que desarrollan el conocimiento.

La definición y protección de los derechos de propiedad intelectual es un proceso costoso que contribuye en mucho al funcionamiento del mercado. Viene al caso recordar que los costos de las transacciones que configuran a este mercado corresponden a todos los procedimientos y operaciones que hacen posibles intercambios mutuamente ventajosos entre dos partes. Habitualmente comprenden: (a) costos de las eventualidades del contrato de patente (demanda por violación, etc.); (b) costos de negociación (investigar antecedentes crediticios, etc.) y redacción del contrato y formalización de la patente (honorarios abogados, etc.); y (c) costos legales u otros (detectives, etc.) que garantizan el cumplimiento de la patente. Como vemos, son los costos ex ante de bosquejar un acuerdo y sus salvaguardas, pero también costos ex post a causa del carácter incompleto de los contratos, que para este escrito son las patentes como contrato que legaliza el usufructo de una renta de monopolio.

Ahora bien y en general, los costos de las transacciones son los costos de hacer funcionar todo sistema económico porque representan los costos de celebrar y hacer cumplir todo contrato que está en la base de cualquier intercambio económico; dicho con metáforas es lo que cuesta la mano invisible de Adam Smith en la realidad., porque representan los costos de descubrir oportunidades de intercambio, negociarlas, vigi–

larlas y hacerlas cumplir. Dada la evolución de los intercambios hacia las formas complejas en los capitalismos intangibles, los costos de las transacciones resultan en gran medida de los costos de la información que da pie a la economía del conocimiento. No es casual que un enfoque tan irrealista como el del equilibrio walrasiano los considere nulos. Cuando la protección privada de las patentes resulta ser más eficiente que la pública, los agentes económicos deciden no patentar o no registrar sus innovaciones, por el contrario y si la protección de los derechos de propiedad privada es costosa o impráctica, entonces buscan los mecanismos legales para la definición de propiedad. Los derechos de propiedad son socialmente negociados e históricamente dependientes en tanto que instituciones económicas creadas para definir, proteger y facilitar el intercambio de activos definidos por derechos de propiedad pueden variar ampliamente en sus costos de transacción asociados y pueden animar el desempeño económico de acuerdo a la eficiencia relativa. (Merges 2005: 9)

Desde la legislación mexicana, la propiedad intelectual se trata de un "concepto que comprende aquellos derechos que se ejercen sobre bienes incorpóreos como son la producción artística, científica o literaria, es decir, los llamados derechos de autor, asimilando estos derechos y su ejercicio a los derechos de propiedad. Asimilación fundamentada en la equiparación teórica de la explotación exclusiva de los beneficios que tales producciones generan con las formas de apropiación y posesión, y en que a esa explotación también le son aplicables los atributos de la propiedad (Diccionario Jurídico Mexicano, 1994: 2607). Con respecto a esta forma de propiedad propia del capitalismo postindustrial, el desarrollo científico y tecnológico plantea nuevos retos institucionales, particularmente en lo que hace a la normatividad jurídica como expresión de la formalidad normativa en casos como el de la biotecnología donde el capitalismo postindustrial está avanzando a paso acelerado.

Cada orden jurídico tiene sus propias características en su normatividad particular de donde se deriva la forma en que esas cuestiones se plantean, aun cuando la normatividad informal, tan importante en nuestro país, rebasa al poder de un Estado gobierno poco legítimo a causa de la corrupción no solamente judicial. Por lo pronto y dada la existencia del artículo 27 constitucional, la propiedad *originaria* –según la expresión jurídica– reviene a la nación, por lo que el recurso biológico, en tanto especies de flora y fauna, se rige por el derecho tradicional y, en consecuencia, siendo propiedad originaria de la nación, puede o no haber sido transferido a los particulares; el poder público establecerá al derecho de propiedad de los particulares los límites y modalidades que considere conveniente para la preservación de la diversidad biológica" (Pérez Miranda, 2001: 147). La nación, en teoría, ejerce plena soberanía sobre los recursos genéticos de acuerdo a la Decisión 391 del Acuerdo de Cartagena que establece en su artículo 6: *los recursos genéticos y sus productos derivados... son bienes o patrimonio de la nación o del estado de cada país miembro. Dichos recursos son imprescriptibles e inalienables, sin perjuicio de los regímenes de propiedad aplicables sobre los recursos biológicos que los contienen, el precio en que se encuentran, o el componente intangible asociado* (subrayado nuestro).

Tanto la Constitución mexicana en su artículo 27 como el Acuerdo de Cartagena en la disposición transcrita parecen proteger la propiedad originaria de su patrimonio genético pero no son las únicas reglamentaciones aplicables a los derechos de propiedad intelectual relacionados con la biotecnología. En efecto, el Convenio Internacional para la Protección de las Obtenciones Vegetales otorga protección a quienes obtengan variedades distintas de los vegetales conocidos; así en el capítulo III artículo 7 del convenio citado establece que: "se considerará distinta la variedad si se distingue claramente de cualquier otra variedad cuya existencia en la fecha de presentación de la solicitud sea notoriamente conocida". Sin embargo y para situar el escenario real en donde se aplican estas disposiciones, uno de los problemas que enfrentan las naciones ante esta reglamentación es la falta de inventarios nacionales exhaustivos de los recursos biológicos, lo que facilita el pillaje de los recursos naturales de los países, recursos que muchas veces son determinantes para su propio desarrollo. El derecho de propiedad puede ser utilizado aun en contra de sus titulares dada la disponibilidad de recursos de los Estados, pero también de las clases campesinas carentes de información respecto de las reglamentaciones internacionales. Ni duda cabe que las normas internacionales y su aplicación tienen que ser cuidadosamente analizadas y revisadas constantemente a fin de evitar injusticias flagrantes y la pérdida de las naciones de buena parte de sus recursos naturales. Ya el control del conocimiento proporciona a sus detentadores un gran poder como para permitir que la protección de la propiedad tecnológica y genética se utilice como pretexto para drenar los ya castigados recursos de las naciones pobres o rezagadas competitivamente. Los efectos negativos sobre el patrimonio nacional no sólo se producen por medio de la apropiación de los recursos naturales o por la creación de nuevas variedades, igualmente existen riesgos para la agricultura en general en la medida que los efectos de los productos transgénicos no son totalmente conocidos y pueden representar un peligro para los cultivos tradicionales. En todo caso, estamos frente a dos institucionalidades contradictorias en cuanto a sus intereses. ¿Cuál es la que va a prevalecer?: ¿la nacional?, ¿la de los pueblos? o ¿la de los propietarios privados de la ciencia y la tecnología? Solamente una ingeniería institucional que vele por el bien público puede hacer frente a este reto que nos plantea el liberalismo basado en la propiedad privada de los medios de producción como el conocimiento.

4. EL DEBATE ACTUAL SOBRE LA PROPIEDAD EN MÉXICO

Como se desprende de lo expuesto a propósito de la propiedad corporativa y de algunos aspectos de la propiedad intelectual, se puede afirmar que los conceptos clásicos sobre la propiedad han sido rebasados. Sin embargo el pensamiento jurídico tradicional continúa sosteniendo el mismo discurso que correspondió a los orígenes del liberalismo, en efecto, los libros clásicos sobre el tema ignoran las modificaciones que se han producido en el concepto de propiedad. Incluso la defensa que de esta institución se sostiene trata de hacerse desde una perspectiva radicalmente liberal, como si estuviéramos en el siglo XIX. Esta posición es sostenida incluso por economistas y por una parte importante del mundo empresarial y de funcionarios gubernamentales, quienes consideran que el actual artículo 27 de la Constitución Política de los Estados Unidos Mexicanos regula excesivamente la propiedad privada de tal forma que lo que hace es poner trabas al funcionamiento óptimo de la economía y proponen, no siempre expresamente, volver a una normatividad similar a la de la Constitución de 1857, considerada liberal por excelencia y muy afín al modelo clásico de la propiedad que hemos analizado en páginas anteriores. Conviene recordar los artículos 63 y 65 de dicho ordenamiento que al respecto establecían:

> Artículo 63. La propiedad es inviolable, sea que consista en bienes, derechos o en el ejercicio de alguna profesión o industria.

Artículo 65. La propiedad podrá ser ocupada en caso de exigirlo así la utilidad pública legalmente comprobada, mediante previa y conveniente indemnización.

Estas prescripciones establecían el derecho de propiedad conforme con los principios del liberalismo económico clásico. Este liberalismo era adecuado para el momento histórico en el que surgió, no para dos siglos después cuando los mercados físicos han cedido el paso a los virtuales y los intercambios tradicionales a los complejos todo ello con base en una clara aceleración de la rotación tecnológica, por lo que las limitaciones a la propiedad en función del interés público no pueden tener solamente un carácter indemnizatorio, sino que deben prevenir los efectos perversos de la apropiación privada.

Con el desarrollo de la industria y la aparición de los conflictos laborales inherentes a las relaciones entre asalariados y empleadores, con el crecimiento de las ciudades, la exigencia de servicios colectivos y con la industrialización del campo, se hicieron necesarias readecuaciones jurídicas. El derecho de propiedad no pudo quedar al margen de las transformaciones y de ser un derecho absoluto pasó a ser un derecho al que se le pusieron límites, de manera tal que en la casi totalidad de países de economía de mercado, desarrollados y en vías de desarrollo, este derecho se define como el derecho de gozar y disfrutar de aquello de lo que se es dueño, pero con los límites establecidos en las leyes de interés general, pero no individual. Así es ahora y la evolución ha sido recogida tanto por la legislación civil como por el derecho constitucional.

Volviendo al derecho de propiedad tal como está en la Constitución de 1857 y como se desprende del artículo 65 trascripto, éste puede ser objeto de expropiación por causa de utilidad pública y mediante previa y competente indemnización, así, de hecho se señalan límites precisos y estrictos a la facultad de las autoridades para expropiar. La indemnización tiene que ser previa y el valor del bien expropiado ha de fijarse conforme al precio de mercado. Esta disposición ha sido completamente modificada, porque el actual artículo 27 de la actual Constitución al referirse a la expropiación declara que:

Las expropiaciones sólo podrán hacerse por causa de utilidad pública y mediante indemnización.

Además en su primer párrafo con respecto a la propiedad ordena:

La propiedad de las tierras y de las aguas comprendidas dentro de los límites del territorio nacional corresponde originariamente a la Nación, la cual ha tenido y tiene el derecho de trasmitir el dominio de ellas a los particulares constituyendo la propiedad privada.

Estas disposiciones del artículo 27, al igual que lo que concierne a la propiedad ejidal han sido severamente criticados cuando se afirma que "esta disposición constitucional, al no definir con precisión los derechos privados de propiedad y con la propiedad privada sujeta a la expropiación prácticamente arbitraria, con sólo señalar que se hace por causa de *utilidad pública*, así como sujetar este tipo de propiedad a las *modalidades que dicte el interés público*, nuevamente sin definir que es lo que se puede entender por este concepto, y que por lo mismo derivan en que el llamado *interés público* se constriña al interés y preferencia del Presidente de la República, implican que el gobierno puede violar constitucionalmente los derechos privados de propiedad por lo que el riesgo expropiatorio para la inversión privada es relativamente alto..." (Katz, 1999: 204). Esta afirmación es exagerada, y parte de una concepción jurídica conforme a la cual los derechos fundamentales son inherentes e innatos a todos los individuos, de modo que ni el Estado ni ninguna otra autoridad pueden atentar en contra de estos derechos, porque la EscDerProp sacraliza la libertad patrimonial pero no la humana, particularmente en lo que antecede a Katz (1999) con Buchanan y Tullock (1962). No es este el lugar para reproducir el extenso debate existente entre liberales y socialistas desde hace más de un siglo atrás, pero sí conviene recordar que la evolución reciente de las economías nacionales ha visto emerger al liberalismo social como consecuencia de los sonoros fracasos que experimentó el darwinismo de mercado, particularmente a causa de los regímenes de propiedad privada improductivos, por lo que el concepto liberal del derecho de propiedad clásico propio de los 1800 cedió su lugar a otro concepto y otro fundamento de este derecho por medio de la propiedad función social, la cual es tanto una noción distinta a la de la propiedad individual como un concepto concreto similar al de los bienes públicos que reconocen los propios liberales. Es en esta perspectiva que se inserta el derecho de propiedad del artículo 27 tal y como hoy se encuentra consagrado en los textos constitucionales.

La doctrina en la que se funda el argumento conforme al cual la regulación que actualmente existe en México a propósito de la propiedad nos parece reduccionista en el sentido de que tan importante como la forma de propiedad es el proceso de apropiación, por lo que la prioridad puede ser muy bien reformar este proceso sin alterar las formas de propiedad existentes. De todas maneras, una parte importante de la discusión acerca de la propiedad quedó zanjada porque el artículo 27 fue reformado durante la Administración Salinas en lo que a la propiedad ejidal se refiere. Desafortunadamente y a pesar del transcurso de más de una década de dicha reforma, el campo mexicano dista mucho de haberse incorporado plenamente a la modernidad y en un gran porcentaje la población rural sigue *viviendo* en la miseria, por lo que cabe preguntarnos si estas reformas a los derechos de propiedad no cayeron en una actitud reduccionista que menospreció la reforma de los procesos de apropiación que pudiera dotar a la privatización del ejido de verdadero dinamismo para insertarse productivamente en la economía de mercado.

Los términos actuales de la disputa por la nación han virado su ruta, hoy se sitúan en la llamada *reforma del Estado*, de manera particular en lo que atañe a la inversión privada y extranjera en el sector eléctrico y en los hidrocarburos. El sueño de más de un inversionista es que la propiedad del petróleo y otros energéticos se sujete a las mismas reglas de propiedad a las que se sujeta cualquier mueble o inmueble de tal suerte que el dueño del suelo lo sea igualmente del subsuelo y de lo que se encuentre en él. La propiedad gubernamental de estos recursos no puede ocultar el hecho de que es imperioso hacer competitivas a las empresas públicas del sector por varias razones, pero en particular porque deben incrementar sin ambages su capacidad de autofinanciamiento. En este cometido son pertinentes varias formas de compatibilizar, pero no de excluir, las formas de propiedad privada con las paraestatales, aunque para ello es indispensable la aplicación de un estado de derecho eficiente y eficaz con respecto al cual cabe preguntarse hasta qué punto una sociedad de rentistas está dispuesta a invertir en el derecho como un bien público que brinda externalidades positivas al proceso general de intercambios. Este aspecto es habitualmente ignorado porque no existe la voluntad política conducente a una verdadera reforma del Estado y su aparato jurídico por parte de los líderes respectivos, particularmente los presidenciables. Por el momento pareciera que una parte considerable de la potencialidad económica del país se encuentra desperdiciada a causa de un régimen de propiedad que más que socialista o liberal es patrimonio de una oligarquía compradora, en especial la del narcotráfico.

Si es importante plantear la exigencia de actualizar la cuestión relacionada con la propiedad en materia energética o biológica, lo es igualmente incorporar la disputa por las definiciones en aspectos tales como los relacionados con la propiedad intelectual, la corporativa y la financiera. Independientemente de que al derecho se le ha de actualizar, la causa principal de su ineficiencia o ineficacia no tiene que ver solamente con las reglas de fondo, sino también con los organismos encargados de su aplicación. En efecto, la falta de cumplimiento ha llegado a tal grado que el mismo Estado de Derecho está en entredicho. Dar una solución adecuada a estos aspectos de eficacia jurídica es un requisito previo antes de pensar en cualquier reforma. En fin, es igualmente indispensable que las modificaciones deseables al derecho de propiedad recojan verdaderamente lo que esta sucediendo en la realidad de una sociedad de suspicacia dominada por la economía informal. En otros términos, si las modificaciones que pudieran hacerse al derecho de propiedad se restringen a los aspectos que actualmente están en la mesa de las discusiones pero dejan incólume a la creciente economía informal que vulnera todas las reglas del juego colectivo empezando por la Constitución, mal podría pensarse en una definición de los derechos de propiedad sea ella diligenciada por socialistas o liberales. El derecho que el Estado no crea lo crean los particulares en función de sus intereses sectoriales, pero en detrimento del bien público.

Las internalidades en el sector público constituyen beneficios privados a través del ejercicio público que, aparte del juicio moral, redunda en una economía improductiva. Así como los delitos y fraudes del sector privado vulneran el funcionamiento de equipo en las empresas del mismo género, la corrupción pública quebranta el rol productivo del sector público. Existen numerosas evidencias (Banco Mundial 2002: 106) que muestran cómo la corrupción pública disminuye el crecimiento del producto y el ingreso per cápita. Los factores esenciales de la corrupción pública serían la normatividad sesgada (teoría de la captura de la reglamentación de Stigler), el sistema judicial endeble, los empleados mal pagados, la escasa participación en el comercio internacional y el descontrol inflacionario. Por otra parte, hay elementos que pueden ayudar a impedir la corrupción como la descentralización del sector público, los procesos electorales legítimos, la libertad de prensa y en general la participación de la sociedad civil en diversas instancias. Todo ello sin dejar de lado ni un instante que la fuente de la corrupción puede ser pública, pero que la apropiación siempre es privada. Si en las economías improductivas y patrimonialistas la mediación judicial está personalizada y muy atada al socio grama, en cambio y a medida que se avanza en los intercambios complejos y la sociedad post industrial, los vínculos tradicionales se debilitan y se hace necesaria una mediación jurídica formal. Podemos verificar este aserto con el ejemplo de la España post franquista, o el del México democrático o, aún con el de la China post maoísta quien entre 1979 y 1982 registró un promedio de juicios comerciales de 14,000 al año, pero que en 1997 vio iniciarse 1.5 millones de nuevos juicios (Pie, citado por Banco Mundial 2002: 117).

Los Tribunales se distinguen de otras formas de mediación porque las decisiones están respaldadas por el Estado, alcanzadas tras un proceso independiente de determinación de los hechos y dictadas en acuerdo con las normas sociales vigentes. El efecto buscado es reducir la violencia en los conflictos de intereses y crear un ambiente favorable a los negocios, dentro de Estado liberal que nunca ha pretendido prescindir del poder judicial para hacer funcionar a los mercados. Lo anterior en nada invalida que los mercados mejor funcionan cuanto más se basan en el auto cumplimiento de los contratos y la sociedad de confianza. Sobre todo en el sentido de la confianza activa como expectativa de un agente con respecto a otro; es decir, activa en tanto que es la que se gana, pero no la que se encuentra (pasiva). Este comportamiento social es un componente esencial de la democracia dialogística caracterizada por el diálogo social, pero no por las mayorías eleccionarias (Giddens 1994: 92 a 97). Coincidentemente, para Fukuyama (1996; 45) "es la expectativa que surge dentro de una comunidad de comportamiento normal, honesto y cooperativo, basada en normas comunes, compartidas por todos los miembros de dicha comunidad", con lo que, éste último, destaca la faceta institucional de la confianza activa como componente básico del capital institucional de una nación. Nada reemplaza a una sociedad de confianza basada en el auto cumplimiento de los contratos. Sin embargo y una vez que se ha planteado el conflicto de intereses y establecido un tribunal, su eficiencia se define en función de la rapidez, costo y equidad con que se adoptan las decisiones judiciales y del acceso que los ciudadanos agraviados tienen al tribunal.

El área jurídica más cercana de la economía son las controversias comerciales situadas en los costos de las transacciones y los derechos de propiedad cada vez más relacionados con los intangibles (ver capítulo 2). Como debemos recordar, la nueva regulación de mercado se basa en estas dos variables: los costos de las transacciones y los derechos de propiedad; por lo que la vinculación de la economía con el derecho se renueva por medio de la juridicidad de los costos de las transacciones y los derechos de propiedad que acompañan al desarrollo competitivo. Así y por ejemplo, la tramitación eficiente y eficaz de las controversias comerciales beneficia a todos porque se reducen los costos de las transacciones, o, en otro ejemplo, una buena definición de los derechos de propiedad acompañada por un ejercicio eficiente de la juridicidad, también permite economizar costos de las transacciones.

Como indicador empírico, es posible construir un índice de complejidad de la acción judicial en litigios comerciales (Banco Mundial 2002: 122). Este índice varía entre 0 (proceso muy simple) y 100 (proceso muy complejo). Cada variable representa entre 0 y 20. (1) Terminología o justificación jurídica en todas y cada una de las etapas del proceso. (2) Procedimiento de notificación tanto de la demanda como del fallo. (3) Representación judicial si se necesita la asistencia de un representante autorizado. (4) Complejidad de la demanda. (5) Suspensión del cumplimiento de la sentencia debida a apelación. Estos indicadores dan por resultado que cuanto más atrasadas están las naciones en el desarrollo competitivo, más se acercan a los 100 puntos.

Las reformas judiciales que han dado mejores resultados son aquellas que implicaron: (a) mayor obligación de rendir cuentas por parte de los jueces, (b) Simplificación procedimientos. (c) aumento de recursos para el poder judicial. Por lo que es muy necesario desarrollar un sistema de controles cruzados con respecto a los jueces, hacer avanzar la desreglamentación jurídica y ampliar las fuentes de recursos fiscales del sector público para financiar en mayor medida la modernización correspondiente. Ningún mercado funciona sin un código ético y moral. Las instituciones (normas) forman parte constituyente del acto de intercambio desde la época de las cavernas, tanto en sus aspectos éticos como en los comerciales. Desde que los usos y las costumbres fueron constituyendo lo que hoy reconocemos como un sistema judicial, el mismo cumple una importante función en el desarrollo de las economías de mercado. Cuando resuelve controversias entre entidades privadas, cuan–

do arregla diferencias entre entidades privadas y públicas, cuando se constituye en una referencia formal para la forma en que los particulares y las organizaciones se comportan fuera del sistema judicial, etc. En todos estos casos es necesario que los sistemas judiciales compatibilicen la necesidad social de proporcionar una solución rápida y barata con la necesidad ética de que esa solución sea imparcial. El gran criterio de eficiencia social es la imparcialidad que iguala oportunidades a través de normas iguales para desiguales. La eficacia judicial sería algo que puede identificarse con el índice recientemente citado.

En el caso de México y para que el futuro no nos alcance, es imperiosa una reforma judicial indispensablemente ligada a la reforma del Estado. Entre los numerosos elementos que influyen en esta reforma se encuentran el proceso para establecer las remuneraciones respectivas y las promociones, el derecho procesal, el derecho sustantivo, la capacidad de los jueces y abogados, y la importancia que atribuye la sociedad civil a los tribunales; todo ello dentro un régimen de controles y contrapesos que influye sobre la imparcialidad y la integridad del sistema judicial.

5. RESUMEN DEL CAPÍTULO 2

Los mercados que conforman actualmente los seres humanos individuales están basados en la coordinación colectiva de los mismos. Lo que interesa para el desarrollo productivo es la faceta de los intercambios; es decir, que no se intercambia por dar y recibir valores de uso, sino que se hace para obtener beneficios de acuerdo a las formas de apropiación vigentes. Los derechos de propiedad derivan de la libertad individual que los sujetos poseen de manera intrínseca, es decir, derivada de procesos de apropiación donde ciertos individuos, no todos, controlan el excedente organizacional. Habrá violación de esta libertad cuando los individuos no pueden ejercer sus derechos de propiedad o cuando el accionar de terceros con respecto a derechos de propiedad que el sujeto no posee, tiene consecuencias negativas sobre este ultimo, por lo que desde la expresión mínima de una sociedad de dos individuos se plantea tanto con respecto al ejercicio de la libertad como a las limitaciones de los derechos de propiedad. No existe la vida en sociedad ni los intercambios económicos sin reglamentaciones públicas a los derechos de propiedad.

Para la EscDerProp la regulación de mercado se basa en variables endógenas como los derechos de propiedad privada, quienes no cons–

tituyen solamente una forma de libertad individual sino que también son un instrumento eficaz de asignación de recursos y un eje central en la teoría del poder. Es forma de expresión de la libertad porque le reconoce al individuo la posibilidad de usar y disfrutar de un bien o servicio hasta el punto de poder destruirlo si lo juzga conveniente. Es un instrumento efectivo en la asignación de recursos, porque la propiedad entraña eficiencia en la utilización del bien objeto de la misma: se cuida el jardín propio, pero se daña un parque público. Pero como también sucede esto último, la propiedad privada que se apropia de los bienes públicos representa una pésima asignación de recursos.

El derecho de propiedad se ejerce sobre una cosa, pero en sí mismo es intangible y transferible. El gobierno y la sociedad en su conjunto, deben cooperar para establecer una buena definición de los derechos de propiedad a fin de que los contenidos autorreguladores del mercado tengan lugar. Una mala definición de los derechos de propiedad bloquea y desnaturaliza la asignación eficiente que pueden tener los derechos de propiedad, por lo que el proceso de internalización de externalidades que tendría que operarse en los mercados privados no tiene lugar sino que, por el contrario, se registra otro de rentabilización privada de las externalidades públicas, el cual es característico del patrimonialismo ejercitado por propietarios rentistas. La teoría de los derechos de propiedad intenta mostrar de qué manera distintos regímenes de propiedad influyen sobre los comportamientos individuales y por ello, sobre la eficiencia general de la economía. Los individuos convienen ejercer sus derechos de propiedad y sus capacidades de apropiación sin violentar el derecho de propiedad correspondiente a terceros. Más aún, derechos de propiedad y conductas de apropiación no admiten el derroche, sobre todo en un mundo de escasez.

Aún si se piensa conforme al modelo clásico de la propiedad, hay ciertos bienes que son propiedad de todos como el medio ambiente o el patrimonio biológico, con respecto a los cuales el derecho liberal podría limitar los abusos siempre que la sociedad respectiva comande a sus dirigentes y abogados un liberalismo de rostro humano. No sólo los valores económicos de la ciencia de lo escaso son válidos, por ello conviene incorporar sistemáticamente el pensamiento jurídico a la reflexión económica pues el derecho lleva implícito un pensamiento sobre la justicia que se encuentra ampliamente registrado en las corrientes institucionalistas que toman en cuenta la variable distributiva.

En este sentido, no hay reforma ni del Estado ni del poder judicial que pueda pensarse y planearse más allá de evacuar las grandes preguntas que evalúan a los cambios indicados: ¿para qué? ¿para quién? ¿cómo?

Pero, no se trata solamente de valores, en efecto, de las afirmaciones que aquí se han hecho en relación con la propiedad corporativa e intelectual se desprenden consecuencias jurídicas importantes que recogen mutaciones jurídicas que serán lideradas por el Estado o por los particulares. Esas consecuencias son ya parte de la realidad jurídica, pero una realidad de la cual no ha tomado plenamente conciencia la totalidad de la sociedad, salvo honrosas excepciones. En fin no ha de perderse de vista que las afirmaciones que se han hecho, lo mismo que las conclusiones no se refieren a todo tipo de propiedad, sino en particular a la propiedad productiva.

La evolución de la propiedad desde la forma clásica hasta la intelectual nos muestra que se está en presencia de un desarrollo de las formas de apropiación colectivas, aunque no siempre productivas, mal que les pese a los fundamentalistas del mercado. Se incrementa la propiedad que tiene como intermediarias a las grandes empresas que no solamente tienen dimensiones que superan a las de muchos Estados nacionales, sino que colectan el ahorro público de la economía planetaria. Aquí el asunto crucial es estar conscientes de quien toma las decisiones en el interior de estas empresas mercantiles, porque el asunto compete a una legislación de actualidad de formas de propiedad que hace tiempo dejaron de ser meramente privadas. Pero también el Estado debe seguir el paso de las mutaciones en las formas de propiedad, porque a pesar de los ataques en contra de las expropiaciones, realidades muy cercanas a la de México (Bolivia, Ecuador, Venezuela) nos evidencian que los Estados deben instrumentar nuevas formas de nacionalizaciones no necesariamente expropiatorias.

Estas reflexiones pretendieron ir en esa dirección: ni el sector público ni el privado pueden basarse en una concepción clásica de la propiedad, sino que ambos deben ser sensibles a las nuevas funcionalidades que le demanda la actualidad histórica a esos derechos de tener para producir competitivamente. Lo importante es no perder de vista la razón última de las creaciones del hombre, la superación del género humano. En eso consiste una de las funciones esenciales tanto del Estado como del mercado.

6. BIBLIOGRAFÍA

Alchian, Armen
1950 "Uncertainty, evolution and economic theory" en revista "Jo–urnal of Political Economy" vol.58, no. 3.
Banco Mundial
2002 "Informe sobre el desarrollo mundial 2002. Instituciones para los mercados", Banco Mundial.
Barzel, Yoram
1997 "The property rights model", en Yoram Barzel, "Economic Análisis of Property Rights", Cambridge Univ. Press.
Berle, Adolf
1968 "The modern corporation and private property", Harcourt.
Brañes Ballesteros, Raúl
1982 "Derecho privado y sistema económico. El Código de Napo–león y la consolidación del capitalismo", Cuaderno Docente, DCSH, UAM.
Buchanan, James y Gordon Tullock
1962 "The Calculus of Consent. Logical Foundations of Constitu–tional Democracy", Ann Arbor & Univ. of Michigan Press.
Carlton, Dennis et al (editors)
2006 "The journal of law and economics", Univ. Chicago Press.
Champaud, Claude
1997 "Contribution à la définition du droit économique", Dalloz.
Coase, Ronald
1994 "La empresa, el mercado, la ley", Alianza.
Corei, Thorstein
1995 "L'économie institutionnaliste. Les fondateurs". Economica.
De La Fuente, Jesús
1996 "Derecho bancario y bursátil", Porrúa.
Diccionario Jurídico Mexicano
1994 UNAM y editorial Porrúa.
Farjat, Gérard
1982 "Droit économique", PUF.
Galbraith, John
1967 "El nuevo estado industrial", Ariel.
Gómez Gordoa, José
1998 "Títulos de Crédito", Porrúa.

Gould, D. y Gruben W.
1996 "The Role of Intellectual Property Rights in Economic Growth", en revista "The Journal of Development Economics", Vol. 48 No. 2, marzo.
Hansmann, Henry
1988 "Ownership of the firm", en "Journal of Law, Economic and Organization", vol. 4, no. 2.
http://usinfo.state.gov/espnol/Ipr/homepage.htm
13–06–04.
Jacquemin, Alex y Guy Schrans
1974 "Le droit économique", PUF.
Jensen, Michael
2003 "A theory of the firm", Harvard.
Katz, Isaac
1999 "La Constitución y el desarrollo económico de México", Cal y Arena.
Merges, Robert
2005 "Intellectual property in the new technological age", Aspen Pub.
OCDE
1999 "Les principes de l'OCDE relatifs au gouvernement d'entreprise", OCDE junio.
Pejovich, Svetozar
1985 "Fundamentos de economía. Un enfoque basado en los derechos de propiedad" Fondo de Cultura Económica.
Pérez Miranda, Rafael
2001 "Biotecnología, sociedad y derecho", UAM y Miguel Ángel Porrúa.
Planiol, M. y J. Rippert
2002 "Tratado práctico de derecho civil francés", T. III. , Tribunal Superior de Justicia del Distrito Federal y UNAM.
Posner, Richard
1972 "Economic analysis of law", Little Brown.
Proudhon, Pièrre–Joseph
1984 "¿Qué es la propiedad?" Hyspamerica.
Schumpeter, Joseph
1983 "Capitalismo, socialismo y democracia". Orbis.
Treves, Renato
1974 "Sociología del derecho y jurisprudencia sociológica", Edivisa.

CAPÍTULO 3
DEBILIDAD DE LAS REFORMAS SECTORIALES

*Pascual García Alba Iduñate**

1. INTRODUCCIÓN AL CAPÍTULO 3

Las reformas económicas realizadas por México desde mediados de los ochenta, no dieron los resultados favorables que de ellas se esperaban, debido a un deficiente diseño institucional y a la debilidad propia de las instituciones del Estado mexicano para regular adecuadamente al sector privado. La debilidad institucional del Estado gobierno se representa tanto en el diseño como en la implementación respectivos. Hoy existe un desencanto generalizado respecto de esas reformas que podría llevar a frenar los cambios que el país requiere en la actualidad. Ante los fracasos, ese desencanto entre la población está más que justificado. Por ello es necesario que antes de impulsar reformas adicionales, el Estado mexicano se enfoque en la corrección de los defectos de las reformas realizadas hasta ahora, así como en la reforma de las instituciones del Estado mismo para que cumpla con las funciones que debe desempeñar en una economía moderna. Por un exceso de ideología cercano a la Escuela de los Derechos de Propiedad (EscDerProp en adelante), se pensó que la simple privatización de los sectores regulados sería suficiente, bajo la premisa de que los mercados se regulan mejor solos. Cuando la experiencia mundial señala que la modernización eficaz de las economías requiere no un Estado ausente, sino un Estado diferente, para asegurar que la actividad privada se desarrolle en condiciones de

* Profesor investigador. Departamento de Economía. Azcapotzalco. Universidad Autónoma Metropolitana. pgarcia_alba@prodigy.net.mx

competencia, y que los monopolistas no abusen de su poder de mercado, en aquellos casos, pocos pero importantes, en que esa competencia es imposible.

Cuando a principios de 1994 entró en vigor el Tratado de Libre Comercio con Estados Unidos y Canadá, México había efectuado diversas reformas para modernizar su economía, en especial la privatización de Teléfonos de México, el entonces monopolio estatal de las telecomunicaciones; la reprivatización de la banca comercial, que había sido expropiada en 1982, cuando el país enfrentó una crisis cambiaria, de la que la administración de entonces culpó a los banqueros; la privatización de las dos principales líneas aéreas mexicanas, que en conjunto representaban alrededor del ochenta por ciento de los vuelos domésticos; y la desregulación a nivel federal del auto transporte carretero. Asimismo, mediante la Ley del Servicio Eléctrico de 1992, permitió la generación de energía eléctrica por particulares, mediante modalidades restringidas, contempladas en la propia legislación.

México fue pionero de diversos programas de reforma económica, sobre todo entre los países en desarrollo. Si bien Chile comenzó sus programas de modernización antes que México, de hecho antes que Inglaterra, país considerado por muchos como el iniciador de la ola privatizadora propia de la EscDerProp (Coase 1960, Barzel 1997, Alchian 1977, Demsetz 1967), debió rectificar diversos fracasos en sus primeros esfuerzos privatizadores, en lo que consistió en una re–estatización, para privatizar de nuevo, sobre bases más sólidas y menos bajo la teoría que parece haber inspirada la primera etapa de reformas y que terminó en la peor crisis reciente de ese país: la de que basta privatizar y desregular todas las industrias, para que todo funcione bien. México incurrió en algunos de los errores de la primera privatización chilena, y no prestó atención a las enseñanzas de la experiencia inglesa, país que al privatizar sectores críticos, se cuidó de modernizar su regulación, no de desaparecerla, como en buena medida sucedió en México.

Por sus éxitos y sus fracasos, la experiencia mexicana es relevante para países que pretendan efectuar reformas. Esa experiencia es valiosa porque muestra claramente lo que no debe hacerse. La experiencia mexicana es prueba irrefutable de que la apertura comercial no es suficiente para superar los problemas de una economía. Hay tareas igualmente importantes que deben ser acometidas al mismo tiempo. Estas pasan por la apertura al sector privado de actividades reservadas al Estado. Pero esa apertura debe ser acompañada de acciones complementarias. La etapa fácil de las reformas es la privatización, luego viene lo difícil: asegurar la competencia y el acceso abierto a esas actividades, en casos de monopolio natural, de externalidades, de economías de red; y que si se dejan sin atender, terminarán por propiciar abusos de poder de mercado, estancamiento (los monopolios frenan la producción para aumentar precios), y mermas en la distribución del ingreso (pues si los monopolios públicos simplemente se convierten en monopolios privados, muchos tendrán que pagar precios excesivos, en beneficio de unos cuantos).

No se pretende, con estas reflexiones, implicar que los procesos de privatización debieran ser abandonados en países, como México, con infraestructura institucional débil para llevar a cabo una regulación eficaz y moderna. Hoy que el mundo camina por la vía de la globalización, y los progresos en la innovación son realizados por grandes empresas transnacionales, ningún país puede encerrarse en sí mismo sin quedar al margen del desarrollo. Lo que se pretende es alertar contra soluciones fáciles pero equivocadas, que hacen difícil corregir el rumbo después. Chile pudo enmendar errores de su primer proceso reformador, en buena medida debido al régimen autoritario que tenía (lo que de ninguna manera lo exonera de los crímenes cometidos). En cambio México ha quedado paralizado en este aspecto, pues cualquier intento de corregir enfrenta la oposición de los beneficiarios de las privatizaciones, que con grandes recursos, mayores que los de los reguladores sectoriales, se oponen con éxito en los tribunales y mediante la protección de diversas autoridades (captura del regulador), así como a través del lobby legislativo, a cualquier cambio que afecte a sus intereses particulares. El presidente de México acusa a los legisladores de bloquear sus propuestas de reforma. Los diputados se acusan unos a otros de recibir favores de empresas poderosas que desean impedir cambios legales que afectan sus intereses.

En lo que sigue se revisará a grandes rasgos la experiencia mexicana. Se mostrará que lo alcanzado deja mucho que desear. Que la apertura comercial es insuficiente para que un país como México, en algún tiempo considerado como modelo a seguir por otros países en desarrollo, retome su senda de crecimiento, la cual si acaso parece cada vez más difícil de retomar. Luego se argumentará que las dificultades se hallan en el fracaso para acompañar la apertura comercial del país con reformas sectoriales bien planteadas y ejecutadas, para que la apertura del comercio exterior no se vea aquejada por una falta de competitividad en los mercados internacionales, debida a problemas de productividad en el sector de bienes no comerciables con el exterior, como lo son el transporte doméstico, la electricidad, los servicios financieros a pequeños y medianos usuarios del crédito (los grandes tienen acceso al capital internacional) y, muy importante en la actualidad, los servicios de telecomunicaciones para aprovechar las ventajas de la nueva economía de la información.

La apertura comercial suele verse derrotada en sus propósitos ante la permanencia de monopolios y otras ineficiencias en sectores de bienes no comerciables con el exterior y que significa, ante la apertura, un encarecimiento de esos bienes respecto de las mercancías comerciables en los mercados internacionales, pues el precio de éstas sí queda sujeto a la disciplina del comercio con el mundo. Se está, en esas circunstancias, ante una apreciación *de facto* del tipo de cambio real (precio de los no comerciales entre precio de los comerciales) que elimina la competitividad de los productores nacionales. Difícilmente podrán competir con los del exterior, si deben pagar precios exorbitantes por financiamiento, transporte, telecomunicaciones, electricidad, y demás insumos que por sus características sólo pueden ser adquiridos en el país. Según el indicador más utilizado de tipo de cambio real del Banco de México, en la actualidad el peso se encuentra más apreciado que en 1994, el año de la última gran devaluación. Con un régimen de tipo de cambio libre, como el actual, ello no significa una devaluación inminente. Pero es un elemento que resta competitividad a las empresas nacionales, y actúa como importante freno del desarrollo económico del país.

Para este capítulo se han escogidos diversos sectores de la economía mexicana, que sirven para ilustrar los puntos anteriores. Se trata de servicios de uso generalizado por el aparato productivo que no son comerciables con el exterior, y que tienen amplias repercusiones en la productividad y competitividad de toda la economía, y que además han sido objeto de reformas en tiempos recientes. Antes se analizará brevemente la evolución general de la economía mexicana a partir de la apertura comercial y las privatizaciones. En un trabajo como el presente, el tratamiento de los temas no puede ser exhaustivo, pero se buscará hacer la descripción necesaria y proveer de la información suficiente para apoyar la hipótesis arriba establecida de que no basta la apertura comercial, para alcanzar los fines del desarrollo. Que se deben también modernizar los aspectos internos de la economía, y que estas reformas pueden o no estar bien hechas.

2. EL CONJUNTO DE CAMBIOS SECTORIALES

La economía mexicana inició desde mediados de los ochenta una apertura comercial unilateral tendiente mucho más a reformar el proceso de apropiación que las formas de propiedad privilegiadas por la EscDerProp, años antes de iniciar negociaciones con Estados Unidos y Canadá, que llevarían a la firma del TLCAN en 1993, tratado que entró en vigor al inicio del año siguiente. Como para cuando el tratado se firmó, México era una de las economías más abiertas del mundo al comercio internacional (aunque ante la apertura que realizaron con posterioridad diversos países, esta posición ya no sea tan clara), es relevante incluir comparaciones con periodos anteriores. Se tomarán datos desde 1981. Como se observa en el Cuadro 1, el producto interno bruto por habitante ha permanecido casi estancado en los últimos veinticinco años. La llamada década perdida, no sólo para México sino para la mayoría de los países de Latinoamérica, parece, en el caso de este país, haberse extendido más allá de los ochenta, sin que sea claro que se haya retomado el crecimiento económico sostenido. Además el ingreso está peor distribuido, como lo muestra el coeficiente de Gini también reportado en el Cuadro 1.

Cuadro 1
PIB per capita y distribución del ingreso

Año	*PIB per capita (índice 1981=100)*	*GINI del ingreso*
1981	100.0	N.D.
1984	92.1	0.4292
1989	88.3	0.4694
1992	94.5	0.4749
1996	92.4	0.4558
2000	107.7	0.4811
2002	105.5	0.4541
2004	108.8	0.4600

Fuentes. Elaboración propia con base en Naciones Unidas "World Development Indicators" e INEGI "Encuesta de ingreso gastos de los hogares".

Los defensores de las reformas efectuadas señalan que sus efectos poco satisfactorios a nivel global de la economía, se deben a que fueron incompletas, y ante el mayor avance de las privatizaciones en otros países, México ha perdido competitividad. Habría así una especie de carrera a ver quién privatiza más rápido (y no quién privatiza mejor). Este enfoque adolece de dos defectos. Por una parte, cuando México firmó el TLCAN, aún era considerado un pionero en la adopción de reformas modernizadoras, es decir, todavía iba adelante de muchos países en esa supuesta carrera. No obstante, el año de la apertura comercial, 1994, fue seguido por el peor año de desempeño económico del país. México enfrentó a finales de 1994 y buena parte de 1995, una severa crisis, que incluyó una gran devaluación cambiaria, y la recesión más profunda desde la Gran Depresión de los treinta. En 1995 el producto per cápita se contrajo en cerca de ocho por ciento. El peso sufrió una devaluación acumulada en unos cuantos meses de más del cien por ciento. Para superar la crisis México tuvo la suerte de contar con una línea de crédito, que finalmente sólo se utilizó parcialmente, de 50 billones de dólares por parte del gobierno de los Estados Unidos, y que permitió moderar las manifestaciones de la crisis y acotar los daños de la pérdida de confianza en el gobierno y la economía mexicana.

México acompañó su proceso de apertura con un programa de estabilización, que utilizó al tipo de cambio como ancla nominal para moderar las expectativas inflacionarias en la formación de precios, después de que en 1988, la inflación había rebasado durante algunos meses el cien por ciento a tasa anual. La fijación del tipo de cambio fue parte de una concertación entre gobierno, productores y trabajadores para reducir los montos de las revisiones salariales y de precios. Pero la negociación se hizo costumbre y la fijación de precios concertada se volvió un ritual, con lo que la reevaluación del tipo de cambio real se volvió explosiva, al convertirse en la única variable que no se ajustaba, pues en la concertación todos lograban un aumento de sus respectivos precios o salarios. El gobierno, ante los compromisos asumidos, se vio afectado por una gran inmovilidad que le llevó a postergar lo inevitable. Cuando hubo que soltar el tipo de cambio, la presión acumulada era mucha. La crisis se agravó por el propósito de no afectar a los bancos, que ante la ausencia de regulación y supervisión de la autoridad, habían asumido riesgos crediticios enormes, que los hacían altamente vulnera–

bles a la devaluación y a las alzas de las tasas de interés; medidas que por otro lado se requerían para enfrentar la inminente crisis.

La poca eficacia de la apertura comercial en general, y del TLCAN en particular, sobre el desempeño de la economía mexicana, se debió a que no se tomaron medidas concomitantes que fortalecieran la productividad y la competitividad de los diversos sectores de la economía mexicana, porque no se produjeron los resultados previstos debido a errores en su concepción e implantación. Veamos a continuación algunos de estos sectores de actividades que consideramos esenciales para el cambio estructural.

2.1. Telecomunicaciones

México privatizó en 1990 Teléfonos de México, con lo que puso fin al monopolio estatal de las telecomunicaciones. A la empresa privatizada se le otorgó contractualmente el monopolio de la larga distancia por seis años y, *de facto*, el del servicio local por más tiempo, pues la primera concesión a un competidor en este servicio se dio hasta 1999, nueve años después de la privatización de TELMEX. En telefonía celular (a través de una compañía relacionada), se le otorgó una concesión para operar en cada una de las nueve regiones en que se dividió el país para ese propósito. En cada región se dio inicialmente una concesión adicional, a un competidor de TELMEX; por lo general uno distinto para cada región. La posibilidad de operar en todo el país le dio una ventaja muy importante a TELMEX frente a sus competidores (a menos que se especifique lo contrario, en lo que sigue nos referiremos a TELMEX como al grupo de interés económico que controla esta empresa, más que a la empresa en sí). No obstante la apertura, TELMEX conserva posiciones absolutamente dominantes en los diversos mercados de telecomunicaciones. Su participación en el servicio local de telefonía básica sigue siendo cercana al cien por ciento y en larga distancia al 80 por ciento. En celular a través de la empresa relacionada América Móvil (a su vez controladora de Radio Móvil Dipsa, que comercializa los celulares TELCEL) atiende un porcentaje similar del mercado.

México privatizó el monopolio de las telecomunicaciones como empresa integrada, que presta todos los servicios de telecomunicaciones. La reforma mexicana se asemeja más al esquema inglés, que privatizó BT (British Telecom) como empresa integrada, que al esquema de separación estructural que siguieron los Estados Unidos con la desintegración del monopolio de ATT, mandado en 1980 por el poder judicial de ese país, a instancias del Departamento de Justicia. Por ese motivo, la comparación de la experiencia mexicana con la inglesa resulta ilustradora. A partir de la privatización el crecimiento de las telecomunicaciones en México ha sido muy importante. El PIB de ese sector se ha multiplicado por siete, de 1988 a la fecha (datos de 2004). Al mismo tiempo, el índice de precios al consumidor correspondiente a ese sector decreció en menos de uno por ciento en pesos constantes, lo que muestra que los precios reales de las telecomunicaciones a ese nivel, se han mantenido prácticamente invariables en el lapso considerado, no obstante una reducción de ese índice a partir de 1996, año en el cual inició una competencia incipiente en el sector. Cuando se compara esta evolución con la de otros países, la experiencia mexicana no parece satisfactoria.

El cuadro 2 muestra, al lado de la evolución de precios en México, la de Inglaterra. Una diferencia entre la reforma en Inglaterra y en México, es que mientras en ese país, al privatizar se creó un ente regulador eficaz y moderno, en México la regulación ha sido casi inexistente, y la empresa dominante ha contado con la anuencia del regulador para hacer prácticamente lo que desea, y ha detenido los proyectos de reforma legal para hacer eficaz esa regulación. Con éxito ante los tribunales se ha defendido de las demandas en su contra por prácticas monopólicas. La declaratoria, por parte de la Comisión Federal de Competencia, de que TELMEX posee poder sustancial en diversos mercados de telefonía, necesaria para que la Comisión Federal de Telecomunicaciones sujete a la empresa a una regulación asimétrica de acuerdo con la Ley Federal de Telecomunicaciones, ha estado congelada en los tribunales del país por ya casi una década. El que en Inglaterra (como en otros países) los precios hayan caído más que en México refleja el que en ese país la OFTEL (Office of Telecommunications), le ha impuesto a BT, *price caps* o topes de precios con reducciones reales de los mismos, por aumentos en cambios de productividad del orden del siete por ciento al año.

Cuadro 2
Crecimiento y precios del sector telecomunicaciones

Año	*Valor agregado* *Del sector*	*INPC a precios constantes* *De las tele* *México*	*comunicaciones* *Inglaterra*
1988	100	100	100
1996	271.1	120.2	78.6
2003	625.7	104.0	60.5
2004		99.3	59.3
AUMENTO %		-0.7	-40.7

Fuentes: Elaboración propia con base en Reino Unido, "National Statistics" y Banxico "Índice nacional de precios al consumidor".

El precio de las telecomunicaciones en todo el mundo tiende a disminuir, por razones tecnológicas y de desregulación y, en los países de mayor éxito en sus reformas, debido al aumento de la competencia. Lo importante no es tanto que los precios reales no suban, sino que decaigan en términos competitivos con otros países. En buena medida, la reducción de los precios de los servicios de telefonía fija prestados por TELMEX han bajado gracias a la desgravación del impuesto telefónico que representaba alrededor del 29 por ciento de la facturación de TELMEX (aquí entendida no como el grupo económico sino como la empresa). Al privatizar la empresa, el gobierno le permitió acreditar contra inversiones hasta el 65 por ciento del impuesto mencionado, en lo que consistió en una desgravación de casi 19 por ciento. Según un comisionado de la COFETEL (Hibert, 2004), el precio promedio de la canasta de servicios prestados por TELMEX se redujo, desde que inició la competencia(1996) a la fecha (2003), en 16 por ciento en términos reales. Ello significaría que los precios cobrados por TELMEX son ahora superiores a los que cobraba hace dieciséis años, cuando era una empresa pública. En términos netos de impuestos indirectos, la empresa sigue cobrando casi los mismos precios que antes de su privatización, en términos reales. Sin embargo, debe señalarse que la calidad del servicio es ahora mucho mayor. Cuando TELMEX era una empresa pública, había que esperar meses y hasta años para adquirir una línea telefónica nueva, ahora sólo hay que esperar unos cuantos días.

Analistas independientes y organismos internacionales coinciden en que los precios de las telecomunicaciones en México son elevados, debido a falta de competencia. Estas posiciones son contradichas por los representantes de la empresa, además de los propios reguladores del sector de las telecomunicaciones en el país. Esta confluencia de puntos de vista entre regulador y regulado, en contraposición de las versiones independientes mayoritarias, es común en México (quizá en el mundo, por el conocido efecto de captura del regulador) y no sólo en el caso de las telecomunicaciones. En sentido contrario a esta visión favorable del regulador, la Organización para la Cooperación y el Desarrollo Económico (OCDE) estima que la telefonía básica es sustancialmente más cara en México que en los demás países miembros de esa organización (OCDE, 2005). En especial, sus precios para el servicio comercial son 96 por ciento mayores que los de Estados Unidos y 71 por ciento mayores que los del promedio de la OCDE (véase Cuadro 3). Asimismo, según la correduría Beanrs Stern, México tiene las tarifas más altas de América Latina en los servicios residencial y comercial, de acuerdo con un reportaje del diario *Reforma* publicado el 11 de marzo de 2003.

Cuadro 3
Comparativo de precios de la telefonía básica, agosto 2004
(Costo anual en dólares estadounidenses, incluye impuesto)

	Comercial *USD PPP*	*Residencial** *USD PPP*
México	1643.64	932.23
Promedio OCDE	960.47	629.09
Estados Unidos	836.59	637.69

* Incluye llamadas internacionales y llamadas a redes celulares.
Fuente: Elaboración propia con base en OCDE “Telecomunications Outlook”, 2005.

No obstante la coincidencia entre los analistas independientes, COFETEL mantiene una posición opuesta. Su presidente afirma que es un mito que las tarifas telefónicas en México estén entre las más caras del mundo, según reportaje de *Reforma* del 20 de agosto del 2003. En ese mismo reportaje el diario señala diversos estudios independientes, como el del Foro Económico Mundial, que sitúa a México entre los once países más caros de una lista de 82. Para COFETEL, los servicios en México son más baratos que en Estados Unidos, y afirma que el estudio de la OCDE arroja resultados diferentes a los suyos porque, entre otras razones, corrige por poder de compra de las monedas, sin argumentar en contra de esa metodología. Los servicios de TELMEX se prestan en México, no en Estados Unidos. Si TELMEX pagara los salarios de aquel país sus balances serían distintos. Otro elemento que hace dudar de la pertinencia de las estimaciones de COFETEL es que TELMEX tiene rendimientos reales en proporción a sus activos varias veces mayores que los de casi cualquier compañía telefónica del mundo, incluyendo a las de Estados Unidos, país donde se está generando la tecnología moderna, responsable del crecimiento explosivo del sector en todo el mundo. Parece dudoso al menos que la rentabilidad de los servicios pueda ser del doble y hasta el triple que la de las empresas de aquel país, si realmente sus precios fueran más bajos. Cabe señalar que los cálculos de la COFETEL se basan en llamadas de seis minutos de duración, cuando una llamada típica dura alrededor de tres minutos. Como en México las llamadas locales de telefonía fija se cobran por llamada y no por duración, los cálculos de precios de COFETEL para México podrían estar sesgados significativamente a la baja (en alrededor de un 50 por ciento).

Otro asunto que hace dudar de que la telefonía en México sea barata, es el de la cobertura. Según TELMEX, tiene capacidad para cubrir prácticamente cualquier demanda de servicios básicos. Sin embargo la cobertura efectiva de estos servicios en México, no obstante los avances recientes, se ha quedado muy rezagada respecto de otros países, incluso de menor desarrollo económico relativo. Lo anterior no checa con la aseveración de TELMEX y de las autoridades reguladoras mexicanas, de que los servicios sean más baratos en nuestro país, pues la cobertura y sus aumentos en México son muy menores, en comparación con los registrados en países de nivel similar de desarrollo. En México esa cobertura, medida en líneas por cada cien habitantes, es significativamente menor que en Colombia, Brasil, Argentina, Chile y Uruguay, pero sólo ligeramente mayor, en términos relativos, que en Perú y Venezuela. El caso de Brasil es ilustrativo. En 1990 ese país y México tenían una penetración similar. Ahora la de Brasil es un tercio mayor que la de México, no obstante que ese país privatizó ocho años después. Una diferencia relevante en este contexto es que Brasil dividió el monopolio de las telecomunicaciones antes de privatizarlo, para asegurar una mayor competencia y una menor necesidad de regulación posterior. En la privatización de TELMEX, el asunto de la competencia nunca fue un factor importante en la toma de decisiones.

2.2 Banca comercial

Los bancos mexicanos habían estado, hasta antes de su privatización (o más bien reprivatización, pues antes de la expropiación bancaria de 1982, la banca comercial mexicana siempre había estado primordialmente en manos privadas) sujetos a una ineficiente y pesada regulación carga regulatoria. A los bancos se les imponían requisitos que incidían directamente en su operación, como reservas elevadas, las que se utilizaban para financiar gasto gubernamental, así como cajones selectivos de crédito, instrumento mediante el cual se les imponía la obligación de prestar determinados porcentajes de su cartera a sectores específicos, así como la obligación de conceder trato preferencial a ciertos deudores. También se utilizaban muy activamente los requerimientos de reserva con propósitos de estabilización macroeconómica. Hacia finales de los ochenta estos controles habían alcanzado grados extremos, cuando como parte del programa de estabilización de precios llamado Pacto de Solidaridad Económica, los requerimientos de reserva en el margen rebasaron el 100 por ciento de los aumentos de la cartera crediticia. Pero luego, sólo unos meses después, y con anterioridad al arranque de la privatización bancaria, se eliminaron súbitamente casi todos estos controles que existían sobre la banca. Entre los encargados de la política bancaria y de la privatización de los bancos comenzó a imperar una ideología fundamentalista y radical, de que los mercados se regulan mejor solos. Incluso las normas que prevalecieron fueron aplicadas de manera poco estricta y sin ganas, una vez que los bancos fueron privatizados.

La regulación debe desempeñar un papel importante en los bancos (véase Dewatripoint y Tirole, 1994). No se trata de una regulación como la que existía antes en México, que les decía a los bancos cuánto y a quién prestar, y en qué condiciones, sino de reglas de comportamiento. Los bancos manejan no sólo el dinero de sus accionistas, sino también el de sus clientes, lo que en ausencia de una regulación prudencial eficaz, lleva a peligros de riesgo moral, consistentes en que, en caso de resultados poco favorables, los bancos asuman demasiados riesgos en su asignación de créditos. También existe el problema de deficiencias de la información de los depositantes pequeños, que no tienen los recursos necesarios para monitorear el comportamiento y la solvencia de los bancos. Están también los riesgos de contagio de las quiebras bancarias; en un contexto de externalidades importantes, pues el resto del país no puede funcionar adecuadamente en ausencia de un sistema de pagos confiable, en el que los bancos desempeñan funciones imprescindibles. Por último está el incentivo a asumir riesgos excesivos, proveniente del seguro de los depósitos (formal o implícito) y la percepción de que el gobierno no dejará quebrar bancos grandes (con el conocido argumento de *too big to fail*).

El problema de una regulación ineficiente se complicó más por la manera poco transparente en que se privatizaron los bancos. Si los bancos son adquiridos mediante el endeudamiento de los accionistas principales o de control, el incentivo a asumir riesgos excesivos se multiplica, sobre todo si las tasas de interés son altas. Gil Díaz y Carstens (1997) señalan que: "Varios bancos fueron comprados sin que sus nuevos dueños procedieran a su adecuada capitalización, debido a que los accionistas a menudo apalancaron su adquisición de acciones, a veces con préstamos concedidos por los propios bancos que habían sido comprados". De ser cierta esta afirmación del actual secretario de Hacienda del país, los encargados de realizar y supervisar la privatización bancaria incurrieron en graves responsabilidades, pues el gobierno ofreció que se evitarían las ventas apalancadas de bancos, o como se decía entonces, que los bancos fuera comprados con saliva. De manera más directa, la acusación de Gil Díaz y de Carstens implica que diversos personajes que continúan relacionados con el Banco de México y con el Gobierno Federal, en vez de estar ocupando sus puestos tranquilamente deberían estar en la cárcel o por lo menos inhabilitados para ejercer cualquier cargo público. De ese tamaño es, o debiera ser, el impacto de la denuncia del actual encargado de las finanzas del país, en caso de que la misma resultara procedente ante los tribunales o instancias administrativas correspondientes.

Las carteras crediticias habían comenzado a aumentar un par de años antes de la privatización, y como consecuencia de la desregulación bancaria, crecieron aceleradamente en los años siguientes, al tiempo que las normas eran insuficientes para asegurar la calidad de los créditos. La tasa de interés real aplicada por los bancos, de más de 30 por ciento, los hacía impagables. Sólo se obligaba a los bancos a reconocer como cartera en moratoria, para propósitos de cumplir con los requisitos de capitalización (8% de la cartera normal y un porcentaje de hasta 100 por ciento de la cartera vencida, en la medida que ésta debiera ser reconocida como pérdida), la parte que dejara de ser pagada, y no el monto total del crédito correspondiente, en contravención de las convenciones internacionales. Así los bancos presentaban resultados muy buenos, sin que sus carteras valieran lo que sus balances expresaban. Lo único que tenían que hacer era seguir prestando a las empresas endeudadas, para que no tuvieran que dejar de pagar, y de esa manera no tener que registrar como créditos malos ni siquiera los retrasos en pagos. Por supuesto, el financiamiento para cubrir créditos impagables estaba prohibido. Pero como el dinero es fungible, bastaba con prestarles a sus deudores para otros gastos que, de otra suerte, financiarían con recursos propios, lo que liberaba recursos para "servir" los créditos, en un esquema insostenible a la larga. Mientras, podían seguir atrasando "el día del juicio final", esperando que en el ínterin algo afortunado sucediera que los sacara del aprieto; lo que finalmente sucedió con el rescate bancario de 1995. Simultáneamente, la burbuja financiera seguía inflándose, hasta que terminó con una explosión de cuyos efectos el país tardará en recuperarse.

Los defensores de la privatización y los funcionarios bancarios actuales, muchos de los cuales tuvieron alguna vinculación con las políticas que llevaron a la crisis del sistema bancario en 1995, sostienen que la causa de esa crisis fue la devaluación del peso en diciembre de 1994, con lo que confunden causa con efectos (véase Murillo, 2002). Antes de la devaluación las autoridades ya habían intervenido tres bancos. El problema de los créditos impagables ya era evidente: El Barzón, la organización de deudores de la banca, se formó por lo menos tres años antes de la devaluación. La fragilidad de los bancos en 1994 impidió que se tomaran oportunamente las medidas de política económica que los choques experimentados en aquel año de elecciones requerían (el asesinato de personajes políticos, en especial del candidato presidencial del partido mayoritario de entonces, junto con otros escándalos). Según Weintraub (2000), los encargados de la política sabían que un aumento de las tasas de interés para responder a las fugas de capital de ese año, tendría repercusiones fuertes sobre los bancos, habida cuenta de su vulnerabilidad por la baja calidad real de sus carteras. Cuando la situación se volvió insostenible, en diciembre de 1994, el efecto sobre la economía de los ajustes adoptados fue mayúsculo, por el retraso para tomar las medidas inevitables, para no afectar a los bancos en fechas políticamente críticas. Para nadie es fácil aceptar errores, de ahí también la reticencia para actuar con oportunidad de los encargados de la política financiera del país. El papel de protagonista en la gestación de la crisis, más que de víctima, de la política bancaria es claro. Sólo quienes continúan aferrándose a la idea de que el mercado sin ninguna regulación nunca se equivoca siguen sosteniendo lo contrario.

Si hubo una mala experiencia privatizadora fue la bancaria. Ni en sus propios términos fue un éxito (en su momento el gobierno anunció que el objeto principal era maximizar ingresos para aumentar el gasto social). La privatización de los bancos produjo ingresos al fisco de alrededor de 3.5 por ciento del PIB, pero el rescate bancario costó, sólo en términos fiscales, 20 por ciento del PIB. El costo para la sociedad será mucho mayor, debido al descarrilamiento de la confianza y a las pérdidas por el retraso de las inversiones (no es fácil volver a prestar a alguien que dejó de pagar en el pasado, por causas tal vez ajenas a su voluntad). Muchas familias perdieron su patrimonio y quedaron fuertemente endeudas, y como no eran deudoras de la banca no fueron apoyadas por los programas gubernamentales de apoyo a deudores de la banca, los que de cualquier manera sólo produjeron un alivio parcial (no podía ser de otra manera). El impacto deberá ser absorbido por varias generaciones de mexicanos. A cambio de la privatización y desregulación bancarias, ahora la deuda pública real es mucho mayor, y tenemos una banca que casi no presta al sector privado (excepto quizá a la construcción de viviendas, por el apoyo del gobierno a esta actividad). En la actualidad, después del rescate bancario, el crédito de la banca al sector productivo es de 9.2 por ciento del PIB, cuando antes de la privatización era de 14.8 por ciento.

Cuadro 4

Crédito de la banca comercial al sector privado bancario

Año	*Porcentaje del PIB*
1982	11.1
1990	14.8
1992	24.4
1994	35.0
1996	30.3
2000	13.8
2004	9.2

Fuentes: Elaboración propia con base en Banxico "Flujos e información financiera de los intermediarios financieros" 2005.

Para los banqueros la crisis quedó atrás. Los antiguos accionistas principales de los bancos más grandes vendieron su participación a bancos extranjeros, con grandes beneficios para ellos. Aunque en diversas ocasiones el gobierno les obligó a recapitalizar los bancos, el impacto de esas obligaciones sobre su situación patrimonial no parece cancelar los beneficios netos de haber adquirido los bancos en primer lugar. No se sabe de ningún banquero de los que adquirieron los bancos privatizados, que como consecuencia haya quedado en la calle, a pesar del fiasco bancario y de las cuantiosas pérdidas que produjo a la sociedad. A diferencia de otros países, como Chile, en que se prohibió que los dueños de bancos rescatados recibieran dividendos en tanto no repusieran buena parte del costo del rescate (al recomparar la deuda impagable adquirida por el gobierno), y se quitó el control de los bancos principales a los antiguos dueños, en México estos inversionistas siempre mantuvieron el control de sus bancos y nunca se les impidió recibir dividendos. Además que parte de los requisitos de capitalización los cumplieron subiendo al banco el capital de otros negocios relacionados con el mismo grupo financiero del banco respectivo. Lo que no parece claro es que efectivamente el capital que poseían estos banqueros antes de adquirir los bancos, se haya visto disminuido por su paso por la banca, cuando es una regla del capitalismo honesto, que el que hace un mal negocio, sufra las consecuencias.

Para los nuevos dueños de los bancos (de los importantes sólo Banorte sigue en manos de los mismos accionistas de control mexicanos), el negocio ha vuelto a ser muy rentable, gracias a los intereses que les paga el gobierno, al único que siguen prestando en abundancia, y a los rendimientos que el mismo gobierno les paga por la adquisición de los créditos malos que el gobierno adquirió a través del antiguo FOBAPROA (hoy IPAB) como parte del rescate bancario, además de los excesivos réditos por créditos al consumo (principalmente tarjetas de crédito), así como el encarecimiento de las comisiones por servicios bancarios (que además han bajado de calidad por el cierre de sucursales bancarias, que para aumentar su rentabilidad han efectuado los nuevos dueños de la banca). El encarecimiento de las comisiones es negado por los banqueros con el asentimiento de los reguladores en el gobierno federal. No así el gobernador del Banco de México, quien manifestó que las comisiones de la banca mexicana eran excesivas. Pero los banqueros se defienden y niegan lo que el público resiente. En con–

ferencia de prensa del 30 de octubre de 2003, el entonces presidente de la Asociación de Banqueros, afirmó que las comisiones bancarias en el país eran de las más bajas del mundo. Ello se demostraba, según él, porque el porcentaje de las comisiones en los ingresos de la banca es relativamente bajo en México. Tal comparación puso a México en cuanto a comisiones por debajo de países como España, Francia, Gran Bretaña, y los Estados Unidos. Así, mientras en Estados Unidos las comisiones representaban 43 por ciento de los ingresos bancarios, en México sólo representaban 27 por ciento.

A este representante de los banqueros se le olvidó, convenientemente, un detalle. Los ingresos distintos de comisiones de la banca mexicana provienen en gran proporción del gobierno y del IPAB, el sucesor del FOBAPROA, mientras que las comisiones vienen de cargos por servicios bancarios al sector privado. Si el representante de los banqueros hubiera calculado el porcentaje de las comisiones en el ingreso proveniente del sector privado, es decir, excluyendo ingresos provenientes del sector público y del IPAB, seguramente el coeficiente le hubiera resultado mayor. El punto es que México tiene una banca que sin prestar cantidades significativas al sector privado (excepto para vivienda y, sobre todo, para consumo, con tasas en este último caso, realmente exorbitantes y abusivas), obtiene ganancias cómodamente, con sólo estirar la mano y cobrarle al gobierno por créditos que no deben ser evaluados ni monitoreados, y comisiones al resto de la población que tampoco tienen que ser evaluadas, respecto de riesgos, como en el caso de las operaciones crediticias al sector privado.

2.3 Líneas aéreas

A finales de la década de los ochenta, las dos principales líneas aéreas del país fueron privatizadas. Aeroméxico fue privatizada en 1988, Mexicana en 1989. Mediante la privatización, el gobierno esperaba, entre otros resultados, aumentar la competencia y eficiencia de la aviación comercial en el país. Al igual que en el caso de otros sectores, la experiencia en el de las líneas aéreas ilustra fehacientemente la hipótesis principal de este trabajo, en el sentido de que la simple privatización no asegura que aumente la eficiencia, si al mismo tiempo no se aseguran las condiciones para que las empresas privatizadas operen en un entorno de competencia. Aeroméxico fue privatizada como empresa en quiebra. Esto permitió a los nuevos dueños reorganizar a fondo la empresa, redefiniendo las condiciones de trabajo y recortando personal excedente. El número de empleados se redujo de 12 a 6 mil. La privatización de esta aerolínea y su subsiguiente reorganización se reflejaron en un rápido y significativo aumento de su eficiencia. Por ejemplo, las llegadas a tiempo subieron de 75 por ciento en 1988 a 95 por ciento en 1991.

A diferencia de Aeroméxico que fue privatizada como negocio en quiebra en 1988, el año siguiente Mexicana fue privatizada como negocio en marcha, lo que obstaculizó su reestructuración, en comparación con la efectuada en Aeroméxico. También en este caso se registraron aumentos significativos en eficiencia, pero menos importantes que los alcanzados en la otra aerolínea. Se negoció un nuevo contrato laboral pero sólo se pudo reducir la plantilla de 14 a 11 mil trabajadores. Las llegadas a tiempo aumentaron de 73 por ciento en 1989 a 86 por ciento en 1991. A veces los reguladores suelen proteger a las empresas contra la quiebra, afectando así el proceso de competencia. Ello lo han hecho en distintos momentos con las dos líneas aéreas principales del país. La experiencia después de la privatización muestra que esa actitud puede ser contraproducente, no sólo para el mercado, sino para las propias empresas protegidas, las que en esas circunstancias nunca parecen aprender a competir sin un trato deferente que las aísle de la competencia. El que quiebre una empresa no significa necesariamente que desaparezca la oferta respectiva, sino que se reorganiza, a veces de manera más eficiente, como sucedió en su momento con Aeroméxico.

La privatización tuvo resultados positivos, mientras las empresas aéreas privatizadas compitieron. Pero por lo menos desde 1992 las dos empresas comenzaron a coordinar sus actividades (Hanson, 1993), para finalmente terminar bajo un mismo control accionario, cuando con el beneplácito de la Secretaría de Comunicaciones y Transportes, Aeroméxico adquirió el control accionario de Mexicana en 1993. Esto tuvo como consecuencia un aumento de tarifas, especialmente significativo en el caso de rutas en que las dos empresas no enfrentaban competencia de alguna otra aerolínea. Un estudio econométrico del autor muestra cómo los aumentos de la concentración a nivel de ruta explican el aumento de las tarifas que resultó de la concentración, y que fue adicional al que ya se había dado desde que las empresas empezaron a coordinarse (García Alba, 2000). Por ejemplo, al dividir las rutas en aquéllas que enfren–

taban más competencia de otros después de la concentración, y las que enfrentaban menos de esa competencia (cada grupo con alrededor de la mitad del total del mercado aéreo doméstico), se encontró que el aumento inmediato de precios en términos reales donde permaneció algo de competencia sólo fue de alrededor de uno por ciento. Mientras que en las que como consecuencia de la concentración entre Aeroméxico y Mexicana, desapareció prácticamente por completo la competencia, el aumento inmediato de precios fue de casi 14 por ciento en términos reales. A nivel total, la oferta de estas empresas de vuelos domésticos se redujo 13 por ciento. Esto era de esperarse. Las concentraciones anticompetitivas tienden a reducir la oferta, pues los agentes con poder de mercado lo que buscan es subir precios, lo que se traduce en una menor demanda.

No obstante lo anterior, o quizá como consecuencia de ello, la situación financiera de las empresas se deterioró substancialmente, hasta caer primero en manos de los bancos acreedores, para luego pasar al gobierno como consecuencia del rescate bancario. Cabe resaltar que en los primeros años de la privatización, la situación financiera de las empresas en su conjunto era mejor que la que se registró después de la concentración entre ambas. Si bien Mexicana enfrentaba problemas financieros debidos en parte a malas decisiones de los nuevos dueños en la adquisición de aviones, la de Aeroméxico era muy favorable, lo que le permitió incursionar en otras empresas, como la desafortunada compra de Aeroperú. En 1995 se creó CINTRA, la controladora de Aeroméxico, de Mexicana y de las subsidiarias de ambas. A través de la coordinación de CINTRA, la coordinación de las empresas en sus políticas de precios y la división del mercado entre ellas se volvió completa. En la actualidad cargan los mismos precios, operan todos sus vuelos como códigos compartidos entre ambas aerolíneas, y comercializan conjuntamente sus boletos. Es aún pronto para saber si esto cambiará como consecuencia de la reciente venta de Mexicana al sector privado en noviembre de 2005.

Los precios suelen variar en el año, por lo que una observación sólo sirve para ilustrar a grandes rasgos la situación de los precios. Con ese propósito, entre el 31 de octubre y el 1 de noviembre se solicitaron cotizaciones en las páginas Web de las aerolíneas y en la página "adespegar.com". Aeroméxico/Mexicana cobraron por el vuelo redondo de México a Veracruz más que por un vuelo de México a

Tijuana, en donde enfrentan una mayor competencia, en especial de manera indirecta por parte de vuelos internacionales de México a San Diego, que para muchas personas son sustitutos. En vez de volar de México a Tijuana lo pueden hacer a San Diego y luego trasladarse por tierra a Tijuana. A Veracruz el precio del boleto fue de 4281 pesos y a Tijuana de 3916, no obstante que la distancia a Tijuana es varias veces mayor que a Veracruz. El vuelo redondo de México a Veracruz por Aerocalifornia, competidora de Aeroméxico/Mexicana es de 3354 pesos, es decir, un 22 por ciento más barato. A manera de comparación, el vuelo por American Airlines entre Washington y Nueva York cuesta 2482 pesos, es decir, casi la mitad que lo que cobra Mexicana de México a Veracruz, no obstante que la distancia es menor (307 contra 346 kilómetros). En lugares donde no hay competencia los precios son estrafalarios. De México a Ciudad Victoria, AEROMAR, que no es parte de CINTRA, pero que sus boletos son comercializados por Mexicana, cobra 7549 pesos por el vuelo redondo, cuando de México a Nueva York, es posible adquirir boletos por menos de 400 dólares norteamericanos. En la fecha señalada se obtuvieron las siguientes cotizaciones traducidas a pesos, de México a Nueva York en vuelo redondo: United Airlines, 4190 pesos; US Airways, 4255 pesos; American Airlines, 5065 pesos; y Continental, 5281 pesos. La tarifa correspondiente de Mexicana fue algo mayor: 6500 pesos. Cabe resaltar que los precios de Aeroméxico/Mexicana para los principales destinos doméstico con origen en la Ciudad de México suelen costar alrededor de cinco mil pesos, en vuelo redondo. Es decir sus niveles son comparables al costo de un viaje a Nueva York, cuando la distancia a esa ciudad es de cerca de cinco horas de vuelo, mientras que la mayor parte de los vuelos domésticos no rebasan una distancia de apenas dos horas de vuelo entre origen y destino.

En noviembre de 2005 se licitaron Aeroméxico y Mexicana. La licitación de Aeroméxico se declaró desierta, pero el IPAB piensa licitarla de nuevo en 2006. A insistencia de la Comisión Federal de Competencia, las empresas deberán ser adquiridas por grupos distintos de accionistas, con la idea de promover la competencia entre ambas. Sin embargo, mientras tanto, se propició por parte de la autoridad y la administración de CINTRA, una interrelación estrecha entre la operación de Mexicana y la de Aeroméxico, que pudiera ser difícil romper después de la privatización, como lo es, entre otros factores, la operación de todos los vuelos de ambas aerolíneas como códigos compartidos, junto con la comercialización conjunta de boletos. Los códigos compartidos son una práctica aceptable que mejora la eficiencia, en la medida que se utilicen para complementar vuelos, para que una aerolínea pueda ofrecer destinos a los que ella, por sí misma, no vuela, desde el punto de origen. Pero cuando se efectúan en rutas en las que las aerolíneas son competidoras directas, se trata de un simple esquema anticompetitivo. De persistir la práctica, las empresas estarán violando la Ley Federal de Competencia, pero probablemente los nuevos dueños arguyan, en su caso, ante los tribunales, que en esas condiciones de interrelación entre ambas aerolíneas las compraron, y que cualquier cambio violaría sus derechos adquiridos. Y si algo ha caracterizado a los tribunales recientemente, es su facilidad para conceder amparos y suspensiones en contra de sanciones por prácticas monopólicas, o en el mejor de los casos para retardar resoluciones importantes.

Un elemento favorable en el proceso de modernización del sector aéreo y que ha moderado los peores efectos de la ausencia de una competencia entre las empresas que, antes de la privatización controlaban cerca del 80 por ciento del mercado, fue la desregulación, aunque todavía incompleta, del mercado aéreo, que ha facilitado la entrada de competidores, los que, aunque con dificultades a veces impuestas por la propia autoridad, poco a poco consolidan su presencia en el mercado. Ante esa situación, la estrategia de mejorar la situación financiera de Mexicana y Aeroméxico, mediante aumentos de precios que, debido a que la competencia de otras aerolíneas es aún incipiente, les permite su poder de mercado, se ha venido reflejando de manera paulatina pero inexorable, en una pérdida de su participación de mercado. Según el dirigente de CINTRA, las empresas asociadas han reducido su participación a 60 por ciento, en declaraciones hechas al diario *Reforma*, publicadas el 25 de octubre de 2005. Ante los exagerados precios que cargan, lo curioso es que no se haya desplomado aun más esa participación. Probablemente el regulador al favorecer la colusión de las dos principales aerolíneas les hizo sólo un favor de corto plazo, pues a largo plazo el aislarlas de la competencia entre ellas sólo las llevará a seguir perdiendo competitividad ante los nuevos entrantes al mercado. Es de desear que los nuevos dueños comprendan que su éxito a largo plazo depende más de que sepan aumentar la productividad y competitividad de sus negocios, que de conservar la colusión entre las empresas.

2.4. Ferrocarriles

Antes de su privatización los ferrocarriles mexicanos sufrían de graves ineficiencias. Tenían una planta laboral excesiva, con un contrato laboral poco flexible que no permitía su accionar productivo. El pasivo laboral acumulado era impagable con los recursos de la empresa. Si bien muchas de las tarifas estaban fuertemente subsidiadas, la demanda por los servicios ferroviarios iba a la baja, por la mala calidad de los mismos. Los robos de mercancía eran frecuentes. Si bien la sustitución del ferrocarril por el auto transporte se ha dado en todos los países por razones tecnológicas, en México alcanzó niveles que sólo se explican por el mal manejo de la empresa y sus problemas laborales acumulados por mucho tiempo. Tan sólo en la década que va de 1985 a 1995, el porcentaje de carga por vía terrestre que fue transportado por el ferrocarril cayó del 20 al 12 por ciento.

Al gobierno la operación de los ferrocarriles le resultaba excesivamente costosa. Entre 1992 y 1996, la empresa paraestatal, que detentaba el monopolio de ese medio de transporte, tuvo en promedio un déficit operativo anual de casi 700 millones de dólares (Estrada, 2004). La reforma de los ferrocarriles se convirtió en una necesidad para el sector público, el que difícilmente podía seguir soportando esa sangría de recursos. Por ese motivo, entre otros, el gobierno mexicano se propuso la privatización de los ferrocarriles. Por las complejidades del sector, entre las que destacaban la organización y la fuerza política del sindicato, el gobierno entendió que los cambios no podían ser inmediatos. Se requería un cuidadoso proceso de negociación, así como el saneamiento de la empresa, que la hiciera atractiva a los posibles compradores. En los dos años siguientes el gobierno alineó tarifas para que reflejaran mejor los costos. En el Cuadro 5 se observa un aumento del precio de los servicios ferroviarios de carga, en términos reales, de 20 por ciento entre diciembre de 1995 y diciembre de 1997, año en el que se concluyó la privatización de las rutas troncales. Pero la medida más importante y más difícil fue la reducción a la mitad del personal de la empresa ferrocarrilera, que costó al gobierno más por indemnizaciones y liquidaciones (37 202 millones de pesos de 2002), que lo que recibió por la venta de los ferrocarriles (34 332 millones de pesos de 2002).

Cuadro 5
Evolución del ferrocarril de carga

Año	*VAB del FC de carga Miles de pesos de 1993*	*% del vab del transporte terrestre**	*Precio real a diciembre*
1985	–	–	145.8
1988	3143106	9.1	138.3
1995	3035571	8.1	105.6
1997	3336460	6.9	125.9
2000	4081383	6.6	109.8
2003	5003819	8.2	100.0
2004	–	–	99.5

Fuentes: Elaboración propia con base en Banxico "Índice nacional de precios al productor" e INEGI "Estadísticas de producción".

Para la privatización el gobierno consideró dos opciones. Una, la separación estructural entre el manejo de las vías, el que en esta opción se concedería a uno o varios monopolios regionales regulados, para evitar que su condición de monopolistas les permitiera abusar de su poder de mercado; y la libre competencia en la operación de trenes sobre esa vía, tal como se hacía entonces en algunos países, como Inglaterra, por ejemplo. En la actualidad esta modalidad ha sido adoptada en Europa, más que por razones de competencia, por motivos de integración de la Unión Europea, para facilitar que trenes de un país puedan cruzar por las vías de otro, en un viaje sin costuras. Esta opción fue desechada para México, pues significa una gran capacidad reguladora, de la que carece el país.

La opción adoptada consistió en la separación de las rutas troncales en tres empresas regionales distintas. Esta fue preferida a la de una sola empresa integrada a nivel nacional, para que tres empresas enfrentaran una competencia indirecta, aun cuando no sirvieran a los mismos pares de ciudades (OCDE, 2002). Esta competencia se da de dos maneras, principalmente. Primero, a través de lo que se conoce como *yardstick competition*, y que permite al regulador y a los clientes comparar precios de monopolistas en regiones distintas por servicios similares, lo que les da mejor conocimiento de los costos del proveedor del servicio, y mejores herramientas para la negociación y la regulación, respectivamente (Tirole, 1988). Segundo, a través de la llamada *competencia por origen*. Por ejemplo si alguien envía carga a Europa, le da lo mismo, en condiciones similares de precio y calidad, sacarla por Altamira que por Veracruz, que están a distancias no muy diferentes desde la Ciudad de México. Así ambas rutas de ferrocarril (México–Veracruz y México–Altamira) compiten, si pertenecen, como es el caso, a distintas empresas. De manera similar, si alguien envía carga de la Ciudad de México al norte de los Estados Unidos, digamos Chicago, le da básicamente lo mismo sacarla por Piedras Negras (o quizá Ciudad Juárez), usando los servicios de una empresa, o por Nuevo Laredo, utilizando los de otra. Gracias a esta competencia, los precios del ferrocarril no han subido, en términos reales, después de la privatización, a pesar de que se efectuó en la forma de monopolios regionales. De hecho, han bajado 3.3 por ciento al año en promedio de 1997 a 2004.

Un aspecto que no ha resultado bien, es el de las rutas interlineales, en las que el recorrido se inicia en la vía de una empresa y cruza o termina en la de otra. No obstante que en la privatización se condicionó a los compradores a que se prestaran mutuamente derechos de paso y de arrastre, no hay manera de que se pongan de acuerdo en tarifas y condiciones de esos servicios. En la medida que las rutas interlineales se volvieran comunes, la competencia aumentaría, lo que no está en el interés de los monopolios regionales, a los que sería difícil justificar ante sus clientes, que rutas más largas que pasan por las que utilizan ellos, pero que terminan o comienzan en otra línea, fueran más baratas. El ferrocarril tiene ventaja sobre el auto transporte en viajes largos, que son justamente los más afectados por la falta de autoridad, que obligue a los operadores a prestarse servicios de interconexión. En los viajes más cortos, predominan las rutas intralineales, pero para esos viajes el auto transporte puede ser una opción eficiente, no así en los viajes largos interlineales. Estrada (2000), estima que los viajes interlineales se redujeron del 24 por ciento del tráfico total en 1995 a la mitad (12 por ciento) en 2002. La distancia media recorrida por ferrocarril se redujo de 717 a 633 kilómetros.

El acortamiento de las distancias cubiertas por ferrocarril, en contra de lo que se esperaba con la modernización de este medio de transporte, no es el único problema. Muchos de los viajes largos por ferrocarril que siguen haciéndose lo hacen por rutas demasiado largas sin cambiar de empresa, en comparación con lo que sería la distancia mediante una ruta interlineal. Así por ejemplo, la mayor parte del mineral de hierro que se transporta de Manzanillo a Monterrey y que representó, en 2002, el once por ciento de la carga total del sistema ferroviario mexicano, se movió por una ruta unitaria (es decir, por las vías de una sola empresa), recorriendo una distancia en vías de 1 826 kilómetros, cuando mediante una ruta interlineal se acortaría esa distancia en 447 kilómetros. Pero ello requeriría que la carga se cambiara a la vía del otro concesionario que tiene el tramo más directo, pero a este último, el concesionario que llega a Manzanillo no le concede derechos de paso en términos razonables. Casos como este hay muchos. Esta ineficiencia no se refleja en las tarifas por kilómetro, sino en la calidad del servicio, pues los clientes tienen que pagar servicios que en principio no requieren, como andar paseando su carga por lugares alejados de la ruta más directa, con la consecuente demora y el encarecimiento de la factura total.

El Instituto Mexicano para la Competitividad (IMCO, circa 2004) ha señalado que las tarifas ferroviarias en México son, por distancia recorrida, similares a las de los Estados Unidos de Norteamérica. Parecería entonces que no hay aquí una desventaja en competitividad, pero ello sería ignorar los graves problemas de ineficiencia y mala calidad que afectan a nuestro país, y no se reflejan en esas tarifas unitarias por distancia. La operación en manos privadas del ferrocarril parece haber mejorado la operación del transporte, pero la mejora parece poca en términos relativos. Dadas las ineficiencias que aquejaban a la operación de los ferrocarriles cuando eran públicos, casi cualquier arreglo hubiera resultado mejor que la situación anterior. Uno de los objetivos de la reforma del ferrocarril era el recuperar buena parte de la participación que había perdido ante al auto transporte. Pero en términos de toneladas–kilómetro, su participación en el total de la carga terrestre, apenas si subió de 19.6 a 21.7 por ciento entre 1996 y 2003. Otro aspecto a considerar es que los nuevos concesionarios han reducido significativamente las inversiones, lo que retrasará la modernización del servicio. En construcción de nuevas vías, la inversión ha sido nula desde la privatización.

La ganancia inequívoca es por el lado fiscal, pues el gobierno dejó de inyectar cuantiosos recursos a los ferrocarriles. Ahora, en vez de recibir subsidios, las empresas pagan impuestos. La mejora de su rentabilidad, que hace que ahora ya no requieran esos subsidios, se debe fundamentalmente a que se redujo el personal a la mitad, lo que redundó en que la productividad por trabajador aumentara de inmediato al doble. La firma de nuevos contratos laborales, más flexibles que el anterior, permite ahora un mejor uso de los recursos humanos subsistentes. Pero el ajuste laboral y la negociación de los contratos los efectuó el gobierno antes de la privatización, y no son, por tanto, resultado de la participación privada. Más bien, el sector privado condiciona las más de las veces su participación a que el gobierno resuelva los problemas principales de las empresas a ser privatizadas. Si no, no le entran. Los beneficios de una privatización se dan, en alguna medida, por las acciones de saneamiento de las empresas públicas que realiza el gobierno antes de su privatización, y que en principio se darían aun si después no se diera la privatización. Para que esta última se refleje en cambios importantes adicionales en la productividad y la eficiencia, se requiere que el esquema de privatización cuide que se den condiciones adecuadas de competencia o de regulación, en sectores que por sus características así lo requieran.

Una enseñanza que deja la privatización de los ferrocarriles, así como las demás privatizaciones efectuadas en el país, es que es preferible que las condiciones de competencia y acceso estén diseñadas y funcionando antes de la venta de las empresas. De haberse privatizado las líneas ferroviarias con contratos de derecho de paso y arrastre en vigor y operando, especificando tarifas y criterios de modificación, el *status quo* que tomarían en cuenta las Cortes, antes de amparar a los dueños del ferrocarril contra las obligaciones de interconexión, sería distinto. Difícilmente tomarían, en esas circunstancias, decisiones que llevaran a la cancelación de servicios en operación.

En 2002, la Comisión Federal de Competencia impidió la concentración de dos de las líneas troncales (Ferromex y Ferrosur). El haber permitido esa concentración habría trastocado las bases de competencia sobre las que se hizo la privatización. No obstante, en lo que es un reto para la Comisión, las empresas se concentraron en noviembre de 2005. Esto no es sino una muestra de la falta de respeto que los poderosos sienten por la autoridad de competencia (y en general por la de cualquier autoridad). El desenlace de este incidente sentará un precedente importante respecto de la congruencia de las decisiones de la Comisión, y respecto, en caso de que mantenga su decisión inicial, de su capacidad para imponer sus determinaciones.

2.5 Autotransporte de carga

A principios de los noventa, el gobierno efectuó una desregulación importante del autotransporte de carga a nivel federal. Con anterioridad, la regulación obstaculizaba el acceso de nuevos operadores, para proteger a los transportistas establecidos, a cambio muchas veces de apoyos políticos. Los transportistas sólo podían prestar servicios a partir de los puntos de localización de sus bases. Si llevaban mercancía a otro lugar, en la que los derechos los tenía otro grupo, el camión tenía que regresar vacío, pues no podía recoger mercancía en esa otra zona de influencia. Los clientes del transporte público no podían contratar libremente con el transportista de su preferencia, sino que debían aceptar al que por turno les tocaba. Las ineficiencias y la falta de competencia eran la regla que caracterizaba la operación del autotransporte público federal, antes de las mencionadas reformas. Otra reforma fue la desregulación en 1995 de los agentes de transporte multimodal, quienes no se encuentran regulados en la actualidad, bajo la premisa de que se trata de prestadores comisionados de servicios prestados por otros, y sujetos a las leyes comerciales generales. Para las terminales multimodales sólo se requiere un permiso que compromete a los interesados a prestar sus servicios con un mínimo de calidad.

Como resultado, el sector del autotransporte ha mostrado un crecimiento más acelerado que el del resto de la economía, lo que también ha sido resultado del aumento del comercio exterior, a raíz de la entrada en vigor del TLCAN en 1995. En el Cuadro 6 se muestra que mientras el Valor Agregado Bruto (VAB) total del país se incrementó 44 por ciento en términos reales, entre 1990 y 2003, el PIB del autotransporte de carga lo hizo en 62 por ciento. No obstante este aumento elevado de la demanda por servicios del auto transporte de carga, el precio real de estos servicios se mantuvo bajo, incluso muestra una reducción real de 15 por ciento entre 1990 y 2004. Más recientemente el crecimiento del autotransporte se ha moderado hasta crecer a un ritmo similar al de la economía en su conjunto. Las toneladas transportadas por el autotransporte de carga en 2004 fueron 2.4 por ciento más que las transportadas un año antes. En el periodo enero–junio de 2005, se transportó un tres por ciento más de toneladas por medio del auto transporte de carga, en comparación con el mismo lapso del año previo. Estas tasas son muy similares a la de la actividad económica global del país. Para 2005, el Banco de México espera una tasa de crecimiento del PIB de 2.7 por ciento.

Cuadro 6
Evolución del autotransporte de carga

Año	*Precios reales*	*PIB (VAB) del sector**	*PIB (VAB) total**
1990	112.7	34454906	1049063789
1995	83.5	34452371	1131752762
2000	104.9	57772111	1475927095
2003	100	55896338	1508240009
2004	95.3	–	–

* Miles de pesos a precios de 1993.
Fuentes: Elaboración propia con base en Banxico "Datos económicos y financieros de México" e INEGI "Banco de información económica".

No obstante las reformas, el sector enfrenta problemas importantes, que le impiden contribuir todo lo eficazmente que es posible y deseable, a la productividad del país. En primer lugar, subsisten trabas regulatorias. El transporte privado, el que presta servicio a las propias empresas dueñas de los camiones, no puede prestar el servicio público de transporte (IMCO, sin fecha). Es decir que cuando la empresa no requiere sus unidades de transporte para su uso propio, éstas no pueden ser utilizadas para mover la carga de otra empresa. Si la empresa envía sus mercancías a centros de distribución alejados, y no requiere nada de las localidades donde se encuentran esos centros de distribución, entonces las unidades deben regresar grandes distancias vacías, con el consecuente desperdicio de capacidad.

El autotransporte en México enfrenta costos sumamente elevados por conceptos tales como gasolina, peajes y tasas de interés. En el caso de la gasolina y de los combustibles automotrices en general, el precio en México suele ser significativamente más alto que en la frontera norte del país, del lado de los Estados Unidos. Por ejemplo, en Texas se puede conseguir a 3.40 pesos el litro de gasolina con plomo, mientras que en México cuesta 5.58 el litro (datos al 11 de noviembre de 2005). El argumento de la autoridad hacendaria, que es la que fija el precio de los combustibles que vende PEMEX, el monopolio estatal en la venta de combustibles, es el de que la gasolina en Estados Unidos es demasiado barata en comparación con los precios en Europa. Este argumento es parcial, pues en el caso del gas natural, el precio de referencia que fija la autoridad (también a través de PEMEX), es el de la frontera sur de los Estados Unidos, a pesar de que en otros países del mundo el gas es mucho más barato. Por ejemplo, el precio del gas natural en noviembre de 2005 fue de 8.11 USD dólares por millón de BTU, mientras que en Chile, por ejemplo, era de sólo poco más de la mitad de ese precio.

Las carreteras de cuota en México son de las más caras del mundo. A partir de la primera mitad de los noventa, el gobierno se propuso reducir al mínimo la participación en la propiedad y en la administración de nuevas carreteras de cuota. La medida salió contraproducente. De las 27 carreteras de cuota concesionadas, todas excepto tres tuvieron que ser rescatadas por el gobierno. Los antiguos dueños, con argumentos a los que han hecho eco organismos internacionales, generalmente defensores e impulsores de la privatización a toda costa, argumentan que las garantías concedidas por el gobierno fueron insuficientes o, peor aún, que el gobierno no cumplió con las garantías prometidas (en cuyo caso no se entiende por qué los afectados no hicieron las demandas procedentes ante el poder judicial, el que en los últimos años ha sido muy prolífico en fallos contra el gobierno y a favor de particulares). Pero si los proyectos públicos requieren de amplias garantías para ser negocio, entonces cuál es el objeto de privatizar en primer lugar, si las garantías implican la privatización de las ganancias y la socialización de las pérdidas. El impacto del fisco sigue afectando negativamente. Hoy tenemos carreteras caras y subutilizadas, que terminaron en la esfera de la propiedad estatal. Una deuda pública incurrida para rescatar las carreteras antes privadas y que en la actualidad es de 2.0 por ciento del PIB. Y lo que es peor, un programa carretero insuficiente para atender las necesidades del país, en buena medida como consecuencia del programa privatizador, que dejó en mala situación financiera a las principales empresas constructoras del país, así como una gran desconfianza de las empresas del exterior. Además, el gobierno persiste en dar preferencias a las empresas nacionales, aunque ello resulte en carreteras más caras, que a la postre afectan al bienestar de todos los mexicanos.

Mientras que de 1990 a 1995, la longitud de las carreteras de cuota se incrementó de 1761 a 6308 kilómetros, con una tasa anual de crecimiento de casi 30 por ciento, en los siguientes diez años, esa red carretera sólo se incrementó a 7575 kilómetros, con un crecimiento promedio anual de sólo 1.8 por ciento. En esa misma década, las toneladas–kilómetro transportadas por medio del autotransporte carretero aumentaron 2.4 por ciento en tasa promedio anual. Hace cuatro años un reporte del Banco Mundial (Giugale *et al.*, 2001) señalaba: "*El desarrollo de la infraestructura carretera ha sido decepcionante. Más del 45 por ciento de la red carretera se mantiene en condiciones deplorables, en comparación con sólo 20 por ciento en Brasil. El mantenimiento y mejoramiento de los principales corredores federales se rezaga respecto de la demanda, y muchas carreteras federales atraviesan directamente el centro de las ciudades, de esa manera aumentando el congestionamiento y las demoras. Se necesitan construir libramientos para mejorar los flujos de tráfico, especialmente los de larga distancia y los relacionados con la actividad económica. El acceso de las carreteras a puertos y cruces fronterizos es inadecuado y la capacidad de los puentes hacia Estados Unidos necesita ser expandida. La red interregional está incompleta, mientras que las redes carreteras secundaria y rural aún presentan huecos y son a menudo de pésima calidad. Desde 1980 las únicas adiciones significativas son las del programa de carreteras de cuota de alrededor de 6500 kilómetros".* La situación no ha cambiado significativamente en los últimos años.

Un problema que afecta de manera creciente al sector del autotransporte de carga es el de las regulaciones por parte de los gobiernos estatales y municipales. La desregulación federal ha incrementado el margen de maniobra de las autoridades locales, para intensificar sus propias regulaciones, lo que les permite ejercer en su beneficio el clientelismo y el tráfico de influencias. Estos niveles de autoridad son más proclives que el federal a ceder ante grupos locales que buscan tratos preferenciales. El gobierno federal debe escuchar a unos grupos y a otros, lo que lo hace menos susceptible a la protección de oligopolios locales. La Comisión Federal de Competencia recibió en sus primeros diez años de existencia múltiples demandas en este sentido, las cuales eran generalmente resueltas de manera exitosa a favor del libre comercio interior (es decir, en contra de las barreras al comercio interestatal). Hasta que en 1994, en una infortunada decisión, la Suprema Corte de Justicia decretó que la Comisión Federal de Competencia no tiene atribuciones para inmiscuirse en esas decisiones de los gobiernos locales. Que al involucrar a diversos niveles de autoridad, sólo la Suprema Corte tenía autoridad para conocer de esos casos. El problema es que si la Comisión no tiene la atribución de vigilar que no se erijan barreras al comercio interestatal no obstante que la legislación le concede esa atribución, entonces nadie tiene esta facultad en México, pues la Corte es una instancia de resolución final, y no de investigación y vigilancia.

De aquí se deriva una importante recomendación, relevante para cualquier proceso reformador, sobre todo en países con sistemas judiciales impredecibles y obsoletos, como en México. La posible oposición de las Cortes a las acciones contempladas en las reformas, debe ser tomada en consideración en su diseño e instrumentación, sobre todo en países con sistemas judiciales arcaicos, y jueces no preparados para la aplicación de reformas modernizadoras, que no quieren escuchar de las interrelaciones de la economía y el derecho. Esta es una lección que puede ser muy útil a países en la etapa de diseño y aplicación de sus respectivas reformas económicas. No digamos para México, que requiere hacer un análisis y revisión de todo lo hecho hasta ahora, si las Cortes se lo permiten, lo que es poco probable. Mejor es prever las cosas para no tener que corregir después en situaciones más difíciles, si no es que francamente imposibles.

2.6 Energía

En México, la producción de energía está, para la mayoría de las actividades del sector, reservada al sector público por mandato constitucional. No obstante, dentro de ese marco restringido se han dado pasos importantes hacia la liberalización del sector. El Artículo 27 constitucional reserva al Estado la generación, el transporte y la distribución de electricidad para el servicio público. Hasta principios de los noventa, este mandato se había aplicado mediante le prohibición de la participación privada en estas actividades. Esto comenzó a cambiar cuando el 23 de diciembre de 1992 fue publicada la *Ley del Servicio Público de Energía Eléctrica*, la que redefinió lo que se entiende por servicio público, y dejó fuera de este concepto el autoabastecimiento, o electricidad que producen las empresas para sí mismas; la cogeneración, que es cuando la electricidad es un subproducto de los procesos industriales propios de las empresas respectivas, y el abasto conjunto, que es cuando varias empresas se ponen de acuerdo entre sí para satisfacer al menos parte de sus demandas de electricidad. La propia legislación estableció límites al monto de electricidad que se podía generar mediante estas figuras, sin que fueran consideradas parte del servicio público constitucionalmente reservado al Estado.

Además de estas figuras, se incluyó otra que merece mención aparte, porque no establece límites, y a través de ella ha aumentado significativamente la participación privada en electricidad, y también porque han surgido dudas respecto de la constitucionalidad de esta figura, en una controvertida resolución de la Suprema Corte de Justicia de la Nación. Se trata de los productores independientes de energía (PIE), que mediante contratos de largo plazo proveen de electricidad a la empresa paraestatal Comisión Federal de Electricidad (CFE). La idea de excluir a los PIE de la definición del servicio público parece razonable, pues no le venden directamente al público sino a la CFE. Ellos la generan no para el servicio público sino para venderle a esta paraestatal, y es ella la que la compra para el servicio público. Pero a algunos ministros de la Corte no les convence el argumento (a cinco de los once).

A partir de 1993, y sobre todo de 1997, con la publicación del nuevo *Reglamento de la Ley del Servicio Público de Energía eléctrica*, la participación del sector privado en la generación de energía eléctrica en el país ha aumentado aceleradamente. En la actualidad la tercera parte de la electricidad generada en México es de procedencia privada. En 2005, se estima que de los aumentos en la generación durante ese año, dos terceras partes provinieron de la oferta privada (véase Cuadro 7). De continuar a este ritmo la expansión de la oferta privada, en menos de dos décadas el sector privado será el principal oferente de ventas de primera mano de electricidad en el país. Los PIE no compiten entre sí ni con la CFE por ganar clientes. En países en que la privatización ha sido a fondo, para las ventas directas de generadores a consumidores de grandes volúmenes, que por lo general son empresas gigantescas o distribuidores de electricidad al menudeo, si se permite esa competencia. En México la competencia se da únicamente durante los procesos de licitación de los contratos de aprovisionamiento de electricidad a la CFE, la que los otorga a los que ofrecen mejores condiciones de abasto.

Cuadro 7
Generación de electricidad en GWH

Año	*Total*	*Privada*	*Participación privada (%)*
1992	130283	5088	3.9
1996	154157	8605	5.6
2000	204207	12780	6.3
2005	246422	84326	34.2

Fuente: Elaboración propia con base en México. Presidencia de la República "Quinto Informe de gobierno", 2005.

Quienes insisten en que la privatización debiera proceder de manera más rápida y completa, suponen que así los precios de la electricidad bajarían significativamente, lo cual, sin embargo, podría ser cierto para algunos clientes, pero para otros muchos los precios en vez de bajar subirían si se dejara su determinación al mercado. Según Alberro (2004), en México la electricidad para consumo industrial en 2001 era 13.5 por ciento más cara que el promedio de una canasta de países con recursos naturales abundantes. En 2001 todas las tarifas (residencial, industrial, comercial y servicios) eran inferiores a sus costos en magnitudes mayores a ese porcentaje. Si las tarifas antes de subsidio se redujeran en ese 13.5 por ciento, y al mismo tiempo se eliminara el subsidio, todos los sectores hubieran visto incrementados sus costos de electricidad en ese año de 2001. En especial, las tarifas residenciales que en 2001 sólo cubrían el 38 por ciento de su costo, se hubieran incrementado en más del cien por ciento. Se podría argumentar que la privatización no significaría necesariamente la desaparición de los subsidios. Pero el argumento en sí mismo implica el reconocimiento de que lo que pasara con los precios en un proceso privatizador más rápido dependerá no tanto de la privatización en sí, sino de la decisión de mantener o no los subsidios.

En la actualidad, los precios en México rebasan a los de otros países en porcentajes superiores al señalado arriba. Un comparativo del Diario *Reforma* del 20 de septiembre de 2005 concluye que los precios para la industria son 47.6 por ciento más altos que en Estados Unidos. Los precios de la electricidad cambian constantemente en México por consideraciones inconsistentes de política. A veces el gobierno los fija altos para reducir el déficit de sus finanzas, para después subsidiarlos para proteger a los usuarios. La tarifa promedio por kilowatt/hora pasó de 0.63 pesos en 2001, a 1.01 en 2005, con un aumento acumulado de 60.3 por ciento. Asimismo, debe considerarse que independientemente de que mejore la productividad del sector eléctrico mexicano, los costos de generación en Estados Unidos continuarán siendo menores, gracias a su abundancia de carbón, que le resulta más barato que otros combustibles. Pero aun si los precios en México tendieran por obra y gracia de la apertura eléctrica a los de Estados Unidos, al tiempo que se eliminara el subsidio, los precios de la electricidad residencial subirían 15.3 por ciento, que es lo que los hogares norteamericanos pagan por kilowatt/hora por encima de lo que pagan los mexicanos, según el mismo reportaje de *Reforma*.

Los esquemas que involucran una privatización completa conllevan la creación de un mercado puntual de energía, a través de subastas, para que la red en cualquier momento utilice las fuentes más baratas de energía. Esto conlleva riesgos muy elevados para países con debilidades regulatorias y falta de una cultura de competencia. Como el precio de la electricidad lo fija el generador marginal (el que pide el precio más alto entre los más baratos y cuya oferta es necesaria para satisfacer la demanda en tiempo real), los incentivos para la colusión y las prácticas anticompetitivas son elevados. En México esto se complicaría adicionalmente porque los permisos de generación para la producción independiente se han concentrado en unas cuantas empresas muy grandes. Cabe señalar que países exitosos en sus reformas han enfrentado problemas por falta de competencia en la generación. Inglaterra privatizó como duopolio la generación y los precios subieron. Hasta que el regulador fraccionó el duopolio los precios bajaron.

Ante las dificultades regulatorias, diversos países en desarrollo, entre ellos México a pesar de los intentos en contrario, han seguido un esquema intermedio. Entre estos países se encuentran China, India, Indonesia, Malasia, Nepal, Pakistán, Filipinas, Tailandia, Vietnam, Jordania, Guatemala, Honduras, Belice, Jamaica, Panamá, y la República Dominicana. A los países en desarrollo que han optado por procesos de privatización más moderados no siempre les ha ido peor que a los más audaces. No todos los procesos de privatización completa han sido exitosos (véase Ugaz, 2003). Como concluye Newberry (2001) en su estudio de privatizaciones alrededor del mundo, no hay evidencia de que en el caso de redes integradas verticalmente, el régimen de propiedad tenga un impacto sobre la eficiencia de operación. Por su parte Alberro (2004) concluye que: "*Cuando el sistema institucional es débil, cuando las autoridades regulatorias no logran ejercer su autoridad, o cuando los temas técnicos se politizan, la creación de un mercado de energía con subastas puede no ser la manera más eficiente de promover la competencia en la generación. El Estado de California, por ejemplo, sucumbió ante las presiones políticas y no logró implantar un marco regulatorio congruente. En casos como éste, un sistema de licitaciones para adjudicar contratos de compra por parte de una entidad centralizada (semejante al que existe en México con el régimen de PIEs) puede ser el sistema adecuado*".

En México habría un problema adicional si se decidiera instaurar un mercado de subastas sin intervenciones. Como resultado de la decisión del gobierno de que la mayor parte de las nuevas plantas generadoras sean privadas, el sector paraestatal se ha quedado con la obligación de asegurar la suficiencia de la oferta por una parte, y con plantas viejas y obsoletas, por la otra. Esto ha redundado en que los costos de generación de electricidad por parte de la CFE se hayan disparado. Según datos de productores de energía, a esta empresa le cuesta el doble de cara la electricidad que genera (1.59 pesos kw/h), que la que le compra a los generadores privados (78 centavos), según reportaje de *Reforma* del 1 de Febrero de 2005. De adoptarse el modelo de subastas, los costos relativamente elevados de la CFE determinarían los precios a pagar a los generadores privados, lo que implicaría un monto elevado de recursos del gobierno y del público a unas cuantas transnacionales. Por todo lo anterior, la única conclusión sensata es que no hay razón para moverse a otro esquema de privatización y desregulación conceptualmente distinto del que se sigue. Lo que no quiere decir que no se puedan hacer cosas muy importantes dentro de este esquema, y que por la discusión ideológica que se ha dado, han sido dejadas de lado.

El sector paraestatal eléctrico consiste de dos empresas, una de ellas relativamente eficiente (aunque no del todo), la CFE, y una muy ineficiente, la Compañía de Luz y Fuerza del Centro (LyFC). Cualquier esquema exitoso de modernización de la electricidad pasa por el saneamiento de las empresas paraestatales, en especial de LyFC (véase Cuadro 8), lo que podría requerir su liquidación. Pero el sindicato de esta última empresa es muy fuerte y está muy politizado. Esfuerzos anteriores de saneamiento han sido abandonados, por lo que quizá se deba buscar otro tipo de medidas, pero que permitan la redefinición de la relación laboral. Incluso la privatización, que por hoy es sueño imposible de algunos, requeriría el saneamiento previo de las empresas, como sucedió en el caso de los ferrocarriles, para que los inversionistas privados ingresen al sector. Insistir en un debate ideológico sólo crea una distracción ante la falta de voluntad o de capacidad para resolver los problemas reales del sector, y que pueden ser atacados dentro de la organización de mercados vigente.

Cuadro 8
Comparativo de productividades energéticas. Agosto de 2005

	cfe	*LyFC*
Capacidad (MW) por trabajador	2.25	1.67
Pérdidas de energía en por ciento	11.05	29.39
Interrupción (min/usuario al mes)	35.1	114.0
Inconformidades por mil usuarios/mes	3.88	7.86
Plazo de conexión en días	1.24	5.90

Fuente: Elaboración propia con base en México. Presidencia de la República. "Quinto Informe de Gobierno" 2005.

La reforma de 1995 permitió la participación privada en distribución y transporte de gas natural. Se han otorgado más de 20 permisos de distribución, con exclusividad por 12 años. Esto entorpecerá la competencia, en casos en que algo de competencia indirecta, como la del tipo *yardstick* discutida arriba en el contexto ferroviario, fuera posible. Para cuando los competidores potenciales puedan entrar, las empresas establecidas llevarán una ventaja difícil de superar. De cualquier manera, como se considera que la distribución tiene características de monopolio natural, la actividad está regulada. Por su parte, se han concedido 27 permisos para el transporte de acceso abierto. Sin embargo, PEMEX controla la mayor parte de la infraestructura de transporte, ya sea por sí mismo o en asociación con otra empresa. Ello le ha permitido bloquear la aparición de una competencia vigorosa. Pero no es probable que la competencia tuviera impactos importantes en el precio que pagan los usuarios de este insumo. El gas en México está fijado teniendo como referencia el precio en Texas, donde se origina el grueso de las importaciones y representa por tanto el costo de oportunidad del gas nacional.

Algunos han argumentado que México debiera ser exportador de gas, debido a sus reservas. Y que si tal fuera el caso, al precio de referencia habría que restarle el precio de transporte, en vez de sumárselo, como sucede con las importaciones. Sin embargo, el gas es un bien no renovable, y la decisión de sacarlo ahora o en el futuro rebasa el objetivo de reducir del precio los costos de transporte en el corto plazo. México es parte del mercado de gas de América del Norte. La región es altamente deficitaria en gas. Los precios del insumo pudieran alcanzar en el futuro niveles más altos que el actual, por lo que posponer la extracción de grandes cantidades del recurso, no es necesariamente inconveniente. De cualquier manera, con o sin costos de transporte, el costo de oportunidad del gas en México está y estará fundamentalmente determinado por su nivel de escasez en el mercado norteamericano, no por los costos de transporte.

Ante la escasez reciente del gas natural, agravada por los huracanes registrados en la zona del Golfo de México, el Ejecutivo Federal envió una iniciativa al Congreso para permitir la extracción privada del gas no asociado. La mayor parte del gas en México se extrae de depósitos de gas con petróleo. Puesto que las reservas probadas de petróleo se han reducido por falta de exploración (a menos de 12 años), y el gas suele en México estar asociado con el petróleo, sería más razonable para el país promover la exploración y explotación de gas asociado. Se lograrían dos objetivos de manera simultánea. De cualquier manera, parece que por promover la privatización, sin duda muy importante, se está dejando de lado una discusión más importante para el país, y es la de la creciente dependencia respecto de un combustible –el gas natural– sumamente escaso en el mercado de ese combustible en que se sitúa el país.

La dependencia se ha visto agravada por la decisión de que los aumentos en la capacidad de generación de electricidad provengan de plantas de gas. Esto resulta de haber decidido que el grueso de esos aumentos los realice el sector privado, pues ese tipo de plantas requieren una inversión menor, a cambio de mayores costos variables. Pero estos últimos se recuperan de inmediato al ir generando electricidad para la CFE. De esa manera, la inversión en electricidad se vuelve muy atractiva para el sector privado, el que difícilmente amarraría recursos cuantiosos en plantas más caras. Apostarle a la privatización implicó apostarle al gas, un insumo en el que no existe ventaja comparativa para el país en cuanto a su uso interno. Además, la CFE proyecta que en los próximos 20 años, el 80 por ciento de la capacidad adicional de generación provenga del gas. La privatización es buena idea para promover el progreso, pero no debe anteponerse siempre a todo otro propósito.

3. RESUMEN DEL CAPÍTULO 3

La experiencia mexicana es prueba de que la apertura comercial por sí sola no es suficiente para obtener los beneficios posibles del intercambio con el exterior. Mientras subsistan otras ineficiencias instituciona–

les, como la de una escasa competencia y una pésima regulación, los productores nacionales no podrán competir en condiciones de igualdad con los del exterior. La experiencia mexicana muestra que las reformas estructurales exitosas requieren algo más que la simple privatización como aconseja la EscDerProp. Requieren de un vigoroso impulso a las políticas de competencia que reformen el régimen de apropiación, el cual prevenga y corrija los abusos de poder de mercado, y en su caso una regulación sectorial que asegure el acceso abierto a economías de red y a recursos esenciales. Ello no implica que México se margine de las grandes tendencias globales, sino por el contrario, que al hacerlo, lo haga de manera eficiente. Que no cometa los errores como los muy costosos que ha cometido en el pasado. Que aprenda de las experiencias exitosas de otros y de sus fracasos. Que entienda que fortalecer el mercado no implica debilitar al Estado, sino modernizarlo. Ello puede requerir acompasar las reformas para asegurar su éxito, evitando errores difíciles de corregir luego. En México, más importante que seguir efectuando reformas y privatizaciones, es el corregir las deficiencias y deformaciones de las efectuadas en el pasado reciente.

México tiene frente a sí una tarea impostergable, que hoy muy pocos toman en serio, y es la de la reforma institucional del Estado: desde el poder ejecutivo hasta el judicial, pasando por el legislativo. Un Estado que por incapacidad o por miedo a regular mal, o por simple desviación ideológica (que parece haber sido la causa principal en la experiencia de México), renuncia a una intervención moderada pero eficaz y eficiente, es un Estado débil e incapaz de promover el progreso de su sociedad. El gobierno debe entender que sin la norma de un mínimo orden institucional, cualquier sociedad se vuelve incapaz de alcanzar sus propósitos. El problema puede rebasar lo simplemente económico y afectar las bases mismas de la convivencia. Un Estado ausente es una amenaza para la sociedad. Requiere México, a la hora de enfrentar sus problemas, hacerlo con mentalidad abierta, que reconozca que lo importante es alcanzar los objetivos sociales, no el defender ideologías extremistas, de uno u otro signo. México parece haber transitado en el lapso de unas cuantas décadas de un extremo al otro, en lo relativo a las políticas públicas. Desde gobiernos populistas e intervencionistas en exceso durante la década de los setenta, hasta el pasmo ultra conservador de las dos últimas administraciones.

4. BIBLIOGRAFÍA

Alberro, José
2004 "Apertura, Competencia y Competitividad del Sector Energético: Electricidad y Gas Natural", en Comisión Federal de Competencia, *Competencia económica en México*, México: Editorial Porrúa.

Alchian, Armen
1977 "Some economics of property rights", en Armen Alchian, "Economic forces at work", Liberty Press.

Barzel, Yoram
1997 "The property rights model", en Yoram Barzel, "Economic Análisis of Property Rights", Cambridge Univ. Press.

Coase, Ronald
1960 "The problem of social cost", en revista "Journal of Law and Economics", volumen 3 no. 1, octubre.

Demsetz, Harold
1967 "Toward a theory of property rights", en "American Economic Review", vol. LVII no. 2.

Dewatripoint, Mathias y Jean Tirole
1994 "The prudential regulation of banks", Cambridge, Massachusetts: The MIT Press.

Estrada, Ernesto
2004 "Regulación y Competencia en los Ferrocarriles", en: Comisión Federal de Competencia, *Competencia económica en México*, México, Porrúa.

García Alba Iduñate, Pascual
2000 "El Índice de Dominancia y el Análisis de Competencia de las Líneas Aéreas", en Ramiro Tovar Landa "México" ITAM–Porrúa.

Gil Díaz, Francisco y Agustín Carstens
2000 "Pride and Prejudice: The Economics Profesión and Mexico's Financial Crisis", en Sebastián Edwards y Moisés Naím (eds.), *Mexico 1994: Anatomy of an emerging market crash*, Washington, D. C.: Carnegie Endowment for International Peace.

Giudale, Marcelo M., Olivier Lafourcade y Vinh H. Nguyen (eds.)
2001 "Mexico: A comprehensive development agenda for the new era", Washington D. C.: The World Bank.

Hibert, Abel
2004 "Aspectos Regulatorios para un Mercado en Competencia", en Pascual García Alba, Lucino Gutiérrez y Gabriela Torres, *El nuevo milenio mexicano, Vol. 3: El cambio estructural*, Universidad Autónoma Metropolitana y Editorial EON.

Instituto Mexicano para la Competitividad, (IMCO)
2004 "Los retos de la competitividad en México: Una agenda de reformas inmediatas", CIDAC.

Murillo, José Antonio
2002 "La Banca en México: Privatización, Crisis y Reordenamiento", *Documento de Trabajo*, Banco de México.

Newberry, David
2001 "Privatization, restructuring and regulation of private utilities", Cambridge, Massachusetts, The MIT Press.

OCDE
2002 Organización para la Cooperación y el Desarrollo Económico, "Rail reform in China: Promoting competition", París, OCDE.

OCDE
2005 Organización para la Cooperación y el Desarrollo Económico, "Telecommunications Outlook 2005", OCDE, Paris.

Presidencia de la República
2005 "Quinto informe de gobierno. Anexo Estadístico", México Presidencia de la República.

Ugaz, Cecilia y Catherine Waddams Price (eds)
2005 "Utility privatization and regulation: A fair deal for consumers", United Nations University, World Institute for Development Economics Research, Reino Unido.

Weintraub, Sidney
2005 "Financial decision making in Mexico: To bet a nation", University of Pittsburgh Press.

CAPÍTULO 4
EL REZAGO DE LA COMPETITIVIDAD ESTRUCTURAL

*Fernando Jeannot**

1. INTRODUCCIÓN AL CAPÍTULO 4

Las instituciones no son un *marco*, como suelen decir muchos autores, sino la instancia fundadora de los intercambios. Constituyen las reglas del juego, formales o informales, que presiden cualquier contra prestación de bienes o servicios. En las economías mundializadas del presente, cada vez más corresponden a los intercambios *complejos* porque la información necesaria para la toma de decisiones se basa en mecanismos impersonales utilizadores de las nuevas tecnologías de la información y las comunicaciones, por lo que es de toda pertinencia un enfoque evolutivo de los componentes endógenos de la productividad competitiva que analice los procesos de transformación dejando de lado la metodología del ceteris paribus.

Si la política nacional pretende mejorar el bienestar de la población, la evolución institucional del mercado emergente mexicano debe lograr difundir incentivos o motivaciones propicios a las ganancias de productividad que lleven a superar el rezago competitivo. Con el desarrollo de estas ganancias, se transforma entonces el *capital institucional o social* en tanto que capacidad de organización que tiene la colectividad nacional, bien sea en la órbita pública o en la privada. Durante las etapas históricas que no se innova con respecto a las instituciones se transita por un período de mera *transición* caracterizado por las inercias, la captura de rentas y la economía sumergida; en cambio, cuando se innova insti–

* Departamento de Economía. Universidad Autónoma Metropolitana–Azcapotzalco. fjean@correo.azc.uam.mx

tucionalmente tanto en la política económica como en la gestión de las empresas, se genera una *transformación* que conduce verdaderamente a la emergencia económica basada en las ganancias de productividad.

Las teorías del crecimiento tienen dos aportaciones recientes que son muy importantes para el desarrollo institucional y la economía política de la emergencia económica. En primer lugar, las teorías del crecimiento endógeno entendidas como una reivindicación de las externalidades positivas que debe proveer el sector público a fin de desarrollar las ganancias de productividad. Y en segundo lugar, el enfoque evolutivo que adapta el análisis biológico al desarrollo económico, particularmente por medio de la articulación del ambiente de negocios con la capacidad de innovar. Externalidades, innovación, son conceptos que desembocan en las vinculaciones del sector público con el privado, pero no en las idolatrías ni del mercado, ni del Estado.

Las reformas institucionales del presente en México se deciden mucho más en la transformación perdurable de las reglas del juego económico que en cualquier contienda electoral. Más allá y más acá del mercadeo político, podemos bosquejar algunos indicadores útiles para monitorear el futuro inmediato con la finalidad de evaluar la transformación hacia una economía competitiva basada en las ganancias de productividad o, por el contrario, el reciclaje del rentismo. Identificar la voluntad política que corresponde a una u otra alternativa representa constatar la existencia, o inexistencia, de una estrategia conducente al bienestar colectivo.

2. COMPETITIVIDAD ESTRUCTURAL

Existen tres cimientos en la teoría de las instituciones. En primer lugar, la teoría de los derechos de propiedad que describe los incentivos sociales operantes en los procesos de apropiación institucionalizados que configuran al mercado de una economía más o menos competitiva (ver capítulo 1). En segundo lugar, la teoría del Estado (ver capítulos 5 y 6) que especifica y hace respetar los derechos de propiedad resultantes de los procesos de apropiación; es decir al gobierno procurador de estos derechos y procesos de trabajo que se basa en el monopolio legítimo de la violencia y, en tercer lugar, la teoría que explica cómo las diferentes percepciones de la realidad influyen en la reacción de los empresarios ante el cambio institucional, particularmente ante los incentivos colectivos que hacen prevalecer las ganancias de productividad sobre las rentas.

La teoría de las instituciones para una economía emergente corresponde a la del rentismo que causa el rezago competitivo (Haber 2002), es decir, al obstáculo que debe enfrentar la innovación institucional tendiente a instaurar una economía basada en el desarrollo de las ganancias de productividad; por lo que ni el Estado ni el mercado son eficientes ni en la generación ni en la asignación de recursos y entonces el PIBpc crece muy despacio como consecuencia del rezago en la ventaja competitiva estructural. Este rezago es consecuencia del dominio de una oligarquía compradora cuyo principal defecto no es el nepotismo ni el patrimonialismo, sino la falta de desarrollo de las ganancias de productividad por intermedio de una buena gobernanza pública y por los logros de una masa crítica de empresarios innovadores. La productividad corresponde a la diferencia entre insumos y producto, mientras que las ganancias de productividad a la cantidad positiva que resulta de sustraer la productividad medida en el momento (n+1) con respecto a similar medición en el momento (n). Su origen es fundamentalmente la innovación de producto o de proceso que realizan las empresas, tal como enseñó Schumpeter ya hace tiempo. Sin embargo, el esquema siguiente resalta la influencia del régimen institucional en todos los aspectos que se vinculan a las ganancias de productividad.

Gráfico 1
Orígenes de las ganancias de productividad

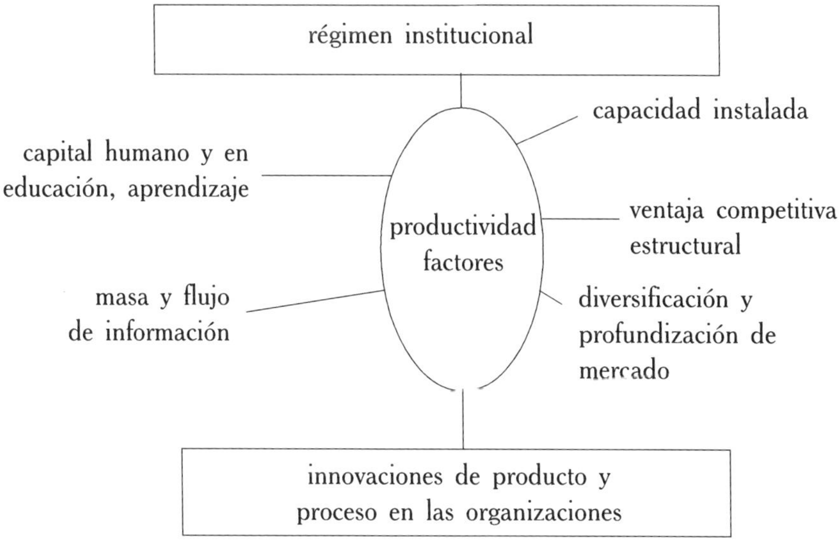

Cuando decimos *régimen* buscamos subrayar que se trata de la versión empírica del *sistema* teórico; es decir, muy ligado a las condiciones de tiempo y lugar. El régimen institucional influye primeramente sobre la ventaja competitiva estructural, o sea nacional, por medio de la política económica que no se limita a la estabilidad macro, sino que construye infraestructura física, induce expectativas positivas en los agentes económicos y, en general, configura un ambiente propicio para la innovación nacional y la venida de inversión extranjera directa. Como la prioridad en las exportaciones competitivas no se opone al desarrollo del mercado interno, sino que se complementan de manera dinámica, en el transcurso del despegue económico se diversifican (apertura de desfogues para la producción) y se profundizan (más concurrencia dentro de un mismo sector de actividades) los mercados y tanto en el exterior como en el interior. En todo ello es muy importante contar con una masa de información pública suficientemente amplia de manera tal que se incrementen cuantitativa y cualitativamente los flujos de datos tanto públicos como privados.

Verdoorn (Mc Combie 2003: 56) constató relación positiva entre las ganancias de productividad y los incrementos de la producción. La ampliación de los mercados favorece las economías de escala y condiciona la ampliación de las fuentes de financiamiento para la investigación tecnológica. El ritmo elevado de acumulación y las ganancias de productividad derivan en una alta rotación técnica del capital físico e intangible. Las expectativas positivas con respecto al futuro reducen los riesgos descontados, sin que por ello pueda calcularse una rentabilidad esperada en forma universal e ignorante de las especificidades y particularidades institucionales (Kahneman 1992). En general y una vez cerrado el ciclo de crecimiento entrópico, el capitalismo del presente revaloriza a la Ley de Verdoorn que otorga durabilidad al crecimiento basado en las ganancias de productividad.

> *Hay un círculo virtuoso en las economías competitivas basadas en los intangibles y las ganancias de productividad.*
>
> *Inicia el círculo con un ambiente institucional propicio a la economía productiva de la nación a causa de la buena gobernanza pública y la masa crítica de una clase empresarial innovadora*
>
> *→ puesta en valor del stock de capital humano y en educación*
>
> *→ crecimiento elevado del PIBpc*
>
> *→ crecen ingresos reales*
>
> *→ crecen el ahorro interno y la dinamización del crédito bancario a la producción*
>
> *→ difusión y profundización del mercado*
>
> *→ alta inversión en ID*
>
> *→ acumulación productiva de capital humano y en educación por desplazamientos de la oferta y demanda de mano de obra en todas sus calificaciones.*
>
> *Se cierra el círculo con una nueva etapa de ingeniería institucional.*

Dados los patrones de concurrencia que impone la economía mundializada, las empresas deben aproximar la utilización del 100% de la capacidad instalada en clara manifestación de la productividad microeconómica. A su vez, el capital humano consiste en la aptitud para trabajar de las personas, mientras que el capital en educación resulta de la instrucción en sus diferentes niveles. La fuerza laboral es apta para trabajar según sean sus condiciones físicas y mentales, así como la cultura que le permite adaptarse rápidamente a la disciplina de fábrica. Según sea este capital humano no educado, por ejemplo su contextura física, serán las posibilidades de aprendizaje no escolarizado. En cambio, el capital en educación abre las puertas a procesos de aprendizaje mucho más intensivos, propios de los trabajos informatizados y computarizados.

Como las ganancias de productividad son la principal palanca del crecimiento competitivo, tal como lo mostraron Verdoorn y Kaldor (Mc Combie 2003 : 120 y 189), el crecimiento es, a su vez, una fuente de la productividad total de los factores porque la difusión y profundización del mercado favorece el desplazamiento del umbral de las economías de escala en todos los sectores, estimula las inversiones que realimentan el progreso tecnológico y brindan los medios financieros para desenvolver la ID. Dado que durante la emergencia económica las formas de acumulación extensiva de baja rotación tecnológica van siendo reemplazadas por las intensivas de alto cambio tecnológico y organizativo, el ritmo del crecimiento intensivo será intenso de manera que pueda contrapesar los efectos en el empleo de la fuerte productividad propia del desarrollo modernizador. Este ritmo del crecimiento intensivo y las ganancias de productividad depende del crecimiento de la demanda que modificará la configuración del mercado interno compatibilizando el desarrollo competitivo en el exterior con el interior, a través de la orientación de la política económica, las transferencias de la política social y otros factores de regulación público privada.

Nadie se atreve a afirmar seriamente que en el capitalismo de los intangibles el desarrollo tecnológico es una variable exógena o una mera selección teórica de las empresas. Por el contrario, las teorías del crecimiento endógeno formuladas a partir de Romer internalizan la variable tecnológica y reivindican la importancia de las externalidades positivas que brinda el sector público. Esta conjunción de políticas públicas y privadas es la que puede desarrollar las ganancias de productividad y, por lo tanto, el crecimiento del producto en el largo plazo, siendo que la armonización competitiva de la política económica con la gestión de las empresas es mucho más un resultado del régimen institucional que de las variaciones cuantitativas de los instrumentos correspondientes (Ahrens 2002: 67).

Si con la teoría tradicional del crecimiento económico de Solow podíamos deducir que la acumulación de capital nacional derivaba en la convergencia de las economías nacionales porque independientemente de las condiciones de partida de cada una de ellas todas arribaban a un crecimiento homotético donde el avance tecnológico y organizativo se universalizaba desembocando en similares ritmos de crecimiento del PIBpc, ahora con teorías más recientes (North 1990) planteamos el análisis sabiendo que la divergencia es lo habitual porque los procesos institucionales están condicionados tanto por las histéresis como por la dependencia de la trayectoria. En este sentido, resaltan tres asuntos relacionados con las ganancias de productividad: aprendizaje, capital humano y en educación e innovación basada en la ID.

El aprendizaje resulta de una sumatoria entre el capital humano y las inversiones productivas. Se acumula no por comprar patentes, piratearlas o imitar, sino produciendo para producir. Una economía productiva se caracteriza por este tipo de inversiones, pero no por la captura de rentas. Contrariamente a la doctrina del desarrollo del subdesarrollo, la transformación de esta última en otra competitiva es posible y tiene lugar cuando dentro de las especificidades y particularidades que corresponden a cada nación (dependencia de la trayectoria), se transforma el ambiente de negocios mediante la difusión de incentivos propicios a las ganancias de productividad. En general, estos incentivos corresponden a la formalidad porque su expansión va neutralizando a la economía dominada por los pasajeros clandestinos y el oportunismo contractual. Con respecto al aprendizaje visto como relación de agencia, es oportunista tanto el patrón que no remunera la productividad como el obrero haragán.

El stock de conocimientos no está a la disposición de todos, sino que es un bien público o privado susceptible de apropiación. Los procesos de apropiación que generan propiedad privada, pueden ser productivos o su contrario, según que desarrollen las ganancias de productividad o las rentas. Cuando alguien piratea software achica el abanico de factores productivos que se movilizan con los procesos de trabajo relacionados; por el contrario, cuando alguien innova se agranda el mismo abanico. Sólo mediante una simplificación industrialista podemos pensar que el stock de conocimientos equivale al capital físico cuando la variable organizativa es cada vez más importante en la rentabilización de este capital tangible. Primero el fordismo, pero luego el toyotismo y el onismo, mostraron que la organización y el capital humano son decisivos para lograr ganancias de productividad competitivas. Al mismo tiempo, solamente la doctrina walrasiana puede imaginar que la productividad marginal privada tiende a convergir mecánicamente con la social; por el contrario, le corresponde al agente colectivo (el Estado gobierno) transformar constantemente los incentivos propicios a las ganancias de productividad para que este acercamiento tenga lugar siempre de manera imperfecta y con prescindencia de los equilibrios teóricos. En nuestras economías mundializadas de alta rotación tecnológica, es indispensable generar conocimientos de manera endógena para poder alcanzar suficientes niveles de ganancias de productividad.

El capital en educación es igual al stock de conocimientos solamente como bien público, lo cual no quiere decir que no se acumule ni que no deba administrarse en función de las ganancias de productividad. Tanto la productividad como la competitividad nacionales son el resultado de una movilización de los factores eventualmente liderado por algunos sectores ganadores (winers) del orden privado, pero también por Estados Empresarios de nuevo tipo tal como el abocado al fortalecimiento del mercado, pero no a suplantarlo. Las economías del conocimiento tienen la virtud de difundir los procesos de crecimiento con rendimientos crecientes dentro de un proceso general basado en la causalidad acumulativa de la acumulación de capital (Wade 1990: 231), pero no en los costos de oportunidad propios de la asignación teórica de recursos. Ni en la macro ni en la micro las situaciones reales tienden al equilibrio, por el contrario, en la micro la acumulación de capital humano hará más competitiva la producción siempre que el proceso de trabajo esté basado en la innovación permanente; mientras que en la macro, el gobierno debe impulsar las sinergias colectivas proveyendo externalidades positivas a través de una educación de calidad.

Recordamos que la técnica se refiere a la mecánica de procedimientos, mientras que la tecnología hace lo propio con respecto al conjunto de conocimientos respectivo o a la lógica dinámica de los procedimientos. El progreso tecnológico indica cuántas y cuales innovaciones fue capaz de instrumentar la economía del caso. La ID en las empresas se hace en función de la rentabilidad en plazos no demasiado extensos, mientras que en el sector público se asumen tasas de retorno mucho más aleatorias y plazos mucho más extensos, por lo que el progreso tecnológico requiere de una socialización de la tecnología. La investigación básica es un verdadero bien público que hace posible el consumo conjunto posterior y diversificado. También es indispensable el Estado en esta faceta de las ganancias de productividad, porque no es sino el sector público quien define y hace cumplir las marcas y patentes en función de la propiedad privada. Cuando se acompaña de innovación, la renta de monopolio supera el costo fijo de la patente y difunde efectos externos, por supuesto que en escenarios de concurrencia imperfecta. Desde el punto de vista institucional, se justifican los monopolios productivos como acabamos de ejemplificar, porque propulsan el crecimiento endógeno que desarrolla las ganancias de productividad. En este caso, las innovaciones de producto y de proceso se realimentan en una verdadera *economía de lo viviente* (Passet 1983) porque desarrolla la sustentabilidad de los factores de la producción, pero no solamente al medio ambiente, a través de la innovación y las ganancias de productividad. Esta forma de economía induce en los agentes económicos una lógica de acción productiva muy distinta a la mentalidad extractiva o lógica de las cosas muertas que impera en las economías rentistas.

Durante los últimos cien años, las materias primas han cambiado mucho menos que la tecnología y las oportunidades de rentabilidad han seguido el paso de esta evolución. Es posible afirmar que hemos llegado a una época de revolución industrial permanente porque los racimos de innovaciones se hacen cada vez más frecuentes y con respecto a cualquier sector de actividades. Institucionalmente, el cambio tecnológico endógeno que desarrolla las ganancias de productividad se basa en tres variables. En primer lugar, el incentivo para la acumulación que representa incrementar el producto por hora trabajada en gran medida por el cambio tecnológico. En segundo lugar, el ambiente nacional propicio a las decisiones de particulares que responden a los incentivos de mercado que favorecen la acumulación productiva y las ganancias de productividad, por ejemplo, a través de un sector público que reglamenta y hace respetar las marcas y patentes. Y en tercer lugar, un binomio Estado–mercado que ponga a funcionar tanto a las economías de escala variables en las distintas ramas de la producción, como a las economías externas positivas que dan paso a diversos círculos virtuosos, particularmente el de la difusión tecnológica que desarrolla las ganancias de productividad.

El ambiente institucional propicio a la economía productiva a causa de la buena gobernanza pública y la existencia de una masa crítica de empresarios innovadores se registra por el paso de una situación competitiva rezagada estructuralmente a otra situación avanzada. No es el caso de México hasta el momento, aunque se lograron avances importantes a principios de los 1990, pero luego no se conservaron y aún se registró retroceso durante los últimos años. A continuación, veamos la situación del año 2004 basándonos en la medición hecha por el Instituto Mexicano para la Competitividad con datos del Banco Mundial.

Tabla 1
Competitividad estructural mexicana. Año 2004.
Cuarenta y cinco países

Competitividad estructural y componentes	*Calif. Máxima*	*Calif. Mínima*	*Promedio*	*México*
Competitividad estructural	73	36	55	46
Sectores locomotoras	58	23	45	36
Sectores vagones	70	7	30	20
Buen gobierno	73	26	46	41
Estabilidad macroeconómica	96	40	82	83
Estado de derecho	100	25	67	57
Capital social	82	22	60	46
Sector externo	70	23	43	38
Mano de obra, energía e inversiones	61	37	47	40
Régimen político	91	25	70	71
Política ecológica	84	30	59	47

Fuentes: IMCO 2005.

Recordamos que la competitividad estructural se refiere a las proporciones y relaciones de un conjunto económico situado en el tiempo y el espacio, en este caso la estructura económica de México. La tabla anterior es un resumen de los datos correspondientes a 45 países: Alemania, Argentina, Austria, Bélgica, Bolivia, Brasil, Canadá, Chile, China, Colombia, Corea del Sur, Costa Rica, Dinamarca, El Salvador, España, EUA, Finlandia, Francia, Grecia, Guatemala, Holanda, Honduras, Hungría, India, Irlanda, Israel, Italia, Japón, Malasia, México, Nicaragua, Noruega, Perú, Polonia, Portugal, Reino Unido, República Checa, Rusia, Sudáfrica, Suecia, Suiza, Tailandia, Turquía, Venezuela. El concepto de competitividad nacional o estructural que utiliza el IMCO (2005: 29) es: "la habilidad de un país para atraer y retener inversiones a causa de que él ofrezca las condiciones integrales aceptables en el ámbito internacional que permitan, por un lado, maximizar el potencial socio económico de las empresas y las personas que aquí radican o quieren radicar y, por otro lado, incrementar de forma sostenida su nivel de bienestar, más allá de las posibilidades intrínsecas que sus propios recursos, capacidad tecnológica y de innovación ofrezcan y, todo ello, con independencia de las fluctuaciones económicas normales por las que el país atraviese". Nuestro concepto de competitividad es más conciso y fiel con el desarrollo de la teoría de la ventaja competitiva porque sostiene que ésta última consiste en la capacidad de una organización para alcanzar, desarrollar o mantener una ventaja comparativa, lo cual constituye la ventaja competitiva nacional. Consolidada ésta, es generalmente aceptado que habrá un influjo sostenido de inversión extranjera, pero promovido por el crecimiento endógeno de la nación. La definición del IMCO parece decir que la inversión extranjera es el precipitante del círculo virtuoso que encuadramos páginas atrás, mientras que en nuestra definición y de acuerdo a la nueva teoría del comercio internacional de Krugman y otros, la economía nacional logra una especialización competitiva a partir del crecimiento endógeno donde la inversión extranjera es complementaria. De todas maneras y si la organización es una empresa privada o un conjunto de ellas, hablamos de sectores *ganadores o locomotoras o campeones nacionales* con respecto a los que tienen una ventaja competitiva considerable primero dentro de la economía nacional, y después en la economía internacional, mientras que para otros con potencialidades en el mismo sentido, los rotulamos como *seguidores o vagones*. La organización encargada de desarrollar la ventaja competitiva nacional es, naturalmente, el Estado gobierno. En la tabla anterior, se hizo un cálculo de esta competitividad estructural comparando a México con otros 44 países en el año 2004 y considerando un decálogo de la competitividad representado por las diez filas que se detallan debajo de la competitividad estructural o ventaja competitiva nacional. El orden en que figuran desde arriba hacia abajo se debe a una aplicación de la teoría de la ventaja competitiva nacional de Porter (1998) quien considera que la estrategia competitiva debe ser liderada por los sectores ganadores y los empresarios privados correspondientes, pero apoyados estructuralmente por el gobierno.

En general, México está por debajo del promedio tanto de la competitividad estructural como del decálogo de la ventaja competitiva nacional por lo que ilustra claramente el rezago existente en la ventaja competitiva estructural. Siempre en el cálculo del IMCO (2005), hay dos excepciones que son la estabilidad macroeconómica y el régimen político, quienes superan, aunque sea por pocos puntos, al promedio de los 45 países.

Los sectores ganadores o locomotoras cuyas empresas pueden ser campeones nacionales, se interpretaron (en toda la explicación de la tabla anterior que sigue nos basamos en IMCO 2005) por las líneas telefónicas fijas y celulares, el costo promedio de una llamada local para comercios y familias, los usuarios de Internet, la calidad potencial de los servicios ofrecidos, las productividad de las telecomunicaciones, la distancia principal al mercado de exportación, la longitud de las carreteras asfaltadas, el número de aeropuertos con pisas asfaltadas, el número de vuelos, la capacidad de carga de la flota marítima, la infraestructura portuaria, el transporte intraurbano, la longitud de la red ferroviaria, la penetración del sistema financiero privado, el índice de calidad de la Banca y las finanzas, el grado de concurrencia extranjera en la Banca nacional y la liquidez en la Bolsa. El IMCO (2005) consideró que los sectores ganadores de México son telecomunicaciones, transportes y Banca. Si bien ellos tienen posibilidades de competir con éxito en el mercado internacional, por el momento sólo lo hacen en el interno gozando las más de las veces de situaciones monopólicas (ver capítulo 3), por lo que se comprende la baja calificación obtenida y el carácter emergente de estos sectores ganadores.

Los sectores seguidores o vagones cuyas empresas no pueden ser campeones nacionales, se evaluaron por medio del peso relativo de las actividades agropecuarias, el de los servicios, el coeficiente de inversión nacional, los ingresos por marcas y patentes, el número de investigadores, el número de empresas certificadas con ISO 9000, la eficiencia en el consumo de agua, el grado de satisfacción en las empresas con respecto a los recursos básicos, tecnológicos, científicos y humanos, la generación de riqueza sin contaminación, el gasto en ID, las exportaciones de alta tecnología, las empresas nacionales en el Forbes World 500. La calificación mexicana de estos sectores con un potencial menor al del caso anterior, está abajo del promedio de los 45 países, pero muy por debajo de la calificación máxima.

El buen gobierno se midió por la dificultad administrativa para abrir una empresa, la promoción de la competitividad de las empresas por medio de políticas públicas, tiempo dedicado por los managers para trámites gubernamentales, costos visibles de la importación, ISR de empresas y personas, carga fiscal, intervencionismo gubernamental, calidad regulatoria, efectividad del gobierno, promoción de la concurrencia, costo de la nómina, inversión del gobierno en el gasto total, gasto de salud, subsidio para la salud, gasto en educación, grupos de presión sobre el gobierno, calidad del e–gobierno, transferencias y subsidios. En otro capítulo de este libro, el seis, veremos una medición mucho más inclemente con el buen gobierno en México que la que hace el IMCO.

Contrariamente a lo anterior, pero también en el capítulo seis, se verá que la estabilidad macroeconómica es fruto de un transplante exitoso de las instituciones financieras. Aquí la estabilidad macroeconómica surge del crecimiento promedio del PIB, la variabilidad del mismo crecimiento, el crecimiento promedio de la inflación, la variabilidad del crecimiento de la inflación, los pasivos promedio del gobierno, el riesgo país, la deuda externa y el índice de cobertura de la Banca. Con excepción del último indicador, los demás no parecen cuestionables.

El estado de derecho resultó de calcular una sumatoria de parámetros como el índice de corrupción, el de economía informal, el de libertad para concurrir a los mercados, el de libertades civiles, el de piratería informática, el de definición y cumplimiento de los derechos de propiedad privada, el tiempo medio para ejecutar la orden de un juez, el de independencia del poder judicial y el de imparcialidad de las cortes. Cabe destacar la enorme distancia de esta calificación mexicana con la máxima de los 45 países.

El capital social consiste en la capacidad de auto organización que tiene la sociedad civil. Ella puede evaluarse por medio de la esperanza de vida, la mortalidad en menores de cinco años, la cobertura demográfica, el índice de desarrollo humano, la disponibilidad de agua potable por habitante, el grado de desnutrición, el número de años que un recién nacido vivirá en plena salud, la parte en la distribución del ingreso que corresponde al 20% más pobre, el índice de Gini, las mujeres en la PEA, el ingreso promedio de la mujer, las mujeres en el Poder Legislativo, el nivel de informatización de la población, el analfabetismo, la esperanza de escolaridad, la relación de mujeres a hombres en primaria y secundaria, el tiraje de diarios y la PEA con licenciatura. México, a diferencia de los G7, tiene un capital social de extrema debilidad.

El sector externo se midió por la llegada de turistas y los ingresos correspondientes, el índice de comercio exterior, los países de los que se importa más del 50% del total, la barreras ocultas a la importación, países a los que se exporta más del 50% del total, IED neta, acceso de los ciudadanos y extranjeros a los mercados de capital extranjeros o domésticos, las llamadas internacionales por suscriptor, el número y gasto militar, y las organizaciones internacionales a las que se adhieren los residentes nacionales. La economía mexicana se ha abierto mucho en el sector externo durante los últimos años, pero ello no representa que sea más competitiva.

La mano de obra, energía e inversiones se interpretaron con base en el costo promedio de la hora de mano de obra en el sector manufacturero, la productividad de la mano de obra, la PEA cuyos salarios son negociados por sindicatos, la flexibilidad de las leyes laborales, las horas de trabajo perdidas por huelgas y similares, el costo unitario de la energía eléctrica, la infraestructura energética por persona, la eficiencia eléctrica, el costo del diesel para maquinaria, la liberalización del sector energético, el costo de la vida, la tasa de préstamos bancarios a largo plazo, la tasa de descuento para calcular inversiones, la productividad del capital fijo, la mecanización del campo, el índice de transparencia y regulación de la propiedad privada, la densidad de tierra agrícola por trabajador y la productividad agropecuaria por hectárea. Una mano de obra barata por comparación con los G7, pero no con la enorme mayoría de los países del Tercer y Cuarto Mundo, debe haber pesado significativamente en este indicador que no registra una diferencia tan grande ni con el promedio ni con la calificación máxima. Nos llama la atención que la muy deficiente productividad del capital físico habitualmente restringida por la alta capacidad ociosa no haya resultado en un indicador mexicano menor a 40.

El régimen político se analizó por medio del índice de estabilidad política, el control de la corrupción, la voz ciudadana y la rendición de cuentas públicas, la transferencia de poderes, el abstencionismo electoral, la factibilidad de ataques terroristas, el militarismo, la libertad de prensa, la emigración de perseguidos políticos, factibilidad de acuerdos en el Senado, fuerza electoral del Poder Ejecutivo y libertad política. Imaginamos que este indicador está francamente sobrevaluado por el IMCO, porque conocida es el fallo de la clase política, particularmente legislativa, en lograr acuerdos de política económica de Estado o gobernanza pública. Convergente con esto, el fuerte condicionamiento que ejercita el narcotráfico sobre los liderazgos políticos, tampoco figura entre las variables consideradas por el IMCO.

La política ecológica fue evaluada por la tasa de reforestación anual, en conjunto con los terrenos con contaminación ácida, las áreas naturales protegidas, los terrenos áridos y secos, los territorios con escasez de agua, la relación de producción agrícola con el consumo de agua, la recarga de los acuíferos, las emisiones de dióxido de carbono, las empresas certificadas como limpias, la energía de fuentes no contaminantes, las especies en peligro de extinción y las tragedias ecológicas por intervención humana. Recordando que para los mercados emergentes la sustentabilidad de los factores de la producción es prealable a la ecológica, de todas maneras, no parece que la política ecológica haya tenido mucho éxito en sanear las grandes concentraciones urbanas objeto de contaminación o impedir la tremenda deforestación u optimizar a futuro el abasto de agua potable.

3. EVOLUCIÓN DE LOS SECTORES GANADORES

Al adaptar la biología a nuestra disciplina, los evolucionistas actuales (Fei y Ranis 1999, Nelson y Winter 1982, entre otros) acercan la economía neoclásica a la economía política con un enfoque diferente al del Public Choice. Al mismo tiempo, convergen con las teorías del crecimiento endógeno que comentamos en párrafos anteriores. Todos ellos tienen formación neoclásica por lo que no existe en sus argu–

mentaciones un rechazo frontal de tal escuela, sino salvaguardas. No rechazan la utilización de las matemáticas, pero critican su falta de realismo. Se apegan al individualismo metodológico al igual que los neo institucionalistas (Coase, Ménard) o convencionalistas (Favareau, Orléan), pero tratan de darle a sus tratamientos un contenido más realista acercándose a los comportamientos efectivos, por ejemplo en lo que hace a la información y las innovaciones. De esta forma, se ejercita la observación de la realidad para compendiar regularidades y rutinas a fin de construir un sistema taxonómico al cual se le pueden aplicar los conceptos de herencia, mutación y medio ambiente. Establecen así, una cadena conceptual muy significativa para el desarrollo de las ganancias de productividad.

En primer lugar, una referida al aprendizaje:

Herencia → genes → rutinas → aprendizaje.

En segundo lugar, otra similarmente derivada de la biología, pero referida a la innovación:

Mutación → búsqueda → innovación → aptitud empresarial.

Y, en tercer lugar, una última referida a la competitividad:

Medio ambiente → racionalidad macro → selección micro → productividad y competitividad.

Ello conduce a tareas de observación suficientemente perseverantes, pero no necesariamente a la predicción. Siguiendo criterios evolutivos, toda empresa innovadora posee competencias adquiridas, eventualmente sobre la herencia, en tanto que las mismas son fruto de un aprendizaje eficaz en el cual no faltó la inversión en información o formación de los managers. Cuando estas competencias le permiten responder con éxito a la racionalidad competitiva que le impone el medio ambiente de los negocios respectivo, la tipología de empresas resultante nos arroja determinados prototipos que se pueden clasificar en forma binomial: (a) ganadoras o locomotoras y competitivas (b) seguidoras o vagones. Estos prototipos se enfrentan, primero, a un ambiente de selección dura o blanda, de competitividad intensa o baja competencia, y, luego, acuden al mercado con las posibilidades que les dan sus rutinas empresariales, la dependencia de la trayectoria o los procesos de innovación. En todo ello es decisiva la idoneidad empresarial consistente en la pertinencia de una especialización de la empresa con respecto al ambiente de los negocios que corresponda.

Los objetivos de Nelson y Winter (1982) no se limitan a la tipología de empresas porque lo que buscan es completar una teoría del desarrollo económico. Esta teoría del cambio se basa en los tres elementos que ya hemos rastreado en párrafos anteriores. El principio básico del enfoque evolutivo es una adaptación de la idea de la evolución que usa la biología pero, en el caso de la economía, está destinada a estudiar las sociedades (economías productivas o improductivas) y sus especies (empresas competitivas o seguidoras o improductivas) con respecto a una diversidad de asuntos entre los que destacan la innovación basada en la información, la dependencia de la trayectoria o el conflicto entre comportamientos. Ello permite que el enfoque evolutivo, por lo menos, evidencie un claro distanciamiento con las fábulas hechas modelos de los neoclásicos tradicionales. Así, los evolutivos critican a la teoría marginalista de la empresa por su carácter estático, la excesiva importancia que dan al concepto de equilibrio y la utilización reduccionista que hacen del concepto de racionalidad substantiva (Nelson y Winter 1982: 139 a 162).

Cuando los evolucionistas plantean su discurso en término de la teoría de los juegos, se acercan mucho al institucionalismo como ciencia de las normas y los incentivos pero, sobre todo, de las interacciones entre agentes. Sin embargo, la característica primordial de los juegos evolutivos consiste en que cada uno de los participantes sigue un comportamiento predeterminado, por lo que los participantes y las estrategias coinciden perfectamente. Esto altera radicalmente el planteamiento básico de la teoría de los juegos en tanto que desaparece la elección individual que corresponde al envite o a la empresa marginalista. Para el enfoque evolutivo el comportamiento económico se asimila al de los animales o al de los robots, pero no al de los sujetos humanos ejercitando la libertad de elegir, por lo que deducimos una clara proyección sobre las economías dirigistas o liberales.

Los supuestos que utilizan los juegos evolutivos no son menores. En efecto, se postula que la población está compuesta por individuos idénticos que sólo difieren en su estrategia, que las ganancias de los sujetos arroja inmediatamente el número de su prole (no hay reproducción sexual), que las estrategias se transmiten por herencia y que ellas pueden ser mixtas. Se va conformando de esta manera el proceso evolutivo por medio del cual se precisa el ordenamiento de especies participantes y estrategias, las cuales, repetimos, son idénticas a cada uno de los participantes. Como en el juego evolutivo no existe elección en cada ronda, lo que se persigue es mostrar los encuentros entre los diversos jugadores/estrategias. Estos encuentros pueden dar lugar a un equilibrio evolutivamente estable o a una mutación. En el primer caso, una estrategia evolutivamente estable engendra una prole donde las descendencias se encuentran en las mismas proporciones que tuvieron en la especie originaria; es decir que el proceso evolutivo relaciona a la especie originaria con los descendientes y produce al cabo de sucesivas generaciones una proporción constante de cada tipo de participante/estrategia.

Para complacencia de los neoclásicos, una estrategia evolutivamente estable es similar a un equilibrio de Nash en tanto que la estrategia evolutivamente estable constituye la mejor respuesta a cualquier estrate–gia alternativa, aunque en el caso evolutivo no existe elección consciente de cada estrategia, sino rutinaria. Recordamos que en el equilibrio de Nash original la competición de envite hace que cada jugador tome una decisión unilateral y no lo lamente luego de haber constatado la jugada del adversario. De esta forma podemos construir una matriz de juego evolutivo con las adaptaciones que se aclaran en seguida.

Estrategias y pagos de un juego evolutivo

	EG	*ES*
EG	–1,–1	2,0
ES	0,2	1,1

La tabla anterior se refiere a dos tipos de empresas; las competi–tivas o ganadoras (EG) y las potencialmente competitivas o seguidoras o vagones (ES) con sus respectivas *ganancias* valuadas en términos numéricos, pero que no corresponden a beneficios, sino al número de nuevas empresas que adoptan las rutinas respectivas. En el caso de que leyéramos la tabla anterior en el sentido habitual de la teoría de los juegos, encontraríamos dos equilibrios de Nash (EG,ES) y (ES,EG) en tanto que habría dos participantes que optan por otras tantas estrate–

gias; pero este no es el caso en el juego evolutivo. Como en este último el participante y la estrategia son la misma cosa, lo que nos muestra la tabla es que la participación en un mismo mercado de las EG junto a las ES da por resultado (casillero superior derecho) que dos nuevas empresas adopten rutinas productivas y ninguna adopte estrategias no productivas. Este no es el caso de la economía mexicana, donde la economía de rentas hace que prevalezca la difusión de las estrategias improductivas. Según el IMCO (2005: 223 y 315), las EG serían de telecomunicaciones, transportes y Banca; mientras que las ES serían de servicios profesionales, comunales y personales, de manufactura, de construcción, de comercio, restauración y hoteles, y agropecuarias. Mientras que las EG ya se habrían adaptado a las nuevas tecnologías de la información y las comunicaciones, las ES todavía deberían cubrir la llamada *brecha numérica.*

Con este planteamiento del juego evolutivo ninguna de las estrategias puras es evolutivamente estable porque las EG confrontadas a ellas mismas se eliminan mutuamente del mercado (casillero superior izquierdo), mientras que las ES al enfrentarse a los innovadores (*mutantes* en términos biológicos) permiten difundirse las rutinas productivas que no les son propias. La idea de selección natural es manifiesta, porque las EG tienen mejores resultados en términos de descendientes, pero este tipo de formalización que es la teoría de los juegos no resalta la racionalidad del ambiente de negocios que puede influir decididamente en una u otra cuantía de empresas subsecuentes. Esto es de suma importancia para un mercado emergente como el mexicano donde prevalece una racionalidad de rentas en la macroeconomía. En el caso de la mutación, esta representa una nueva estrategia innovadora, la cual, de todas maneras, está sometida a la dependencia de la trayectoria. En efecto, dada la tendencia a un equilibrio evolutivamente estable, la mutación y los mutantes (innovación de producto o de proceso y empresarios innovadores) serán absorbidos en el curso de algunas generaciones por la aparición de los imitadores y otros representantes de las estrategias rutinarias.

Axelrod (1985: 23) adaptó las ideas evolutivas al caso del Dilema del Prisionero repetido un número finito de veces con respecto a participantes que utilizan estrategias condicionales, para mostrar que los comportamientos cooperativos determinan, en el largo plazo, ganancias mayores a las de los no cooperativos. Si remitimos lo anterior al caso de las EG y ES, las consecuencias se tornan difusas porque tanto unas como otras instrumentan ambos tipos de comportamientos. Lo que estarían sugiriendo los experimentos computarizados de Axelrod es que el proceso de selección natural es mucho más matizado de lo que postula la teoría marginalista de la empresa porque el comportamiento maximizador no desplaza sin atenuantes a otra clase de comportamientos. Ello quiere decir que las conclusiones de Axelrod se acercan mucho más a Lamarck que a Darwin. Al mismo tiempo y recuperando los juegos secuenciales como forma de razonamiento, es posible desplazarse hacia los procesos de aprendizaje como los que se aplican a los robots. En efecto, puede programarse a un jugador/robot para que decida sus acciones en función del comportamiento de los otros participantes, aunque las normas de conducta de los jugadores estén predeterminadas.

También Axelrod (1985: 25) tomó el Dilema del Prisionero para ensayar en computadora un número finito de repeticiones. Recordemos que el Dilema del Prisionero en versión original consistía en que el Juez reduciría substancialmente las penas de ambos reclusos si alguien confesaba su culpabilidad. Los dos resultaban perdedores porque en vez de confesar se denunciaban mutuamente, por lo que ambos (es decir el bienestar de la colectividad) registraban una pérdida neta. En esta reelaboración del Dilema del Prisionero, se plantearon dos comportamientos extremos: el *solidario* que nunca denunciaba al otro y el *acusador* que siempre denunciaba al otro. Tiene lugar entonces una estrategia de juego llamada *condicional*, porque cada jugador decide su movimiento en función de lo que hizo el otro en la ronda pasada. El planteamiento original del Dilema del Prisionero fue modificado así por Axelrod, porque allá no había juego condicional. De todas maneras, el juego computarizado de Axelrod se maneja con variaciones y comparaciones de las dos conductas extremas (solidaria o acusadora) que nos llevan a la problemática de las sociedades de confianza o suspicacia. Teniendo en cuenta el planteo original del problema que premia confesarse culpable, la repetición del juego termina en ganancias significativas para el que se acerca al extremo solidario por lo que, generalizando, los comportamientos altruistas o cooperativos pueden subsistir en un proceso de selección natural, es decir, que los comportamientos altruistas o cooperativos pueden subsistir en una economía competitiva: el *darwinismo de mercado* puede no ser exclusivo ni excluyente en la medida que se verifique el transformismo de Lamarck. Las cursivas se deben a que, en este caso, el darwinismo de mercado se asocia con el tipo acusador y el comportamiento competitivo a ultranza. Todo esto nos lleva a recuperar la noción de lo evolutivo como diferente de la evolucionista o, al mismo tiempo, los escenarios de selección blanda como alternativos o complementarios de los de selección dura. Al mismo tiempo, cuando organismos como el IMCO u otros líderes de opinión o grupos de asesores, convocan a un *pacto para la competitividad* lo están haciendo con respecto a una movilización solidaria de empresas y otros agentes económicos. Ello no es desacertado porque asumir el reto competitivo de la economía mundializada es promover un proceso colectivo de cooperación/conflicto.

Contrariamente a la idea que sostiene la teoría marginalista de la empresa en el sentido de que el mercado abierto elimina a las empresas que no maximizan beneficios, los evolutivos sostienen que existe una pluralidad de ambientes de selección. Como ambientes de selección conciben otros escenarios diferentes al de la concurrencia pura y perfecta (nótese que no usamos el término *competencia*): efectos de las políticas públicas, reglamentaciones o discontinuidades tecnológicas. Resultado de la sumatoria de diversos escenarios imperfectos de evolución, hay entonces ambientes de selección débil o fuerte, de competencia blanda o dura, de desarrollo de las ganancias de productividad con base en la innovación o de crecimiento vegetativo en función de la captura de rentas.

El mecanismo de supervivencia de las empresas es similar al de selección natural que opera en el medio biológico (Nelson y Winter 1982: 17). El mismo tendrá tantas posibilidades de éxito o fracaso como las que surjan de sus genes o rutinas. Toda la capacidad de generar excedente organizacional reside en estas rutinas que derivan de la herencia y se desenvuelven según sea la dependencia de la trayectoria. Las rutinas tienen la mayor racionalidad (Nelson y Winter 1982: 400) tanto en el caso de que maximicen rendimientos como en el caso de que no lo hagan. Evolutivamente, el elemento aglutinador de las actividades empresariales es la idoneidad empresarial innata o acumulada, pero no un empresario omnisciente, omnipotente o inmune a cualquier ineficacia, al mismo tiempo que esta idoneidad puede tener lugar en un medio ambiente constituido por una sociedad de rentistas u otra competitiva. Frente a la alternativa productividad o improductividad, los empresarios siguen rutinas que representan un modelo de actividades repetitivas tanto para la organización en su conjunto como para las competencias individuales, quienes acarrean una capacidad de respuesta condicionada, pero no deliberativa, y comprenden un amplio espectro de habilidades. Son estas rutinas, en todo caso, las que pueden albergar al problema de escasez relacionado con la producción, dando lugar a diversos tipos de cálculos, entre ellos el marginal, sin que ello implique necesariamente ver a la empresa como una máquina de maximizar, sino a un agente representado por dos especies: las EG y las ES.

El aprendizaje está constituido por un proceso que ejercita la repetición y la experimentación a fin de lograr competencia en las tareas y capacidad de innovar (Nelson y Winter 1982: 248). No se inventa de la nada sino mediante un proceso educativo o formativo. El aprendizaje es acumulativo y grupal más que individual, por lo que repercute sobre el excedente organizacional. Da lugar a rutinas de empresa que pueden ser tanto estáticas como dinámicas o sea, con o sin innovación; en el primer caso se situarán en un escenario donde imperará la racionalidad limitada de Simon; y en el segundo caso serán dinámicas en función de la innovación a la Schumpeter. Todo aprendizaje termina por constituir activos específicos en el sentido del neo institucionalista Williamson. Así, una empresa se distingue de otra por los aprendizajes que la dotan de activos específicos, con los que hacen frente a la selección competitiva. Obviamente, las EG tienen muchas más probabilidades de asumir este enfrentamiento con éxito, mientras que las ES las tienen en menor medida.

La forma habitual y predecible del comportamiento de los empresarios es la rutina (Nelson y Winter 1982: 14). Estas rutinas consisten en los hábitos de producción, de investigación y desarrollo tecnológicos, de las políticas de inversiones y otros. De esta forma, los empresarios disponen de las competencias que se refieren a lo que saben hacer sus organizaciones, lo cual constituye su idoneidad innata. Una empresa evolutiva consiste en una sumatoria de competencias que le permiten innovar. El grado de coherencia que ella pueda mostrar depende de la interacción entre el aprendizaje, la dependencia de la trayectoria, las oportunidades tecnológicas, los activos y los criterios de selección que impone el medio ambiente respectivo. Desafortunadamente para México, estos últimos derivan de una economía rentista.

Es útil hacer un paralelo entre las capacidades organizacionales de la empresa y el capital institucional. En el primer caso, se refiere a las competencias modulares o centrales que puede tener cada empresa. Son las rutinas que permiten a la empresa hacer algo con confianza en su operación. En el segundo caso, se trata de la capacidad organizativa de un conjunto social. De acuerdo a esta distinción vale la pena resaltar que Nelson y Winter no estudian los conflictos que suscita la puesta en práctica de las rutinas, ni tampoco las teorías manageriales de la empresa como la Chandler, el cual contrapuntea francamente con las fantasías manchesterianas del mercado Mano Invisible y representa un antecedente norteamericano de las EG.

Los evolutivos actuales se ocupan de los modelos dinámicos en macroeconomía neoclásica, los cuales se refieren a los múltiples equilibrios que dependen de las condiciones iniciales. En este cometido, destacan que los procesos son irreversibles sin que por ello conduzcan a la situación más eficiente posible. Por ejemplo (Winter 1987), afirma que el teclado de las máquinas de escribir no representa la mejor ubicación de las teclas sino una acumulación de hábitos generalizados, dentro de una perspectiva netamente institucionalista. En el mismo sentido, podemos imaginar un medio que impone criterios de selección de baja intensidad o de escasa competitividad tal como es el caso mexicano. En ambos casos nos alejamos del prejuicio de la teoría marginalista de la empresa que consiste en suponer a todo mercado abierto como un medio que impone criterios de fuerte competencia claramente más darvinistas que lamarckianos.

Schumpeter es recuperado por los evolucionistas actuales cuando afirman que la dinámica económica y las ganancias de productividad dependen de las innovaciones. Estas no tienen por qué ser necesariamente gradualistas sino que pueden ser abruptas en el sentido de operar mutaciones, la cuales, de todas maneras, no son instantáneas. El principio de racionalidad que siguen los evolutivos no es permanente ni unívoco. Las fluctuaciones que resultan de la autoorganización de las empresas no representan ningún equilibrio, sino que existen múltiples equilibrios dependientes de interacciones y aprendizajes. Sin abandonar el individualismo metodológico, en cambio si se alejan de las hipótesis de maximización y racionalidad substantiva. Rechazan la idea de la empresa como función de producción, aún en el caso de la empresa multi productos. Igualmente la que la concibe como un nudo de contratos. Siguiendo la idea de *clusters* o racimos de innovaciones de Schumpeter, los evolutivos afirman que en la empresa actual tiene un cierto grado de coherencia al diversificar sus productos. Pero más que buscar al por qué de la diversificación, buscan el por qué se diversifican en ramas particulares. Las innovaciones diversificantes permiten distinguir una firma de otra, de particularizar la especialización de cada empresa, y de identificar la lógica de selección competitiva. Así, las EG de México no se reproducirían en otras sub especies de las ES porque las primeras no son suficientemente competitivas.

Nelson y Winter (1982: 206) reconocen el impulso transformador de los comportamientos empresariales; es decir las rutinas, la búsqueda que conduce a las mutaciones y los condicionamientos del medio donde se desenvuelven las empresas EG ó ES. Contrapuesto a lo anterior, el desenvolvimiento homotético de las empresas corresponde a una transformación geométrica por medio de la cual a partir de un punto fijo y un parámetro –relación de transformación– se hace corresponder a todo conjunto N del espacio, otro punto N' que satisface esa relación de transformación u homologación. Esta visión homotética del crecimiento micro, luego macro, cedió el paso a otras postulaciones teóricas que reconocían la gravitación de los intangibles y se encaminaban a cuestionar al carácter lineal de los modelos ortodoxos. En lugar de generalizarse la homologación de los procesos de crecimiento, pudo hablarse (Nelson y Winter 1982: 246) de dependencia con respecto a las condiciones iniciales de un proceso (path dependency) las cuales, de manera alternativa, presentaba otra visión de las posibilidades competitivas de las empresas. No es otro el caso actual de México: las condiciones iniciales de una economía improductiva hipotecan pesadamente la posibilidad de que se constituya en las EG una masa crítica de empresarios innovadores y, por lo tanto, se frena drásticamente la posibilidad de que la especie EG se reproduzca en la especie ES.

Cabe destacar que en los modelos dinámicos las trayectorias son funciones o series que tienen al tiempo por variable independiente. La forma de esas trayectorias depende de su punto de partida como, por ejemplo, los equipamientos disponibles o la existencia de materias primas o la definición y cumplimiento de los derechos de propiedad. Las condiciones iniciales definen a ese punto de partida, por lo que la trayectoria depende de ellas y de las ecuaciones que determina el sistema. Aunque no la haga la teoría del equilibrio general o parcial, la teoría del caos otorga mucha importancia a las condiciones iniciales de los procesos, por lo que nos permite analizar estructuras concretas como la de México sin apelar al determinismo de un sistema de ecuaciones.

Finalmente, todo evolucionismo inicia el contrapunto con la teoría marginalista de la empresa y su concepción mecánica de las ganancias de productividad. Las empresas no son máquinas maximizadoras de beneficios, sino entes institucionales u organismos que actúan reglas de conducta a fin de sobrevivir en el mercado abierto imponiéndose a la concurrencia. Para el enfoque evolutivo la regla del beneficio no puede asimilarse de ninguna manera a una ley natural, por lo que habría que estar precavido con respecto a cualquier naturalismo: el mercado abierto digita diversos criterios de selección no necesariamente maximizadores de beneficios o minimizadores de costos. De esta forma, los beneficios pueden adquirir la forma de renta, pero no derivar de las ganancias de productividad, según sean los incentivos que brinda el medio respectivo.

Esta evolución de los sectores y empresas ganadores que debe difundirse mucho más intensamente a los sectores y empresas seguidores o vagones se enfrenta al rezago en el desarrollo de la ventaja competitiva nacional por varias razones entre las que cabe destacar una falta de operatividad de las dos últimas administraciones de gobierno en *reformar sin legislar*, es decir, en legitimar iniciativas del Poder Ejecutivo o de los Secretarios de Estado que no pasen por el filtro legislativo, particularmente incrementar la recaudación fiscal mediante el combate a la informalidad. Asimismo, es notoria la escasa capacidad de transformación que tiene la economía compradora liderada por la oligarquía del mismo carácter que no ha resuelto graves procesos históricos como los desequilibrios regionales entre el Norte y el Sur de México. No poco pesa la resistencia cultural al cambio en esta débil capacidad de fabricación, pero más gravita todavía un empresariado mal educado por el proteccionismo frívolo de la economía cerrada y el Estado Propietario. Finalmente, el falso debate entre nuevo y viejo modelo porque de lo que se trata es de tener la capacidad de iniciativa y consenso para poner a funcionar el modelo que impone el momento histórico con eficiencia y eficacia, este falso debate, decíamos, es un indicador más de la inexistencia de un proyecto de nación modernizador que propenda al bienestar de los mexicanos.

Las EG son extremamente importantes porque allí debería generarse la masa crítica de empresarios schumpeterianos que deben liderar la transformación de una economía de mercado rezagada en otra competitiva. En lo que respecta a las telecomunicaciones, la infraestructura de Telmex está subutilizada, mientras que las tarifas nacionales e internacionales siguen siendo caras por comparación a los países competitivamente avanzados. Ello se debe a que no basta liberalizar la economía o privatizar, sino que la gobernanza pública debe implementar una regulación del mercado que promueva un ambiente de alta competitividad, pero no de baja. Es esto lo que sucede en un México donde los concurrentes de Telmex no le imponen una concurrencia de alta intensidad aunque sea monopolista y el gobierno no acierta a regular y reglamentar en consecuencia.

Las EG del sector financiero se caracterizan por haber reemplazado al rentismo público por otro privado. Los banqueros extranjeros se adaptaron a un ambiente nacional mexicano de baja competitividad comenzando por transferir su cartera mala a la deuda interna y siguiendo por cobrar caros los servicios mientras que el crédito bancario a la producción no alcanza el umbral necesario para que tenga repercusiones en la tasa de crecimiento del producto nacional. La penetración financiera de la que tanto nos hablaron los publicistas nacionales de la privatización bancaria no ha sido, después de 32 años de reformas, más que una expresión de buenos deseos impregnada de la doctrina neoclásica.

Claro está que la clasificación del sector transportes como EG producirá más de una sonrisa escéptica en los que se detienen ante la barrera que indica el paso de un tren repleto de locomotoras y vagones rentados a los EUA. Pero es el sector en general el cual explota muy por debajo de sus posibilidades a las economías de proximidad que brinda la cercanía con los Estados Unidos. La falta de construcción de aeropuertos, la corrupción aduanal, la obsolescencia portuaria y otros factores no detallados en esta oportunidad, hacen que las dotaciones iniciales, los tiempos y los costos se incrementen notoriamente cuando la emergencia económica demanda exactamente lo contrario.

4. ECONOMÍA POLÍTICA DE LAS REFORMAS

Como se anotó en el apartado 1; existen tres capítulos básicos en la realidad de las instituciones mexicanas. En primer lugar, los derechos de propiedad están muy mal definidos y peor protegidos, por lo que estos fundamentos macro de la microeconomía incentivan procesos de apropiación rentistas en lugar de productivos. En segundo lugar, el Estado gobierno mal puede cumplir con su función básica de desarrollar la ventaja competitiva estructural cuando se encuentra sobrepasado por un duopolista de la violencia (el narcotráfico) y un aparato de justicia sumamente corruptible, quienes le imponen un laxismo fiscal del que es cómplice la secretaría de Estado correspondiente. Y, en tercer lugar, el empresariado que ejercita las formas de hacer dinero basadas en la captura de rentas no desarrolla las ganancias de productividad. Recordamos que la captura de rentas puede estar basada en el sector público, pero siempre y en todo caso desemboca en una apropiación privada, aspecto poco resultado por Anne Krueger y el Public Choice en general. Al mismo tiempo, que las instituciones son incentivos o motivaciones destinados a obtener beneficios tales como las rentas. Actualmente, las rentas son monopólicas, oligopólicas, derivan de la selección adversa y el riesgo moral, son de situación o consecuencia del oportunismo contractual, de la inoperancia del precio único, etc., pero no se limitan a la forma diferencial y fundiaria que originariamente estudió Ricardo, porque con el desarrollo del capitalismo devinieron multiformes.

Con distintos modelos económicos, Irlanda, Chile, China, Finlandia y otras economías emergentes muestran que el desarrollo institucional se basa en la innovación del mismo género, la cual hace prevalecer las ganancias de productividad con respecto a las rentas. Las tasas de crecimiento del producto nacional acercan los datos históricos de los potenciales porque la productividad de los factores permite elevar el ingreso per cápita, lo cual indica que las ganancias de productividad están siendo la fuente del crecimiento. Es un crecimiento competitivo, pero no cualquier clase de incrementalismo.

En el gráfico siguiente, las columnas situadas de izquierda a derecha corresponden a los países listados de arriba hacia abajo. Los países que logran la *sustentabilidad en los factores de la producción* (tasa de crecimiento del producto suficientemente cuantiosa y duradera), registran el crecimiento del PIBpc que resulta indispensable para el desarrollo de los mercados tanto en el exterior como en el interior (Finlandia, etc.). En el caso de México, esta sustentabilidad se lograría con una tasa de crecimiento promedio del producto mínima de 7% durante diez años, la cual daría razón de la emergencia económica. Obviamente, la situación mexicana actual corresponde a una economía sumergida.

Gráfico 2
PIB per cápita. Diez países más competitivos y México.
Año 2004

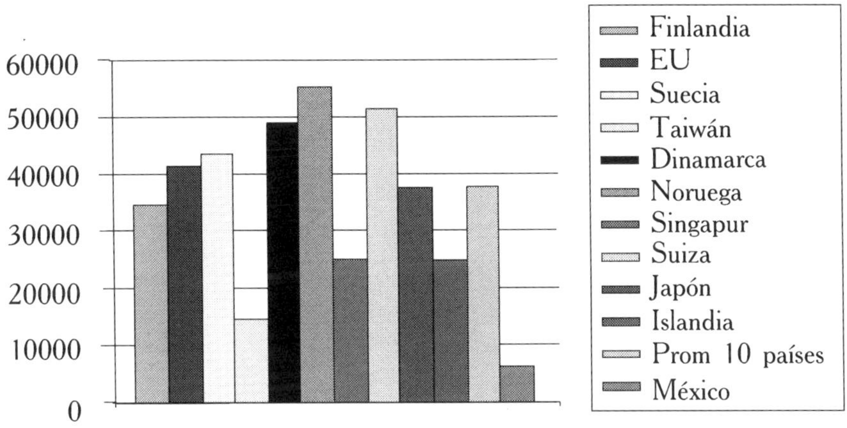

Fuente: The Economist y World Economic Forum.

Impulsar la productividad de los factores y desarrollar el bienestar de la población implica poner a funcionar instituciones *fuertes* en el sentido de que prevalece la formalidad sobre la informalidad, la probidad sobre la corrupción y, sobre todo, la innovación de los empresarios schumpeterianos radicada en las EG sobre la captura de rentas de los cazadores de este género. Esta fortaleza intangible es una verdadera infraestructura del crecimiento competitivo y las ganancias de productividad, la cual, por defecto, implica el retorno del Estado empresario cuando la economía nacional del caso no cuenta con una masa crítica de innovadores, la cual nos cuesta trabajo admitir que administran las EG. De esta forma, asumimos un nuevo concepto institucional del Estado más dirigista que el sustentado por el Banco Mundial (1998: 35), quien piensa que el sector público debe ser fuerte en tanto que compendio de "instituciones poderosas que ayuden a promover la competencia, proteger al consumidor y suministrar una estructura en la cual la respuesta de todos los agentes económicos se puedan prever con exactitud aceptable". Creemos que con el término *competencia* quiere decir *concurrencia*, porque si fuera competencia en el sentido de Porter (1998: 71 y siguientes) coincidiría con nuestro enfoque que adjudica al

Estado gobierno la función esencial de desarrollar la ventaja competitiva estructural en función de las ganancias de productividad.

Dado que no existe una masa crítica de empresarios schumpeterianos en México, más que nunca es función del Estado desarrollar la ventaja competitiva estructural mediante una buena gobernanza pública que instrumente de manera funcional la democracia tanto en el mercado como en la política. Particularmente la Administración Fox administrada por un staff de súper gerentes del sector privado, mostró la necesidad del retorno del Estado como empresario de nuevo tipo diverso del anterior, particularmente el de 1970–1982. Para esto es pertinente una metodología de *fortalecimiento del mercado* (Ahrens 2002: 121), pero no de *mercados dirigidos* (Wade 1990: IX) porque la elección colectiva en México ha optado por la democracia política como forma de organización esencial de la vida cotidiana, el gobierno y las empresas. En este sentido no resulta impensable que un futuro se catalogara a PEMEX de EG. Precisamente dentro de la democracia política, el sector público debe administrarse con una política económica perdurable indicadora de buena gobernanza pública (ver capítulo 7), pero que no le exime de promover la ventaja competitiva estructural a través, fundamentalmente, de la ingeniería institucional y la transformación de los costos de las transacciones.

Más que optar por el viejo modelo (1970–82) o por el nuevo (a partir de 1983), el desafío competitivo y del bienestar representa saber implementar el modelo económico que impone la mundialización postindustrial. Si bien México cuenta con la estabilidad macro económica y la calidad monetaria para llevar al cabo las reformas del nuevo modelo económico, después de veintitrés años no se han consolidado las reformas de la primera generación y, menos aún, se ha logrado avanzar en las de la segunda. Por ello en el gráfico solo la regulación de mercado tiene una calificación de 68. Por otra parte, los partidarios del viejo modelo amenazan con paralizar las reformas estructurales (fiscal, energética y laboral) y restablecer una forma de crecimiento basada en la renta petrolera con construcción de infraestructura y una política social más amplia que el combate a la extrema pobreza. De hecho, coinciden con los partidarios del nuevo modelo en el gobierno, quienes se caracterizaron por la incapacidad de lograr los consensos necesarios para implementar las reformas estructurales, por lo que se hizo evidente la impericia de los Súper Gerentes de la iniciativa pri–

vada como funcionarios de Estado. Aún más, la Administración Fox evidenció una gran incapacidad gubernamental para reformar sin pasar por el Poder Legislativo en materias como la Comisión de la Verdad o el incremento de la recaudación fiscal.

En muy poco se transformará el capitalismo de compadres o *crony capitalism* (Harber 2002) de México si se recicla a partir del 2006 un modelo que es sumatoria del viejo más la incapacidad de hacer avanzar las reformas después de 1994. Esta sumatoria improductiva se basará en la renta petrolera, sin desarrollo de la petroquímica, aceptando el desplazamiento competitivo de China en los Estados Unidos, capturando las remesas y, por supuesto, registrando una expatriación de capitales hormiga hacia Miami que se dispara cuando suceden crisis como la de 1994. De esta forma, el *capitalismo de compadres* (Ibídem) adquiere especificidades y particularidades en México aunque tenga una dimensión internacional, porque después de 23 años de reformas de mercado no existe el umbral de Verdoorn que permitiría el despegue de las ganancias de productividad (Mc Combie 2003: 99).

Varias aportaciones teóricas avalan al crecimiento endógeno como eje de la emergencia económica: la nueva teoría del comercio internacional de Krugman, el neo proteccionismo del mismo, la de la ventaja competitiva de Porter, y hasta el *crecimiento desde dentro* de la CEPAL posterior a Prebisch y la industrialización substitutiva. En estos 23 años de reformas no existe crecimiento homotético ni convergencia de México con las economías más productivas, particularmente los Estados Unidos y el Canadá.

En el gráfico siguiente, la columnas de izquierda a derecha corresponden al listado de países de arriba hacia abajo. Con una metodología diferente a la del IMCO que comentamos anteriormente, se clasificaron 124 países de los cuales el N° 1 es el mejor y se dividieron los países en innovadores o seguidores, por lo que el eje de la competitividad es la innovación, pero no la IED como propone el IMCO. Los países innovadores fueron aquellos que registraron 15 patentes nacionales por millón de habitantes como mínimo. El rango de competitividad para los países innovadores surgió de tres partes: tecnología con 0.5 de representación, instituciones públicas con 0.25 y macroeconomía con 0.25. El índice de tecnología para innovadores se proporcionó 0.5 con innovación y 0.5 con información y comunicaciones; el de instituciones públicas fue 0.5 para contratos y estado de derecho más 0.5 para corrupción; y el de macroeconomía fue 0.5 para estabilidad, 0.25 para riesgo país y 0.25 para gasto y servicios públicos. En cambio, para las economías seguidoras la tecnología, las instituciones públicas y la macroeconomía, representaron un tercio del indicador de competitividad estructural cada uno, mientras que la tecnología 1/8 para innovación, 3/8 para transferencia de tecnología y ½ para información y comunicaciones. Para los seguidores, instituciones públicas y macroeconomía se midieron con el mismo criterio de innovadores.

Gráfico 3
Competitividad estructural del los tres países más competitivos, Canadá y México. 2004 y 2005

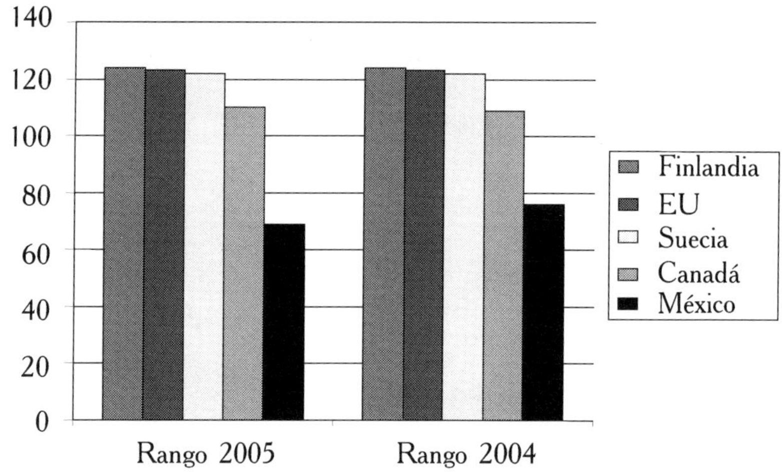

Fuente: World Economic Forum 2005.

Según esta forma de medir la competitividad estructural del World Economic Forum, es posible afirmar que la función esencial del sector público desde el punto de vista institucional, es desarrollar esta competitividad nacional ya que en el caso de los innovadores y como mínimo, la mitad corresponde al sector público, mientras que en el de los seguidores, siempre como mínimo, 2/3 corresponden al Estado. No es casual que en México, por ejemplo, se le haya encomendado esta tarea o bien a la Secretaría de Economía o bien a los secretarios de Desarrollo Económico de los Estados.

Las instituciones son diferentes de las organizaciones porque en estas últimas se genera excedente organizacional. En el caso de México, este excedente organizacional está generando muy escaso crecimiento del PIBpc porque la productividad global de los factores también es insuficiente. Entre 1991 y 2000, la productividad global medida por el PIB con respecto a la población que desarrolla actividades remuneradas fue en promedio anual de 1.2%. Aún creciendo a 1.5% podría ob– tenerse cuanto más un crecimiento del PIB inferior al 5%, el cual está por debajo del umbral del 7% necesario para el despegue competitivo nacional (INEGI 2006). En forma más particularizada, la productividad de la mano de obra (IMCO 2005: 325) en Banca, transportes y tele– comunicaciones (empresas EG), es similar a la de servicios comunales, profesionales y personales, por lo que cabe dudar que la categorización propuesta por el IMCO sea consistente.

A nivel internacional, la productividad global de los factores con– firma a Verdoorn porque explica el crecimiento de la producción en un 90% (Mc Combie 2003: 121). Ello se debe a que las ganancias de productividad dependen del capital institucional de las naciones, lo cual, fundamentalmente, resulta tanto de la regulación de mercado como de los bienes públicos que *en lo esencial, incluyen seguridad jurídica y el respeto a los derechos de propiedad, la estabilidad de precios y la creación de infraestructura física* (BBVA BANCOMER 2004: 7). Nótese que se agrega la creación de infraestructura física al concepto de Es– tado Gendarme Abogado propio del neo institucionalismo de Coase. Siempre en el contexto internacional, Singapur, Nueva Zelanda e Irlanda como representantes de los mercados emergentes, habrían sido muy exitosos en el desarrollo productivo a causa del capital institucional (Ibídem: 11). Nótese, por otra parte, que se mencionan representantes del modelo americano, pero no del europeo. Aún más, el crecimiento de la producción entre 1975 y 1990 y con respecto a los países de la OCDE debe más a la productividad global que al cambio tecnológico o a la asignación de recursos (Ibídem: 7). Nótese que no se mencionan ni al excedente organizacional ni a la eficiencia X de Leibenstein, así como tampoco la emergencia china caracterizada primero por la acu– mulación capitalista de Estado, y segundo por la asignación centralizada de recursos.

En México, la ventaja competitiva sigue estando muy ligada a la dotación natural de factores y por ello está muy rezagada en la concu–

rrencia internacional. La *fatiga para reformar* (expresión de Guillermo Ortiz), *fatiga precoz* en nuestra opinión, ha representado el freno de las mismas, particularmente después de 1994. Particularmente, la regulación prudencial a la Banca Comercial es demasiado liberal y permite que los Bancos rentabilicen altos márgenes de intermediación propios de una economía de rentas improductivas, a la cual se adaptó tanto la Banca nacional como la extranjera después de la privatización. La fatiga precoz de reformar ha representado permanecer dentro de la transición institucional que no practica ninguna ingeniería institucional, pero no dentro de la transformación que sí lo hace. En todo caso y con respecto al futuro cercano, podrán implementarse reformas tendientes al siglo XXI o, contrariamente, al XIX. Mantener la estabilidad macro, la calidad monetaria, el presupuesto equilibrado del gobierno, pero con incremento de la carga fiscal y desarrollo de la política social con mayor inversión en ID y capital humano, es conducir a la economía mexicana hacia el progreso propio de nuestro siglo. Flexibilizar el mercado laboral fomentando un empresariado rentista, limitar la política social a la filantropía de combatir la extrema pobreza o al paternalismo agrícola de los subsidios globales, es programar la involución hacia el siglo XIX.

Claro que la economía del presente ha ganado mucho con la utilización de la teoría de los juegos como evolución del pensamiento neo clásico, pero la situación mexicana actual plantea tanto una para estrategia de la fatiga por reformar que representa la incapacidad de generar y administrar consensos políticos, como el meta juego de conflicto por las reglas de la interacción sin que existan criterios de política económica suficientemente perdurables y legítimos. Entonces, si la teoría de los juegos nos sirve para analizar la sociedad de suspicacia en que vivimos a la Axelrod, nos acercaremos no solamente a la realidad institucional de las coaliciones de pasajeros clandestinos y oportunismo contractual, sino que estaremos identificando las causas de la pobreza de las naciones, tal como nos enseñó Olson (2000: 25 a 42).

Siguiendo el planteo evolutivo del inciso 2; las EG no difunden los procesos basados en las ganancias de productividad al resto de la economía porque ésta se ha configurado como un mapa de enclaves productivos caracterizados no por su implantación territorial, sino por su inserción en la matriz insumo producto o en los flujos financieros. Las EG que existen y particularmente aquellas que determinan ganancias de productividad por la relación entre insumos y producto con una cantidad constante de fuerza laboral, pero no las otras que declaran aumentos de productividad en razón de los despidos, no llegan a constituir especies suficiente prolíficas porque el ambiente nacional de los negocios no fomenta esta descendencia. No cabe duda que México necesita empresarios innovadores, pero schumpetarianos, no imitadores quienes, en el mejor de los casos, compran patentes.

Tal vez podamos hablar del darwinismo de mercado refiriéndonos a las economías donde tiene lugar un ambiente de negocios de alta competencia, pero no es el caso mexicano donde el ambiente de baja competencia fomenta el evolucionismo lamarckiano mucho más que el darwinista. La enorme economía informal de México no solamente se recicla sino que se expande cuando el único indicador por arriba del 60% es la regulación de mercado francamente liberal. ¿Cómo nos explicaría esta contradicción entre más liberalismo y más economía informal la Escuela de los Derechos de Propiedad de Coase, Alchian y Soto? Vaya a saber... pero en nuestro caso nos permitimos afirmar que para ir blanqueando a la economía informal y así promover los procesos de apropiación competitivos hace falta más Estado, pero no menos.

La falta de consensos para legislar que hemos constatado últimamente no solamente representa una falta de iniciativa del Poder Ejecutivo, sino la generalización del comportamiento *acusador* en la versión del Dilema del Prisionero que hace Axelrod, y con respecto a toda la clase política. Aquí, como en otros medios, se evidencia un ambiente de selección blanda o competencia de baja intensidad que permite jugar con enjundia al oposicionismo, aunque, eso sí, con altas remuneraciones. Nadie pretende que desaparezcan las diferencias partidarias ni la división de poderes, sino que los partidos arriben a pactar acuerdos básicos de gobernanza pública como sucedió en España o en Chile. No deben confundirse las recientes iniciativas de Carlos Slim con los pactos de gobernanza pública, porque tales iniciativas no son más que convocatorias abiertas hasta el momento silenciadas por parte de los principales agentes políticos nacionales. Un pacto de gobernanza pública se caracteriza no solamente por las concesiones que hacen los intereses sectoriales, sino por la implementación de los acuerdos básicos en forma perdurable y de acuerdo al interés general (o intereses inclusivos en la terminología de Olson, 2000: 59).

Por el momento, el empresariado mexicano muestra una idoneidad empresarial para capturar rentas, pero no para desarrollar las ganancias de productividad. Poca innovación, tal como lo muestran las estadísticas de las patentes registradas por miles de habitantes, y poca sensibilidad ante los incentivos que brinda el mercado estadounidense para encontrar muchos y diversos nichos, configuran a un empresariado que en vez de aprovechar la oportunidad que brindan los muy numerosos acuerdos de libre comercio sigue apoyándose en la llamada *integración silenciosa* originada mucho antes de 1994.

Las rutinas empresariales son de imitación y dan pábulo a la economía compradora. Las grandes promesas de la privatización bancaria o de las carreteras, fueron mucho más socialización de pérdidas que reformas de eficiencia y eficacia promotoras de las ganancias de productividad. En general, toda privatización comienza con un diagnóstico en términos de evaluación de proyectos sobre la necesidad, o no, de privatizar. Solamente la doctrina neo clásica tradicional apostrofa sobre la privatización. Luego hay que saber privatizar con diversas fórmulas que no se limitan a las subastas estudiadas por Vernon Smith, porque el ambiente internacional nos muestra otras maneras de hacer evolucionar lo público hacia lo privado comenzando por distinguir los servicios públicos de las empresas públicas productoras de bienes privados. Y finalmente, hay que ingeniar nuevas reglamentaciones, fundamentalmente a favor de los intereses inclusivos de los consumidores, una vez que se privatizó. México parece haber fallado en los tres momentos porque, nos permitimos afirmar, el peso de la oligarquía compradora y el *capitalist cronyism* ha sido superlativo.

La baja posición de la curva de aprendizaje no solamente se debe a la mala calidad de la educación (peor en redacción que en matemáticas, según la OCDE), sino en una economía estancada que adolece de *insuficiencia dinámica* en el sentido de que cuando hay expansión se demanda mano de obra de manera menos que proporcional a la fase del ciclo y cuando hay recesión se despide fuerza de trabajo de manera más que proporcional. Por ello es que los análisis de la economía de la educación a la Becker solamente nos cuentan, en el mejor de los casos, la mitad de la historia porque aplican una Ley de Say que ni es universal ni se verifica en los mercados competitivamente rezagados donde el ofertismo no logró ningún resultado después de 23 años de reformas liberales y con respecto a una oferta tan rígida como la de la industrialización substitutiva.

5. RESUMEN DEL CAPÍTULO 4

El rezago de la competitividad estructural en México se detecta en los principales sectores de actividades cuya situación puede caracterizarse como sigue. El campo permanece mayoritariamente al margen de la economía de mercado fundamentalmente porque hay formas de propiedad inadecuadas con los procesos de apropiación productivos. La industria se apoya en un fuerte contenido importación y por ello carece de la capacidad de transformación necesaria para apoyar el despegue económico. El comercio exterior no ha aprovechado la oportunidad que brindan los acuerdos de libre comercio. La Banca consolida la autonomía del Banco de México, pero los Bancos comerciales son usufructuarios de la renta correspondiente a los muy altos márgenes de intermediación. El sector público, por su parte, sigue ejercitando una fiscalidad verdaderamente benigna mientras que se atrasa en el desarrollo la ventaja competitiva estructural. Con crecimiento endógeno y orientación evolutiva, mucho hay por hacer para transformar esta economía improductiva, aunque el hilo de la madeja está en la buena gobernanza pública y un nuevo Estado Empresario.

La estabilidad macroeconómica apunta a un desarrollo competitivo, pero no suficiente como para configurar un escenario de transformación institucional porque debería encadenarse con otros indicadores de cambio como un crecimiento suficiente del producto. Cierto es que no ha sido un logro desdeñable controlar la inflación, contener el déficit de cuenta corriente y lograr reducciones en las tasas de interés, pero se trata de una deflación no competitiva por varias razones, en particular por la baja tasa de crecimiento del producto per cápita. Con este encuadramiento macro, las empresas ganadoras EG no se reproducen en las seguidoras ES; es decir que el rezago de la competitividad estructural bloquea el despegue económico.

Constataríamos una voluntad política de avanzar en las reformas propias del nuevo modelo si se lograra instrumentar el paso de las reformas de la primera generación a las de la segunda, comenzando por establecer una fiscalidad competitiva no solamente por incrementar la recaudación impositiva, sino también porque el combate a la evasión fiscal representaría combatir en buena medida tanto al oportunismo contractual como a la sociedad de desconfianza. En paralelo a que pierdan fuerzas el oportunismo contractual y la sociedad de suspicacia, se abaratan los costos de las transacciones de un ambiente para los negocios que por ello se hace mucho más propiciatorio de la difusión y profundización de los mercados. La estrategia de reformas que comienza por la fiscalidad no repercute negativamente sobre la estabilidad macro económica, particularmente el tipo de cambio, la inflación o las tasas de interés. Su carácter poli clasista es la plataforma de consensos políticos suficientemente amplios, por lo que una reforma fiscal no puede ser de revancha social sino que debe redundar en la modernización competitiva que monta un juego *todo el mundo gana* basado en el crecimiento del producto antes que en la exacción fiscal.

Si de esto se tratara la restauración del viejo modelo, las reformas mexicanas podrían conducirse con más democracia, más integración internacional y más sector público, tal como se hizo en España. Más democracia, porque si bien la mexicana adolece de serios defectos como la falta de operatividad y los altos costos de las transacciones del mercado político, no cabe duda que ha habido claros progresos una vez finalizado el tiempo de partido único. Más integración internacional, porque la macro economía abierta que es eficiente se integra crecientemente a los polos dinámicos de la economía planetaria sin limitarse a los acuerdos de libre comercio. Y más sector público, porque aunque el gobierno se constriñera a definir los derechos de propiedad privada tal como lo propone la Escuela de los Derechos de Propiedad aun en este caso de Estado mínimo se necesita de una expansión de la actividad pública o para pública para definir y hacer cumplir estos derechos.

5. BIBLIOGRAFÍA

Ahrens, Joachim

2002 "Governance and economic developpement: a comparative institutional approach. New thinking in political economy", Edward Elgar Pub.

BBVA BANCOMER

2004 "La productividad en México", Serie Propuestas de Estudios Económicos, BBVA BANCOMER junio.

FEI, John y Gustav Ranis

1999 "Growth and development from an evolutionary perspective". Bladwell Pub.

Harber, StEGhen
2002 "Crony capitalism in Latin America. Theory and evidence", Hoover Institution Press.
Instituto Mexicano para la Competitividad (IMCO)
2005 "Hacia un pacto de competitividad", IMCO.
INEGI
2006 "Banco de Información Económica", Cuentas Nacionales, INEGI.
Kahneman, Daniel y Amos Tversky
1992 "Choices, values and frames", Cambridge Univ. Press.
Kauffman, Daniel y A. Kraay y M. Mastruzzi
2005 "Governance matters IV", Banco Mundial.
Mc Combie, John et al
2003 "Productivity growth and economic performance: essays of Verdoorn's law", Palgrave Macmillan.
Nelson, Richard y Sidney Winter
1982 "An evolutionary theory of economic change", Harvard Univ. Press.
North, Douglas
1990 "Institutions, Institutional Change and Economic Perfomance. Political economy of institutions and decisions", Cambridge Univ. Press.
Olson, Mancur
2000 "Power and prosperity. Outgrowing communist and capitalist dictatorships", Basic Books.
Passet, René
1983 "L'économique et le vivant", Payot.
Porter, Michael
1998 "Competitive advantage: creating and sustaining superior per–fomance", Simon and Schuster.
Wade, Robert
1990 "Governing the market", Princenton Univ. Press.
Winter, Sydney
1987 "Natural selection and evolution" en "New Palgrave", Mac Millan.
World Economic Forum
2005 "The global competitiveness report 2005–2006", World Economic Forum.

CAPÍTULO 5
LAS FINANZAS PÚBLICAS DEL ESTANCAMIENTO

*Ernesto Henry Turner Barragán**

1. INTRODUCCIÓN AL CAPÍTULO 5

Este artículo está dirigido a estudiar la evolución de la hacienda pública en México, porque es la base económica que sustenta al Estado y determina su amplitud y capacidad para establecer un marco adecuado para el desarrollo de los mercados. El objetivo de la actividad pública es el de maximizar el bienestar de la nación, pero éste sólo se alcanza por medio de un arreglo institucional eficiente. Para hacer una reforma de la hacienda pública en México que mejore el desempeño de los mercados y reconduzca su actividad a sus legítimos y principales objetivos, es necesario apoyarse en los principios teóricos de la ciencia de las finanzas públicas, los cuales no parecen haber sido considerados como el fundamento de la actividad estatal por los responsables de la hacienda mexicana en los últimos cuarenta años.

A continuación, hacemos un resumen teórico de la legalidad mexicana en materia de finanzas públicas como expresión de las instituciones formales del Estado siguiendo a la Escuela de los Derechos de Propiedad (EscDerProp en adelante); luego recopilamos los principales criterios legales y principios fundamentales de las finanzas públicas, y finalizamos detallando la evolución empírica de los ingresos y gastos públicos en un largo período de tiempo. Todo esto mostrará que el Gobierno de México se encerró en un círculo vicioso que deteriora las

* Profesor Investigador. Economía. Universidad Autónoma Metropolitana–Azcapotzalco. etb@correo.azc.uam.mx

finanzas públicas y lleva al estancamiento del país, por lo que sólo la reforma estructural que se apoye en la economía institucional podrá hacerlo salir del mencionado círculo vicioso.

2. INSTITUCIONES FORMALES DEL ESTADO Y FINANZAS PÚBLICAS

El neo institucionalismo presente en la EscDerProp (Coase 1960, Barzel 1997, Alchian 1977, Demsetz 1967) surge como una crítica a la rigidez analítica de la economía neoclásica, quien concibió los problemas de formación de precios, de asignación de recursos, de distribución del ingreso y de crecimiento como objetos situados en el estricto ámbito de la idealización walrasiana del mercado, ya que este conduciría a resultados eficientes sin necesidad de intervenciones estatales. Ese nuevo enfoque institucionalista recupera de la economía política la idea de que los problemas económicos deben analizarse conjuntamente con los conflictos de intereses que correspondan. En una nación, las decisiones y acciones racionales de los individuos y de los agentes de la burocracia y de los grupos sociales están restringidas e influidas por la política y la ideología como también por las cantidades de recursos existentes y por las relaciones técnicas de producción. Desde esta perspectiva el sistema económico puede ser concebido como una estructura y una organización institucional simultáneamente económica y política. Los agentes toman decisiones con información incompleta y asimetrías de poder, lo que genera incertidumbre y conflictos redistributivos que se resuelven en el mercado, pero también movilizando las capacidades políticas de los grupos y de los individuos que animan al Estado. Por ello, la racionalidad individual no implica la racionalidad social y la maximización individual no se extiende a la maximización social ni alcanza el bienestar social máximo. De manera que los beneficios sociales difieren de los privados, por lo que es imprescindible la participación en la economía de esa tercera instancia que es el Estado administrador de las finanzas públicas.

Para regular estas discrepancias y gobernar los conflictos entre agentes se requiere un orden institucional y una fuerza estatal con poder suficiente para establecer un marco de restricciones y obligaciones consagradas tanto en las normas escritas como en las instituciones informales (Ayala, 1999: 51). El sistema legal tiene un papel primordial en la determinación de los costos de transacción y los derechos de propiedad resaltados por la EscDerProp, particularmente en el suministro de bienes públicos y en la determinación de los criterios de redistribución del ingreso por lo que juega un papel central en cualquier sistema económico. En el capitalismo moderno, la legalidad es una intrincada red en donde se involucran los poderes legislativos, judiciales o ejecutivos que permite mantener el orden económico, las leyes en materia de derechos de propiedad, contratos, organización de las empresas, instrumentos financieros, banca y moneda, y en general todo intercambio económico. La función primordial del sistema jurídico es institucionalizar las leyes formalmente. Estas surgen como resultado tanto de las actividades de las agencias gubernamentales como de la interacción de las partes en el mercado, las cuales desean un marco de confianza y certidumbre para realizar el intercambio (Ibidem: 315).

Como resultado del crecimiento y desarrollo de los intercambios complejos, el sistema legal debe adaptarse a estas nuevas condiciones de la actividad económica modificando leyes y regulaciones; por lo que el desarrollo económico no puede darse o se retrasaría notoriamente si el desarrollo institucional, particularmente la legalidad, no es capaz de acompañar a la acumulación de capital basada en progresos científicos, tecnológicos y organizativos de la nación, dándoles un mejor sustento y facilitando la resolución de los conflictos de intereses con equidad y eficiencia.

Si bien las funciones principales del sistema legal son mantener el orden público, conciliar conflictos, centralizar, descentralizar, regular y desregular; el incumplimiento de la ley invalida estas funciones. Los mercados no pueden desarrollarse demasiado sin derechos de propiedad efectivos y éstos sólo son efectivos cuando se cumplen tres condiciones: seguridad contra el robo, protección contra los actos arbitrarios del gobierno y existencia de un sistema judicial razonablemente justo y predecible. Estos son algunos de los problemas que muchos países han señalado como los obstáculos más importantes para su desarrollo. (Banco Mundial citado por ibídem: 317). El acto administrativo se perfila como la consecuencia más clara y perfecta de la sumisión de toda la función pública administrativa a un régimen de derecho. Mientras que en el derecho privado la capacidad de obrar es la regla ya que los individuos pueden hacer todo aquello que no les esté específicamente prohibido; por el contrario, la competencia del órgano público es excepcional porque sus agentes sólo pueden realizar aquello que les permite la ley.

En el mundo moderno, la creencia generalizada de que quien tiene el poder ejecutivo de un Estado, sea emperador, rey, presidente o ministro, actúa en función del provecho de su nación es cada vez menos legítima. En México, sin embargo y de acuerdo con la Constitución, el poder público sólo dimana del pueblo, en quien radica esencial y originariamente la soberanía nacional. Por ello, los tres poderes en los cuales se divide, no pueden hacer más que lo que establece la voluntad soberana de los habitantes expresada en la Constitución. Así se circunscribe en forma estricta la acción de la autoridad a un régimen competencial predeterminado por el poder legislativo y como no hay autoridad alguna competente para llevar a cabo todas las funciones, cada una de ellas se encomienda a órganos diferentes del Estado. El acto administrativo caracterizado por la idea de servicio público es la causa eficiente de la función ejecutiva del Gobierno, de la Administración Pública y del Derecho Administrativo. Para realizarlo se establece la competencia del órgano público, de tal forma que el reparto de las funciones estatales asegure el mejor cumplimiento de las tareas públicas encomendadas a los gobernantes. Para cada clase de autoridad se prevé una competencia específica que coincida con su naturaleza, formación y capacidad. *Llevado a este concepto al ámbito propio de la administración, es posible concluir que esta función del Estado está sometida al orden jurídico normativo vigente y que su actuación para ser válida, debe subordinarse a la voluntad del legislador, expresada a través de las normas jurídicas, sean éstas, constitucionales, legales o reglamentarias* (Pérez Dayan, 2003: 10). El acto jurídico público como expresión de potestad jurídica siempre estará condicionado a que el texto de la ley permita su realización, de ahí que surja la competencia como presupuesto inmodificable de validación de sus actuaciones.

Las categorías estado, derecho y nación se entremezclan, empalman y complementan entre sí, por lo que el Estado llega a ser definido de una manera bivalente: por una parte, como la comunidad que ha sido creada por un orden jurídico nacional y, entonces, se habla del Estado Mexicano o del Estado Francés, pero también, aparece como la persona jurídica, el órgano social que realiza la función básica de subsistencia de esa comunidad, la de garantizar el respeto y observancia del orden constitutivo, por lo que se alude al Estado como Gobierno.

No es posible comprender la esencia de un orden jurídico nacional sin suponer la existencia del Estado como realidad subyacente, tampoco puede suponerse la existencia de una Nación, de una comunidad, sin suponer la existencia de un orden normativo que regula la conducta social o recíproca de los individuos y que le da orientación, dirección y cohesión. La Nación como ente social, sólo puede ser concebida acompañada por ese orden y por el órgano que la sustenta y le da vida y finalidad, al orientar y subordinar los intereses y acciones de los individuos al fin general.

La interrelación entre el Estado, el orden jurídico y la nación aparece en la concepción del gobierno como organización política de la sociedad: representa a la sociedad cuando ejerce su poder legislativo; como orden jerárquico que monopoliza la fuerza cuando es ejecutivo; y como instancia que orienta las acciones individuales en busca del logro de un objetivo más alto el bienestar social general, cuando deviene Juez. La necesidad de existencia y correlación de estas tres categorías que hemos definido sustentan la legitimidad del poder del estado, ya que no es posible concebir la organización social sin un orden validado ex post por la ciudadanía. De esta manera, el poder del Estado aparece como uno organizado por el derecho positivo. El poder político del Estado se ejerce a través de la eficacia del derecho normativo y de la justicia para orientar las acciones de los individuos, pero también a través de las acciones de sus órganos y los funcionarios públicos de la administración pública. En efecto, las personas que cumplen las funciones señaladas por el orden jurídico tienen el carácter de órganos del Estado o funcionarios públicos, porque llevan a cabo las funciones públicas que han sido encomendadas por la sociedad como mandante de la acción colectiva.

Mientras que las funciones legislativa y judicial tienen como propósito orientar y limitar la conducta y acción de los individuos para hacerlas compatibles con la ley y el orden social establecido, la función ejecutiva posee un carácter particular, su realización y conducción es dirigida por el Presidente de la República, cuya función principal consiste en organizar los criterios generales de política económica y tomar la iniciativa del presupuesto anual necesario para su ejecución. Para realizarla esta acción, que tiene un carácter preponderantemente económico, el Presidente se apoya en los diferentes Secretarios de Estado que son las cabezas de sus Ministerios o Secretarías. Por todo lo cual podemos ver a la política presupuestaria como el módulo de la acción pública.

Según Musgrave (1992: 54), considerado como una fuente tradicional de la teoría correspondiente a las finanzas públicas, podemos clasificar las acciones económicas que realiza el Estado para que una economía de mercado logre el máximo bienestar social, en tres tipos de funciones: la asignación, la distribución y la estabilización. Al mismo tiempo, podemos vincular el gasto público con la evaluación de proyectos.

Esta función se refiere a las acciones que realiza el Estado con el propósito de proveer bienes públicos a la sociedad, los cuales se diferencian de los privados no por el tipo de empresa que los produce sino por su carácter no rival y porque cuando son consumidos por más de un individuo resulta inconveniente practicar la exclusión debido a que –así lo supone la teoría– su costo marginal es nulo. Un bien como la luz que proporciona el alumbrado público sirve para muchas personas y su consumo no es excluyente unos de otros. Excluir a otros del consumo sería difícil y costoso, por lo que no es conveniente la práctica de la exclusión. Ello hace que el mercado falle como mecanismo de asignación y determinación de precios, por lo que el estado debe ofrecerlos creando un mecanismo eficiente de suministro que permita asegurar un nivel común de servicio, prorrateando su costo entre los usuarios, en función del beneficio que cada uno recibe medido por el impuesto respectivo. *La aplicación de la regla de formación de precios produce diferentes resultados en los dos casos. Mientras que en el caso del bien privado, A y B pagan el mismo precio pero adquieren diferentes cantidades, en el caso del bien social, adquieren la misma cantidad pero pagan precios diferentes* (Musgrave, 1992: 58), en tanto que los impuestos se basen en criterios diferentes.

El ejemplo del alumbrado público puede servir para ilustrar como se forman los precios y para mostrar que sólo el Estado o una empresa que englobe a todos los usuarios, podrá organizar el suministro y cobro en forma eficaz y conveniente ya que se necesita un mecanismo político en sustitución del mecanismo de mercado para la provisión de los bienes públicos. Al incorporar la variable espacial, la solución nos hace reflexionar sobre el hecho de que en realidad lo que se necesita es una cooperativa que abarque la colonia, el municipio o la ciudad. A este nivel, todos obtendrán un nivel más elevado de servicios si las ganancias de la cooperación se distribuyen y se impide que los recién llegados se reposen sobre la espalda de sus vecinos, como polizones o free rider o pasajeros clandestinos. Si se logra que los nuevos habitantes de una ciudad paguen impuestos en función del nivel de servicios que reciben, de acuerdo a sus preferencias, el nivel de servicio en la ciudad se incrementa y mejora para sus antiguos habitantes, lo que proporciona una economía de escala positiva que tiene además otros efectos multiplicadores. Si la ciudad no tiene cuidado en actualizar los impuestos a la venta de lotes y sus contribuciones de mejoras, es probable que los terrenos suban de precio y que los beneficios marginales vayan a parar a las compañías inmobiliarias y a los terratenientes, en forma de plusvalía y que los nuevos propietarios estén pagando en realidad, por adelantado en el precio de la casa o el terreno, la parte de los servicios que ofrece la ciudad, pero que dejó de cobrar; ya que ésta fue cedida a las inmobiliarias y a los terratenientes mediante la falta de actualización.

Este ejemplo nos ha servido para mostrar una característica más de los bienes públicos o sociales, tal cual es que los beneficios que proporcionan se circunscriben a un área limitada, de acuerdo a su carácter. Por ejemplo, algunos bienes sociales como la defensa y la diplomacia sirven para garantizar la soberanía de una nación, por lo que proporcionan un beneficio a todos los habitantes de un país. Otros bienes como las carreteras nacionales, las interestatales, las locales y las calles de las ciudades proporcionan, respectivamente, beneficios de carácter nacional, estatal y municipal. Los servicios urbanos: alumbrado, escuelas y hospitales públicos, recolección de basura, parques, etc. poseen un carácter, más bien local.

El suministro y cobro de los bienes públicos debe ser organizado por la comunidad o por el Estado, quien lo hace en su representación. ¿Cuántos juzgados, reclusorios, estaciones de bomberos, cuarteles y agentes de policía requieren una ciudad? ¿Cuántas escuelas, hospitales, calles, semáforos, faroles y parques? ¿Cómo debe organizarse el gasto del estado y el de la ciudad? ¿Qué cantidad de dinero de cada peso que paga el contribuyente debe ir a cada servicio? La respuesta a estas preguntas, considerando sólo la función central de provisión de bienes públicos por parte del gobierno, es la siguiente: será necesaria una técnica de revelación de preferencias aplicada a todos los individuos que participan en una comunidad para que pueda determinarse la oferta de bienes sociales y la asignación de su coste. En forma realista, la única técnica política que ha sido instituida en los estados modernos es el proceso político de votación y elección de nuestros gobernantes. Para un adecuado suministro de bienes públicos es necesario el voto por medio de las elecciones escogiendo en cada nivel de Gobierno a aquél que prometa ajustar más el gasto a las preferencias de los votantes. *Para servir como mecanismo eficiente de revelación de preferencias, el proceso de votación debe vincular las decisiones sobre impuesto y sobre gasto... debe usarse un proceso político: 1) para obtener la revelación de preferencias y 2) proporcionarle los recursos necesarios para pagarlos. Lo que se hace mediante la votación sobre las decisiones relativas a impuestos y gastos. Los individuos encontrarán que les interesa votar por la propuesta que más acerque los resultados a sus propios deseos* (Musgrave 1992: 59).

Esta función, a diferencia de la primera, tiene un carácter eminentemente social ya que está determinada por la inequidad que produce la dotación inicial de factores y el sistema de precios al distribuir el ingreso derivado de la producción, es decir, por la desigualdad que se deriva de la propiedad de la riqueza y por la productividad del trabajo y los demás factores que integran la producción. Como lo han señalado múltiples filósofos y pensadores, la concentración del ingreso por una parte, y la pobreza y marginación, por la otra, son características inherentes al sistema capitalista de la economía de mercado. Por ello, para que los fenómenos de la desigualdad del ingreso, el desempleo y la pobreza no se exacerben y pongan a la sociedad y al sistema económico completo en peligro, el Estado necesita intervenir corrigiendo la distribución del ingreso y si fuera necesario de la riqueza hasta asegurar que la subsistencia de toda la sociedad se haga posible, tomando como guía los cánones éticos y de justicia social que la sociedad establezca a través de sus leyes. Para luchar contra la marginación y la miseria como fenómeno estructural, es necesario garantizar a todos los integrantes de la sociedad, al menos, la posibilidad de trabajar a cambio de un salario suficiente para asegurar la reproducción y subsistencia de su fuerza de trabajo.

Los principios de rentabilidad de las empresas privadas hacen que sólo sea posible trabajar, si la capacidad productiva del trabajador tiene un nivel de productividad, al menos, igual al salario, por lo que si las empresas privadas capitalistas no pueden garantizar la condición de ge–

nerar pleno empleo, el Estado se verá obligado a intervenir; lo que puede hacer de dos formas. La primera forma de intervención es una reforma al sistema económico y de propiedad que consiste en expropiar una parte de la riqueza o del capital o en alterar su función. La reforma agraria y la capacitación han sido dos de las medidas más usadas para dar sustento a los pobres y desempleados rurales y urbanos en casi todos los países del Mundo. Estas medidas buscan aliviar la pobreza y el desempleo: 1) modificando la estructura de la propiedad, en el caso de la primera y 2) creando y dotando de capital humano a los trabajadores capacitados, en el caso de la segunda. A estas medidas, pueden agregarse otras, de carácter regulatorio que buscan limitar los ingresos de los poseedores de tierras, las ganancias que reciben los empresarios, los intereses que cobran los Bancos y hasta los sueldos que reciben algunos empleados y trabajadores cuando se considera que son excesivos porque tienen un poder de mercado monopólico u oligopólico. Otra forma de intervención consiste en la aplicación de impuestos sobre los ingresos y su redistribución directa o indirecta posteriormente a través del gasto, ésta es la que emplea el Estado mexicano con mayor frecuencia, a pesar de que, de acuerdo con el análisis neoclásico, conlleva a una mala asignación de recursos (Sosa 2000 89–103).

Las formas más efectivas y mejor aceptadas para erradicar el desempleo estructural y la marginación y pobreza que han empleado los países han sido, la expropiación de las tierras y medios de producción de "manos muertas", es decir, que se acaparan, pero no se emplean ni producen. En lo que se refiere a la segunda y tercera formas de intervención, las tributarias son sólo una parte menor del ingreso correspondiente lo que se destina al subsidio directo de los pobres y los desempleados, pero una parte mayor se emplea para apoyarlos indirectamente, por medio del subsidio a empresas privadas y sociales que contribuyen al desarrollo de los programas de: alimentación, salud, vivienda, educación, comunicación y transporte. En estos casos, el principio tributario que debe aplicarse para obtener el financiamiento es que dichos programas de combate a la pobreza y al desempleo se financien a través de la aplicación de impuestos progresivos, ya que el principio de equidad aquí adoptado señala que cada quien debe contribuir sufriendo la misma pérdida de bienestar. Aplicando estas formas de intervención y justificándolas legalmente, el Estado garantiza la reproducción y preservación del sistema, la cual no sólo ha sido pro–

puesta por numerosos pensadores sociales, sino que ha sido impuesta, al menos parcialmente, por los movimientos sociales de los trabajadores en todos los países del Mundo, particularmente en México y tal como lo refleja la Constitución.

El desempeño correcto de esta función, se basa en la teoría keynesiana que analiza los cambios que se producen en la demanda agregada como resultado de cambios presupuestarios y su impacto sobre el empleo, la producción y los precios. Considera que el Estado tiene que cumplir con la función de suavizar los ciclos económicos incrementando los impuestos y reduciendo el gasto, durante los períodos de auge, para evitar la inflación, y reduciendo los impuestos y aumentando el gasto, durante las recesiones para estimular el empleo y el crecimiento económico. Si los déficits que se producen en los períodos de recesión son compensados por los superávits que se producen en los períodos de auge, se pueden estabilizar los ciclos económicos, sin necesidad de incurrir en un costo adicional para la sociedad (Musgrave, 1992: 14). Por el contrario y si se produce una acumulación de déficits durante varios períodos con una deuda pública considerable, dicha carga medrará el gasto del Estado haciéndolo bajar sus niveles de servicio u obligándolo a incrementar la recaudación, en el mediano o largo plazo, por lo que se dará una redistribución del ingreso de las generaciones futuras a favor de las presentes. Esta transferencia puede comportar la transferencia de ciertos sectores a otros o ser de carácter más general, dependiendo de la forma cómo se financien los intereses y como se vaya amortizando la deuda.

Las medidas anticíclicas y estabilizadoras tuvieron amplia difusión y aplicación en los años 50 y 60 del siglo pasado, así como un éxito relativo. Ello condujo a que se usara un nuevo enfoque que incluyó a la deuda como una fuente de financiamiento normal, mientras estuviese controlada. Sin embargo este no fue el caso, ya que, desde mediados de los años sesenta, el gasto público se fue incrementando para reducir un desempleo estructural que crecía cada vez más, lo que generó déficits crónicos que hicieron que la deuda pública fuese una variable en continuo expansión hasta que sobrevino la cesación de pagos. El crecimiento abusivo del Estado y de la deuda pública de los años sesenta fue mermando el gasto del gobierno y atizando la inflación de precios que se produjo en los años 70, ello llevó al cuestionamiento sobre la racionalidad y verdadera efectividad de esas políticas. De manera que la inflación y los desequilibrios de las balanzas de pagos se sumaron a los problemas de desequilibrio interno, desempleo y bajas tasas de crecimiento, como aspectos que determinaban la estabilidad de un país, llevando a la adopción de un nuevo enfoque para afrontar los problemas de estabilización económica, el llamado monetarista, que postulaba que la estabilidad de un país está determinada por sus niveles de inflación. Si ésta se presenta el Estado debe reducir su gasto y contener el aumento de los salarios para evitar que las presiones inflacionarias puedan desencadenarse y que las expectativas generen una espiral inflacionaria. Según los comentaristas situados en la izquierda política, la estabilización que se han aplicado en los países en desarrollo a partir de la década de los ochenta ha ido mucho más lejos, ya que ha estado dirigida más a estabilizar la economía mundial que a las propias economías nacionales. Estas medidas han representado un costo social muy grande, por lo que será necesario estudiarlas a fondo para buscar su racionalidad económica y justificación, si es que la tienen.

Las decisiones sobre gastos adoptadas por cualquier nivel de gobierno, requieren de una información detallada no sólo de los méritos y costos propios, sino también de las magnitudes y calidades de los proyectos alternativos, ya que los gastos que realizan las diferentes secretarías de Estado deben ser sometidos a una rigurosa evaluación, la cual esta dirigida a determinar de qué manera puede conseguirse el uso de los recursos que maximiza el Bienestar de la Nación como criterio de eficiencia (Musgrave, 1992: 157–198).

El presupuesto de erogaciones públicas se hace en dos pasos: determinación del tamaño del gasto y asignación. La determinación del tamaño del gasto debe hacerse considerando: 1)el nivel de servicios públicos deseado por la población, 2)la magnitud del producto que debe ser transferida de unas personas a otras para obtener el nivel de equidad deseado, 3)la etapa del ciclo en que se encuentra la economía y las dificultades coyunturales que se enfrentan, y 4) los recursos que desean comprometerse al desarrollo con el fin de elevar la productividad y de atender los problemas estructurales y de largo plazo del país. Una vez considerados los diferentes rubros que componen el gasto, el criterio consiste en igualar la tasa marginal de beneficio que proporciona un peso gastado en bienes privados con la tasa marginal de beneficio que proporciona un peso gastado por el gobierno para cada individuo, lo que evidentemente no se puede lograr para todos y cada uno de los individuos debido a las imperfecciones que se tienen al asignar el gasto y al financiarlo; pero el criterio es claro y sirve para establecer dos fuentes de inequidades: la primera surge de ejercer un presupuesto muy pequeño o demasiado grande, mientras que la segunda consiste en el cobro de gravámenes excesivos a algunos núcleos de la población de acuerdo con el beneficio que reciben del gasto y muy pocos a otros.

La Constitución Política de los Estados Unidos Mexicanos está dividida en siete títulos. En el Capítulo I, del Título Primero, intitulado De las Garantías Individuales, formado por 29 artículos, aparecen los objetivos y tareas del Estado. El artículo 25 dice: *corresponde al Estado la rectoría del desarrollo nacional para garantizar que este sea integral y sustentable, que fortalezca la Soberanía de la Nación y su régimen democrático y que, mediante el fomento del crecimiento económico y el empleo y una más justa distribución del ingreso y la riqueza, permita el pleno ejercicio de la libertad y la dignidad de los individuos, grupos y clases sociales, cuya seguridad protege esta Constitución. El Estado planeará, conducirá, coordinará y orientará la actividad económica nacional, y llevará al cabo la regulación y fomento de las actividades que demande el interés general en el marco de libertades que otorga esta Constitución.*

Al desarrollo económico nacional concurrirán, con responsabilidad social, el sector público, el sector social y el sector privado, sin menoscabo de otras formas de actividad económica que contribuyan al desarrollo de la Nación. El sector público tendrá a su cargo, de manera exclusiva, las áreas estratégicas que se señalan en el artículo 28, párrafo cuarto de la Constitución, manteniendo siempre el Gobierno Federal la propiedad y el control sobre los organismos que en su caso se establezcan. Así mismo, podrá participar por sí o con los sectores social y privado, de acuerdo con la ley, para impulsar y organizar las áreas prioritarias del desarrollo...

Más adelante, en el artículo 26 señala: *...El Estado organizará un sistema de planeación democrática del desarrollo nacional... Habrá un plan nacional de desarrollo al que se sujetarán obligatoriamente los programas de la administración pública federal...La ley facultará al Ejecutivo para que establezca los procedimientos de participación y consulta popular... y los criterios para la formulación, instrumentación, control y evaluación del plan y los programas de desarrollo. Asimismo determinará los órganos responsables y las bases para que el Ejecutivo Federal coordine mediante convenios con los gobiernos de las entidades federativas.*

2.1. Ingresos del Estado

El Estado requiere de recursos para dar cumplimiento a los fines que tiene encomendados constitucionalmente, los cuales provienen de tres fuentes: 1) se obtienen de los ingresos que la hacienda pública percibe por su patrimonio y actividad administrativa: productos, aprovechamientos y accesorios; 2) del desarrollo de una actividad industrial o comercial: ingresos por ventas de bienes y servicios de las empresas públicas y 3) contribuciones recaudadas de la riqueza de los gobernados en base en la potestad del imperio del estado: impuestos, derechos, aportaciones a la seguridad social y contribuciones especiales. Es aquí donde se encuentra la distinción fundamental entre ingresos de derecho privado, patrimoniales, constituidos por las dos primeras fuentes, e ingresos de derecho público, tributos, que corresponden a la tercera fuente. El crédito no constituye una verdadera fuente y es cuando mucho sólo una fuente temporal, ya que sólo le permite al estado la disposición de recursos adicionales en el presente que se pagan con la merma que sufren sus ingresos en el futuro por el pago de intereses y amortizaciones. La emisión de billetes y moneda constituye una fuente adicional que no debe manipular irresponsablemente el Estado, ya que su cuantía debe adecuarse al crecimiento de la actividad económica.

La actividad financiera del Estado no constituye en sí misma ningún fin, es sólo una función instrumental cuyo eficaz desenvolvimiento es condición indispensable para el desarrollo de las demás actividades estatales. Ella consta de 3 actividades: a) obtención de ingresos, b) administración del patrimonio y c) distribución de las sumas recaudadas.

El patrimonio del Estado está constituido por el conjunto de bienes y derechos, recursos e inversiones que, como elementos constitutivos de su estructura social o como resultado de su actividad normal, ha acumulado y posee a título de dueño o propietario, para destinarlos o afectarlos a la prestación directa o indirecta de los servicios públicos a su cuidado, o a la realización de sus objetivos o finalidades de política social y económica. Una parte considerable de los bienes que detenta el estado le pertenecen o corresponden sólo en virtud de un derecho original de dominio, tal es el caso de las llamadas riquezas naturales que llegan a comprender las tierras y aguas y los recursos minerales de un país.

3. ABANDONO DE LA DOCTRINA CONTRACTUAL EN EL SUMINISTRO DE BIENES PÚBLICOS

Las fuentes patrimoniales de ingresos del Gobierno Federal han disminuido progresivamente, por lo que el Gobierno ha tenido que recurrir, primero al financiamiento tributario basado en su poder de imperio y luego a los empréstitos y financiamientos, considerados inicialmente como ingresos extraordinarios. Todos los datos estadísticos que se mencionan en este apartado se detallan más adelante. En efecto, los ingresos corrientes no tributarios, fueron reduciéndose progresivamente. En 1925, ellos representaban la cuarta parte de los ingresos corrientes del Gobierno Federal, entre 1930 y 1945 representaban, todavía la quinta parte y la séptima parte entre 1945 y 1965. En la década de los setenta su importancia cayó aún más, de la décima parte a la cuadragésima. También podremos ver como, durante los años 50, el Gobierno Federal comienza a recurrir de forma tímida pero progresiva a los empréstitos y financiamientos, considerados entonces como ingresos extraordinarios. Ellos se convierten en una de las principales fuentes de financiamiento del Gobierno Federal a partir de 1960 porque representan, en promedio, la tercera parte de sus ingresos corrientes totales. Al analizar la estructura impositiva, se observará que los impuestos sobre la explotación de recursos naturales y al comercio exterior bajaron progresivamente, en términos relativos, al igual que los ingresos patrimoniales. Ambos sumados representaban más del 40% de los ingresos y las dos terceras partes de los impuestos entre 1925 y 1930. De 1935 a 1955, representaron sólo la tercera parte de los ingresos totales del Gobierno Federal y su importancia relativa cayó a la mitad entre 1935 y 1945 y aún más en la década siguiente. En 1960, representaron sólo la sexta parte de los ingresos y su peso siguió bajando, llegando a representar, entre 1975 y 1979, menos del 10% del total de ingresos. El peso relativo de los impuestos a la industria, por su parte, se ha mantenido fluctuando en forma cíclica, pasando del 11%, en 1925, hasta 22%, en 1935–1940, para reducirse progresivamente hasta llegar a un 9%, entre 1960 y 1965. En los años 70 representaron en promedio la séptima parte de los ingresos. Los impuestos al comercio y a la renta en cambio fueron incrementando su peso relativo, ambos sumados representaban sólo el 5% del total de ingresos del Gobierno Federal en 1925, pero posteriormente fueron aumentando en forma progresiva hasta representa más de la tercera parte de los ingresos del Gobierno Federal, en 1979.

El análisis que se presenta en las páginas siguientes muestra que el Gobierno dejó de operar bajo el principio de la doctrina contractual de las finanzas públicas, el cual plantea que existe un contrato bilateral entre los particulares y el Estado, cuya ejecución hará que el Gobierno proporcione servicios públicos a cambio de los medios pecuniarios para cubrirlos que pagarán los particulares. Según este principio impositivo, para que haya equidad y justicia cada particular debe pagar en función de los beneficios que recibe por lo que el Estado debe obtener recursos no sólo de los impuestos sino, también, de sus fuentes patrimoniales. Además conviene que sus ingresos se obtengan de manera diversificada, para poder diferenciar a los contribuyentes por clase y poder retribuirles con bienes y servicios públicos al ejercer el gasto.

4. EVOLUCIÓN DE LOS GASTOS, INGRESOS Y DEUDA PÚBLICA

Los ingresos del Gobierno Federal a precios corrientes, entre 1925 y 1934, se redujeron de un quinquenio a otro, fueron en promedio de 315 millones de pesos de 1925 a 1929, y de 255 millones de 1930 a 1934. A partir de esa fecha se fueron incrementando progresivamente multiplicándose en 4 veces y media, de 1935 a 1945, al pasar de 313 millones de pesos a 1404 millones. Posteriormente se multiplicaron por 6.5, alcanzando 9 mil millones de pesos en 1955. En la década siguiente se multiplicaron por 4 para alcanzar 36 mil millones de pesos en 1965, sin incluir los ingresos del sector paraestatal, que fue incorporado ese año al Gobierno Federal y 64 mil millones sumados sus ingresos.

Aunque los ingresos del Gobierno Federal se incrementaron menos de un 50% entre 1965 y 1970, estos se multiplicaron por 4 entre 1970 y 1975, por lo que, en 1975, alcanzaron los 200 mil millones sin considerar al sector paraestatal y los 400 mil millones de pesos incluyéndolo (Cuadro 1). Entre 1975 y 1979, los ingresos se multiplicaron casi por 3, rebasando en 1979 el medio billón de pesos y un billón 124 mil millones, si se consideran los ingresos del sector paraestatal.

Cuadro 1
Ingresos del gobierno federal por fuentes. 1925–1979
(millones de pesos)

Año	*Rec Nat*	*Industria*	*Comercio*	*Com Ext*	*Renta*	*Otros*	*Otr. Ingrs.*	*Em & Fin*	*Ingresos*
1925	39	35	0	95	13	62	78	0	322
1930	16	45	0	112	16	45	55	0	289
1935	33	67	13	77	31	35	57	0	313
1940	36	124	10	170	57	76	104	0	577
1945	75	274	18	383	296	172	186	0	1404
1950	172	512	352	991	766	127	525	196	3641
1955	314	1066	642	2650	1985	109	1110	1148	9024
1960	270	1717	1108	3087	3648	357	2810	6461	19458
1965	339	3096	2142	4627	6008	803	5007	13759	35781
1970	946	6800	4360	7386	15478	1675	4722	10725	52092
1975	2661	30566	24042	13386	49203	3848	8795	70548	203049
1979	5760	67793	64800	56029	137383	10212	15904	213820	571701

Fuente: NAFINSA: La Economía Mexicana en Cifras, México 1981.

La estructura de esos ingresos sin considerar al sector paraestatal se puede apreciar en el Cuadro 2. Las columnas 2 a 7 nos desglosan los ingresos por impuestos: 2) sobre la explotación de recursos naturales; 3) a la industria, 4) al comercio, 5) a la importación y exportación; 6) sobre la renta y 7) otros impuestos. La columna 8, se refiere a otros ingresos corrientes como son: derechos, productos, aprovechamientos y demás ingresos corrientes no tributarios, mientras que en la columna 9 aparecen los empréstitos y los financiamientos suscritos por el Gobierno Federal.

Cuadro 2
Estructura porcentual de los ingresos del gobierno federal 1925–1979

Año	*Rec Nat*	*Industria*	*Comercio*	*Com Ext*	*Renta*	*Otros*	*Otr. Ingrs.*	*Em & Fin*
1925	12.11%	10.87%	0.00%	29.50%	4.04%	19.25%	24.22%	0.00%
1930	5.54%	15.57%	0.00%	38.75%	5.54%	15.57%	19.03%	0.00%
1935	10.54%	21.41%	4.15%	24.60%	9.90%	11.18%	18.21%	0.00%
1940	6.24%	21.49%	1.73%	29.46%	9.88%	13.17%	18.02%	0.00%
1945	5.34%	19.52%	1.28%	27.28%	21.08%	12.25%	13.25%	0.00%
1950	4.72%	14.06%	9.67%	27.22%	21.04%	3.49%	14.42%	5.38%
1955	3.48%	11.81%	7.11%	29.37%	22.00%	1.21%	12.30%	12.72%
1960	1.39%	8.82%	5.69%	15.86%	18.75%	1.83%	14.44%	33.20%
1965	0.95%	8.65%	5.99%	12.93%	16.79%	2.24%	13.99%	38.45%
1970	1.82%	13.05%	8.37%	14.18%	29.71%	3.22%	9.06%	20.59%
1975	1.31%	15.05%	11.84%	6.59%	24.23%	1.90%	4.33%	34.74%
1979	1.01%	11.86%	11.33%	9.80%	24.03%	1.79%	2.78%	37.40%

Fuente: NAFINSA: La Economía Mexicana en Cifras, México 1981.

Cuadro 3
Ingresos del sector público 1980–2003

Año	*1980*	*1985*	*1990*	*1995*	*2000*	*2001*	*2002*	*2003*
Tributarios	485	4862	79,251	170,306	581,703	654,870	766,582	766,582
ISR	247	1923	32,972	73,706	258,754	285,523	337,015	337,015
IVA	120	1478	26,636	51,785	189,606	208,408	254,433	254,433
IEPS	48	1023	11,203	24,710	81,544	110,689	117,758	117,758
Importación	44	327	6,381	11,145	32,861	28,902	27,163	27,163
Otros	26	111	2,059	8,960	18,93	21,348	30,213	30,213
No tribut.	199	3129	38,459	109,839	286,564	284,244	366,403	366,403
Total	684	7991	117,710	280,144	868,268	939,115	1,132,985	1,132,985

Fuente: INEGI, Anuario Estadístico de los Estados Unidos Mexicanos 2004.

Cuadro 4
Ingresos del sector público y producto interior bruto
(Millones de pesos corrientes y porcentajes)

Año	*Ingresos*	*PIBcf*	*Ing/PIB*
1925	322	4937	6.52%
1930	289	4399	6.57%
1935	313	4279	7.31%
1940	577	7774	7.42%
1945	1404	19382	7.24%
1950	3641	39736	9.16%
1955	9024	84870	10.63%
1960	19458	150511	12.93%
1965	35781	252028	14.20%
1970	52092	418700	12.44%
1975	203049	988300	20.55%
1979	571701	2767000	20.66%
1980	684000	4470000	15.30%
1985	7991000	47392000	16.86%
1990	117710	676067	17.41%
1995	280114	1678835	16.69%
2000	868268	4982567	17.43%
2001	939115	5271311	17.82%
2002	989353	5727942	17.27%

Fuente: INEGI, Anuario Estadístico de los Estados Unidos Mexicanos 2004.

En el Cuadro 3 aparecen los ingresos corrientes del Gobierno Federal de 1980 a 2003, sin considerar los provenientes del sector paraestatal. Ellos aumentaron mucho en la década de los 80 como resultado de la hipcrinflación que se dio en esos años, como se observa se multiplicaron por 10 entre 1980 y 1985 y por 16 entre 1985 y 1990. Con el control de la inflación en los 90, se redujo su incremento, por lo que, entre 1990 y 2000 se multiplicaron por 6 y del 2000 al

2003, en sólo 30%. Las fuertes variaciones de los precios que se dieron en esas dos décadas, nos hacen difícil apreciar los movimientos reales, así como percibir si siguen el movimiento general de la economía, por lo que resulta conveniente observar su evolución como proporción del PIB (Cuadro 4).

Entre 1925 y 1945 los ingresos corrientes del Gobierno Federal aumentaron al mismo ritmo que la economía por lo que su peso relativo como proporción del PIB se mantuvo, representando sólo el 7% en promedio. Posteriormente, los ingresos del Gobierno Federal crecieron a un ritmo mayor al de la economía, por lo que ganaron un 3.5% adicional, en cada una de las dos siguientes décadas, llegando a representar el 14% del PIB, en 1965. En la segunda mitad de los 60, registran una ligera pérdida relativa pero en los años 70, vuelven a aumentar, representando en esa década la quinta parte del producto. Después de sufrir un vaivén al inicio de los años 80 %, su peso relativo se estabilizó durante las dos últimas décadas, por lo que a partir de 1985 han representado la sexta parte del PIB. En el Cuadro 5 se puede apreciar la estructura de los ingresos del Gobierno Federal de 1980 al 2003. Los ingresos tributarios forman alrededor de las dos terceras partes de los ingresos, además, 2 de los impuestos: el Impuesto al Valor Agregado, IVA, y el Impuesto Sobre la Renta, ISR, constituyen prácticamente, las tres cuartas partes de los ingresos tributarios y la mitad de los ingresos del gobierno federal. Los impuestos a la importación y los otros impuestos que representaron el 10% de los ingresos corrientes del Gobierno Federal en 1980, han venido disminuyendo su importancia hasta representar, en conjunto, sólo el 5% de sus ingresos corrientes totales. Los ingresos no tributarios, por su parte, mostraron una mayor variabilidad, entre 1980 y 2003 han variado entre el 30 y el 40%, por lo que podemos considerar que en promedio han representado poco más de la tercera parte de los ingresos corrientes totales del Gobierno Federal.

Entre 1980 y 2003 el Gobierno Federal obtuvo las dos terceras partes de sus ingresos de fuentes tributarias y la mitad de sus ingresos de dos impuestos: el impuesto sobre la renta, ISR, y el impuesto al valor agregado, IVA. Un 10% más de sus ingresos, proviene de los impuestos especiales a la producción y a los servicios. Los demás impuestos que representaban el 10% de los ingresos en 1980, redujeron su peso relativo a la mitad, 5%, a partir de 2000, como resultado de la caída en los impuestos a la importación, bajaron de 6.4% a 2.4%, de 1980 al 2003. Su estructura de ingresos fue simple, ellos provinieron en más del 90%, de 5 fuentes: el ISR, el IVA y los IEPES, el petróleo y los créditos.

Cuadro 5
Estructura de los ingresos corrientes del Gobierno Federal 1980–2003

Año	*1980*	*1985*	*1990*	*1995*	*2000*	*2001*	*2002*	*2003*
Tributarios	70.91%	60.84%	67.33%	60.79%	67.00%	69.73%	73.61%	67.66%
ISR	36.11%	24.06%	28.01%	26.31%	29.80%	30.40%	32.18%	29.75%
IVA	17.54%	18.50%	22.63%	18.49%	21.84%	22.19%	22.08%	22.46%
IEPS	7.02%	12.80%	9.52%	8.82%	9.39%	11.79%	13.77%	10.39%
Importación	6.43%	4.09%	5.42%	3.98%	3.78%	3.08%	2.83%	2.40%
Otros	3.80%	1.39%	1.75%	3.20%	2.18%	2.27%	2.64%	2.67%
No tribut.	29.09%	39.16%	32.67%	39.21%	33.00%	30.27%	26.39%	32.34%
Total	100.00%	100.00%	100.00%	100.00%	100.00%	100.00%	100.00%	100.00%

Fuente: INEGI, Anuario Estadístico de los Estados Unidos Mexicanos 2004.

El gasto del sector público como porcentaje del PIB, aunque permaneció estable durante largos períodos, no ha dejado de crecer en el siglo XX. En las primeras 6 décadas registró un suave aumento progresivo, del 4 al 13%, en las 4 siguientes décadas creció más rápidamente hasta llegar a representar más de la tercera parte del PIB (Cuadro 6).

Cuadro 6
Evolución de los gastos e ingresos del sector público en el Siglo XX
(Millones de pesos, miles de habitantes y %)

Año	*PIB**	*PIB (1960)*	*Población*	*Gastos*	*Ingresos*	*Gastos/PIB*
1900	1 317	19 673	13 607	59	63	4.5
1910	3 101	28 887	15 160	101	111	3.3
1921	5 455	31 132	14 335	252	n.d.	4.6
1930	4 668	34 364	16 553	279	289	6.0
1940	8 249	46 693	19 654	632	577	7.7
1950	42 163	83 304	25 791	3 463	3 641	8.2
1960	159 703	150 511	34 923	20 150	19 458	12.6
1970	444 271	296 600	48 225	109 261	109 064	24.6
1979	4470077	562 030	66 846	1124269	1124269	25.2
1990	686406	661 706	81 249	219 772	263 486	32.0
1997	2922035	808 408	97361711	1041342	674348	35.6

Fuente: Nafinsa, *La Economía Mexicana en Cifras* y Banco de México, *Indicadores*.

Durante las 2 primeras décadas del siglo el gasto público representó entre un 3 y un 4% del PIB. Entre 1922–23, tuvo un fuerte aumento pasajero pero en los siguientes años su peso se normalizó, de manera que, de 1924 a 1931, representó el 6% del producto. En las décadas posteriores su importancia relativa creció poco a poco, promediando 7% en la década de los años treinta; 8%, en la década de los años 40 y entre 9 y 10%, en la década de los años cincuenta.

Entre 1960 y 1964, registró un crecimiento ligero, por lo que representó el 11% del producto en el último quinquenio de la década de los sesenta. La incorporación del sector paraestatal, en 1965, mostró otra realidad, ya que con ésta, el peso relativo del gasto se duplicó, llegando a representar cerca de la cuarta parte del PIB. A lo largo de los años setenta su importancia relativa siguió creciendo, año con año, hasta llegar a representar el 44%, en 1982. Entre 1982 y 1988 el gasto público se mantuvo por encima del 40% y se redujo de 1988 a 1992, en cerca de 4%, cada año, hasta volver a representar la cuarta parte del PIB, en 1992 y 1993. En los últimos años su peso relativo se ha incrementado hasta llegar a representar la tercera parte del PIB, hacia finales de siglo.

En lo que respecta a su composición, el gasto público fue orientándose, cada vez más, a la provisión de bienes públicos y al fomento económico. Obregón redujo el gasto administrativo en un 15%, aún así, representó en promedio, 60% del total. Con Cárdenas el peso del gasto administrativo bajó aún más, llegando a representar, al final de su mandato, el 40%, mientras que el gasto en fomento económico se incrementó, del 25% al 40%. El gasto social permaneció constante en términos relativos, representando el 20%. Con los Presidentes Manuel Ávila Camacho y Miguel Alemán el peso del gasto administrativo se mantuvo en los mismos términos, pero en cambio, el del gasto en fomento económico se incrementó hasta sobrepasar la mitad, pasando del 47%, en 1952, al 58%, en1954; ello en detrimento del gasto social. Durante el gobierno del Presidente Ruiz Cortínez, el gasto administrativo disminuyó a un 30% y el gasto en fomento económico se incrementó más, mientras que durante el Gobierno de López Mateos el gasto administrativo se incrementó y el gasto en fomento económico se redujo.

Díaz Ordaz, por su parte, redujo el peso relativo del gasto administrativo, en los dos primeros años de su Administración, hasta

18% e incrementó el peso del gasto en fomento económico hasta 61%, en 1966; pero, en los 4 años siguientes, redujo el gasto en fomento económico y volvió a incrementar el gasto administrativo que llegó, en 1970, al 28%. Durante los años 50, el gasto social se relegó en favor del gasto en fomento económico, debido a que se le daban prioridades mayores, en el modelo, al desarrollo. Sin embargo, en los años sesenta, bajo la presión del crecimiento demográfico, el deterioro en la distribución del ingreso y el recrudecimiento de los conflictos sociales, el gasto social volvió a crecer en términos relativos, alcanzando a representar la quinta parte del total y posteriormente, en el primer lustro de los años 70, la cuarta parte.

Como se desprende del análisis del gasto público de 1900 a 1940, al principio de siglo, éste representaba sólo la vigésima parte del producto por lo que el Gobierno, en un país rural y poco industrializado que utilizaba sus ingresos, fundamentalmente, para atender las funciones administrativas, los gastos militares que generó la Revolución Mexicana y obras de infraestructura que permitieran al país urbanizarse, industrializarse e integrarse como Nación, por lo que las funciones públicas de suministro de bienes públicos, distribución, estabilidad y desarrollo, eran muy concretas y se destinaban a cumplir con los contenidos mínimos. En lo referente a las obras de comunicaciones y transportes e infraestructura urbana, industrial, vale la pena mencionar que la mayor parte se concentró en la Ciudad de México, que se fue convirtiendo en el eje central de desarrollo industrial y empresarial al que confluían y con el que se articulaban los centros económicos de segundo orden del país, las ciudades de: Guadalajara, Monterrey, Torreón, Tampico, San Luis Potosí, Puebla, Veracruz y Mérida. En congruencia con el grado de desarrollo del país, la mayor parte de los ingresos provenían de ingresos patrimoniales e impuestos sobre recursos naturales y sobre el comercio exterior. Debemos mencionar que a finales de los años treinta y antes de la guerra las reformas cardenistas completaron la base económica sobre la que se industrializaría el país basándose en el modelo de sustitución de importaciones. Entre ellas destaca la distribución de tierras, que constituyó una medida importantísima de distribución para reducir la inequidad del ingreso y erradicar la pobreza. Otra medida que contribuyó a mejorar la distribución del ingreso, pero de carácter institucional, fue el apoyo que recibieron los trabajadores para formar sindicatos, ello les permitía realizar una mejor negociación frente a los patrones, en el mercado, así como, reducir sus costos de transacción al exigir el respeto al contrato y derechos laborales. Una medida más de gran importancia fue la nacionalización del petróleo que junto con la de los ferrocarriles dio origen al sector paraestatal.

Analizando la historia de México, podemos decir que fue en esa administración cuando se atendió de manera más profunda el problema de equidad y lucha contra la pobreza y que ello se hizo con medidas institucionalistas, modificando la propiedad de la tierra y dando poder de negociación y certidumbre a los trabajadores en sus contratos y no aplicando políticas tributarias y de gasto. Esas reformas le permitieron al país crecer durante los siguientes 20 años gozando de estabilidad y sin necesidad de atender la distribución, por lo que el Gobierno pudo dedicar sus recursos al suministro de bienes públicos y a la promoción del desarrollo.

Entre 1940 y 1970 se llevó a cabo un programa muy relevante de obras públicas entre las que destacan las obras de irrigación y electrificación y de comunicaciones y transportes, que son dos de las funciones más importantes que debe realizar un Estado para promover el desarrollo; sin embargo, vale la pena mencionar los defectos que se presentaron en el cobro de ingresos y la asignación del presupuesto, los cuales no se presentaron en la esfera del mercado, sino más bien, en la esfera institucional. Del lado de los ingresos sobre la tierra y los impuestos a la industria y sobre los recursos naturales redujeron su peso relativo y aumentaron los de los impuestos a la renta y el comercio. Los impuestos al comercio exterior se mantuvieron, pero cambió su composición, al gravar las importaciones de bienes de consumo con mayores impuestos y las importaciones industriales con bajos impuestos. En suma, el Gobierno financió su gasto, cada vez más, gravando el consumo, lo que implicó una pérdida de bienestar para la población.

¿Restituía el Gobierno en forma de bienes públicos a la población una parte importante de lo que le cobraba en impuestos? No, desde los años sesenta y bajo el pretexto de impulsar el desarrollo el Estado inició un proceso de exacción de los ingresos familiares de los mexicanos, el cual cada día se alejaba más de la eficacia en el suministro de bienes y de la teoría contractual de las finanzas públicas. ¿El desvío del gasto se hacía porque el Gobierno buscaba atender los problemas de inequidad y pobreza? Tampoco, bajo el pretexto de impulsar el desarrollo, los Gobiernos que se sucedieron entre 1946 y 1960, en lugar de buscar la equidad, apoyaron en forma creciente a los empresarios frente a los sindicatos, corrompiendo a sus líderes y los de las uniones campesinas, debilitaron las medidas de apoyo institucional a los ejidos y a la producción campesina, practicaron una política de precios y de abasto que mantuvo el valor de los cultivos básicos estancados, mientras que los productos manufacturados crecían y se encontraban cada vez más protegidos frente a las posibles importaciones. En suma, se practicó una política que favoreció la concentración del ingreso y puso en desventaja al trabajador y al agricultor, ella hizo crisis a finales de los años setenta. A partir de entonces, el Gobierno se vio obligado a reactivar la política social y destinó cada vez más recursos para la lucha contra la pobreza y la marginación.

Otra de las desviaciones ocurridas en la eficiencia que debe tener el Gobierno al ejercer su gasto se dio porque se mezclaron los principios de suministro de bienes públicos con el de equidad. De manera que el Gobierno formó una gran bolsa de recursos que gastaba en nombre de la Nación. Cada mexicano debía entender que todo peso de gasto ejercido le beneficiaba, aunque viviese en Tijuana o Mérida y el gasto se usara para poner topes a las calles de la Ciudad de México. Para legitimar la idea de que el Estado se preocupa por todos los mexicanos sin distinción, ha ofrecido algunos servicios en forma general e indiscriminada como la educación pública gratuita primaria y secundaria que se ofrece a todos sin diferenciar si son contribuyentes o no, ni el monto de sus contribuciones, por lo que la política del caso es la distributiva, pero no la provisión de bienes públicos diferenciada para que el consumidor pueda escoger el nivel y tipo de servicio que desea pagando impuestos en función del beneficio que recibe.

Las dos últimas décadas del siglo XX y los primeros años del nuevo siglo han sido para México un período de fuertes cambios económicos, políticos y sociales, ya que no sólo se han padecido graves crisis económicas, inflación y estancamiento, sino también porque el Estado ha estado promoviendo un cambio de modelo de desarrollo y desplegado una gran actividad de política económica que forzosamente tiene que verse reflejada de forma práctica en la reasignación del presupuesto.

Entre 1980 y 2003, no sólo se observó una reducción del gasto público como proporción del PIB, sino también una profunda modificación del gasto. En el Cuadro 7 aparece el Gasto Programable del Sector Público por clasificación administrativa, a su interior se perciben

3 grandes rubros: los Poderes y Órganos Autónomos, la Administración Central y las Empresas Paraestatales controladas directamente, la proporción del presupuesto dedicado a los poderes legislativo, judicial, al IFE y a la Comisión Nacional de Derechos Humanos, como se ve, fue ínfima, de sólo 0.14%, en 1980, y pequeña en 2003, de 2.8%. En lo que se refiere al sector paraestatal, éste redujo su peso relativo del 55%, en 1980, al 37% en el 2000, perdiendo un 18%, mientras que la administración pública central incrementó su peso relativo del 45% al 60%, entre 1980 y el 2000, ganando un 15%.

Cuadro 7
Estructura del gasto programable del sector público 1980–2003

	1980	*1985*	*1990*	*1995*	*2000*	*2003*
Poderes y org autónom	0.14%	0.21%	0.37%	1.30%	2.27%	2.82%
Admon Pública Central	45.01%	49.46%	45.88%	56.56%	60.83%	59.60%
Presidencia y Otros	7.59%	7.22%	8.68%	6.28%	2.99%	1.00%
Hacienda y Contraloría	9.28%	4.02%	2.14%	2.81%	2.27%	1.85%
Defensa, Marina y Segur	1.34%	2.30%	2.30%	3.02%	3.12%	3.13%
Desarrollo económico	12.03%	17.57%	11.08%	8.04%	6.28%	6.96%
Educ Publ y CONACYT	8.79%	9.96%	12.84%	10.79%	9.19%	9.21%
Comunic. Y Transportes	2.60%	4.97%	2.10%	3.75%	1.88%	1.86%
Salud–Seguridad Social	1.48%	2.58%	4.49%	6.59%	11.70%	11.15%
Desarr Social y Justicia	1.90%	0.82%	2.25%	5.39%	2.29%	2.22%
Aportaciones Federales	0.00%	0.00%	0.00%	9.89%	21.12%	22.21%
Empresas Paraestatales	54.85%	50.33%	53.75%	42.14%	36.90%	37.58%
Total	1422	11414	123286	292068	908330	1240572

Fuente: INEGI, Anuario Estadístico de la República Mexicana 1997 y 2003.

Observemos ahora los 9 subconjuntos que integran la Administración Pública Federal. Empecemos por analizar los rubros que redujeron su importancia relativa dentro del total en las 2 últimas décadas. El primero, la Presidencia y Otros, cuyo peso relativo era de 8%, en los 80, redujo su peso en 6% para representar alrededor de un 2% del presupuesto total en el nuevo siglo, él designa el presupuesto conjunto dedicado a la Presidencia de la República y a las Secretarías de Gobernación y Relaciones Exteriores; así como las provisiones salariales y económicas, las erogaciones no sectoriales y los apoyos de programación y presupuesto al sector paraestatal. El segundo rubro que consigna el presupuesto de la Secretaría de Hacienda y de la Contraloría, muestra también un fuerte descenso, ya que su peso relativo cayó de 9.3%, en 1980, a menos del 2%, en el 2003. Otro rubro con una fuerte baja fue el cuarto, Desarrollo Económico, que redujo su peso relativo del 12%, en los años 80, a la mitad en el nuevo siglo, él mismo agrupa el presupuesto otorgado a las Secretarías de Agricultura, Ganadería, Desarrollo Rural Pesca y Alimentación; Medio Ambiente y Recursos Naturales; Economía; Energía; Turismo y de la Reforma Agraria.

El sexto rubro, Comunicaciones y Transportes, muestra variaciones, ya que la cantidad del presupuesto destinada a estas actividades se ubicó alrededor del 2% en promedio, sin embargo, en 1985 y en 1995, tuvo incrementos que duplicaron su peso. Otro tanto ocurrió con el rubro ocho, Desarrollo Social y Justicia que agrupa el presupuesto recibido por: la Secretaría de Desarrollo Social y los programas de: Superación de la Pobreza, Desarrollo Social y Productivo en Regiones de Pobreza, Solidaridad y Desarrollo Regional; así como: a la Procuraduría General y a los Tribunales Agrarios y Federales de Justicia Fiscal y Administrativa, que han tenido también un peso relativo promedio de 2% y que redujeron su peso relativo a la mitad, en 1985, pero que lo incrementaron a más del doble en 1995. El quinto rubro que consigna el presupuesto de la Secretaría de Educación Pública y CONACYT tuvo una mayor estabilidad y un peso relativo promedio de 9%, aunque incrementó su peso relativo entre 1 y 3% en el primer quinquenio de los 90. Los rubros que han incrementado claramente su importancia relativa son: Salud y Seguridad Social que elevó su participación relativa del 1.4% a más del 11% de 1980 al 2003, Defensa, Marina y Seguridad Pública que elevó la suya del 1.3% al 3.1% en ese mismo período y las Aportaciones Federales para entidades federativas y municipios que incrementaron su peso relativo en el gasto total, del 10 al 22%, de 1995 al 2003. En el Cuadro 8 aparece la estructura del gasto del sector público de 1980 al 2003.

Cuadro 8
Gasto del sector público 1980–2003

Concepto	*1980*	*1985*	*1990*	*1995*	*2000*	*2003*
Gasto neto pagado	1401	18698	203,451	422,057	1,248,157	1,648,243
Programable	76.52%	60.21%	55.48%	66.96%	68.98%	73.78%
Gasto Corriente	50.32%	42.13%	42.01%	52.92%	57.25%	61.67%
Servicios personales b	19.13%	14.57%	16.27%	27.70%	31.42%	30.72%
Otros gastos de operación	19.56%	21.82%	20.84%	19.33%	18.11%	20.59%
Subsidios y transferencias	11.63%	5.73%	4.90%	5.89%	7.72%	10.36%
Capital	26.27%	18.09%	13.47%	14.04%	11.73%	12.11%
No programable	23.48%	39.79%	44.52%	33.04%	31.02%	26.22%
Pago de intereses	10.35%	29.70%	32.99%	20.08%	16.11%	11.58%
Otros	13.13%	10.08%	11.53%	12.95%	14.92%	14.64%

Fuente: INEGI, Anuario Estadístico de la República Mexicana 1997 y 2003.

Como puede verse el gasto programable que representaba en 1980 las ¾ partes del gasto total, redujo su peso relativo al 55% en 1990, ello, como consecuencia del fuerte incremento en el pago de intereses del 10% al 33%. Entre 1995 y 2000 el gasto corriente representó 2/3 partes y en el 2003, ¾ partes. La parte correspondiente al gasto corriente del gasto programable sufrió una reducción del 8% entre 1980 y 1990 como proporción del total, bajando del 50% al 42%, pero posteriormente incrementó su peso relativo hasta alcanzar 62% en el 2003. Los servicios personales sufrieron sólo un pequeño deterioro, su peso relativo se redujo del 19% del total del gasto al 14% entre 1980 y 1985, pero posteriormente aumentaron su peso relativo, primero al 16%, en 1990 y luego hasta alcanzar el 27% en 1995 y más del 30% desde el 2000.

Los servicios personales sufrieron sólo un pequeño deterioro, entre 1980 y 1985, su peso relativo se redujo del 19% del total del gasto al 14%; pero, posteriormente aumentaron su peso relativo, sólo al 16%, en 1990, luego hasta alcanzar el 27% en 1995 y más del 30% desde 2000. Las ayudas, subsidios y transferencias tuvieron una mayor afectación, ya que redujeron su peso relativo como parte del gasto total entre 1980 y 1990 del 12% al 5%, recuperándose para el 2003 hasta alcanzar un 10%. Los otros gastos de operación conservaron su peso relativo representando1/5 del gasto total. De manera que fueron los gastos en capital los que sufrieron un mayor deterioro constante y progresivo, disminuyendo su participación del 26%, en 1980, al 12%, en el 2000.

El gasto no programable, por su parte, incrementó su peso relativo como parte del gasto total neto pagado del 23% al 45%, entre 1980 y 1990, ello como resultado del incremento en el pago de intereses de la deuda pública. Así, mientras que en 1980, los pagos por intereses representaron el 10% del gasto total, en 1990, éstos representaron 1/3 del gasto total. En el 2000 se pagaron 200 mil millones de pesos por intereses, cifra que representó 1/6 del gasto total. En el 2003 el gasto por pago de intereses se redujo tanto en términos absolutos, a 190 mil millones de pesos, como en términos relativos, pues representó poco menos de 1/8 del gasto total.

Del análisis del ingreso y del gasto del sector público se desprende que los principios económicos no se toman en cuenta. La Hacienda Pública en México se ha vuelto un enorme cajón que el Gobierno llena a través de la exacción de impuestos a los ciudadanos utilizando su poder de imperio. El principio contractual que debiera operar para lograr un suministro eficiente de bienes públicos que postula que cada ciudadano debe contribuir de acuerdo a los beneficios que recibe, ha quedado para el Gobierno Federal en total olvido. Los impuestos indirectos, sobre el valor agregado, IVA, y especiales sobre productos y servicios, IEPES, y directos, el impuesto sobre la renta de las empresas y de las personas físicas son más altos en México que en muchas partes del mundo. El IVA es del 10%, el ISR aunque se aplica sólo a las personas que están por encima de la línea de pobreza, es altamente progresivo por lo que alcanza sus niveles máximos de más de 30%, para ingresos medios. Los impuestos especiales sobre la gasolina, el tabaco, el alcohol y otros, también son altos. El argumento de que en México son bajos los impuestos porque calculados como porcentaje del PIB no alcanzan el 20%, es necio y ofensivo en un país donde, de acuerdo con el INEGI, las dos terceras partes de la población ocupada reciben dos salarios mínimos o menos y, por ello, no pueden contarse entre los contribuyentes, su contribución es nula o negativa, de acuerdo a la ley. Además, la mitad de ellos, un tercio de la población ocupada recibe menos de un salario mínimo y una octava parte no gana nada, por lo que generan un enorme gasto social que no alcanza a cubrir el Estado.

Las principales fuentes tributarias del sector público, muestran que el Gobierno concentra su capacidad de imperio sobre las ventas y sobre los ingresos de los trabajadores y de las empresas y que afecta poderosamente a las clases media y a las empresas pequeñas y medianas, las cuales son las que más han resentido la caída de la demanda interna y el aumento del desempleo, el alza de los intereses, la inflación, los aumentos de la energía, de las tarifas del sector público y de los impuestos y la especulación inmobiliaria que ha encarecido enormemente los terrenos y construcciones. También han resentido la pérdida de sus pensiones y de los servicios de salud y educación, ya que aunque hayan cotizado durante 10 años o más tienen que formar colas en el IMSS, para obtener un servicio de salud; en la escuela pública, para inscribir a sus hijos; en la delegación o en el juzgado, para recibir algún servicio público, igual que un trabajador que lleva apenas tres meses en su puesto y que no cotiza porque gana el salario mínimo.

En suma la función de suministro eficaz de bienes públicos se ha perdido, ya que éstos se ofrecen bajo un principio de equidad seudo socialista que postula que todos deben recibir un mismo servicio indiferenciado, de la misma calidad para todos, es decir baja para el que cotiza más; un servicio general, poco especializado, por lo que no aporta grandes ventajas comparativas. En tales circunstancias si se pregunta: ¿quién quiere pagar impuestos? la respuesta del consumidor racional es nadie, que se los cobren al que se deje, de manera que el free rider, el evasor de impuestos, que se volvió una figura diaria, habitual con la economía informal, tiende a desarrollarse cada día más. La manera lógica de hacer contribuir al trabajador racional voluntariamente consiste en hacerlo partícipe de un servicio y en otorgarle un mayor nivel de servicio y una mejor atención si paga más y durante más largo tiempo, crear diferentes pólizas, como hacen las compañías de seguros u otorgarle vales a cambio de sus impuestos, los que cambiaría por los servicios y el nivel de atención que recibe.

La Secretaría de Hacienda quiere evitar la evasión de impuestos legalmente, incautando propiedades y metiendo a los contribuyentes incumplidos a la cárcel, creyendo que si lo hace con algunos, los demás pagarán por temor. Esta solución no es eficiente y además, es peligrosa porque pronto encontrarán los contribuyentes que sólo se les puede incautar sus bienes y que la privación de su libertad no puede ser más que temporal, porque de otra manera, perderían su trabajo o su empresa y el Estado, en lugar de recibir un ingreso, incurriría en un costo. En cuanto a la propiedad, si los juicios se generalizan, los contribuyentes incumplidos podrían adelantarse trasladando sus bienes a terceros. De manera que la salida correcta que tiene un Ministro que se precia de conocer bien la teoría de las finanzas públicas, es la de regresar a la concepción del Gobierno basado en el servicio público y en la optimización de los recursos escasos.

Por el lado del gasto, éste fue perdiendo progresivamente su relación con el ingreso y con el contribuyente. Entre 1940 y 1960 conservó cierto equilibrio y mesura. De 1960 a 1980, en cambio, el gasto se fue dedicando cada vez más, a la creación de múltiples empresas públicas y organismos centralizados y descentralizados y a su ampliación y desarrollo, a urbanizar la ciudad de México y a realizar las ideas del Presidente en turno, recurriendo a préstamos cada vez más cuantiosos, con un nivel muy alto de arbitrariedad, que sólo un Congreso, formado en su mayor parte por un solo partido, podía autorizar y aplaudir.

El Cuadro 9, nos muestra el balance del sector público entre 1980 y 2003. El balance presupuestario muestra un deterioro creciente entre 1980 y 1990, pasó de un déficit de 251 millones de pesos a un déficit de 16 mil millones y medio de pesos. En 1995, el déficit tuvo una reducción a 3 mil 174 millones de pesos y un fuerte deterioro posterior, ya que alcanzó los 60 mil millones de déficit en el 2000 y 73 mil millones en 2002.

Cuadro 9
Balance del sector público 1980–2003
(millones de pesos)

Concepto	*1980*	*1985*	*1990*	*1995*	*2000*	*2002*
Ingresos presupuestarios	1150	15335	186,938	418,883	1,187,704	1,387,235
Gasto neto pagado	1401	18698	203,451	422,057	1,248,157	1,459,951
Balance presupuestario	–251	–3363	–16,514	–3,174	–60,453	–72,716
Gobierno Federal	–134	–3581	–19,436	–14,781	–83,815	–135,098
Org y Empr cont directo	–117	219	2,922	11,607	23,632	62,382
Balance no presupuestario	–42	–539	–2,752	2,974	–143	–2,891
Org yEmp cont indirecto						
Balance Público de Caja	–293	–3902	–19,266	–201	–60,597	–75,607
Recursos externos	115	–243	–730	99,821	–57,749	–24,673
Recursos internos	177	4145	19,996	–99,620	118,345	100,280

Fuente: INEGI, *Anuario Estadístico de la República Mexicana. 1997 y 2003*. México.

De los 2 componentes que integran el balance presupuestario del Sector Público es el referente al Gobierno Federal el que muestra un deterioro rápido y progresivo, por el contrario, el balance que arrojan las empresas y organismos controlados directamente ha sido positivo desde 1985, por lo que ha permitido compensar una parte importante del déficit del Gobierno Federal, compensó el 79%, en 1995; el 28%, en el 2000, y el 46%, en el 2002. Al balance presupuestario debe sumarse el balance no presupuestario que es el que arrojan las empresas y organismos no controlados directamente y con ello, obtenemos el balance público total o de caja. Como puede verse en el Cuadro 8, no hay una gran diferencia entre este balance y el presupuestario debido a que el déficit de las empresas y organismos no controlados directamente se ha mantenido bajo, fue muy bajo en 1980, 1985 y 2000 y menor a los 3 mil millones de pesos en 1990 y 2002. En 1995, por el contrario, se obtuvo un superávit cercano a los 3 mil millones de pesos.

Para financiar esos déficits anuales permanentes que ha tenido el sector público durante las dos últimas décadas en general se acude a recursos internos y excepcionalmente a recursos externos, como se hizo en 1995, lo que motiva que la deuda del gobierno se incremente año con año hasta constituir una de los más graves desequilibrios y problemas económicos que tiene el país.

De acuerdo con datos del Banco de México al cierre de 2000, la deuda externa bruta del sector público alcanzaba los 84 mil millones de dólares y representaba el 12.5% del PIB. La deuda interna alcanzó los 675 mil millones de pesos, equivalentes a casi 70 mil millones de dólares. De manera que el monto de la deuda oficial que los analistas conocen asciende a poco más de 150 mil millones de dólares. En el año 2001 el valor de la deuda interna del sector público a través de valores fue de 763 mil millones de pesos, los Cetes representaban el 26%, los Bondes el 46%, los Udibonos el 12% y los demás valores el restante 16%, la deuda pública ascendió a 80 mil millones de dólares, de los cuales el 73% correspondía al Gobierno Federal, el 16% a los organismos y empresas controlados y el 10% a la Banca de desarrollo.

La deuda interna del sector público colocada a través de valores se mantuvo relativamente controlada entre 1990 y 1996 entre 130 y 170 mil millones de pesos, excepto en 1994, cuando alcanzó los 229 mil millones, pero, después no ha dejado de crecer, alcanzando los 876 mil millones de pesos en el año 2002. La base monetaria por su parte tampoco ha dejado de crecer, ésta era de 30 mil millones de pesos en 1990 y de 264 mil millones en 2002. Sin embargo, según el informe de las finanzas públicas del cuarto trimestre de 2000, el saldo total de las obligaciones con garantía fiscal ascendía a 986 mil millones, lo que representaba el 16.6% del PIB, suma en la que se incluían los pasivos del IPAB por 740.5 mil millones de pesos, 123. 4 mil millones correspondientes a fideicomisos y fondos de fomento, 105.4 mil millones de pesos de rescate carretero, 13.2 mil millones de la banca de desarrollo y 3.8 mil millones más del rubro otros. La deuda de los estados y municipios representaba 1.6% del PIB y la de Proyectos de Impacto Diferido en el Registro del Gasto (PIDIREGAS), el 2.6% del PIB. De mayor relevancia eran la deuda derivada del sistema de pensiones, cuya suma alcanzaba los 357 mil millones de pesos, equivalentes al 56% del PIB. El IMSS adeuda la suma de 1billón 160 mil pesos a sus asegurados y de 300 mil millones a sus trabajadores, suma equivalente a 155 mil millones de dólares que representaban el 25% del PIB. Los pasivos de PEMEX por 200 mil millones de pesos, los del ISSSTE por 182 mil millones, sumados a los pasivos de CFE, Luz y Fuerza del Centro y de organismos descentralizados representan casi el 40% del producto (Turner, 2004: 351).

El periódico Excélsior en su encabezado de la primera plana del domingo 27 de noviembre de 2005 advertía: "De espanto", la Deuda Nacional, ya en el texto citaba los comentarios del Presidente de la Federación de Economistas Mexicanos, Manuel Rodríguez Solar, quien, al referirse a los candidatos a la Presidencia de la República, decía se necesita un patriota que afronte y solucione la deuda pública porque, sólo así se acabarían todos nuestros problemas y, agregaba, ninguno de los presidenciables quiere enfrentar el problema. "Cada hora la deuda crece y nos cuesta más de 120 millones de pesos,..., 2 878 millones de pesos diarios y más de un billón al año".

Se trata de un texto muy corto que no presenta la base de sus estimaciones, creemos que los cálculos sobre el costo real de la deuda están exagerados, ya que la mayor parte de la deuda no genera intereses porque es deuda social del Estado, sus empresas y organismos, con los trabajadores, pero el problema es real subsiste y no se soluciona porque la deuda tiende a ampliarse. En lo que se refiere a pago de intereses como parte del gasto, en el 2000 se pagaron 200 mil millones de pesos y desde entonces se ha pagado una suma un poco menor, $190 mil millones, ella representa la quinta parte del costo referido de un billón anual. Como hemos señalado la deuda del Estado podría alcanzar el 60% del PIB, si ella pagara, una tasa de financiamiento promedio del 8%, tendría un costo de 4.8% del PIB y absorbería casi la tercera parte de los ingresos públicos, lo que se aproxima a la realidad. En 1990, los intereses representaron la tercera parte del gasto, de manera que ya llevamos más de una década sin resolver el problema, sin saber si se solventa, con la caída de la inflación y las tasas de interés, o se agrava, con el FOBAPROA, los PIDIREGAS, etc., el envejecimiento de la población, la economía informal, el aumento de la criminalidad, etc. Existen todo un sin número de circunstancias que minan los ingresos públicos y la productividad mientras que transferencias y las cargas financieras tienden a incrementarse, distrayendo los capitales de los sectores productivos a los que simplemente obtienen rentas por transferencias.

5. RESUMEN DEL CAPÍTULO 5

La política económica actual busca mantener una baja tasa de inflación y un tipo de cambio estable como condiciones para lograr la estabilidad económica y para retener y ampliar las inversiones globalizadas, nacionales o extranjeras. Sin embargo, dichas condiciones implican: 1) el control del gasto público y de los salarios para contener la inflación, 2) apoyar las exportaciones y contener la expansión de la demanda interna y de las importaciones para salvaguardar la paridad cambiaria. Ellas frenan el crecimiento y conducen al estancamiento de la producción y del empleo, como ha quedado claramente de manifiesto a lo largo de las dos últimas décadas. En las condiciones del actual modelo exportador, el término estabilidad económica se ha vuelto sinónimo de estancamiento.

Las medidas de ajuste adoptadas reiteradamente por el Gobierno Mexicano cuando se presentaron las crisis de 1976, 1982, 1986 y 1995 y los acuerdos que celebró con el FMI motivaron que los responsables de la política económica las hicieran suyas, al grado de darle autonomía al Banco de México con el fin de que garantizará la estabilidad del país mediante el cumplimiento de esos dos objetivos. De esa manera, la política monetaria quedó en manos de este organismo independiente, que es, desde entonces, un gran aliado del capital financiero, porque estas dos medidas son indispensables para que pueda valorizarse.

Los mecanismos económicos que mantienen a la economía mexicana con tasas tan bajas de crecimiento se deben al predomino de la política fiscal más restrictiva que incitativa, la cual acaba por limitar al mercado interno y desalentar la inversión productiva para, por el contrario, promover la economía rentista. Ello coloca a los productores nacionales en una situación en que el crecimiento de sus ingresos depende de estas rentas pero no del desarrollo de las ganancias de productividad. Se insiste en preservar la disciplina fiscal y la reducción de la inflación en espera de las reformas estructurales que nunca llegan, particularmente en las finanzas públicas y la definición de los derechos de propiedad aconsejada por la EscDerProp. Tales políticas favorables a los cazadores de rentas porque asentadas en el laxismo fiscal son las causantes del contexto de estancamiento que enfrenta la economía nacional.

Es necesario agregar que entre las funciones más importantes que proporciona el marco institucional y la acción del Estado, están el de crear economías externas de aglomeración y de urbanización para las empresas y consumidores, incrementando la productividad y el bienestar mediante la ampliación de oferta/demanda nacionales. No se dijo *oferta en particular ni demanda en particular*. Esta imagen objetivo se ha perdido totalmente, tanto por el abandono de las funciones económicas del Estado como por su manera de de recaudar impuestos verdaderamente benévola y ejercer precariamente el gasto a causa de la débil recaudación impositiva. La concentración y centralización del poder financiero público de la Nación impide que las diferentes regiones, ciudades, estados y municipios aprovechen sus ventajas comparativas, eventualmente competitivas.

Como hemos visto, es a través de mecanismos institucionales que el Gobierno se ha metido en un callejón sin salida. A la política macroeconómica que impide el crecimiento y con ello el aumento de los ingresos del Estado, habría que agregar otras de carácter micro económico, como son el hecho de que la tasa de interés es demasiado alta todavía porque el Gobierno acude al mercado de valores para financiar su deuda y que el Banco de México restringe el circulante. A lo anterior se suma otra política micro debida a una Banca que cobra muy altos márgenes de intermediación y con ello suma presiones estancacionistas al mismo tiempo que captura muy cuantiosas rentas de regulación.

Otro de los mercados monopólicos altamente especulativos es el mercado inmobiliario, el cual mantiene elevadísimas ganancias debido a la situación imprecisa que tiene la tenencia de la tierra en México porque el Estado no cumple con su función básica de definir y hacer cumplir los derechos de propiedad (EscDerProp) ejercitando una política presupuestaria consecuente que promueve la informalidad tanto de los que evaden y eluden impuestos como de las de empresas no declaradas. Así, lo inmobiliario es el campo predilecto donde confluyen los funcionarios públicos locales corruptos que regularizan la propiedad de la tierra y dan licencias de construcción para enriquecerse aprovechando sus puestos. Evidentemente que los sobre beneficios o rentas que se obtienen por la venta de casas y terrenos, bienes a los que los consumidores no tiene acceso directo por defectos en la demanda solvente con prohibiciones y negación de permisos, se ven multiplicadas por las exacciones bancarias que minan poderosamente la capacidad de los contribuyentes por muchos años, y con ello, del Estado para au–

mentar sus ingresos ya que los especuladores inmobiliarios suplen a los Gobiernos locales en la provisión de un bien que por sus características debería formar parte de los derechos ciudadanos.

Resulta evidente que con el modelo exportador implementado por el Gobierno se encuentra atascado en un círculo vicioso cuya salida requiere reformas institucionales, entre las cuales una de las más importantes es la de las finanzas públicas que vaya más allá de aumentar los precios de las medicinas, los alimentos y los bienes suntuarios o de perseguir a los contribuyentes morosos y evasores. Ella no es la única reforma necesaria, también se requieren otros cambios macroeconómicos en el área monetaria y financiera, sin olvidar la de tipo micro económico que combata el rentismo en los mercados inmobiliarios. Ellas no son medidas que atenten contra el adecuado funcionamiento de los mercados ya que, por el contrario, no sólo permitirían que estos funcionen mejor, sino también que la provisión de bienes públicos se corresponda con el beneficio que otorga el gasto público a los contribuyentes. Este sería seguramente el caso para la mayoría de los trabajadores, cuando el Estado les proporcione educación, salud, vivienda, certidumbre jurídica y seguridad (particularmente contra el crimen organizado), servicios financieros baratos, seguro contra desempleo y pensión, en función de sus contribuciones, al mismo tiempo que limitando a los morosos y evasores. Estos servicios fueron promesas y transferencias presupuestarias del gobierno que dieron muchos votos en el pasado; pero también fallos de las instituciones que motivaron la corrupción y los derroches que prohijaron las finanzas públicas del estancamiento durante la apropiación improductiva que genera ingentes propiedades.

6. BIBLIOGRAFÍA

Aguilar, Luis

1992 "El estudio de las políticas públicas", Miguel Ángel Porrúa 1992.

Alchian, Armen

1977 "Some economics of property rights", en Armen Alchian, "Economic forces at work", Liberty Press.

Ayala, José

1999 "Instituciones y economía", FCE.

Bañon, Ramón
1998 "La nueva administración pública", Alianza Universidad, España.

Barzel, Yoram
1997 "The property rights model", en Yoram Barzel, "Economic Análisis of Property Rights", Cambridge Univ. Press.

Brugé, Q. y Subirats, J.
1996 "Lecturas de gestión pública", MAP, España.

Calva, José
2002 "Política económica para el desarrollo sostenido con equidad", Juan Pablos–UNAM, 2002.

Clavijo, Fernando
2000 "Reformas económicas en México 1982–1999", FCE, CEPAL.

Coase, Ronald
1960 "The problem of social cost", en revista "Journal of Law and Economics", volumen 3 no. 1, octubre.

Chapoy Bonifaz, D.
1992 "Finanzas nacionales y finanzas estatales", Universidad Nacional Autónoma de México.

Demsetz, Harold
1967 "Toward a theory of property rights", en "American Economic Review", vol. LVII no. 2.

Fontaine, E.
1999 "Evaluación Social de Proyectos", Ediciones Universidad Católica de Chile–Alfaomega.

Huerta González, A.
2004 "La economía política del estancamiento", Diana.

INEGI
1997 y
2003 "Anuario Estadístico de los Estados Unidos Mexicanos".

Kaplan, Marcos
1988 "Regulación jurídica del intervencionismo estatal en México", UNAM, FCE, SEMIP, SIDERMEX.

Musgrave, Richard y Peggy
1999 "Hacienda pública. Teórica y aplicada", Ed. Mc Graw Hill.

NAFINSA
1981 y
1997 "La economía mexicana en cifras", Nafinsa.

Pérez Dayán, A.

1992 "Teoría General del Acto Administrativo", Porrúa.

Piñeyro, José

2004 "La Seguridad Nacional en México", UAM–A.

Quintana, José

1988 "Derecho Tributario Mexicano", Trillas.

Sosa, Juan

2000 "Gobierno y administración pública en México: apuntes para una discusión abierta", en revista "Foro Internacional", Vol. XL, Núm. 3, julio–sept.

Subirats, Juan

1994 "Análisis de políticas públicas y eficacia de la administración", MAP, España.

Turner, Ernesto

2004 "Las funciones de las finanzas públicas y su relación con la seguridad nacional de México", en "La seguridad nacional en México", Piñeyro.

Wright, Driwgth

1997 "Para entender las relaciones intergubernamentales", Fondo de Cultura Económica.

CAPÍTULO 6
RIGIDEZ Y ADAPTABILIDAD EN EL TRANSPLANTE DE INSTITUCIONES PÚBLICAS

*Fernando Jeannot**

1. INTRODUCCIÓN AL CAPÍTULO 6

El Diccionario de la Real Academia Española define a la gobernanza como el "arte o manera de gobernar que se propone como objetivo el logro del desarrollo económico social e institucional duradero, promoviendo un sano equilibrio entre el Estado, la sociedad civil y el mercado de la economía", es decir, según nuestro punto de vista, este Diccionario se refiere a la *buena gobernanza de Estado* (good governance). Sin embargo y ahora desde el punto de vista económico, la gobernanza es el concentrado de instituciones que delimitan el comportamiento de los responsables de la política económica o la gestión privada, formal o informal (Giddens ,1998: 144 a 147). Es decir que la gobernanza pública sin adjetivos, es una masa crítica de intangibles que encuadra la toma de decisiones con vistas a la instrumentación de la política económica, el gobierno y sus finanzas, cualquiera sea el elenco de gobierno y los componentes de la oposición. Esta gobernanza del Estado es una noción muy cercana a la gobernabilidad, en tanto que la última consiste en una etapa o fase institucional que hace posible el gobierno eficiente de una economía capitalista. Por el contrario, conjunto ingobernable o escenario de ingobernabilidad, es cuando la nación no es susceptible de gobierno minimamente cohesionado y operativo. Determinada sociedad es gobernable en la medida que puede ser gobernada, por lo que una

* Departamento de Economía. Universidad Autónoma Metropolitana–Azcapotzalco. fjean@correo.azc.uam.mx

sociedad de suspicacia, de desconfianza, es ingobernable porque no cuenta con el elemento de cohesión básico. A más legitimidad gubernamental, habrá mayor gobernabilidad.

Comenzamos por estudiar el modelo de fortalecimiento del mercado en la variedad de capitalismos del presente, porque el mismo constituye la forma organizativa predominante en todo el mundo, pero particularmente en México. A continuación revisamos seis indicadores empíricos de la gobernanza pública tanto en forma comparativa como explicativa a fin de mostrar las rigideces que existen en el transplante de las instituciones propias de los capitalismos competitivos. Y finalizamos por centrarnos en los criterios de gobernanza financiera quienes han evidenciado una gran plasticidad estructural para transplantar las instituciones de la modernización competitiva.

2. LAS FUNCIONES DEL GOBIERNO EN LA VARIEDAD DE CAPITALISMOS

La política pública en México tiene por cometido esencial fortalecer al mercado de acuerdo a una opción institucional que asumieron los responsables del gobierno a partir de 1983. Nadie ignora que la puesta en práctica de esta opción ha implicado avances y retrocesos antes de resultar en la falta de iniciativas suficientemente consensuadas con posterioridad a la crisis de 1994–95. De cualquier forma el modelo de política económica que busca fortalecer al mercado ha sido explicitado por Aoki (2001) y el Banco Mundial (2002).

En el caso mexicano, la gobernanza pública se refiere a una economía de rentas según la teoría respectiva, quien está configurada por la política económica, el gobierno y sus finanzas *en sentido amplio* (fiscalidad, gasto público, tipo de cambio, Banco Central, etc.). Para tener un panorama completo de las diversas teorías de la gobernanza puede consultarse a Charreaux (2004: 44 y siguientes). Sin embargo y en este escrito nos limitamos a la aplicación de una sola teoría de la gobernanza, tal cual es la de la búsqueda de rentas originada en Krueger hace tiempo (1974) pero retomada recientemente (2004), aunque también desarrollada por Buchanan, Tollison y Tullock (1980), Bagwathi (2002) y Olson (2000), entre otros donde hay una aplicación al caso mexicano en Jeannot (2001).

Podemos resumir en un párrafo a la teoría de la búsqueda de renta: la gobernanza de un Estado comprende a la política económica, el gobierno y las finanzas respectivas. Numerosos países capitalistas y rezagados competitivamente se caracterizan por diversas formas de clientelismo, nepotismo y corrupción al punto tal que se los califica peyorativamente de *capitalismos de compadres* (*crony capitalism* o *capitalist cronyism*; Krugman 2002). La participación del Estado en la economía por medio del empleo y la legislación, genera rentas que se apropian los agentes privados, por lo que tanto los individuos como las empresas o sus grupos de presión están motivados a invertir recursos destinados a capturar rentas y obtener privilegios, en lugar de desarrollar las ganancias de productividad en la microeconomía. Los funcionarios del Estado ofrecen rentas en contraprestación de remuneraciones en dinero o en apoyos políticos. La apropiación de rentas entraña derroche de recursos porque no desarrolla la eficiencia ni la eficacia en la asignación de recursos, al mismo tiempo que contribuye a la violencia política porque no promueve a las instituciones democráticas que permiten la solución pacífica de los conflictos de intereses.

La teoría de la captura de las rentas de reglamentación también converge con las anteriores teorías de la gobernanza al sostener que esta captura consiste en negocios del sector público con el sector privado. Con base en la corrupción, funcionarios públicos venales ejercitan una *internalidad* (al contrario de la *externalidad*, se obtienen beneficios privados *dentro* del sector público) por medio de la cual negocian reglamentos con empresarios privados organizados en grupos de presión. Esta negociación bien puede consistir en reglamentar o en desreglamentar, en estatizar o en privatizar. Los oferentes públicos cobran divisas, son nombrados en puestos de alto nivel, obtienen financiamiento de campañas políticas u otra forma de renta; mientras que los empresarios privados demandantes de reglamentación obtienen disposiciones sesgadas, desreglamentaciones que perjudican a la sociedad o protección artificial de los competidores. La relación de poder correspondiente hace que el reglamentador se venda al reglamentado mediante la facturación de los costos a la sociedad. Si bien Stigler (2003: 113 a 125) propuso desde la ortodoxia liberal retirar al gobierno el poder de reglamentar, nuestra reflexión heterodoxa busca evaluar el significado de los grupos de presión privados como elenco de las oligarquías compradoras que lideran los mercados *sumergidos* (por contraposición a *emergentes*).

Una forma de evaluar el carácter improductivo, y por lo tanto rentista, de una economía, es ir pormenorizando los criterios de gobernanza y su medición en el entendido de que el capitalismo rezagado competitivamente no se limita al sector público sino que representa una sociedad de rentistas donde el Estado configura una relación esencialmente política (Buchanan, Tollison y Tullock 1980: 95). La realidad reciente de los capitalismos realmente existentes ha evidenciado que la diversidad de instituciones nacionales dista mucho de cualquier auto regulación del mercado que prescinda del Estado, tal como la idealizada por Friedman (2003: 23 a 36).

En la realidad, hay capitalismos dirigistas (por ejemplo China), y también liberales (por ejemplo Estados Unidos), pero los regímenes híbridos son los más numerosos, marcan la pauta evolutiva y corresponden al caso mexicano. Esto es lo que se desprende del conjunto de trabajos sobre las instituciones que prevalecen en las *variedades de capitalismos* (varieties of capitalism, VOC), tal como las estudiadas en Whitley (en particular: Whitley; 2002: 317 a 352), pero también por otros autores como Boyer (2002); Hall y Soskice (2001); Hall y Gingerich (2001), Hamilton y Feenstra (2002: 3), Hodgson (2001: 75), Soskice (2002: 123), Amable y Petit (2002: 33).

A fin de evitar confusiones, recordamos que los *sistemas* (modelo teórico) y los *regímenes* (versión empírica del sistema) capitalistas se caracterizan por: (a) la propiedad de los principales medios de producción no es de los obreros y empleados, lo que da lugar a la apropiación de beneficios correspondiente. Cabe destacar que no es característica definitoria del capitalismo la propiedad privada de los medios de producción, la cual ya existía en modos de producción anteriores, sino el salario y los mercados de trabajo. (b) La enorme mayoría de la producción se destina a los mercados, los cuales dependen de los costos de las transacciones para ser operativos. (c) El excedente organizacional de las empresas es el objetivo esencial de la producción basada en el desarrollo tecnológico y organizativo de los capitalismos productivos. (d) La mayoría de la población es asalariada. (e) Por oposición a lo anterior, una parte minoritaria de la población obtiene diversas formas de remuneración en función del control de los bienes de capital: retribuciones a los empresarios, intereses, dividendos, emolumentos y prestaciones de los altos funcionarios públicos, rentas. Hasta el presente, ha tenido tres grandes etapas: el capitalismo comercial que procedió al artesanado, el industrial que nació con la Revolución homónima y el post industrial o basado en los factores de producción intangibles que tiene lugar desde la posguerra II. Según quien controle el proceso de ahorro e inversión, hay capitalismo de Estado cuando el gobierno lo dirige, y capitalismo privado cuando las empresas del mismo género lo controlan.

El estado gestor de la competitividad

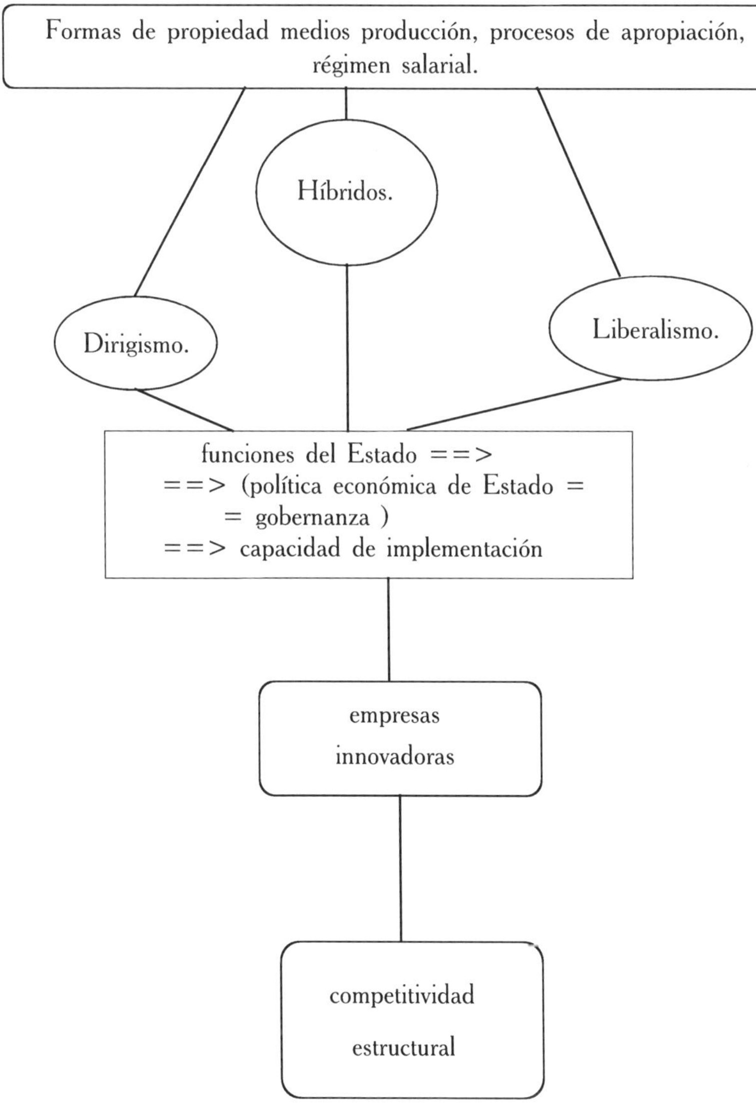

En este gráfico de las funciones del Estado vemos cómo cualquier clase de capitalismo actual tiende a la competitividad estructural conducido por el gobierno nacional. Como reseñamos anteriormente, el capitalismo no se caracteriza por la propiedad privada de los medios de producción, sino por el régimen salarial y los procesos de apropiación que corresponden a determinadas formas de propiedad, como la privada, la estatal, la cooperativa o la comunal. Hay tres tipos de capitalismos, según la adaptación que hacemos de Hall y Soskice (2001: 17), quienes distinguen a los regímenes impersonales y espontáneos (liberales en nuestro caso), los regímenes híbridos, y los relacionales o dirigidos (dirigistas en nuestro caso). Los regímenes liberales representan una coordinación espontánea basada en los precios y los contratos formales del orden privado, quien controla el proceso de ahorro inversión (capitalismo privado); mientras que los dirigistas, en cambio, se basan en la coordinación estatal que administra el proceso ahorro inversión (capitalismo de Estado). Los regímenes híbridos, a su vez, no son tales solamente por combinar los extremos antes citados en distintas medidas, sino por basarse en la coordinación de mercado fundamentalmente regulada por los derechos de propiedad privada y los costos de las transacciones; es decir, coordinación institucional pero no espontánea, la cual se articula con un Estado de crecimiento endógeno, pero no de Mano Invisible. En las tres variantes se aplica una regulación de fortalecimiento del mercado con distintos modos de coordinación macro, particularmente el de definir y hacer cumplir los derechos de propiedad tal como aconseja la EscDerProp (Barzel 1997, Alston 1996, Coase 1960, Alchian 1977 y Demsetz 1967).

Ninguno de los extremos (dirigismo o liberalismo) aplicados al estudio empírico de economías nacionales en el plazo 1960–1998 domina al otro en términos de tasa de crecimiento del PIB, PIB per cápita o tipo de cambio, por lo que, en general, son los capitalismos híbridos quienes prevalecen y están más difundidos por ser la forma evolutiva de convergencia entre el liberalismo y el dirigismo actuales (Charreaux 2004: 38 a 40). En este sentido, es ilustrativo que el modelo más liberal del presente (los Estados Unidos) esté incorporando los métodos de producción flexible propios del corporatismo japonés, o que la planificación indicativa administrada por el gobierno es cada vez más propia del dirigismo chino que ha otorgado autonomía financiera a sus estados, ha creado zonas francas y hasta alberga a Hong Kong como representante de *un país con dos sistemas*... capitalistas. Los regímenes híbridos existentes constituyen la meta evolutiva de los liberalismos o dirigismos y son, en todos los casos, economías de mercado más o menos democráticas que concitan tanto la concurrencia imperfecta en el mercado económico como en el político. Y esto último adquiere especial relevancia con respecto al Estado, quien es una entidad esencialmente política.

Los regímenes híbridos o de centro se caracterizan por seguir una pauta organizativa pragmática donde la política económica se orienta al fortalecimiento institucional de los mercados privados. Desde los regímenes socialistas de los Países Nórdicos y Holanda, hasta el corporatismo japonés o la social democracia inglesa o la economía social de mercado alemana, todos estos híbridos están abocados al fortalecimiento del mercado. Pero no existen intercambios fuertes sin un Estado con solvencia presupuestal, dado que ambos desarrollos no son antinómicos por diversas razones, pero en particular porque para que el Estado fortalezca al mercado mediante la gobernanza respectiva, debe contar con una base presupuestal basada en los dividendos del progreso competitivo, o sea, en una recaudación fiscal asociada al crecimiento dinámico del producto. La falta de progreso en la recaudación de los dividendos del progreso competitivo es una de las fallas esenciales del enfoque de fortalecimiento del mercado que aplica México después de 1983, la cual recicla a la economía de rentas no competitiva. En general, la búsqueda de rentas en este país representa un formidable obstáculo para el fortalecimiento del mercado, es decir que bloquea su diversificación y profundización.

Las diferentes posiciones con respecto al modelo de política económica no son entre planificar y no planificar como podría pensarse equivocadamente, sino entre una coordinación instrumentada desde el gobierno (public governance) y otra coordinación centrada en las empresas privadas, quienes operan de acuerdo a su planeación estratégica y la gobernanza privada (corporate governance). Este escrito se refiere a la gobernanza pública pero no a la privada, por lo que es importante destacar que las *VOC de centro*, es decir que están situadas *más allá de la izquierda y la derecha* políticas (Giddens 1994) le otorgan nuevas funciones al gobierno como administrador del conjunto nacional, pero dejan lo fundamental de la economía en manos de los mercados privados, particularmente el control del proceso ahorro inversión, tal como sucede en México una vez que el Estado Propietario cerró su ciclo en 1982.

Si el transplante de las instituciones (Boyer y Hollingsworth 1997: 351) fuera como postula la ortodoxia neoclásica, no cabe duda que la economía ideal sería una *sumatoria* (usamos este término para destacar el sesgo que representa el irrealismo metodológico de los neoclásicos) de la educación danesa, el empleo sueco, la alta tecnología de Finlandia, la política social holandesa y la productividad norteamericana, sin olvidar el desarrollo humano canadiense. Pero como la mecánica que haría posible esta sumatoria no existe en la realidad, la dinámica institucional efectiva que media tanto los transplantes como las interacciones del mismo género, nos inducen a analizar los comportamientos reales que se sitúan en términos de longitudes y latitudes específicas de la variedad de capitalismos (Amable y Petit 2002: 31).

En el dirigismo el Estado es *republicano* en el sentido de que no se le otorga prioridad a la democracia política ni a la del mercado porque se conserva una concepción organicista del Estado que México aplicó durante el régimen de partido único. En cambio y en la *variedad híbrida de capitalismo* (VOCh en adelante) se sustenta una concepción democrática del mismo, particularmente orientada a gestionar la política social basada en el slogan de que *no hay derechos sin responsabilidades* como emblema de un nuevo individualismo diferente del manchesteriano y constituyente de un *individualismo institucionalizado* (Giddens 1998: 36) forjado por la mundialización, la reforma del Gobierno Benefactor y la ciudadanía social, el cual se distancia del egoísmo y se acerca a las nuevas formas de solidaridad social relacionadas, por ejemplo, con la ecología, los derechos humanos o la libertad sexual, pero sin sesgo hacia el colectivismo. (Giddens 1998: 34 a 37 y Giddens 1994: 182 a 188). Ello consiste, ejemplificando nuevamente, en pasar del Gobierno Benefactor Pasivo o indemnizador, al Gobierno Benefactor Activo (Positive Welfare) abocado a reciclar laboralmente a los desempleados tomando en cuenta las particularidades de los mismos, pero de ninguna manera ejercitando una política global de indemnizaciones. Este Bienestar Positivo ha dado como fruto el abatimiento del desempleo en varios países de Europa Occidental y Nórdica durante los novecientos noventa, pero no en México donde el escaso crecimiento del producto se corresponde con las tasas de desempleo y, sobre todo, subempleo, por lo que resulta improcedente cualquier estrategia de *work fare*.

El liberalismo ortodoxo considera al Estado como una metáfora cuya ontología se remite a los comportamientos individuales. Para el liberalismo, son los individuos quienes actuando colectivamente dan lugar a la economía pública, al mismo tiempo que el Estado gobierno es análogo a una empresa Caja Negra; esta vez especializada en vender bienes públicos. Sus dimensiones deben ser mínimas, porque se sigue la ideología creacionista de la mano invisible smithiana. En el caso de los Estados Unidos, se aplica un *crowding out inverso* en el sentido que el financiamiento público de la producción privada desequilibra al presupuesto del sector público mediante la rebaja de impuestos como contrapartida del gasto público sostenido, por lo que se empobrece al Estado.

Desde el punto de vista regulacionista, Boyer (2001: 107) detalla cuatro formas generales de regulación o de política económica que creemos compatibles con nuestra clasificación: (1) dirigida por el mercado, (2) dirigida por el Estado, (3) corporativa, y (4) social demócrata. Integramos los cuatro tipos de Boyer en nuestra clasificación triádica en tanto que las dos primeras serían nuestros extremos y las dos segundas quedan comprendidas en las VOCh. Cabe subrayar que Boyer no toma en cuenta a China ni a los capitalismos rezagados competitivamente, pero nosotros sí. Igualmente que la dirigida por el Estado en Boyer, se asimila a los países de la Unión Europea, mientras que la social demócrata está muy cercana de ésta porque basada en el llamado *Pacto Keynesiano*, es decir el consenso institucional entre las federaciones patronales, las federaciones obreras y el gobierno, dentro del contexto de las economías nacionales cerradas, el Estado Benefactor y el fordismo en la producción. El ejemplo clásico de Pacto Keynesiano exitoso lo constituyó la Suecia socialdemócrata antes de 1980. Hoy en día no tiene vigencia el Pacto Keynesiano por la apertura del sector externo, la flexibilización postfordista de la producción y el agotamiento de la macroeconomía keynesiana a causa de la estanflación, todo lo cual condiciona la celebración de un nuevo contrato social en México que corresponda a la modernización competitiva.

La socialdemocracia representó a movimientos o gobiernos socialistas de filiación marxista, pero diferentes de las corrientes bolcheviques (leninistas o trotskistas), y alcanzó su mayor desarrollo en Europa

Occidental hasta ocupar el gobierno durante largos períodos de tiempo y en diversos países. Desde el punto de vista de la gobernanza pública, ejercitaron un enfoque keynesiano centrado en el gasto público deficitario, el apoyo a la demanda y la defensa gubernamental del empleo, aunque, por otra parte y desde el punto de vista político, la alianza entre las centrales sindicales y el gobierno. Cuando estos movimientos social demócratas renunciaron a la teoría de la lucha de clases, su filiación marxista quedó superada al punto tal que la gobernanza pública de los social demócratas actuales (Schroeder, etc.) se caracterizan por tomar distancias con las federaciones sindicales. Finalmente, la regulación corporativa de Boyer corresponde a los casos japonés y coreano que nosotros incluimos en las VOCh. México tiene una tradición corporativa iniciada por Lázaro Cárdenas, la cual hoy en día puede ser vista como algo decadente a causa de la obsolescencia del Pacto Keynesiano.

Los dirigismos se justifican en la teoría de los fallos del mercado teniendo en cuenta que esta teoría iniciada por Pigou en los novecientos veinte ha sido recuperada por la economía de la información (Stiglitz, Aoki). Las VOCh suman la teoría de las fallas del mercado a las del gobierno y con ello auspician políticas correctores no solamente del mercado, sino también del sector público tal como la reducción del gasto corriente en el Distrito Federal de México durante los últimos años. Los capitalismos liberales se asientan en las argumentaciones de la Escuela de la Elección Pública o Public Choice de Buchanan, Tullock y los economistas de Chicago (Stigler 2003: 148), donde se destacan los fallos en la teoría de un Estado ingenuamente supuesto representante del interés general por el keynesianismo. En oposición con las políticas de demanda, los capitalismos liberales dan prioridad a las de oferta con todas sus repercusiones en términos de prioridades estratégicas en la gobernanza pública como rebaja de impuestos o incentivos para la creación de empresas o desarrollo de las plataformas informáticas públicas en los Estados Unidos.

La mundialización económica justifica diversas políticas externas por parte de los capitalismos abiertos del presente. Los dirigismos pueden demorar esta apertura, mientras los liberalismos fieles a la doctrina tendrían que poner en práctica la apertura indiscriminada tanto con respecto a los flujos de bienes, como de inversiones o personas. Las VOCh practican un comercio exterior administrado que si bien tiene como tendencia central la libertad de comercio, introduce numerosas restricciones a la misma no solamente en cuanto a las migraciones, sino también con respecto a los productos del campo, el origen de las importaciones (bloque de pertenencia o terceros países) y otras más (Hirst y Thompson 1997: 337 a 359). México se inclinó demasiado hacia la apertura indiscriminada después de 1983 como consecuencia de la doctrina espontaneista de la economía que hipotecó la gestión de los responsables políticos de entonces.

El campo ha sido privatizado de hecho en China porque si bien y nominalmente la propiedad sigue siendo estatal, la producción es privada no solamente porque desaparecieron las ventas planificadas, sino porque los campesinos deciden ellos mismos el tipo de cultivos, la rotación y tantos otros aspectos de la agricultura de mercado. Los liberalismos más radicales cuentan con una buena definición de los derechos de propiedad privada en el campo, lo que hace que esta forma de propiedad sea la preponderante con respecto a la cooperativa o estatal. Las VOCh subsidian a sus campesinos por razones culturales o nacionalistas y porque los precios de sus productos sufren el deterioro interno de los términos del intercambio, aunque nadie ignora que estos subsidios se contraponen a la doctrina del libre mercado. La experiencia mexicana de los subsidios al campo esta reñida con el desarrollo de los rendimientos, por lo que se retrasa tanto la introducción de los incentivos de mercado en ese sector de la economía como su desarrollo competitivo.

La industrialización modernizadora puede, o no, confiarse solamente al mercado. Esto último profesa el liberalismo quien ve en las relaciones espontáneas de los agentes privados la garantía del crecimiento y el empleo promoviendo, de hecho, la expansión transnacional de las grandes empresas. Por el contrario, el dirigismo se orienta hacia el estatismo industrial y ocupacional, aún a costa de aparatos públicos sobredimensionados por demasiadas empresas del Estado. Las VOCh adjudican al gobierno no solamente labores de promoción de las pequeñas y medianas empresas (Pymes) sino también actividades cruciales para ampliar el sector de servicios con la realización de nuevas actividades (vigilancia, tiempo libre) que morigeren el desempleo. Las VOCh no reiteran las soluciones dirigistas con respecto al desempleo de Stalin o Mao, pero tampoco recurren al fundamentalismo de los liberales que desvinculan al gobierno del mismo. La realidad mostró que, por el contrario, no solamente en Inglaterra, sino también en los

Estados Unidos, el gobierno podía hacer muchas cosas para influir en la ocupación. La experiencia mexicana reciente muestra claras deficiencias en la promoción de las Pymes no solamente porque la Banca de Fomento discrimina en contra de estas mediante los costos de las transacciones, sino porque la Banca Comercial no les otorga créditos suficientes. Como es conocido, las Pymes son quienes más emplean mano de obra.

La Banca estatizada es propia de los dirigismos en una forma de *capitalismo financiero* que Hilferding no estudió ni, suponemos, tampoco imaginó con los trazos que éste tiene actualmente en China, no solamente por el gran volumen y la muy baja eficacia de la Banca estatizada, sino por las inversiones de este país oriental en Bonos del Tesoro estadounidense. Por el contrario, los liberalismos tienden a privatizar la Banca, aún el Banco Central y las diversas formas monetarias. Las VOCh generalmente cuentan con una Banca Central autónoma del Poder Ejecutivo y la Secretaría correspondiente, e instrumentan la regulación prudencial que ha aligerado substancialmente los controles, pero que conserva ciertos mecanismos reglamentarios como la Cuenta Única utilizada en México, la cual ha suplantado al encaje bancario con muy buenos resultados en la calidad monetaria del peso durante los últimos diez años.

El gasto público muestra con claridad una nueva diferenciación entre los tres modelos de capitalismo que estamos esquematizando. El dirigismo se apega a criterios recaudatorios vía tarifas o impuestos como manera de instrumentar la acumulación de capital. Se trataría de enriquecer al gobierno con una estrategia propia del capitalismo de Estado. Las VOCh no apelan tanto a la progresividad fiscal, pero sí a la posibilidad de gravar proporcionalmente a los mercados privados en expansión sin castigar por ello a los beneficios que sirven de aliciente a las actividades empresariales. Las VOCh incorporan el criterio liberal de los presupuestos equilibrados financieramente, sin perjuicio de sumar la tradición socialista de ejercitar una activa política social, particularmente con respecto al desempleo y la educación. Para las VOCh, los fallos del mercado hacen que se justifique la intervención del sector público a través de un sistema de impuestos/subsidios correctores, pero ello no justifica dar rienda suelta a las tradicionales fuentes de los fallos del gobierno, o sea, el laxismo presupuestal del gobierno o, mucho menos, la emisión descontrolada de dinero. Asumiendo un nuevo perfil recaudatorio con respecto al viejo modelo económico, el capitalismo de mercado en México acentúa la fiscalidad en los impuestos indirectos y la reducen en los directos, aunque la base tributaria sigue siendo verdaderamente raquítica. El liberalismo no postula ninguna política social y cantona al gobierno dentro de las posibilidades que le dan los reducidos ingresos fiscales derivados de impuestos que penalizan al gasto de las familias, pero no a los beneficios de las empresas (Boyer y Hollingworth 1997: 355). En la óptica del liberalismo y la economía de oferta, los gastos militares tienen efectos dinámicos, por lo que se justifica el mantener un aparato militar superlativo como el de la Hiper Potencia Norteamericana.

Las bases capitalistas de la política económica se apoyan en el pilar del reparto o distribución del ingreso. Mientras la concepción gobiernista del dirigismo alienta un concepto *redistribucionista* (repartir el ingreso generado antes de incrementar su nivel) pero da lugar a los privilegios de la burocracia de Estado (nomenclatura) generalmente obtenidos mediante las prestaciones, pero no la remuneración nominal. El liberalismo se cantona al reparto que puede hacer el mercado (Hottingswoth 1997: 125), en función del criterio conmutativo que liga la productividad a la obtención de remuneraciones (concepto meritocrático). Sin embargo, en los Estados Unidos al mismo tiempo que declinaba el New Deal y la sociedad de clases medias, se consolidaba una plutocracia (Piketty y Saez 2003: 15) favorecida por las últimas administraciones de gobierno sean ellas republicanas o demócratas. En el caso de las economías improductivas como la de México, en lugar de plutocracia y productivismo, la concentración del ingreso favorece ampliamente a la oligarquía compradora que es la antítesis de una clase empresarial schumpeteriana. Consecuencia de la divulgación de las ideas contractualistas de filiación liberal (Rawls), las VOCh donde se defiende la política social, buscan seguir los criterios conmutativos pero introducen cierto matiz importante como el gobierno asistencial de nuevo tipo (positive welfare basado en los tomadores responsables de riesgos) dentro de una renovación ideológica y política que debe más al Rousseau realmente existente que al Marx superado por la historia de las sociedades obedientes.

Las funciones de seguridad social remiten directamente al Estado Benefactor. El dirigismo se orienta hacia la estatización de la economía porque incorpora diversas visiones fatalistas sobre el capitalismo de mercados privados que representan una interpretación sesgada de la realidad. Las VOCh consideran necesario velar por el buen funcionamiento de los mercados privados pero sin inhibir su actuación a través de los altos costos de la seguridad social, por lo que el caso chileno sirve de referente obligado a economías como la mexicana que no asume la necesaria *modernización*, nadie dijo *privatización*, del Estado Asistencial. El liberalismo contraataca a la teoría de los fallos del mercado del dirigismo con la otra de los fallos de los gobiernos como arma arrojadiza que preludia al desmantelamiento del Estado Benefactor. No cabe duda que las diferencias entre las tres posiciones reseñadas pueden resumirse en la política que se quiere aplicar con respecto al Estado Benefactor. Si el dirigismo quiere facilitar su expansión burocrática, el liberalismo busca su desmantelamiento inclemente con la solidaridad social. Las VOCh más dinámicas (Holanda, Chile) no concuerdan ni con uno ni con otro, pero reconocen que es necesaria la modernización que haga frente a la crisis tanto de legitimidad como financiera que evidenció el Estado Benefactor durante los últimos años. Así y aún apelando a privatizaciones más o menos profundas, las VOCh innovadoras socialmente modernizan a un Estado Benefactor que necesariamente debe cambiar para poder seguir existiendo porque las viejas clases dirigentes, por ejemplo las de México, se han desgastado mediante un estatalismo asistencialista más indemnizador que preventivo y, para colmo de males, de baja cobertura.

3. RIGIDEZ DEL TRANSPLANTE EN LA GOBERNANZA PÚBLICA

La *política económica de Estado*, utilizando la expresión habitual en México, o gobernanza pública según la bibliografía institucionalista internacional citada, es un concentrado de instituciones que delimitan el comportamiento de los responsables de la política económica, formal o informal, de manera perdurable; es decir, un conjunto de criterios normativos que encuadran la toma de decisiones con vistas a la conducción de una economía determinada, cualquiera sea el elenco de gobierno. De esta manera, vemos la proximidad entre la política económica de Estado y la gobernanza pública, porque si la primera consiste en la aplicación de una teoría –la de búsqueda de rentas en este escrito– en función de la viabilidad política de cada medida de gobierno, la se–

gunda es sinónimo de criterios duraderos que encuadran al gobierno y la administración pública, o sea que representa la instrumentación perdurable de la autoridad política, del control de los funcionarios y la gestión de los recursos financieros para el desarrollo social y económico; en suma: los criterios perdurables –formales o informales– que presiden la administración del modelo de política económica.

¿Es posible adaptar en términos nacionales al modelo universal de gobernanza pública que surge por hibridación según lo vimos en la primera parte de este escrito? Si bien en principio y de acuerdo a la teoría cosmopolita de los neoclásicos sí lo es, desde el punto de vista institucional que teoriza realmente las condiciones de tiempo y lugar, no lo es porque el régimen nacional de la economía rentista bloquea el desarrollo de la eficiencia y la eficacia de la gobernanza pública. Se plantea así con toda su amplitud el problema del transplante de las instituciones (Hollingsworth y Boyer 1997: 121) que parece ser más agudo en el caso de la gobernanza pública de México y menos en la gobernanza financiera del mismo país, tal como lo vemos en las páginas siguientes.

Dada la disponibilidad de estudios empíricos sobre la gobernanza pública, a continuación tratamos el tema del transplante de las instituciones siguiendo a Kaufman, Kraay y Mastruzzi (2005) quienes utilizan seis indicadores del gobierno nacional como se detalla a continuación. Voz y rendición de cuentas (*voice and accountability*). Este indicador mide la independencia de los medios de comunicación masiva, particularmente la prensa, así como los derechos políticos y civiles, particularmente el de elegir a los gobernantes. Estabilidad y violencia políticas (*political stability*). Vigencia de métodos democráticos de Estado, en especial posibilidades de que los gobernantes no sean revocados por métodos inconstitucionales o violentos incluyendo al terrorismo. Efectividad gubernamental (*government effectiveness*). Calidad de los servicios públicos, más competencia e independencia de la función pública. Regulación de mercado (*regulatory quality*). Ausencia de políticas hostiles al mercado, esencialmente con respecto a los mercados de bienes, al sector externo y a los Bancos. Estado de derecho (*rules of law*). Cumplimiento de los contratos, policía, particularmente la protección de las personas y los bienes con respecto al robo y la violencia; e independencia y eficiencia de la magistratura. Corrupción y elitismo (*control of corruption*). Minimizar los abusos de poder que reditúan beneficios privados (internalidades) a los funcionarios venales coludidos con élites de rentistas privados. Con base en estos indicadores, la tabla siguiente informa sobre la situación mexicana de gobernanza pública durante los últimos años.

Indicadores de gobernanza pública. 1996–2004

Indicador	*Año*	*Rango porcentual*
Voz y rendición de cuentas	2004	56.8
	2002	59.6
	2000	55.0*
	1998	44.5
	1996	42.9
Estabilidad y violencia políticas	2004	43.7
	2002	52.4
	2000	43.0*
	1998	25.5
	1996	34.1
Efectividad gubernamental	2004	56.7
	2002	65.7*
	2000	67.2
	1998	68.9
	1996	55.9
Regulación de mercado	2004	68.0
	2002	66.8
	2000	76.5
	1998	75.5
	1996	74.0*
Estado de derecho	2004	45.9
	2002	47.4
	2000	46.0*
	1998	40.0
	1996	54.2
Corrupción y elitismo	2004	48.8
	2002	51.0
	2000	43.5
	1998	43.7*
	1996	39.3

Fuente: Kaufmann, Kraay y Mastruzzi 2005.

Conviene leer la tabla anterior teniendo en cuenta que el mapa–mundi de la gobernanza pública puede dibujarse de acuerdo a seis rangos porcentuales a saber: (90/100); (75/89); (50/74); (25/49); (11/24) y (0/10) (de aquí en adelante, los datos del resto del mundo corresponden a la misma fuente de la tabla anterior). La mediana 1996–2004 de los seis indicadores, sitúan a México en el puesto 51.7 como *índice global de gobernanza pública*, lo cual representa que, en general, la gobernanza nacional corresponde al rango 50/77, o sea el tercero desde el primero de 90/100, aunque apenas 1.7 por arriba del número inferior. En el lapso 1996–2004, México no cambió radicalmente de nivel con respecto a ningún criterio de gobernanza pública en particular, aunque destacan las medianas de efectividad gubernamental y regulación de mercado (señaladas con asterisco en la tabla), quienes superan al índice global de gobernanza pública, y las de estabilidad y violencia políticas o corrupción y elitismo que están por debajo del índice global indicado. La poca dispersión dentro de cada indicador de gobernanza pública, no prueba la idea muy difundida de que el progreso institucional es lento, mientras que el deterioro es rápido; más bien parece asociarse al escenario de una economía estancada a causa de un bajo crecimiento del producto quien no modifica mucho las trayectorias de su gobernanza pública. El estancamiento de las reformas al capital institucional causa muy poco dinamismo en la generación de valor agregado, al mismo tiempo que ilustra la rigidez del conjunto de reglas del juego, formales o informales.

Veamos cada indicador de gobernanza en particular, comenzando por voz y rendición de cuentas. Mundialmente y en el rango porcentual 90/100 del año 2004 encontramos a Canadá, Nueva Zelanda, Inglaterra y los Países Nórdicos. Es admisible deducir que esta alta calificación de la posibilidad que tienen los ciudadanos tanto de expresarse y participar libremente en los medios de comunicación masivos, así como de fiscalizar la administración pública en el manejo de los recursos, dotan de gran legitimidad a toda la instrumentación de la política económica. Un problema esencial del Estado gobierno mexicano es la falta de legitimidad cuando se deciden las medidas de política económica. En el rango de 75/89 del 2004 figuran los Estados Unidos, Japón, Chile, Uruguay, Costa Rica, España e Italia, por lo que constatamos que países que anteriormente eran víctimas de gobiernos autoritarios (España, Chile, Uruguay), actualmente han avanzado mucho en la forma democrática de gobierno. En el rango 50/74 del 2004 se encuentran México, Brasil, Argentina, Sudáfrica e India. Si bien México progresa desde la calificación 42.9 en 1996 a 56.8 en 2004, el promedio correspondiente es bajo y el crecimiento del indicador inestable. La libertad de prensa y radiofónica han avanzado mucho en México desde que terminó el ciclo de partido único a causa de la propia democratización del PRI sumada a su relevo en la Presidencia de la República; pero, diferentemente, el avance democrático es menos nítido en la televisión donde la concurrencia duopólica entraña que uno de los principales componentes de la demanda cautiva sea el propio Gobierno quien gasta enormes sumas en su publicidad televisada. Junto a lo anterior, pero por otra parte, la rendición de cuentas de los funcionarios públicos también ha progresado porque, por ejemplo, se ha eliminado la *Partida Secreta* (manejo discrecional de ingentes recursos presupuestarios) a la que podían acceder anteriormente los poderes ejecutivos, mientras que, al mismo tiempo, la composición plural del Poder Legislativo hace más eficaz la auditoria de la Cuenta Pública, o la aprobación del proyecto de presupuesto anual de la Federación. Sin embargo, subsisten prácticas demasiado discrecionales como el hecho de que los Poderes Ejecutivos (nacional o provinciales) conservan la atribución de decidir ellos mismos su remuneración como mandatarios públicos.

Las democracias han probado ser eficientes en controlar la estabilidad y violencia políticas porque las instituciones del mismo género propenden la solución pacífica de los conflictos de intereses. En el mapamundi correspondiente y el rango porcentual 90/100 del 2004 figuran los Países Nórdicos quienes han articulado consistentemente a la gobernanza pública con el gobierno pacífico de la *cuestión social* (conflicto de intereses entre asalariados y patrones). En el rango 75/89 del 2004 figuran Canadá o Japón quienes con culturas muy diversas, democrática en un caso y corporativa en otro, lograron funcionalizar el desarrollo pacífico del mercado político. En el rango 50/74 del 2004 están los Estados Unidos, quienes viven dentro de una democracia muy imperfecta no solamente por el bajo nivel de participación electoral, sino por el carácter censatario de la misma, el cual no podemos menos que asociar con la plutocracia y el darwinismo de mercado quienes no dotan de la mejor calidad de la vida a sus ciudadanos. México promedia una posición 39.74 entre 1996 y 2004 dentro del rango 25/49 que es bastante bajo, muy probablemente porque el magnicidio y los crímenes políticos son recientes, mientras que la violencia del narcotráfico se asocia mucho a la de la política tanto por las vinculaciones de algunos políticos con estos delincuentes, como por el hecho de que los narcotraficantes ponen en jaque al monopolio de la violencia estatal.

Solo un liberalismo anarquizante puede proponer la privatización irrestricta de los bienes y servicios públicos. Desde el punto de vista de las economías de mercado realmente existentes, diversos gobiernos nacionales han evidenciado gran calidad en la producción y distribución de bienes y servicios públicos, mostrando gran efectividad gubernamental. Este es el caso de países como los Estados Unidos, Canadá, Nueva Zelanda, los Nórdicos e Inglaterra quienes durante 2004 estuvieron en el rango 90/100. En segunda calificación de 75/89 estuvieron Chile, España, Francia, Sudáfrica, Japón y Alemania. En tercera de 50/74 México con 56.7. Es importante destacar que este último país baja de calificación entre 2002 y 2004 como parte de una pendiente negativa que viene desde 1998. El carácter de bien y servicio público no deriva del consumo conjunto o excluyente que corresponda a los mismos, sino de la organización institucional que forma la oferta respectiva. En México, la calidad de ciertos servicios públicos como el Metro es superior a la de otros privados como los microbuses, aunque los servicios asistenciales no son de la mejor calidad ni las vías de comunicación están en buenas condiciones. Aunque su implantación es reciente, no cabe duda que el Servicio Civil de Carrera contribuirá a mejorar la competitividad de la administración gubernamental.

Prácticamente todo el mundo está aplicando la regulación de mercado como consecuencia de la mundialización del capitalismo liberal después de 1989. Con distintos estilos nacionales dentro de esta forma organizativa proclive al desarrollo basado en los mercados y las empresas privadas, Canadá, Nueva Zelanda, los Países Nórdicos y Chile se situaron durante 2004 en el rango 90/100, lo cual significa que estos países están aplicando políticas estatales de fortalecimiento del mercado con gran éxito y en las antípodas de un México asolado por el rentismo que configura un capitalismo de compadres. Menos exitosos que el Canadá, fueron los Estados Unidos, Francia, Alemania, España e Italia, quienes se ubicaron durante 2004 en el rango 75/89. México, quien aplica un modelo propio de fortalecimiento del mercado desde 1983, solamente se ubicó en el rango 50/74 durante el año 2004 con una posición de 68. Sin embargo, había ascendido al rango inmediato superior en 1998 y 2000 cuando logró posiciones de 75.5 y 76.5. En México, las políticas gubernamentales de fortalecimiento del mercado tienen claroscuros, porque si bien una serie de iniciativas promueven la economía del mismo género como el Tratado de Libre Comercio o la privatización, todavía la reglamentación fiscal, laboral o energética siguen siendo rígidas y propia de otros modelos organizativos actualmente obsoletos. En cuanto a los Bancos, aunque se privatizaron y extranjerizaron, diversos indicadores (margen de intermediación, costo de los servicios, falta de créditos a las Pymes) ponen en tela de juicio no al sector público, pero sí al privado o lo que es lo mismo en este sentido, a un sector público que no ha acertado en aplicar una mucho mejor regulación prudencial con respecto a los Bancos.

Toda economía de mercado se basa en un código ético, moral y jurídico que la hace más eficiente porque abarata los costos de las transacciones y promueve el desarrollo de los negocios. Economías muy competitivas como los Estados Unidos, Canadá, Nueva Zelanda, Países Nórdicos, Alemania e Inglaterra, se ubicaron durante 2004 en el rango 90/100 del estado de derecho. Nos llama la atención esta calificación para los Estados Unidos quien registra zonas de altísima violencia en perjuicio de la ciudadanía. Para la misma fecha, Chile, España, Francia y Japón estuvieron en el rango 75/89 mientras que Italia, India, Uruguay se ubicaron en el rango 50/74. México lo hizo en este rango solamente en 1996 con una posición de 54.2, pro luego permaneció en el tramo inferior de 25/74 hasta el 2004. Una economía de rentas caracterizada por el oportunismo en los contratos, ya que México registra una informalidad (sin contar al narcotráfico) igual al 50% del producto nacional, al 40% de la población y al 50% de la PEA, mal puede lograr un buen estado de derecho. Recordemos que la economía informal es el origen esencial de las violaciones al estado de derecho basado en los contratos formales. Considerando al narcotráfico dentro de la economía informal, la cifra de negocios crece mucho en los últimos años tanto por la liberalización del sector externo a causa del TLC como por el hecho de que los agentes colombianos en Estados Unidos (Cartel de Cali) han sido reemplazados por los mexicanos (Naciones Unidas 2003: 89). Si hacia el año 2000 el narcotráfico representó el 9% del PIB (Senado de Francia 1999: 38), todo hace pensar que esta proporción, subvaluada en nuestra opinión, ha crecido con posterioridad al 2000 por lo que el narcotráfico gravita no solamente sobre el gobierno y la justicia, sino también sobre el sector financiero privado donde se lava dinero en distintas formas. Se estima (Ernst and Young 2005) que en México el lavado de dinero anual representa 25 mil millones de dólares como mínimo, equivalente al 40% de las reservas del Banco Central en junio de 2005. Todos estos elementos han permitido calificar a México de *Narco Estado*

(Association d'Études Geopolitiques des Drogues 2002: 4) en tanto que connivencia de diferentes elencos de gobierno con el narcotráfico y sus cifras de negocios.

México registra un promedio diario de delitos denunciados de aproximadamente 4,000 siendo la *cifra oculta* (delitos no denunciados) varias veces superior (Coparmex 2001). Siempre de acuerdo a la última fuente, el homicidio doloso está en 16 casos por cada mil habitantes, siendo que los Estados Unidos bajaron esta última categoría en 50% durante los últimos veinte años. Mientras los delitos violentos representan más del 25% del total en México, en Inglaterra son menos del 10%. Japón tiene una tasa de criminalidad muy baja entre las economías más desarrolladas, lo cual depende mucho de que registra también un alto porcentaje de aclaración de delitos, evidenciando una eficacia del Poder Judicial que no se logra en México.

Todo acto de corrupción se origina en el sector público pero termina por la apropiación privada de los beneficios resultantes. La corrupción de grandes cifras habitualmente requiere del concurso de élites o grupos de presión u oligarquía muy bien organizados para usufructuar un oportunismo que en nada se vincula con la innovación o con el desarrollo de las ganancias de productividad. Contrariamente a lo anterior, economías productivas donde predominan clases empresariales innovadoras, evidenciaron en 2004 bajos grados de corrupción y elitismo situándose en el rango 90/100 Estados Unidos, Canadá, Nueva Zelanda, Países Nórdicos e Inglaterra. También en 2004, pero en un rango inferior 75/89 se encontraron Costa Rica, Chile, España, Francia y Japón, mientras que Brasil y Uruguay estuvieron en el rango 50/74, y México, finalmente, estuvo en el orden de 25/49. En 2004 y según Transparency International (2004: 33) México ocupó el lugar 64 en una lista de 146 países (1 el más honesto) afectados por la corrupción, sin figurar entre los diez más honestos ni tampoco entre los diez más corruptos.

4. ADAPTABILIDAD DEL TRANSPLANTE EN LA GOBERNANZA FINANCIERA

La gobernanza financiera del sector público parece demostrar mayor adaptabilidad nacional que en el caso de la gobernanza pública medida por los indicadores reseñados en el inciso anterior. La *Normatividad de Maastricht*, constituye un tabulador de gobernanza financiera, el cual promueve la calidad monetaria del país del caso. A pesar del gran obstáculo para el fortalecimiento del mercado que representa la economía de rentas prevaleciente en México, el acercamiento a los criterios de Maastricht durante los últimos veinticinco años ha redundado no solamente en la estabilidad de precios, particularmente el tipo de cambio, y la baja en las tasas de interés, sino también en una inflación cercana a la de los socios comerciales de América del Norte y en una calidad monetaria que no tuvo que pasar ni por la dolarización ni por el Consejo Monetario, por lo que el transplante de las organismos e instituciones financieros como el Banco Central autónomo o el tipo de cambio flexible se ha realizado con éxito.

Gobernanza financiera para el sector público. Criterios de convergencia de Maastricht y posición mexicana

Criterio de Convergencia de Maastricht	*Posición mexicana en la década 990*	*Posición mexicana 2000 a 2005*
a. Inflación. No puede superar por más de 1,5% el promedio de los tres países UE con la más baja.	a. Inflación promedio anual 1990 a 1999 = 21.82%.	a. Inflación prevista para 2005 de 4.4%. Promedio anual 2000 a 2005 inclusive = 5.3%. Canadá 2005 se prevé inflación 2.4%. Estados Unidos inflación prevista para 2005 de 2.5%.
b. Déficit público no puede superar al 3% del PNB.	b. El promedio anual de déficit para 7 años fue de 1.20%. Hubo superávit en 1992 con 0.4%; en 1993 con 0.66% y en 1996 con 0.01%.	b. Déficit anual promedio entre 2000 y 2003 inclusive 0.31%.
c. Los países miembros no están obligados a seguir las mismas normas de política fiscal, pero se prevé una convergencia progresiva sin calendario preciso.	c. Desde 1998, Canadá y México tienen la misma tasa de IVA en 15%.	c. México y Estados Unidos tienen la misma tasa de ISR en 32%.
d. Deuda pública no puede superar al 60% del PNB.	d. Al inicio de los noventa el peso de la deuda externa se redujo de 60% del PIB a 35%.	d. La deuda interna más externa más Pidiregas representan 44% del PIB a inicios del 2005; mientras que la interna 12%.
e. Tasa de interés a largo plazo de cada país no puede superar en más de 2 puntos a la media de los países con menor inflación.	e. Habitualmente, las tasas de interés mexicanas superan a las de los Estados Unidos o el Canadá.	e. El 15 de junio 2005, los Cetes a 28 días estaban en 9.62% anual, mientras que la tasa Libor en 3.41%.

Gobernanza financiera para el sector público. Criterios de convergencia de Maastricht y posición mexicana

Criterio de Convergencia de Maastricht	*Posición mexicana en la década 990*	*Posición mexicana 2000 a 2005*
		En Estados Unidos junio 2005, las tasas de interés de tarjetas de crédito para los pagadores puntuales, era de 13.5% anual, para los morosos 26.5%; mientras que las tasas preferenciales estaban en 2%. En México misma fecha se pagaba por tarjetas de crédito 34.9% anual.
f. Tipo de cambio. Los países que adoptaron el Euro tuvieron que pasar dos años previos sin devaluar.	f. Devaluación de 1994 con 65% y en 1998 con 30%. Entre 1995 y 1999 inclusive, el promedio de pesos por dólar fue de 8.5912.	f. Entre 2000 y 2004 inclusive, el promedio de pesos por dólar fue de 10.30556. No hubo grandes devaluaciones.
g. Euro y Banco Central Europeo impiden monetizar déficit público de países.	g. A partir de 1983, México cesó de monetizar al déficit público. Desde entonces el gobierno apela al financiamiento de mercado.	g. Se consolida Banco Central autónomo y se logra calidad monetaria sin dolarizar y sin Consejo Monetario.

La integración europea está muchísimo más avanzada que la de México con América del Norte. Sin embargo, ilustra comparar algunos indicadores financieros que muestran la mayor adaptabilidad del transplante en las instituciones y los organismos correspondientes, que en los dominios de la gobernanza pública tratados anteriormente. Los Criterios de Convergencia de Maastricht que figuran en la columna de la izquierda de la tabla anterior solamente constituyen una parte del vasto proceso de integración europeo, porque se suma a numerosos instrumentos del mismo género como el Acuerdo de Schengen sobre libre circulación de las personas o la Política Agrícola Común (PAC) o los Criterios de Copenhague sobre las condiciones políticas, económicas y comunitarias que se requieren para adherir a la UE y otros más, como la Constitución Europea, que no se consideran en esta oportunidad. Estos Criterios de Convergencia tuvieron lugar en Europa como precondición de la moneda única y el Banco Central Europeo entre 1994 y 1998, aunque con posterioridad a estas fechas pasaron a ser parte de una gobernanza sustentada en otro andamiaje institucional.

Los europeos han sido beneficiarios de la política agrícola comunitaria (PAC) quien absorbe la mitad del presupuesto comunitario y de los Fondos de Cohesión destinados a la ecología, la infraestructura y el transporte de aquellos países signatarios del Tratado de Maastricht que tuvieran un PNB per cápita inferior al 90% de la media europea y que siguieran los Criterios de Convergencia. Como el caso mexicano es muy distinto porque solamente se firmó un acuerdo de libre comercio y no se previeron ninguna clase ni de política agrícola común (solamente calendario de desgravación), ni de fondos de fomento, no detallamos ninguna fila sobre el particular en la tabla anterior.

Los Criterios de Convergencia de Maastricht son un tabulador de gobernanza financiera que nos introduce a un proceso de mundialización de las instituciones y organismos del cual no podrá substraerse México. Tal convergencia no invalida en absoluto al mapamundi de la variedad de capitalismos (Hodgson 2001: 77) que hemos analizado tanto en el primer como en el segundo inciso de esta colaboración. El gran eje de convergencia es la economía de mercado prevista los criterios de Copenhague e implícito en América del Norte, pero existen divergencias entre las economías más dirigistas, las más liberales y las híbridas quienes, por supuesto, no son homogéneas como para configurar, ni sumando los tres tipos ni al interior de cada tipo, un modelo único de gobernanza con respecto a la integración económica.

En la tabla anterior, la idea general resultante es que México se está aproximando a los Criterios de Convergencia de Maastricht, si bien el estancamiento en el desarrollo de las reformas de la primera y la segunda generación se conjuga con el aumento en los precios del petróleo para reciclar a la economía de rentas y posponer el progreso competitivo. Así parecen demostrarlo los datos del año 2005 con un precio del barril de la Mezcla Mexicana cercano a los 60 dólares, reservas del Banco Central en máximo histórico, tendencia a la sobre valuación del peso, lento progreso de las exportaciones a pesar del alto contenido de importaciones, subdesarrollo de la proveeduría nacional, etc. Muy especialmente, el desaprovechamiento de la gran oportunidad que es el Tratado de Libre Comercio con los Estados Unidos y el Canadá, muestran que la integración de México con el Primer Mundo será, por lo menos, lenta.

Fila a. El crecimiento del PIB sigue estando muy abajo del piso necesario (7% anual) para que México sea verdaderamente una economía emergente. La lucha contra la inflación ha sido persistente, por lo que se está cerca de alcanzar los porcentajes del principal socio comercial. Los progresos son notables si se recuerda que durante los 980 México padeció hiperinflación.

Fila b. El equilibrio financiero del sector público mexicano ha sido defendido con energía, tal como lo muestran los datos correspondientes. Entre 1990 y 1999 se registró un presupuesto equilibrado, o sea sin déficit o con porcentajes muy cercanos de 0, mientras que en Europa, Alemania y Francia superan el techo fijado por Maastricht. El Consejo Comunitario hace recomendaciones de política a los países europeos que registren déficits públicos abultados como los anteriores, pero no se prevén sanciones específicas. En México, el déficit público es un elemento de juicio esencial para las calificadores internacionales que adjudican el Riesgo País, por cierto muy bajo para este país en los últimos años.

Fila c. Aunque lentamente, el TLC induce convergencias entre los países miembros desde la liberalización aduanera hacia otras pautas de integración económica; por ejemplo en materia fiscal donde se han producido ciertos avances que bien podrían ser profundizados por la tan necesaria, aunque lamentablemente postergada, reforma fiscal. La gran diferencia de México con sus socios comerciales de América del Norte es la baja capacidad recaudatoria del gobierno, quien admite una alta evasión y elusión fiscal, así como un padrón de contribuyentes verdaderamente raquítico.

Fila d. En cuanto a la deuda interna de México, lo fundamental de ella es la deuda correspondiente al rescate bancario. Este rescate superó ampliamente lo cobrado por privatizaciones bancarias. En el primer trimestre de 2005 fue $ 742 mil millones. Representaba 14% del PIB en 1999, pero a inicios del 2005 sólo 8.7%. Dentro de un cálculo optimista, se estima que si la economía crece al 3.5% anual, tomará 25 años llevarla a 1% del PIB (Beauregard del IPAB), pero dentro de un escenario pesimista este período de tiempo podría ser de 70 años (diputados de la oposición). Las reformas de la primera generación han avanzado en estabilizar los montos de la deuda externa e interna, pero los resultados no han sido todo lo satisfactorios que necesita un despegue competitivo.

Fila e. El 15 de junio 2005, los Cetes a 28 días estaban en 9.62% anual, mientras que la tasa Libor en 3.41%. En Estados Unidos junio 2005, las tasas de interés de tarjetas de crédito para los pagadores puntuales, era de 13.5% anual, para los morosos 26.5%; mientras que las tasas preferenciales estaban en 2%. En México misma fecha, se pagaba por tarjetas de crédito 34.9% anual.

Fila f. Durante los primeros años de este siglo en México, se afirma un política de *peso fuerte* avalada por la estabilidad del tipo de cambio, los precios del petróleo de exportación y las remesas provenientes de los Estados Unidos. Estas últimas representan la segunda fuente de divisas después de las exportaciones petroleras. En mayo de 2005 alcanzaron un record histórico de 1,878 millones de dólares, mientras desde enero a mayo del 2005 representaron el 50% del monto anual correspondiente al año 2004. En este último año alcanzaron otro récord histórico con 16,612 millones de dólares. Se prevé que 2005 superará lo recibido en 2004. Las remesas significan recursos 15 veces superiores a los ingresos propios de provincias como Guanajuato, Chiapas, Michoacán, Morelos o Aguascalientes.

Fila g. En Europa la política monetaria continúa siendo administrada por las autoridades nacionales de los países miembros, pero el Euro limita drásticamente a ese margen de maniobra. En México, la autonomía del Banco Central se consolida a lo largo de la década de los 990 y el primer quinquenio de este siglo, por lo que desaparece la práctica de monetizar el déficit público. Como parte de la adaptación a las instituciones y organismos propios de la macroeconomía abierta, las reservas del Banco Central alcanzan máximos históricos, por ejemplo 60,264 millones de dólares el 10 de junio de 2005.

5. RESUMEN DEL CAPÍTULO 6

La variedad de capitalismos existente sigue una pauta evolutiva constituida por los híbridos de liberalismo y dirigismo, lo cual puede constatarse en las ramas de la política económica que representan las funciones del Estado. El campo, la industria, el comercio exterior, la Banca, el sector público, todos estos, registran un orden institucional híbrido de gobernanza de mercado con gobernanza de Estado, de liberalismo con dirigismo, de concurrencia imperfecta tanto en lo económico como en lo político. Este es el caso del capitalismo híbrido que existe en México, el cual trata de aplicar una regulación de fortalecimiento del mercado a partir de 1983 sin poder progresar de manera firme en tal forma de gobernanza porque la economía de rentas bloquea este desarrollo competitivo. No es el carácter híbrido del capitalismo mexicano lo que impide el transplante de las instituciones propias de la modernización competitiva, sino la economía de rentas. Es esta misma economía y sociedad de rentistas que perpetúa la indefinición de los derechos de propiedad (EscDerProp), la evasión y la elusión fiscal, la corrupción y otros componentes del atraso competitivo de la nación.

El índice global de gobernanza pública en México se sitúa en el rango porcentual de 51.7 por lo que ni siquiera se arriba al 60%, el cual se considera como el piso de numerosas mediciones estadísticas. Aunque no hay estudios empíricos sobre el asunto, nos permitimos deducir que antes de 1982 México no habría obtenido mejor calificación en este índice global y a pesar de que el escenario correspondía a otro modelo organizativo. Pero también es cierto que durante 1996–2004, México no cambió radicalmente de nivel con respecto a ningún criterio de gobernanza pública en particular, aunque las medianas de efectividad gubernamental y regulación de mercado, superaron al índice global de gobernanza pública, mientras que las de estabilidad y violencia política o corrupción y elitismo estuvieron por debajo. La poca dispersión dentro de cada indicador de gobernanza pública corresponde a una economía estancada por la captura de rentas que recicla al capital institucional del modelo económico pretérito, pero no al de la competitividad. Prueba de esto es que la informalidad propiciatoria de la corrupción es cada vez más gravitante cualitativa y cuantitativamente. La economía mexicana es reacia a transplantar los criterios de gobernanza pública que favorecen el desarrollo competitivo.

Como es conocido, el capitalismo latinoamericano ha desarrollado su sector financiero por medio de políticas institucionales asumidas por el Estado, aunque no haya pasado por una revolución industrial liderada por el mercado. Estos antecedentes se proyectan nítidamente en la actualidad porque es el gobierno quien asimila los Criterios de Convergencia de Maastricht en tanto que componentes de la gobernanza financiera mundial del progreso competitivo, porque estos Criterios no solamente precedieron a la implantación del Euro sino que forman parte de la política económica de Estado destinada al saneamiento de las finanzas gubernamentales y la calidad monetaria de las naciones. La experiencia mexicana reciente muestra la adaptabilidad del país con respecto al transplante de las instituciones y los organismos correspondientes.

6. BIBLIOGRAFÍA

Alchian, Armen

1977 "Some economics of property rights", en Armen Alchian, "Economic forces at work", Liberty Press.

Alston, Lee y Gary Libecap y Robert Schneider

1996 "The determinants and impact of property rights", en "Journal of Law, Economics and Organization", vol. 12 no. 1, abril.

Amable, Bruno y Pascal Petit

2002 "La diversité des systèmes sociaux d'innovation et de production dans les années 90", en Jean–Philippe Touffut (direc.) "Institutions et innovation", Albin Michel.

Aoki, Masahiko

2001 "Toward a comparative institutional analysis", MIT Press.

Associaton d'Études Geopolitiques des Droges

2002 "Mexique. Trafic de drogue: un affaire d'État", Lettre Internationale des Drogues, no. 8, mayo.

Banco Mundial

2002 "Building Institutions for Markets", World Development Report 2002.

Barzel, Yoram

1997 "The property rights model", en Yoram Barzel, "Economic Análisis of Property Rights", Cambridge Univ. Press.

Bhagwathi, Jagdish

2002 "Globalisation and appropriate governance", Naciones Unidas Univ. Press.

Boyer, Robert y Rogers Hollingsworth

1997 "From national embeddeness in spatial and institutional nesrdness", en Hollingsworth y Boyer "Contemporany capitalism".

Boyer, Robert

2001 "The diversity and future of capitalisms", en Geoffrey Hodgson et al. (ed) "Capitalism in evolution. Global contentions east and west", Eduard Elgar.

2002 "Variété du capitalisme et théorie de la regulation", en "L'année de la regulation", no. 6.

Buchanan, James
1980 R. Tollison y G. Tullock. "Toward a theory of rent–seeking society", Texas A&M Univ. Press.
Charreux, Gérard
2004 "Les théories de la gouvernance", Cahiers de Fargo 1040101 Université de Bourgogne.
Coase, Ronald
1960). "The problem of social cost", en revista "Journal of Law and Economics", volumen 3 no. 1, octubre.
COPARMEX
2001 "México unido contra la delincuencia", Coparmex.
Demsetz, Harold
1967 "Toward a theory of property rights", en "American Econo–mic Review", vol. LVII no. 2.
Ernst and Young
2005 "Tendencias globales en el lavado de dinero", www.ey.com.mx; junio.
Friedman, Milton
2003 "Capitalism and freedom", Chicago Univ. Press.
Giddens, Anthony
1994 "Beyond Left and Right. The Future of Radical Politics". Stanford Univ. Press.
1998 "The Third Way. The Renewal of Social Democracy". Pol–ity Press.
Hall, P. y D. Gingerich
2001 "Varieties of capitalism and institutional complementarities in the macroeconomy: an empirical analysis", Working Papers, Harvard.
Hall, P. y Soskice D.
2001 "Varieties of capitalism: the institutional foundations of com–parative advantage", Oxford Univ. Press.
Hamilton, Gary y Robert Feenstra
2002 "Varieties of hierarchies and markets" en Whitley "Compet–ing" citado más abajo.
Hirst, Paul y Grahame Thompson
1997 "Globalization in question. International economic relations and forms of public governance", en Hollingsworth y Boyer "Contemporany capitalism".

Hodgson, Geoffrey
2001 "The evolution of capitalism from the perspective of institutional and evolutionary economics", en Geoffrey Hodgson et al. (ed) "Capitalism in evolution. Global contentions east and west", E. Elgar.
Hollingsworth, Rogers y Robert Boyer (ed.)
1997 "Contemporany capitalism. The embeddedness of institutions", Cambridge Univ. Press.
INEGI
2005 "Banco de información económica", www.inegi.gob.mx Julio.
Kaufmann, Daniel; Aart Kraay y M. Mastruzzi
2005 "Governance matters", Banco Mundial mayo.
Krueger, Ann y Takatoshi Ito
2004 "Governance, regulation and privatization in the Asia Pacific Region", Univ. of Chicago Press.
Krueger, Ann
1974 "The Political Economy of the Rent Seeking Society", en "American Economic Review" vol. 64 no. 3; junio.
Krugman, Paul
2002 "Crony capitalism USA" en diario "New York Times" 15 de enero.
Naciones Unidas
2003 "World Drug Report", Naciones Unidas.
Olson, Mancur
2000 "Power and prosperity. Outgrowing communist and capitalist dictatorships", Basic Books.
Piketty, Thomas y Emmanuel Saez
2003 "Income inequality in the United States 1913–1998", National Bureau of Economic Research.
Senado de Francia
1999 "Le Mexique de l'an 2000", Rapport d'Information 309.
Soskice, David
2002 "Divergent production regimes" en Witley "Competing" citado más abajo.
Stigler, George
2003 "Memoirs of an unregulated economist" Univ. of Chicago Press.

Transparency International
2004 "Corruption Perceptions Index", Transparency International.
Whitley, Richard (ed).
2002 "Competing capitalisms: institutions and economies", E. Elgar.
"Internationalisation and varieties of capitalism", en Richard Whitley (ed). "Competing", citado más arriba.
Williamson, Oliver
1996 "The mechanisms of governance" Oxford Univ. Press.

CAPÍTULO 7
LA INSTITUCIONALIZACIÓN DE LA INFORMALIDAD

*Óscar Enrique Martínez López**

1. INTRODUCCIÓN AL CAPÍTULO 7

Desde hace varias décadas un conjunto de académicos y organismos internacionales han abordado de diferentes maneras el problema del constante crecimiento de la economía informal, tanto en las naciones desarrolladas como en los países subdesarrollados; puesto que existe un consenso generalizado de que en los últimos tiempos ella ha aumentado considerablemente, independientemente de la manera en que se defina y se determine su tamaño. Tomando como base a la Escuela de los Derechos de Propiedad (EscDerProp en adelante), en este artículo se analizan los diferentes estudios realizados en la materia para enmarcarlos dentro de alguna de las siguientes teorías económicas: clásica, neoclásica, heterodoxa e institucionalista; con el propósito de conocer cuál ha sido el avance de dichas escuelas del pensamiento económico en cuanto al problema de la informalidad y, en consecuencia, precisar cuál es la acumulación de estos conocimientos en el institucionalismo actual.

* Doctorante en Ciencia Económica. Universidad Autónoma Metropolitana. oscardelfuturo@yahoo.com.mx

2. LOS ENFOQUES CLÁSICO Y NEOCLÁSICO DE LA ECONOMÍA INFORMAL

La mayoría de los modelos clásicos consideran que la economía de los países en vías de desarrollo se divide en dos sectores. El primero, es normalmente llamado sector "industrial", "capitalista", "moderno", "formal" o "urbano"; mientras que el segundo es nombrado: sector "agricultura", "subsistencia", "atrasado", "informal" o "rural" (Lewis 1954; Sraffa 1966; Fields 2004; Ranis 2004).

Desde la perspectiva de la escuela clásica la economía informal es entendida más bien como una expresión de una economía de mercado "pura y perfecta", que sin embargo, se encuentra segmentada, lo cual implica que el sector informal no tiene relación directa con la economía moderna o sector formal (Charmes, 1991: 38). El origen de esta concepción clásica del sector informal es el modelo o enfoque que trata de explicar los problemas de desarrollo en los países subdesarrollados, concluyendo que dichas economías están compuestas por los sectores ya mencionados, los cuales no mantienen ninguna interrelación sino que funcionan por separado, en donde los trabajadores y empresas del sector informal están a la espera de entrar al sector formal. Esta concepción de la informalidad es compartida por la EscDerProp particularmente en Soto (1991) y Ensminger (1997).

Dicho modelo es el desarrollado por Lewis (1954), el cual se basa en el supuesto de que existe una oferta ilimitada de la mano de obra a los niveles de subsistencia. Según Lewis, las economías en vías de desarrollo se constituyen de dos sectores: el capitalista y el de subsistencia. El primero, definido como aquella parte de la economía que utiliza capital reproductible, y paga a los capitalistas por el uso que de él se hace; mientras que el segundo, es un residuo, es decir, toda aquella parte de la economía que no usa capital reproductible. Los trabajadores considerados dentro de este último sector son: los agricultores (y/o empresas agrícolas de autoconsumo), los empleados eventuales, los trabajadores domésticos y comerciales, y los pequeños comerciantes (pequeñas empresas) (Lewis, 1972: 221–226). Sin embargo, es necesario mencionar que aunque Lewis no define propiamente al sector de subsistencia como el sector informal, Fields (2004: 725), señala que esta segmentación de la economía puede ser reinterpretada considerando al sector formal como el sector capitalista y al sector informal como al sector de subsistencia; puesto que Lewis diferencia a ambos sectores de la siguiente forma:

> *Lo que tenemos no es una isla de ocupación capitalista, de índole expansiva, rodeada por un vasto mar de trabajadores en régimen de subsistencia, sino más bien un cierto número de esos islotes.* [...] *Encontramos unas pocas industrias capitalistas altamente capitalizadas, tales como la minería o la energía eléctrica, que coexisten con técnicas más primitivas; unas pocas tiendas de alta categoría rodeada por masas de mercaderes a la antigua usanza; unas pocas plantaciones altamente capitalizadas, rodeadas de un mar de peones agrícolas. Encontramos también los mismos contrastes afuera de su vida económica.* [...] *El mismo contraste existe entre la gente misma: entre unos pocos nativos altamente occidentalizados, bien vestidos, educados en las universidades del Occidente, hablando idiomas occidentales, entusiasmados con Beethoven, Mill, Marx, o Einstein, y, frente a ellos, la gran masa de sus conciudadanos que viven en mundos completamente diferentes (Lewis, 1972: 226).*

Por tanto, Lewis define al sector de subsistencia como aquel que se encuentra en desventaja con el sector capitalista en términos de la tecnología (modernización) utilizada, del uso de la tierra (bien capitalizada o de autoconsumo) y, de los niveles de productividad, educación y cultura de los trabajadores. Considerando lo anterior, podríamos decir que en tal caracterización del sector de subsistencia se encuentra el origen de la concepción de la economía informal como un sector atrasado y como un modo de producción no capitalista, puesto que el carácter capitalista es otorgado al medio de producción que posee las siguientes particularidades: a) los medios de producción (capital) no pertenecen a los trabajadores, b) por lo tanto, la propiedad de los recursos es privada, y juega un papel fundamental ya que es la encargada de garantizar la acumulación y reproducción del capital, c) el resto de la sociedad, la mayoría, que no tiene sus propios medios de producción, trabaja como asalariada, d) la producción es destinada al mercado, y en mucho menor medida para el autoconsumo, e) la mayor parte de la producción es realizada en grandes establecimientos, especialmente en grandes empresas y en explotaciones agrícolas de considerable tamaño (Lange, 1966: 28–29). Siguiendo el concepto institucionalista del capitalismo, la economía informal puede ser tan capitalista como la formal; por el contrario y encuadrada por la noción clásica, la informalidad es sinónima de no capitalismo. Sin embargo, después esta definición de informalidad va ser retomada de manera explícita o implícitamente por algunos autores (Harris y Todaro, 1970; Mazumdar, 1983; Tokman, 1987; Ranis y Stewart, 1999; Jusidman, 1992) y organismos internacionales (la Organización Internacional del Trabajo, OIT; y el Programa Regional de Empleo de América Latina y el Caribe–PREALC).

Las relaciones intersectoriales sólo surgen a partir del crecimiento del sector capitalista, originado por un aumento en sus tasas de acumulación, inversión y ahorro, que hacen incrementar el número de empresas que logran absorber la cantidad de trabajo que está ocupada en el sector informal. Sin embargo, tal absorción laboral por parte del sector formal no ha sucedido en las economías rezagadas, sino que el sector informal ha aumentado considerablemente. Si bien es cierto que durante el período 1950–1980 el crecimiento del empleo en el sector formal urbano en los países de América Latina, según Portes (1955: 55), pasó del 30.5% al 44.9% respectivamente, la tendencia creciente se revierte entre la década de los 90's y hasta 2003, según las estadísticas reportadas por la OIT en su Panorama Laboral del 2004, al pasar del 57.2% en 1990 al 53.3% en 2003; mientras que, por el contrario, el empleo en el sector informal urbano ha aumentado del 42.8% al 46.7% en el mismo período. Según otra fuente (Portes 1955: 55), la ocupación informal urbana representaba el 13.7% en 1950 y 19.4% en 1980. Estos datos nos inducen a pensar mucho más en términos de causalidad acumulativa de una economía improductiva que de equilibrio entre capitalismo y no capitalismo o mala definición de los derechos de propiedad privada como postula la EscDerProp (Alchian 1997, Demsetz 1967, Coase 1960, Alston 1996 y Ensminger 1997).

En la economía clásica, este modelo tiene implícitamente la concepción del sector informal como uno atrasado, caracterizado por empresas no capitalistas, con escasa o nula productividad del trabajo, trabajadores con bajos niveles de educación y niveles de salario por debajo del sector capitalista. La misma escuela tiene una visión a futuro optimista que no explica por qué la economía informal no se integra a la formal, sino que recicla y expande al dualismo como resultado de las políticas estructurales. Entendiendo al dualismo como un hecho estructural referente a componentes objetivos, mientras que la dualización es la consecuencia de la aplicación, u omisión, de políticas sobre el todo o las funciones de la economía nacional. Considerando que son igualmente importantes tanto *"la base dual de la economía, como las políticas público–privadas que, o bien corrigen en el largo plazo ese dualismo o, por el contrario, se inclinan por la pendiente natural de la economía y reciclan al mismo como consecuencia de la dualización"(Jeannot, 2001: 154)*

Por otra parte, el informe de la Organización Internacional del Trabajo sobre Kenya de 1972, citado por Jusidman (1992:5) y Charmes (1991: 38) es uno de los trabajos pioneros en denominar sector informal al sector no capitalista o de subsistencia, como lo hacía Lewis. Los criterios seguidos por la OIT, en este informe, para definir al sector informal son los siguientes:

1 Fácil acceso
2 Mercados competitivos pero no regulados
3 Estrecha relación con los recursos locales
4 Propiedad familiar de las empresas
5 Operaciones en pequeña escala
6 Uso intensivo de la fuerza de trabajo y tecnología adaptada
7 Bajos niveles de educación de los trabajadores.

Esta es una definición operativa, pero no teórica, por lo que carece de generalidad. Al mismo tiempo, solo se refiere a la informalidad de los pobres o relacionada con los intercambios tradicionales, pero no a la informalidad de altos ingresos (narcotráfico, firmas transnacionales, delincuentes de cuello blanco) ni de intercambios complejos (Internet). Sin embargo, los planteamientos originales de la OIT se han modificado por influencia de argumentos de la CEPAL estableciéndose diferencias claras en relación al modelo de Lewis. Por ejemplo, definen al sector informal dentro de una economía heterogénea pero como parte de un mercado de trabajo segmentado. Es decir, el sector informal no es parte de una economía dual sino más bien es un segmento del mercado laboral.

Surge una nueva explicación de la informalidad al relacionarla con la segmentación del mercado laboral, aunque, al menos en este apartado, no abordaremos los trabajos que hacen referencia a esta forma de conceptuar el problema de la informalidad, puesto que esta manera de abordar el problema corresponde a otra corriente económica denomina–

da neoclásica, que más tarde analizaremos; por lo que, por el momento, será suficiente aclarar que los conceptos de dualismo y segmentación son totalmente distintos. El dualismo, como ya se mencionó, hace referencia a una configuración estructural de la economía; mientras que la segmentación, normalmente es utilizada para denominar que el mercado laboral se encuentra dividido por factores institucionales (sindicatos y salario mínimo, por ejemplo), que dan origen a que existe un sector formal en donde los trabajadores gozan legalmente de un salario mínimo y demás prestaciones laborales, y otro sector informal, en el cual no existe ningún factor institucional que determine las relaciones laborales entre el trabajador y patrón, lo cual impediría que dicho mercado funcione perfectamente.

Otro enfoque que puede perfectamente introducirse dentro de la corriente clásica en la percepción del sector informal como un sector no capitalista, es el enfoque marxista. Éste considera a la empresa informal como una unidad de producción de autoempleo (no capitalista) resultado de la necesidad de subsistencia de la población que no concuerda con el sector formal. De tal forma, que una actividad de autoempleo surgida para lograr satisfacer un mínimo de necesidades para sobrevivir necesariamente presume una limitación "*estructural*" (en el sentido marxista) para la reproducción del capital (Carbonetto y Kritz, 1991: 203). La definición anterior implica que el sector informal urbano produce sólo lo suficiente para vivir, por lo que no genera excedente susceptible de acumulación. Si recordamos que en la economía clásica la tasa de acumulación esta determinada por el excedente generado en la economía, y que la productividad es una función creciente de dicha tasa, por consiguiente, podemos inferir que la productividad es casi nula (por no decir que no existe, o que incluso podría ser negativa) por lo que las diferencias en la productividad con respecto al sector formal existirían necesariamente y además, crecerían con el tiempo.

Tanto la perspectiva de Lewis, la marxista o la de la OIT, es relacionar al sector informal con la pobreza y marginación, puesto que los salarios percibidos por los trabajadores y los ingresos obtenidos por las empresas informales son los necesarios para lograr simplemente la subsistencia y nada más que eso. En general, estos enfoques de la teoría clásica tienen una concepción reduccionista del sector informal porque atribuyen carácter no capitalista a todas las empresas informales. Esta noción ha sido rebasada, puesto que Portes (1995: 63–75) muestra en diez casos de estudios que dentro del sector informal hay un porcentaje considerable de empresas en las que se emplean trabajadores asalariados y son altamente productivas. Coincidimos con Carbonetto y Kritz (1991: 205), cuando señalan que la evidencia muestra dos puntos de vista complementarios que son importantes en cuanto a la informalidad de las empresas y los trabajadores: (a) si bien es cierto existen una mayoría de casos en donde la forma de producción de los informales es el autoempleo y empresas pequeñas que obviamente sólo producen lo necesario para la subsistencia, (b) también es cierto que hay casos representativos que muestran la existencia de un conjunto de empresas y trabajadores informales cuyos niveles de productividad e ingresos son mayores que aquellos que se encuentran inmersos en el sector formal.

Desde la perspectiva de la teoría neoclásica existen dos interpretaciones: una en cuanto a los factores institucionales que dan origen a una segmentación del mercado laboral impidiendo su buen funcionamiento (Soto 1991: 89); y otra en cuanto a la carga excesiva de las regulaciones gubernamentales y de impuestos a los que son sujetos los individuos y las firmas dentro de una sociedad. La teoría neoclásica es distinta a la clásica en términos de la causa que origina la economía informal, ya que esta última concibe al fenómeno como un residuo estructural resultante de un excedente en la oferta laboral, el cual deriva en la dualidad formal/informal. Esta última está caracterizada por la baja o nula productividad, salarios bajos, malas condiciones de trabajo, modos de producción no capitalistas por parte de las empresas del sector, todo ello originado por los organismos e instituciones de los trabajadores (sindicatos y salario mínimo) que impiden el funcionamiento del mercado segmentándolo en dos partes: una que ofrece mejores salarios y buenas condiciones de trabajo (formal), y otra en donde son deplorables las condiciones de trabajo y los salarios bajos (informal). Por consiguiente, la existencia de algún factor institucional funciona más como una barrera para evitar el desplazamiento de aquellos trabajadores que perciben una menor remuneración acompañada de condiciones precarias de trabajo hacia aquel sector del mercado de trabajo en donde pueden encontrar mejores niveles de bienestar. Lo anterior implica que los empleados en el sector donde el salario es más bajo estarían a la espera de ocuparse en el otro sector, pero la existencia de estas barreras se los impide. No obstante, a pesar de esta diferencia, las dos escuelas económicas coinciden en la forma en que caracterizan al sector informal: empresas pequeñas, bajos niveles de productividad, trabajadores no calificados y con baja remuneración, etc. En términos estrictos, los neoclásicos, piensan que la existencia del sector informal puede ser entendida por la obstrucción que ocasionan los organismos e instituciones de los trabajadores que afectan al mercado laboral; es decir, la concurrencia imperfecta es culpa de las leyes y organizaciones vinculados a los intereses de los trabajadores, pero no del mercado administrado por los empresarios privados ni de la economía informal administrada por rentistas del mismo género.

Con un sesgo especial del enfoque neoclásico, ciertos autores (Carbonetto y Kritz, 1991: 204) sostienen que la diferencia en términos de los niveles promedio de productividad global distingue a lo formal de lo informal, por medio de los diferenciales de productividad de la fuerza de trabajo ocupada en uno y otro sector. Los bajos grados de productividad de los empleados informales son consecuencia de la menor calidad del factor de trabajo (expresados en menores niveles de educación), y/o en las insuficiencias en la dotación de capital por trabajador (baja relación capital por trabajador), con lo que se recupera la caracterización neoclásica de la economía informal reseñada más arriba.

Según la literatura revisada, se encontraron dos trabajos empíricos que tratan de apoyar las hipótesis neoclásicas de los diferenciales de productividad. El primero, es realizado por García–Verdú (2003), director de Estudios Económicos del Banco de México, quien utiliza un modelo conocido como "selección de Roy" o de "diferenciales compensatorios" que utiliza para proponer que las brechas de productividad de la mano de obra entre el sector formal e informal de México se deben a las organizaciones e instituciones de los trabajadores, pero también a las diferencias en los niveles de educación de la fuerza de trabajo.

El modelo de auto selección de Roy postula que los contrastes en los salarios percibidos por trabajadores de ambos sectores son reflejo de sus distintas inversiones en capital educativo, por consiguiente que está justificado que la compensación de un profesional sea mayor a la de un agricultor por el hecho de que el primero invirtió recursos adicionales para desempeñar su trabajo (García–Verdú, 2003: 21). El mismo autor (2003: 31) prueba la hipótesis de este modelo por medio del estudio de los diferenciales salariales entre el empleo formal y el informal. Utilizando la Encuesta Nacional de Empleo Urbano para clasificar a los individuos como trabajadores formales (afiliados a algún sistema de seguridad social) y como trabajadores informales (sin seguridad social), calcula las diferencias salariales promedio a partir de la información acerca del ingreso y de las horas trabajadas para cada individuo.

Los resultados auto selectivos (Ibídem 2003: 33–35) muestran lo siguiente: primero y referente a las diferencias del ingreso salarial entre los trabajadores formales e informales, éste fue en promedio de 40% en el transcurso de 1987 al 2002. Estas diferencias son *incondicionales*, es decir no toman en cuenta que los ocupados formales e informales son distintos en sus características al interior de cada grupo, por lo que cabe dudar de la representatividad del promedio; y segundo –no obstante la salvedad indicada– realizó un análisis de regresión para controlar simultáneamente todas las diferencias en las características observables de los asalariados formales e informales, revelando que la brecha promedio entre el ingreso salarial entre los trabajadores de estos sectores es alrededor del 30%. Aunque la brecha se reduce en casi un 50% al controlar la estimación por la variable educación, alcanzando así el 15% de diferencia. Además, el margen continúa estrechándose en la medida en que se van controlando más características. Esta evidencia empírica, por tanto, es consistente con la descripción de las características del empleo informal, donde se destacó que los empleados informales tenían menos niveles de educación que los formales, y así menores niveles ingreso.

El segundo trabajo empírico fue realizado por Tannen (1991) para el caso del noreste de Brasil. Este autor básicamente trata de revisar si las diferencias entre los salarios reales de las áreas urbanas y rurales o los sectores formal e informal, reflejan diferencias en las productividades debido a los distintas capacidades de los trabajadores y no como resultado de que, por un lado, existen ocupaciones buenas (con salarios altos, condiciones de trabajo adecuadas, etc), y por el otro, malas ocupaciones (lo contrario, salarios bajos, condiciones de trabajo inadecuadas, etc). El procedimiento que utiliza, es una regresión de la variable dependiente, en este caso, las ganancias del individuo en función de los años de estudio y años de experiencia en el mercado de trabajo (como variables proxi del nivel de capacidades de los individuos), y de dos variables dummy que representan el lugar de residencia (si es una área metropolitana principal del noreste de Brasil, o si es cualquier otra área) (Tannen, 1991: 569). A través de las estimaciones pertinentes, encuentra que en efecto el capital en educación es una variable importante para explicar las ganancias en cada uno de los sectores. Sin embargo, al igual que en el otro caso de estudio, controlando las variables proxi del capital en educación se eliminan completamente las diferencias en las ganancias entre dichos sectores. Lo cual muestra que en el noreste de Brasil el modelo que aplica para explicar los diferenciales de productividad en el sector informal es el modelo de diferenciales compensatorios.

La teoría neoclásica representa una simplificación de los diferenciales de productividad entre formal e informal que se observan en el mundo real porque deja a un lado aspectos como la existencia de elementos discontinuos tanto en la tecnologías como en las motivaciones de las empresas, pero también y desde el punto de vista de este ensayo reduce el problema de la informalidad a limitaciones en las capacidades del factor del trabajo. Además en los dos trabajos empíricos mencionados anteriormente, se propone una nueva versión de la informalidad como algo privativo de los pobres: son informales los menos educados, pero no los que practican el oportunismo contractual y pertenecen a las altas clases sociales.

Desde otro punto de vista, pero dentro de la misma escuela neoclásica, existe la idea que más bien la informalidad en los agentes económicos (los individuos y las empresas) es resultado de las excesivas reglas gubernamentales y los impuestos (Bello, 2000: 44). En este tipo de interpretación, cabría la aportación empírica que hace Hernando de Soto (1986), en donde la concepción de informalidad utilizada es una interpretación liberal de los datos peruanos. Para este autor, la economía informal es una *zona de penumbra* que incluye las actividades económicas extralegales, comprendiendo tanto la producción mercantil y el comercio como la producción de subsistencia directa, por lo tanto, no corresponde a un sector de actividades en particular (De Soto, 1991: 12). Menciona que en la búsqueda de las causas del fenómeno de la informalidad encontró a la migración campesina que incrementa la población urbana, en la distribución del ingreso rural urbano que explica a su vez la migración, y en el desempleo que expresa la incapacidad del sector formal por absorber la creciente fuerza de trabajo. Sin embargo, señala que ninguno de éstos puede explicar por qué algunos prefieren la formalidad y otros la informalidad, ni tampoco determina las consecuencias que resultan de ese proceso (Ibídem, 1991: 171).

De tal forma, da una explicación diferente al origen de la informalidad estimando lo que el llama los *costos de ser formal e informal.* Dentro de los primeros se identifican los de acceso y permanencia, los cuales llevan a las empresas formales a ser menos productivas puesto que es demasiado el tiempo invertido para cumplir con las normas gubernamentales y, por otro lado, las restricciones legales que afectan la flexibilidad en la toma de decisiones empresariales y generan una deficiente asignación de recursos. A pesar de lo anteriormente citado, los informales pueden tener mayor flexibilidad en el manejo de sus recursos, lo cual les permite ser más eficientes que los formales.

El origen de la informalidad, siempre según el mismo autor, se encuentra en la excesiva regulación estatal, pero no en el funcionamiento del mercado laboral, puesto que el aparato estatal en los países de América Latina otorga el privilegio de participar en la economía formal a una pequeña élite, la cual puede pagar los altos costos de la reglamentación de sus actividades económicas, por lo que la informalidad es la respuesta popular que evade los costos legales. Por consiguiente, la economía informal no es sólo una forma de subsistir ante la escasa creación de empleos, sino también constituye la irrupción de fuerzas reales del mercado en una economía basada en una excesiva regulación gubernamental. Según nuestro punto de vista, nos permite catalogar al enfoque De Soto dentro de la economía neoclásica porque él percibe a las normas o reglas institucionales del sector público, pero no del privado, como un factor que esta impidiendo que una economía nacional funcione perfectamente. Una importante aportación del enfoque De Soto, es sin duda la ampliación del concepto de informalidad hacia aquellas actividades económicas que se encuentran fuera de la ley y, por tanto, no la reduce a las legales solamente, aunque llama la atención que en su compilación empírica no se refiera a la producción de drogas tan importante en Perú. De todas maneras, este autor subraya que en la economía informal peruana pueden existir empresas informales más eficientes que las formales a causa de la diferencia de los costos de pertenecer al sector formal, pero no de las rentas que capturan estos informales eficaces. Sin embargo, una de las limitaciones de esta interpre tación es que, muy en la línea de la escuela neoclásica, las regulaciones gubernamentales parecerían estar impidiendo el buen funcionamiento de los mercados, lo que implicaría, según nuestra opinión, que la solución de la economía informal es aplicar la ley rigurosamente para permitir el cumplimiento de los contratos o eliminar las distorsiones causadas por el gobierno para permitir que los mercados se autorregulen, por lo tanto, la perspectiva de Soto es más bien una visión procesal más que empírica y muy condicionada por la EscDerProp (Soto 1991: 59–62).

Otro de los errores del enfoque de Soto, según Jeannot (2001: 487), es el considerar que la transformación institucional es sólo la simplificación de los procedimientos gubernamentales; lo cual y desde el punto de vista institucional, es todo lo contrario, porque los mismos deben configurar un cambio en las normas o reglas de una economía a fin de modificar la estructura de incentivos a favor del desarrollo competitivo. Una última crítica a este enfoque de Soto, es que cuando él habla de que la informalidad es una forma de responder de los agentes económicos ante la excesiva y, por ende, costosa regulación gubernamental que tienen que enfrentar para participar en la economía formal, se refiere a los individuos de menores recursos recuperando una idea clasista de la informalidad que la atribuye solamente a los pobres, lo cual contradice la evidencia de que grandes empresas evaden cuantiosamente, por ejemplo, el pago de impuestos para capturar ingentes rentas mucho más voluminosas que el costo de la informalidad de los pobres.

3. METODOLOGÍAS HETERODOXAS

Dentro de la perspectiva heterodoxa, es decir dentro de aquellos enfoques que realizan modificaciones en los supuestos de los marcos teóricos hasta aquí presentados, se identificaron tres trabajos que tratan de dar una explicación un tanto diferente del origen de la informalidad en tanto que alteran algunos supuestos importantes de las teorías clásica y neoclásica.

Portes utiliza conceptos teóricos y metodológicos del nuevo marxismo que se originan a partir de 1960 como consecuencia de la reinterpretación del pensamiento de Carlos Marx llevada a cabo en el continente europeo, sobre todo por las ciencias sociales y la filosofía francesas. Entre los principales hallazgos de esta corriente llamada *neo marxismo* se encuentran los referentes a los medios de producción y las diversas formas de las relaciones capital/trabajo; los cuales permitieron concluir que en el fondo de la persistencia de instituciones sociales precapitalistas como la aparcería y el latifundio señorial, en el plano nacional moderno se escondían relaciones sociales generalmente capitalistas porque salariales.

En base a lo anterior, Portes definió a la economía informal como *una forma de sanción del trabajo al capital y una expresión de la formas de articulación de los modos de producción* (Portes, 1995, p. 18). Difiere con el enfoque clásico puesto que él no observa al sector informal como un sector atrasado sino más bien entiende a la informalidad como una parte integral de la economía moderna. De tal forma, Portes (1995, p. 34) concibe a la informalidad (definición operativa) como la suma de las actividades productoras de ingresos en las que se involucran los miembros de un hogar, excluyendo los ingresos provenientes del empleo contractual regulado; por consiguiente define a la informalidad a partir de su relación con la ejecución del Estado, al igual que de Soto. Sin embargo, a diferencia de la visión de Soto, Portes (1995, p. 123) no ve a la informalidad como una irrupción de las verdaderas fuerzas del mercado en una economía precapitalista, sino más bien como una estrategia del capitalismo.

Portes señala que desde el punto de vista de la estructura económica, las distintas actividades generadoras de ingresos de los hogares individuales están organizadas en diferentes formas de producción, con respecto a los cuales se pueden distinguir tres tipos de producción o de intercambio inmersos en el sector informal:

1. *Subsistencia directa, actividad que abarca la adquisición y reparación de artículos de consumo, además de su producción;*
2. *Producción e intercambio de productos menores, basada en el trabajo de individuos auto empleados que producen y / o comercializan bienes y servicios en el mercado;*
3. *Producción capitalista atrasada, que abarca dos sub conjuntos: pequeñas empresas que emplean mano de obra remunerada desprotegida, y trabajadores empleados por las grandes empresas bajo acuerdos de subcontratación (Portes, 1995,36–37)*

Así para las actividades informales definidas de tal forma, no es porque sean estructuralmente diferentes, sino que dichas actividades conservan una misma relación funcional con el sector capitalista moderno. Esta función común consiste en crear estructuras informales de producción y otros mecanismos que faciliten retrasar o evadir los incrementos salariales y la legislación laboral (Portes, 1995, p. 38). Por consiguiente, se puede decir que esta interpretación considera a la informalidad como un resultado del esfuerzo que realizan las empresas, con el objetivo de contrarrestar las rigideces salariales o sindicales, así como los elevados costos laborales, por medio de la subcontratación de trabajadores sin prestaciones. La aportación de Portes, pareciera ser que niega la existencia de un mercado laboral segmentado, pero no es así, puesto que hace referencia a la existencia de factores institucionales (las rigideces del salario mínimo o sindicales) que de alguna manera estarían segmentando el mercado, así que la idea novedosa de Portes es que el sector informal o economía formal no sólo está compuesto de pequeñas empresas con escaso capital y bajos niveles de productividad, sino también están inmersas las grandes empresas que emplean trabajadores bajo el esquema de la subcontratación para evadir los altos costos laborales; y por tanto la economía informal no es sólo un problema de las economías subdesarrolladas sino también de las desarrolladas.

Así llamamos al trabajo realizado por Ranis y Stewart (1999) titulado "*V–Goods and the role of the Urban Informal Sector in Development*", porque desarrollan un modelo dual que divide al sector formal del informal, como en el caso de la escuela clásica y neoclásica, al mismo tiempo que también dividen al sector informal en un componente dinámico y moderno, el cual mantiene relaciones con el sector formal, y otro componente tradicional y estancado. El sector dinámico se caracteriza por ser un sector intensivo en capital, generalmente de un tamaño más grande, por tener una tecnología dinámica, y por establecer relaciones con el sector formal urbano. El sector tradicional, es distinguido por tener bajos niveles de capitalización, baja productividad del trabajo, bajos salarios, empresas muy pequeñas (tres o cuatro trabajadores empleados), tecnología estática y a menudo sus empresas organizadas como unidad familiar (Ranis y Stewart, 1999: 263).

Este trabajo tiene dos características importantes: 1) la manera en que se define a la fuerza de trabajo no calificada y la definición de las empresas informales. Referente al primer punto, ésta se divide en tres clases: trabajadores rurales, trabajadores en el sector formal urbano y trabajadores en el sector informal urbano. En cuanto al segundo aspecto, las empresas con un personal ocupado de menos de diez empleados son consideradas como informales en el sector dinámico, y aquellas con tres o cuatro trabajadores empleados son informales pertenecientes al sector tradicional.

Según estos autores, el sector informal se constituye tanto de un factor dinámico que contribuye al crecimiento, como un refugio para los que no son absorbidos en el mercado de trabajo formal. Sin embargo, aunque el sector tradicional es definido como residual, cumple la función de ser una fuente de ingresos de subsistencia para la población pobre de las áreas urbanas (Ranis y Stewart, 1999: 261–264). Considerando un análisis del comportamiento macro–dinámico del modelo pueden presentarse dos posibles escenarios en lo que se refiere a la evolución del sector informal (Ranis y Stewart, 1999: 270). En el primero, el sector formal crece rápidamente y genera una mayor demanda de bienes tanto de consumo como de producción provenientes del sector moderno, que estimulan su nivel de actividad, por lo que hay una relación de complementariedad entre ambos. De esta manera, a lo largo del tiempo, las firmas informales del sector moderno a medida que se expanden y que actualizan su tecnología, tienden a la formalidad y, eventualmente, el sector informal puede ser absorbido por el formal. Un escenario contrario, puede presentarse a causa de un estancamiento del sector formal produciendo un estancamiento en el sector informal dinámico. En el caso de que existan bajas tasas de crecimiento y débiles relaciones de complementación entre ambos sectores, la demanda por bienes de consumo y de producción provenientes del sector informal moderno se verá reducida, limitada su capacidad de generar empleo y alentando el crecimiento del sector tradicional.

En este enfoque, al igual que en la visión neo marxista, se establece que los sectores formal e informal mantienen interrelaciones, no obstante, el punto en contra que muestra este análisis es que el desarrollo del sector informal moderno o dinámico y tradicional dependen del grado de desarrollo del sector formal de la economía, lo cual, como decía Portes, implica una visión del sector informal moderno y/o estancado de Ranis y Stewart, como un *residuo estructural* y no como parte integral de la economía moderna como propone el neo marxismo.

Por último, otro trabajo heterodoxo es el realizado por Carbonetto y Kritz (1991) titulado "*Sector informal urbano: hacia un nuevo enfoque*", en donde estos autores retoman supuestos del análisis marxista junto a hipótesis de la escuela neoclásica que se verifican. En este artículo se asume que en sus orígenes la empresa informal es no capi–

talista, puesto que, ciertamente, en principio se crea como una solución económica para satisfacer las necesidades de subsistencia por aquella parte de la población urbana que no fue absorbida en el sector formal, la cual normalmente pertenece a estratos sociales pobres, es normal que las empresas de este tipo sean creadas sin capital. Por consiguiente, *lo que explica el diferencial inicial de productividad es la baja relación capital–trabajo*. Las opciones de crecimiento están determinadas por *la elección de combinaciones tecnológicas* y de *remuneración de los factores* por medio de las cuales el establecimiento informal puede *intentar compensar los mayores costos medios resultantes de la brecha de productividad* (Carbonetto y Kritz, 1991: 208)

Estos autores mencionan que en el caso de la existencia de barreras al acceso a los mercados de factores, las variables que el productor informal puede controlar para compensar los diferenciales en la productividad son las siguientes (Carbonetto y Kritz, 1991: 208):

1) Ahorro en el consumo de capital
2) Ahorro en el uso de los insumos
3) Ahorro en las tasas de salarios
4) Reducción o eliminación del margen de ganancias.

Dependiendo de la manera en que se den las combinaciones de dichas variables, se pueden encontrar varias clases de empresas informales que se diferencian por su régimen de acumulación (Carbonetto y Kritz, 1991: 208):

1) En el caso de que la compensación del diferencial de productividad se realice por medio del ahorro en el capital, se tiene una empresa cuya combinación tecnológica es capaz de competir con éxito y goza de una tasa de acumulación potencial igual al de la unidad productiva formal que utiliza técnicas intensivas en capital. Dichos establecimientos informales así definidos, presentan un sistema de reproducción ampliada.
2) En el supuesto de que la compensación se realice por renunciar a la tasa de ganancia y reducir el salario por debajo del mínimo, las unidades económicas informales tienen un sistema de reproducción deficiente porque no están en condiciones ni de lograr una tasa de acumulación ni de garantizar la reproducción de la fuerza de trabajo.

3) Entre ambos casos existen una gran cantidad de situaciones intermedias.

En conclusión, las principales hipótesis de Carbonetto y Kritz sobre el sector informal son las siguientes:

A. Distinguir entre el sector formal e informal a partir de identificar el modo de reproducción y la composición técnica del capital.
B. En sus orígenes, las empresas del sector informal urbano son no capitalistas, pero en general existen una pluralidad de modos de producción (capitalistas y no capitalistas) en el mismo sector.

Dos comentarios al respecto de este enfoque:

1. ¿Quiere decir que existen empresas informales que perduran depreciando el capital porque no capturan ganancias? Si así fuera, no serían menos capitalistas que las otras, solamente que irían a la quiebra también informal.
2. La reproducción de la fuerza de trabajo la hace fundamentalmente el Estado, pero no las empresas cualquiera sean ellas.

4. LA PERSPECTIVA INSTITUCIONALISTA DE LA ECONOMÍA INFORMAL

La nueva corriente institucionalista (Williamson, 1989; North, 1995; Jeannot, 2001) reconoce que las relaciones entre la economía y las instituciones determinan la regulación del intercambio. Según este enfoque, las instituciones son las normas o reglas del juego que limitan y estructuran la interacción humana; económicamente definen, restringen y afectan el conjunto de elecciones de los individuos; su función principal es reducir la incertidumbre resultado de la información incompleta y otras fallas del mercado, facilitando una estructura estable de la actividad humana, aunque esto no significa que no estén en un cambio permanente.

La teoría de las instituciones, propuesta por North (1995: 43), es construida a partir de dos teorías: 1) la conducta humana y 2) los costos de transacción. Con respecto a la primera, North retoma básicamente la idea de que el comportamiento de los individuos es complejo y sus preferencias son menos estables, contrario a lo que suponen los neoclásicos; además apunta que los individuos realizan sus elecciones apoyados en modelos derivados subjetivamente que divergen entre ellos puesto que existe información incompleta; y, por último, supone que la racionalidad del individuo es limitada porque aparte de que los agentes económicos poseen información asimétrica y costosa, están restringidos en cuantos a sus capacidades de procesar, organizar y utilizar la información, a diferencia de la escuela neoclásica que supone una racionalidad instrumental o perfecta basada en que los agentes económicos disponen de la información necesaria para evaluar correctamente sus alternativas y en consecuencia realizar elecciones que maximicen su bienestar. Por otra parte, sobre los costos de negociación o costos de transacción, afirma que la parte neurálgica de los mismos son los costos de la información relativa a la medición de los atributos de la unidad de intercambio y los costos de proteger y hacer cumplir los acuerdos, normas y contratos del intercambio. De tal forma que, precisamente, este conjunto de normas, reglas, acuerdos y contratos, proporcionan una estructura al intercambio junto con la tecnología empleada, los cuales determinan los costos de transacción (estructura del intercambio) y de producción (definidos por la tecnología tanto productiva como organizativa). Precisamente, podemos decir que una de las principales aportaciones del institucionalismo a la teoría económica es la incorporación de los costos de transacción como representación del funcionamiento del mercado sin ninguna Mano Invisible, clásica o neo clásica.

Desde esta perspectiva Feige (1990: 990) señala que los costos de la producción y los costos de la transacción se encuentran determinados por la disponibilidad de los insumos y por la eficiencia con la cual los insumos son combinados en la producción y en el intercambio. La disponibilidad de los insumos y la eficiencia con la cual ellos son utilizados es afectada por las instituciones formales que establecen y garantizan los derechos, concesión de privilegios y, las regulaciones administradoras y las estructuras de sanción que sirven para fomentar el apego a las reglas. Por consiguiente, este autor clasifica a los agentes económicos dentro del sector formal de la economía cuando sus acciones se apegan o están protegidas por las reglas del juego establecidas institucionalmente, y, viceversa, cuando sus acciones están fuera de las reglas establecidas, o si están negando su protección, los agentes económicos son clasificados dentro del sector informal de la economía.

Una de las características importantes de esta visión es delimitar cuales son las actividades económicas que entrarían dentro del sector informal por medio de una clasificación de la economía oculta o clandestina (underground) basada en las normas institucionales que no son observadas en una actividad económica particular. Así, Feige (1990: 991–993) identifica cuatro formas de la economía oculta:

1. La economía ilegal que incluye aquellas actividades económicas que producen y distribuyen bienes y servicios legalmente prohibidos; por ejemplo el tráfico de drogas o el intercambio del mercado negro.
2. La economía no reportada. Abarca las actividades económicas que evaden o que pasan por alto las reglas fiscales establecidas en el código impositivo, estando inscritas en el padrón respectivo. Un ejemplo es la cantidad de ingreso que se debe reportar a las autoridades fiscales y no se hace.
3. La economía no registrada. Engloba las actividades que eluden las reglas institucionales de empadronamiento. Una de las formas en las cuales se expresa esta economía es en la cantidad de ingreso gravable que debe registrarse en los sistemas de cuentas nacionales y no se registra.
4. La economía informal en general, la cual consiste en las acciones económicas que evaden los costos y están excluidas de la protección y beneficios de las leyes y reglas administrativas que cubren las relaciones de propiedad, licencias comerciales, contratos laborales, daños legales, créditos financieros y sistemas de seguridad social.

Es claro que las actividades dentro de la economía informal son además no registradas y no incorporadas, por lo que la principal diferencia entre éstas es legalidad o su contrario. Las actividades ilegales se dedican a la producción y comercialización de bienes que en un momento y lugar determinado se definen como ilícitos, mientras que en las informales los bienes son lícitos. En este sentido, señala Portes (1995: 184), la distinción entre los sectores formal e informal radica en la definición lícita (formal) o ilícita (informal) de los procesos de producción y comercialización mas no del producto final.

Este enfoque institucionalista de Feige está vinculado con las perspectivas neo marxista de Portes y neoclásica de Soto, en el sentido de que la economía informal esta definida de acuerdo a la relación de las actividades económicas con las normas institucionales; además de que los tres consideran que no es cuestión única y exclusivamente de las pequeñas empresas, sino también existen grandes empresas. Sin embargo, es diferente a la visión de Soto en cuanto a que Feige no considera que las instituciones tengan que desaparecer para permitir el intercambio económico eficiente, puesto que la principal tesis de Soto es que el problema no son los informales sino el Estado y en consecuencia éste debe tender a su radical disminución y simplificación. El enfoque de Feige es también diferente al punto de vista de Portes, en lo concerniente al marco teórico tomado como base para realizar sus interpretaciones, lo cual lleva a Portes a considerar más a la informalidad como una forma de utilización de la fuerza de trabajo por parte de las empresas capitalistas dentro de la teoría neo marxista, mientras que Feige influenciado por la corriente institucionalista de North concibe el problema en los costos de transacción como definitorio de la informalidad. Es importante mencionar que una cualidad de las concepciones de Portes y Feige acerca de las actividades informales, es que pueden ser aplicadas tanto a países subdesarrollados como desarrollados, mientras que las interpretaciones clásicas y neoclásicas sólo abarcan a las naciones en vías de desarrollo.

Una de las limitantes del enfoque de Feige resulta de la falta de información estadística para identificar y estimar el tamaño de las actividades informales puesto que muchas de éstas escapan a ser registradas o reportadas por las estadísticas oficiales. Por lo tanto, este marco teórico considera a la informalidad como una forma de comportamiento o racionalidad de los agentes económicos que participan en los mercados, elección resultante de un análisis entre los beneficios y costos de ser informal. De tal forma, que estos agentes se encuentran en la posibilidad de elegir, registrar o no su actividad económica, estimando los beneficios y los costos de ser informal.

Algunos de los beneficios que encuentran los participantes del sector informal son: 1) eludir las complicaciones que surgen de cumplir un sistema impositivo complejo (superposiciones de normas, complejidad de cálculo de los tributos, cambios legales frecuentes, etc.); 2) evitar una gran presión tributaria; 3) tener mayor flexibilidad de operación; 4) tener más facilidad de entrar y salir del sector (no hay patentes, inscripción en los registros formales, costos de quiebra, etc.); 5) contar con menores costos de elaborar contratos, porque éstos suelen hacerse en forma oral, lo que reduce los costos de transacción. Por el lado de los costos, los agentes enfrentan la posibilidad de ser detectados incumpliendo las normativas, con el consiguiente pago de las sanciones o multas que corresponda (Sarghini, 2001: 14).

Por otra parte y entre otros beneficios de la formalidad, podemos señalar los siguientes:

- Contratos impersonales aplicables: El cumplimiento de éstos da mayor credibilidad a los acuerdos y permite a largo plazo que se generen mayores compromisos, con lo que disminuye el riesgo correspondiente y pueden reducirse los costos de monitoreo.
- Acceso al capital
- Acceso al público de mecanismos de riesgo común, es decir, con el objetivo de atraer trabajadores de mayor calidad la firma debe ofrecer beneficios tales como las compensaciones, servicios de salud, incapacidades, pensiones y seguro de desempleo (Levenson y Maloney, 1998: 5).

La propuesta de este ensayo es considerar a la teoría institucional como un marco pertinente para definir y explicar las causas de la economía informal, debido a que no utiliza un enfoque reduccionista sobre este fenómeno al asociarlo con la pobreza y marginación o con la excesiva regulación estatal (clásica y neoclásica, respectivamente), o como un caso particular de relaciones de producción al ser una forma de explotación de la fuerza de trabajo (Portes); sino más bien entender a la informalidad como una *lógica de acción o comportamiento* de los agentes económicos destinada a transgredir las instituciones formales establecidas por la sociedad.

A diferencia del enfoque de Feige, también institucionalista, en donde se utiliza el concepto de costos de transacción para explicar que el origen de la informalidad radica en el hecho de que los integrantes del sector informal enfrentan costos de transacción distintos (incluso menores) a los que afrontan los que se inscriben en el sector formal, nosotros planteamos que las instituciones producen incentivos aprovechadas de manera productiva o de manera improductiva por los agentes económicos, con efectos positivos o negativos sobre el desempeño económico. En las economías rezagadas prevalecen las actividades improductivas a través de monopolios que bloquean la concurrencia, o a través de un ambiente de negocios donde predomina la suspicacia que incentiva el oportunismo en los contratos en lugar de fomentar el cumplimiento de los mismos (North, 1995: 18–21). Entendiendo al oportunismo como aquella conducta del individuo que busca el interés propio con dolo, abarcando la mentira, el robo y el engaño, aunque incluye otras formas más (Williamson, 1989: 57). En este sentido, aquellas economías cuya estructura de incentivos promueva este tipo de actividades será cada vez más improductiva.

En general, una economía improductiva es aquella que se basa en la captura de rentas y complementariamente desarrolla las ganancias de productividad; mientras que en la productiva lo principal son las ganancias de productividad y lo accesorio la captura de rentas (Jeannot, 2001: 11). Con este enfoque, la economía informal puede ser tan capitalista o moderna como la formal. Al mismo tiempo, si la causa originaria de la informalidad se encuentra en el oportunismo contractual, ella no puede atribuirse a un sector económico particular como el agrícola o el que fuere, porque la informalidad es una lógica de acción o forma de comportamiento, pero no es privativa de algún tipo de actividad económica, mucho menos de una clase social (Jeannot, 2001: 483).

Una economía basada en el oportunismo contractual repite constantemente las prácticas dolosas, en vez de fomentar y fortalecer las relaciones productivas basadas en el cumplimiento de los contratos. La economía de rentas propia del oportunismo contractual se basa en un comportamiento improductivo generalizado, una sociedad de rentistas en el decir de Anne Krueger, el cual naturalmente alimenta al patrimonialismo que sobre acumula capital físico en detrimento del capital riesgo y al paternalismo que difunde la dependencia secular de las clases desfavorecidas en el reparto del ingreso (Jeannot, 2001: 85).

En los últimos párrafos hemos insistido en señalar que la economía informal es una expresión básica de la economía de rentas que resulta de la estructura de incentivos proporcionados por las instituciones. Obviamente, estos incentivos propenden los comportamientos informales, pero no su contrario. Los autores que cabe citar como progenitores de la teoría del rentismo actual, mucho más desarrollada que la ricardiana de los clásicos, son: Buchanan, Tollison y Tullock (1982), Bhagwhathi (1982), Stigler (1962), Krueger (1974), Tullock (1967), Coase (1994), Demsetz (2003), Pejovich (1985); es decir, la Escuela de la Elección Pública, la de la Información y la de los Derechos de Propiedad.

La Escuela de la Elección Pública (Public Choice) converge con el institucionalismo actual porque al enfatizar los fallos del gobierno como alternativos a los del mercado ejemplifica las posibilidades de negocios privados en el sector público. Lo que no destaca el Public Choice es que si bien la fuente de estos negocios más o menos legales es el sector público, la apropiación de los beneficios correspondientes es siempre privada y correspondiente a rentistas que venden reglamentaciones (los funcionarios públicos corruptos), o empresarios de la iniciativa privada (generalmente organizados en grupos de presión). La mayor parte de estos casos públicos y privados a la vez, corresponden a la economía informal, oculta, subterránea o paralela. Con mayor razón la producción y el tráfico de estupefacientes, la cual es una verdadera cuestión de Estado en varios países latinoamericanos.

La Escuela de la Información converge con el institucionalismo actual porque las asimetrías de la misma se corrigen por medio de reglamentaciones o contratos que tienen a subsanar los defectos de información en los participantes. Desde los autos chatarra hasta innumerables formas de los intercambios cotidianos, algunos contratantes capturan rentas de información por medio del usufructo de los desniveles indicados y, aún más, porque rentabilizan la privatización del conocimiento y la información. Como los mercados perfectos representan idealizaciones doctrinarias, la concurrencia imperfecta promueve naturalmente a la sociedad de rentistas salvo que el Estado aplique consistentemente las políticas correctoras pertinentes.

Demsetz es uno de los principales representantes de la teoría de los derechos de propiedad. La tesis de Demsetz es la siguiente: "*los derechos de propiedad se desarrollan para internalizar externalidades cuando las ganancias de la internalización son mayores que sus costos*" (Demsetz, 1967). Los derechos de propiedad crean externalidades (positivas y negativas) para sí mismo y para los demás, por consiguiente la función primordial de los derechos de propiedad es la de promover incentivos para alcanzar una mayor internalización de las externalidades. La economía y sociedad de rentistas promueve la rentabilización de las externalidades porque la improductividad de las empresas privadas hace que las ganancias de la internalización sean menores a los costos correspondientes. Esta captura de beneficios, o ahorro de costos, las más de las veces se realiza de manera informal.

La EscDerProp converge con el institucionalismo, porque precisamente los derechos de propiedad generados por los procesos de apropiación, son parte de las instituciones formales e informales que encaminan, o no, a la consolidación de una economía de mercado competitiva. Así, podemos encontrar sociedades que tengan derechos de propiedad y procesos de apropiación que fomenten una economía productiva, o por el contrario, que terminen instaurando una economía de rentas. Antes de la definición de la propiedad privada de los bienes que significa el uso y disfrute individualizado de los mismos, se encuentra el proceso de apropiación que la genera como consecuencia de los incentivos proporcionados por las instituciones (Jeannot, 2001: 145 y 486). Es aquí donde surge la relación con la teoría de la búsqueda de rentas, puesto que la búsqueda de rentas es una forma de apropiación de los derechos de propiedad.

En la literatura revisada existen al menos dos líneas de investigación que consideramos oportuno seleccionar. La primera de ellas, hace referencia a la existencia de restricciones gubernamentales (aranceles o monopolios admitidos) sobre las actividades económicas que producen, en términos de la economía neoclásica, una pérdida de bienestar social, la cual se convierte, como reverso de la medalla, en una gran fuente de rentas privadas. Sin menoscabo de que, algunas veces, la competencia se realiza legalmente, en otras ocasiones, mayoritarias dentro de una sociedad de rentistas, la competencia en búsqueda de rentas ocurre por diversas formas como los sobornos, la corrupción, el mercado negro, los delitos de cuello blanco, la sobre o subfacturación de las empresas, la evasión y la elusión fiscal, etc., todas ellas características de la informalidad y conducentes a una verdadera sociedad de cazadores de rentas que concierne a todas las clases sociales (Krueger, 1974).

La segunda línea de investigación, desarrollada por Olson (1982), tiene que ver con la existencia de una paradoja aparente en la lógica de acción de los grandes grupos: los individuos no actúan a favor de sus intereses de grupo porque los incentivos para la organización colectiva son débiles. Si aparentemente podríamos pensar que siempre y en todo caso esos individuos favorecerían sus propios intereses organizándose en conjuntos de personas, la realidad es que mientras los incentivos a la organización colectiva sean débiles los sujetos preferirán –racionalmente– actuar como pasajeros clandestinos afectando de manera muy negativa a los intereses colectivos. En este sentido, la búsqueda de rentas se define como las acciones que realizan los individuos para incrementar su riqueza personal provocando al mismo tiempo una contribución negativa al resto de la sociedad. Dado que los pasajeros clandestinos son legión en las economías de rentas, Olson (1982: 44) llama a estos grupos *coaliciones distributivas* o grupos de intereses especiales o grupos de intereses excluyentes, los cuales se especializan en la pugna distributiva del ingreso, pero no en la generación de ganancias de productividad.

Con base en lo anterior podemos decir que la economía de rentas es un régimen de acumulación, donde predominan agentes económicos que tienen un comportamiento o una lógica de acción de cazadores de rentas para sacar provecho de los incentivos que otorgan las reglas de la comunidad a favor de la economía improductiva. Por consiguiente, la propuesta de este artículo es que la economía informal no es un sector o actividad económica en particular ni, mucho menos, una clase social determinada, sino una forma de comportamiento de sus individuos o grupos sociales que buscan transgredir las instituciones formales a través del oportunismo contractual que fomenta una sociedad de suspicacia. Cuando en nuestros países esta economía paralela representa bastante más que la mitad del producto interior bruto, no tenemos duda que analizar la informalidad representa entender la naturaleza esencial de nuestro crecimiento, desarrollo y competitividad; es decir, de la posibilidad y alcances de nuestro bienestar.

5. EL CASO MEXICANO

El estudio de la informalidad en la economía mexicana ha experimentado un número importante de conceptos sobre el fenómeno, aunque en la mayoría de los investigadores u organizaciones especialistas en el tema, ha predominado un enfoque reduccionista caracterizando a la economía informal como un sector en particular que se encuentra en desventaja en términos de nivel tecnológico, trabajo calificado, productividad, salario, o condiciones laborales. Es decir, según nuestra perspectiva, la escuela clásica y neoclásica ha influido bastante en la manera de definir las características de las actividades económicas informales. No obstante, en los últimos años ha existido una convergencia importante hacia el institucionalismo, al igual que en los demás países en desarrollo, para utilizarlo como un marco teórico que proporcione un concepto que explique con mayor apego a la realidad el sector informal.

Al igual que en los demás países de América Latina el primero en difundir el término sector o economía informal, fue un organismo internacional, el PREALC en 1974, quien posteriormente y en conjunto con la Secretaría del Trabajo y Previsión Social (STyPS) y el Programa de las Naciones Unidas para el Desarrollo (PNUD) analizaron estudiar y medir el fenómeno. Para 1976 se realizó la primera encuesta sobre ocupación informal en áreas urbanas, en donde se estableció como criterio para incluir a los integrantes del sector informal a: los trabajadores asalariados y los trabajadores por cuenta propia que contestaron percibir ingresos iguales o menores al salario mínimo vigente en su localidad de residencia y carecer de, por lo menos, dos de las siguientes condiciones de trabajo: contar con servicios médicos proporcionado por el empleador; prestaciones sociales (además de aguinaldo); estabilidad en el empleo (según tipo de contratación); estar afiliado a un sindicato (Jusidman, 1992: 14 y Salas y Rendón, 2000: 29).

Así fue como comenzó a estudiarse el sector informal en México, hasta que Salas (1992: 28) propone abandonar el término sector informal, puesto que identifica tres problemas conceptuales: 1) existen criterios múltiples en las definiciones y cada uno de ellos puede cumplirse de manera independiente de los demás; 2) la diferenciación de lo que se entiende por sector formal y / o informal no permite, de acuerdo con las definiciones existentes, distinguirlos como sectores sin relación alguna y complementarios; 3) no existe un consenso sobre la unidad de referencia, puesto que se ha utilizado tanto a los individuos como a los hogares o establecimientos para designarlos como informales. De tal forma, que este autor sugiere reemplazar el concepto "sector informal" por el de "pequeñas unidades económicas", dado que es en éstas donde se concentra el trabajo no asalariado, y la gran mayoría del trabajo asalariado con mayor precariedad. A pesar, de que identifica estos problemas conceptuales su propuesta termina por delimitar al sector informal como el conjunto de microempresas que utilizan trabajadores no asalariados en condiciones laborales precarias, tal como lo caracteriza en conjunto la teoría clásica de la informalidad.

Clara Jusidman define al sector informal como aquella parte de la población económicamente activa que pertenece a las siguientes categorías de empleo: a) trabajadores domésticos (sin tener en cuenta su condición en el empleo); b) los empleadores, asalariados y trabajadores a destajo en establecimientos con cinco o menos trabajadores, excepto en las ramas que se definen como formales (empresas estatales o de gran tamaño) y el trabajo doméstico; c) los auto empleados, excepto profesionistas de la Clasificación Mexicana de Ocupaciones y el trabajo doméstico; d) los trabajadores sin remuneración, sin considerar a los profesionales de la Clasificación Mexicana de Ocupaciones y el trabajo doméstico (Jusidman, 1992: 21). Conceptuar así al sector informal es de nueva cuenta caracterizarlo como lo hace la corriente clásica, aunque el énfasis recae sobre el mercado de trabajo y ya no tanto sobre las empresas. La siguiente definición trata de tomar en cuenta las dos unidades de referencia.

Bryan Roberts utiliza dos definiciones: una referida a los establecimientos y otra a los individuos. Para los establecimientos, el sector informal incluye las unidades privadas registradas de sectores no agropecuarios con 15 o menos empleados en el caso de la industria manufacturera, y cinco o menos si se tratase de cualquier otra actividad. En el ámbito de los individuos, comprende a los trabajadores sin remuneración sean familiares o no, y aquellos trabajadores asalariados que no cuenten con prestaciones sociales (servicio médico, pago de vacaciones, aguinaldo, reparto de utilidades (citado por Salas y Rendón, 2000: 30).

Cuadro 1
Diferentes indicadores del sector informal urbano.
Localidades de 100 mil habitantes o más

Definiciones operativas del sector informal	*Tasa de informalidad (%)* 1993	1995	1998
(1) Salario	17.6	19.6	20.9
(2) Tamaño del establecimiento	41.0	43.5	42.5
(3) Situación en el empleo	23.5	25.1	24.7
(4) Definición de la OIT	45.9	48.3	46.8
(5) Definición de Jusidman	38.2	43.8	41.3

(1) Ocupados con menos de una salario mínimo legal sin pago y con ingreso insuficiente.
(2) Ocupados en establecimientos con cinco trabajadores o menos.
(3) Incluye ocupados en servicios domésticos, trabajadores por su cuenta y sin pago, menos los profesionistas y los ocupados en actividades de tecnología avanzada y de propiedad pública.
(4) Comprende: a) los trabajadores por cuenta propia (excepto profesionistas y técnicos) y trabajadores familiares no remunerados; b) los trabajadores domésticos; y c) los ocupados en establecimientos que cuentan con hasta cinco trabajadores.
(5) Abarca: a) los trabajadores domésticos (sin tener en cuenta su situación en el empleo); b) los empleadores asalariados y trabajadores a destajo, en establecimientos con 5 o menos trabajadores, excepto en las ramas que se definen como formales y el trabajo doméstico; c) los trabajadores por su cuenta, excepto el grupo de profesionistas de la Clasificación Mexicana de Ocupaciones (CMO) y el trabajo doméstico; d) los trabajadores sin pago, excepto el grupo de profesionistas de la CMO y el trabajo doméstico.
Fuente: Subsecretaría de Capacitación, Productividad y Empleo de la Secretaría del Trabajo y Previsión Social (STyPS) (2000, p. 9).

Los conceptos hasta aquí mencionados siguen con una clara tendencia de entender al sector informal como un sector atrasado, como parte de un mercado de trabajo segmentado. No obstante este enfoque reduccionista donde los participantes del sector o economía informal son las empresas y trabajadores más pobres, los estudios anteriormente señalados muestran que la dimensión del fenómeno es importante y creciente (Ver cuadro 1, 2 y 3).

Cuadro 2
Distribución del personal ocupado por tamaño de establecimientos del sector formal e informal
Localidades de 100 mil habitantes

Cantidad de empleos por establecimientos	*Sector formal*			*Sector informal*		
	1993	*1995*	*1998*	*1993*	*1995*	*1998*
Sin trabajadres	1.9	1.2	1.2	32.3	36.8	38.4
1 trabajador	0.6	0.0	0.0	28.5	0.0	0.0
2 a 5 trabajadores	2.2	3.2	3.2	38.4	61.9	60.4
6 a 50 trabajadores	27.4	28.2	27.4	0.7	1.0	1.0
51 y más trabajadores	67.4	66.8	67.8	0.1	0.3	0.2
No especificado	0.4	0.5	0.3	0.0	0.0	0.0
Total	100	100	100	100	100	100

Fuente: Subsecretaría de Capacitación, Productividad y Empleo de la Secretaría del Trabajo y Previsión Social (STyPS) (2000, p. 12).

Cuadro 3
El sector informal según el INEGI

Año	*% de la población ocupada total*
1995	25.7
1996	25.3
1997	25.0
1998	25.9
1999	25.4
2000	25.2
2001	25.6
2002	26.3
2003	26.7

* El sector informal (no estrucutrado), según INEGI comprende: la población ocupada que labora en micronegocios no agropecuarios asociados a los hogares que no disponen de un registro ante las autoridades u organizaciones gremiales, y de los trabajadores vinculados a micronegocios registrados que operan sin un local o en pequeños locales o talleres y que carecen de un contrato de trabajo y cobertura en la seguridad social.
Fuente: Ochoa, León Sara; 2005, p. 28, 38.

Sin embargo, aparecen dos trabajos empíricos que estudian el caso de la ciudad de México, uno realizado por Lourdes Beneria (1989) y el otro por Néstor Elizondo (1990); en los que las actividades económicas informales incluyen a: los trabajadores que se encuentran laborando bajo el esquema de subcontratación con empresas capitalistas, y también comprende a las unidades económicas que pasan por alto algún tipo de reglamentación relativa al ámbito laboral y / o gubernamental (como el registro ante las autoridades fiscales). Por ejemplo, Portes estimó la proporción de la población económicamente activa, a nivel nacional, que no está cubierta por la seguridad social para 1960, 1970 y 1980; las cifras correspondientes son 87.5, 72.4 y 59.5, respectivamente (Portes, 1995: 133). Aunque son cálculos de años atrás muestran que el porcentaje de ocupados que no cuentan con seguro social es importante e indica una forma de empleo precario.

Francois Roubaud, propone introducir al sector informal como un sector institucional dentro de las cuentas nacionales, lo que implica definirlo como aquellas unidades económicas (incluyendo las empresas individuales) que no cuentan con registro fiscal. Es decir, son las unidades económicas que difícilmente se integran al sistema de reglamentaciones y por ello su producción (cuando menos no ilegal) no está registrada de manera oficial. Identifica cuatro motivaciones para escapar al registro fiscal: 1) sin tener motivo particular; 2) deliberadamente escapar a los registros administrativos y estadísticos; 3) deliberadamente con conocimiento de las normas particulares existentes pero sin voluntad de escapar de la policía; 4) el ejercicio de estas actividades con la necesidad de escapar de la policía (Roubaud, 1995: 93–102).

Una definición relacionada con la anterior es la proporcionada por Levenson y Maloney al considerar que la informalidad es una decisión voluntaria, y por tanto racional, de no participar en las economía formal en función de un análisis costos/beneficios (Levenson y Maloney, 1998: 4). Estimaciones realizadas por estos autores muestran que la importancia cuantitativa del sector informal urbano creció de 48.3% en 1988 a 50.5% en 1993 y a 54.3% en 1996. El criterio para definir a la informalidad comprende la población ocupada de las áreas urbanizadas del país (localidades con más de 100 000 habitantes) que no se encuentran afiliados al Instituto Mexicano del Seguro Social (IMSS), al Instituto de Seguridad y Servicios Sociales de los Trabajadores del Estado (ISSSTE) y / o que no cuentan con seguro médico particular

(Levenson y Maloney citados por Hernández Laos, 2000: 29). De tal forma, estos autores sostienen que el punto de vista de la teoría segmentalista del mercado de trabajo no se aplica de manera consistente en el caso de México, principalmente porque las causas (factores institucionales) que generan la rigidez al salario, y dividiría al mercado de trabajo, en realidad no han existido: los salarios mínimos no han sido obligatorios en la última década; las corporaciones sindicales se han propuesto más defender la permanencia de los empleos que los incrementos salariales; y los salarios reales han mostrado flexibilidad a la baja. Más bien, destaca Maloney (2000: 69) a través del análisis de la información de la Encuesta Nacional de Micronegocios, se trata de un sector empresarial no regulado que actúa bajo la denominación de empresas pequeñas más que ser un sector residual. Rendón y Salas (2000: 31), cuestionan esta perspectiva calificándola como imprecisa puesto que no enlistan las instituciones o los arreglos institucionales en los que deben participar las unidades económicas del sector formal. Además de que esta definición implica diferentes grados de informalidad, como ellos mismos señalan en sus predicciones del marco teórico, pero que sin embargo, no proporcionan ninguna medida de formalidad de una empresa.

Una conceptualización reciente sobre la economía informal en México, aunque no desde un marco conceptual sino más bien desde la práctica gubernamental, propone entender al fenómeno de la informalidad como una expresión de la disfuncionalidad de la gobernabilidad dada por la escasa o nula capacidad del gobierno para generar reglas del juego en el ámbito económico que faciliten el intercambio económico, disminuya costos de información y de transacción y garanticen los derechos de propiedad (Jaime, Campos e Iglesias, 2002: 58). Este estudio parece superar una de las críticas realizadas a la visión de Levenson y Maloney por parte de Rendón y Salas, aquella referente al listado de las normas institucionales a las que deben incorporarse los agentes económicos. Tomando en consideración la explicación de Tokman (1990, p. 6) acerca de que se han distinguido tres tipos de normas que deben ser cumplidas por los integrantes de la economía formal: las leyes laborales, las disposiciones impositivas, y los reglamentos para el registro de negocios. El primero, comprende desde el registro como patrón hasta el cumplimiento de las leyes referentes a las condiciones de trabajo (incluyendo el salario); el segundo, implica el registro como contribuyente, los pagos y declaraciones posteriores; y el tercero el registro de negocios establecidos incluye el cumplimiento de las normas sanitarias y de seguridad. Por consiguiente, como muestra de cada una, dichas autoras identifican los costos institucionales en el mercado laboral, en la estructura del sistema fiscal y de las contribuciones sociales y en el establecimiento de la operación de los negocios.

Un estudio importante sobre la economía informal en México que merece ser tratado muy aparte de los estudios anteriores, pero que muestra también una convergencia hacia el enfoque institucionalista porque clasifica como informales a las actividades económicas que se encuentran al margen de la ley, tales como la evasión fiscal, el trabajo o empleo no registrado, corrupción, contrabando de mercancías, etc; es el realizado por el Centro de Estudios Económicos del Sector Privado (CEESP). Este análisis evita hablar del concepto de economía informal y opta por el de economía subterránea. Así define a ésta como el producto interno bruto no registrado o subvaluado en las estadísticas oficiales, asociado con un nivel dado de carga fiscal. No obstante que esta definición no distingue entre actividades lícitas o no lícitas y sólo se restringe, por las técnicas de medición empleadas, a las que están relacionadas con una carga fiscal y / o asociadas con la utilización del dinero en efectivo (CEESP, 1991: 299); se puede decir que la economía informal y la economía subterránea son sinónimos. Las estimaciones realizadas por el CEESP, aunque no incluyen las prácticas del narcotráfico y lavado de dinero, son cálculos que muestran la tendencia creciente de la informalidad (ver cuadro 4).

La propuesta de este ensayo es concebir a la economía informal como una lógica de acción o comportamiento de los agentes económicos que busca evadir al conjunto de normas (reglas, acuerdos, contratos, etc.) establecidos formalmente por una sociedad. Es una lógica de acción o forma de racionalidad de los agentes económicos propia de una economía de rentas situada en una sociedad de suspicacia que promueve el oportunismo contractual. Entonces más que un sector económico determinado ella puede existir en cualquier actividad económica. El marco teórico que trata de sustentar nuestra definición es el institucionalismo retomando la idea de que las instituciones producen una estructura de incentivos que generan un conjunto de oportunidades aprovechadas de manera productiva o de manera improductiva por los agentes económicos, que en consecuencia afectan el desempeño econó–

Cuadro 4
Cálculo de la economía subterránea como porcentaje del producto interno bruto oficial.

Año	*Técnica de estimación*	
	Método monetario	*Método de energía física*
1969	12.3	3.1
1970	13.7	8.0
1971	14.4	13.5
1972	15.7	15.4
1973	16.1	14.7
1974	21.0	18.7
1975	27.9	19.4
1976	25.5	22.3
1977	27.5	28.5
1978	28.0	30.9
1979	25.5	28.6
1980	34.8	23.6
1981	29.4	25.1
1982	38.1	20.6
1983	30.1	30.1
1984	29.7	33.5
1985	26.9	38.3
1986	34.2	51.5
1987	26.8	60.9

Fuente: El Centro de Estudios Económicos del Sector Privado (CEESP), 1991, p. 325.

mico. Sin embargo, en la mayoría de los casos las oportunidades con las que gozan los agentes económicos en los países subdesarrollados, son las que promueven actividades no productivas, creando monopolios en lugar de incentivar la concurrencia y reducen las oportunidades en vez de incrementarlas, o incentivando el oportunismo en los contratos en lugar de fomentar el cumplimiento de los mismos. En este sentido, aquellas economías cuya estructura de incentivos promueva este tipo de actividades será cada vez más improductiva (North, 1995: 18–21).

Una economía basada en el oportunismo contractual repite constantemente las *prácticas extractivas*, quienes son tales por obtener beneficios sin desarrollar la productividad de los factores. La economía de rentas, se basa en un comportamiento improductivo de sus integrantes expresado en el oportunismo en los contratos, en el patrimonialismo y el paternalismo (Krueger, 1974: 291; Ekelund y Tollison, 1984: 210; Tullock, 1984: 225; Jeannot, 2001: 85, 483).

6. RESUMEN DEL CAPÍTULO 7

En los clásicos de la economía hoy en día superados, las actividades informales son un resultado de la existencia de dos sectores económicos: uno capitalista y el otro no capitalista. Este último es también un sector de subsistencia caracterizado por la escasa o nula utilización del capital por parte de sus empresas, baja o nula productividad del trabajo, niveles de educación laboral muy bajos, y empresas intensivas en trabajo. Así fue como tradicionalmente se remitió el estudio de la informalidad al del dualismo estructural con olvido del capital institucional que hace posible –o no– la emergencia económica tanto del capitalismo como del no capitalismo.

La corriente neoclásica, es un poco distinta, en el sentido de que no considera otra clase de segmentación de la economía más que la originada por los factores institucionales propios de las organizaciones de los trabajadores. Pero a diferencia de la escuela institucionalista, que considera que las normas y reglas institucionales son las que determinan el funcionamiento de la economía, los neoclásicos consideran que dichos factores impiden que el mercado funcione en competencia perfecta. Por consiguiente, los neoclásicos, piensan que la existencia del sector informal puede ser entendida por la obstrucción que ocasionan los monopolios sindicales que afectan al mercado laboral. Se colige entonces que las políticas públicas deberían combatir con enjundia a los sindicatos y sus federaciones, pero no a los monopolios patronales, para que el mercado funcionara perfectamente. De todas maneras, la concepción dual es retomada por la disciplina neoclásica en tanto que el sector informal representaría los diferenciales en la productividad marginal de la mano de obra poco educada y menos capacitada de los trabajadores informales. Nótese que tratan solamente la productividad de la fuerza de trabajo, pero no la global de los factores.

En el presente trabajo se constató que el fenómeno de la informalidad es abordado de diferentes formas, sin embargo, en los países en vías de desarrollo la principal manera en que se lo ha estudiado en el pasado ha sido desde el punto de vista de la economía dual o del mercado laboral segmentado. Dando contenido a la acumulación de conocimientos, las teorías de la informalidad clásica, neoclásica o heterodoxa, han mostrado a lo largo de su evolución una convergencia hacia el institucionalismo actual puesto que de alguna u otra forma han reconocido la importancia de las normas que hacen posible el intercambio económico basado en el oportunismo contractual que incentiva la informalidad. Por ejemplo, un trabajo reciente de la OIT observa el problema en el mercado de trabajo fraccionado resultado de los factores institucionales sesgadamente adjudicados a los sindicatos, e igualmente reduciéndolo al empleo informal como sinónimo de pobreza y marginación pero, implícitamente, nos invita a razonar sobre todas las instituciones y mercados que favorecen la informalidad.

En el caso de la EscDerProp, de Soto ha repetido insistentemente que la excesiva y costosa regulación gubernamental obstaculiza el desarrollo de la economía de mercado y que, por lo tanto, los macro, micro o nano empresarios optan por la informalidad mediante una inocencia exenta de toda sospecha. En cambio, Soto guarda un silencio ensordecedor con respecto al oportunismo contractual o a la sociedad de rentistas. De todas maneras, este autor tuvo el mérito de inducirnos a vincular la informalidad no solamente a la EscDerProp, sino también a la de la Elección Pública o a la de la Información, porque en el cometido de una visión actualizada de la economía política originada en Ricardo no es admisible ni satanizar al Estado ni apologizar al mercado.

El enfoque heterodoxo de Portes cambia de dioses y satanes porque recalca cómo las empresas eliminan costos laborales utilizando el esquema de subcontratación para abatir la remuneración de los trabajadores. No es permitido afirmar que Portes utiliza un sesgo anti capitalista u obrerista en tanto que sólo los patrones serían informales, pero no la sociedad en su conjunto. Mal que les pese a las visiones clasistas de la economía política, pensamos que la informalidad no es privativa de los patrones que sub contratan, sino que corresponde a numerosas actividades de la economía rentista desde las empleadas domésticas hasta los grandes banqueros pasando por numerosas manifestaciones de la micro, la meso y la macro economía. En general, los enfoques heterodoxos, aquí presentados, tienen dos principales aportaciones: por un lado, reconocen que los sectores formal e informal mantienen estrechas relaciones puesto que dentro del sector informal coexisten tanto empresas capitalistas como no capitalistas; por otra parte, establecen que pueden existir empresas informales que son más eficientes que las formales. No obstante, la idea de segmentación de la economía persiste como eje de un análisis basado en una clasificación binomial que vemos como muy discutible desde aquel optimismo de Lewis que postuló una absorción progresiva de la informalidad en la formalidad. Desafortunadamente, nuestras economías improductivas reciclan a la informalidad en forma creciente.

De acuerdo a las críticas mencionadas sobre las perspectivas clásica, neoclásica y heterodoxa sobre la economía informal, parece ser que el institucionalismo es una teoría más adecuada para estudiar este fenómeno porque no cae en la trampa del reduccionismo económico. Por consiguiente, asumimos que el primer paso para analizar fructuosamente a la economía informal es concebirla como una lógica de comportamiento en todos los agentes económicos, la cual vulnera las instituciones formales, particularmente en el mercado de trabajo y las empresas privadas, porque el ambiente de negocios nacional contiene una racionalidad macro que promueve la captura de rentas pero no el desarrollo de las ganancias de productividad.

7. BIBLIOGRAFÍA

Alchian, Armen

1977 "Some economics of property rights", en Armen Alchian, "Economic forces at work", Liberty Press.

Alston, Lee y Gary Libecap y Robert Schneider

1996 ""The determinants and impact of property rights", en "Journal of Law, Economics and Organization", vol. 12 n° 1, abril.

Barzel, Yoram

1997 "The property rights model", en Yoram Barzel, "Economic Analisis of Property Rights", Cambridge Univ. Press.

Bello, Omar

2000 "Los choques económicos y el mercado laboral", Atlántida.

Beneria, Lourdes

1989 "Subcontracting and Employment Dinamycs in Mexico City" en Portes, A., Castells, M., Benton, L.(eds), *The Informal Economy: Studies in Advanced and Less Developed Countries*. The John Hopkins University Press, Baltimore.

Bhagwathi, Jadish

1982 "Directly Unproductive Profit Seeking Activities", Columbia Univ. Press 1982.

Buchanan, James; R. Tollison y G. Tullock (ed.)
1980 "Toward a theory of the rent–seeking society", Texas University Press.
Carbonetto, Daniel y Kritz Ernesto
1991 "Sector informal urbano: hacia un nuevo enfoque" en Víctor Tokman (comp.) "El sector informal en América Latina. Dos décadas de análisis". Consejo Nacional para la Cultura y las Artes.
Centro de Estudios Económicos del Sector Privado (CEESP)
1991 "La economía subterránea en México" en J. Satán, D. Paas y A. Orsatti (Comp.), "El Sector Informal en América Latina", Centro de Investigación y Docencia Económica y Fundación Friedrich Naumann.
Charmes, Jacques
1990 "Una revisión crítica de los conceptos, definiciones y estudios del sector informal", en Víctor Tokman citado más abajo.
Coase, Ronald
1994 "La empresa, el mercado, la ley", Alianza.
1960 "The problem of social cost", en revista "Journal of Law and Economics", volumen 3 no. 1, octubre.
Demsetz, Harold
1967 "Hacia una teoría de los derechos de propiedad"; en www.eumed.net; traducido de revista "American Economic Review", mayo.
"Toward a theory of property rights", en "American Economic Review", vol. LVII no. 2.
Ekelund, Robert B. Jr., y Tollison, Robert D.
1984 "A Rent–Seeking of French Mercantilism" en (comp.) James Buchanan y Robert D. Tollison. The Theory of public choice –II. Universidad de Michigan.
Elizondo, Néstor
1990 "Costos de la legalización de empresas informales en la ciudad de México" en Tokman, Víctor (comp.) "Más allá de la regulación: el sector informal en América Latina". OIT–PREAILC, Santiago de Chile.
Ensminger, Jean
1997 "Changing property rights.", en John Drobak y John Nye "The frontiers of the new institutional economics", Academic Press.

Feige, Edgar
1990 "Defining and Estimating Underground and Informal Economies: The New Institutional Economics Approach". World Development, vol. 18, núm. 7.

Fields, G. S.
2004 "Dualism in the labor market: a perspective on the Lewis model after half a century". The Manchester School, vol. 72 núm. 6.

García Verdú, Rodrigo
2003 "El sector informal de la economía de México", Dirección de Estudios Económicos, Banco de México.

Harris, John y Michael Todaro
1970 "Migration, Unemployment and Development: A Two–Sector Analysis", en revista "American Economic Review", vol. 60 marzo.

Hernández Laos, Enrique
2000 "Productividad y mercado de trabajo en México, Editorial Universidad Autónoma Metropolitana y Plaza y Valdés.

Jaime, E., Campos, P., Iglesias Nydia
2002 Informalidad y subdesarrollo. Ediciones Cal y Arena.

Jeannot, Fernando
2001 "Las reformas económicas en México. El desafío de la competitividad". Miguel Ángel Porrúa.

Jusidman, Clara
1992 "The informal sector in Mexico". United States Department of Labor.

Krueger, Ann
1974 "The Political Economy of the Rent Seeking Society", en revista "American Economic Review" vol. 64 no. 3; junio.

Levenson, A. and W. Maloney
1998 "The Informal Sector, Firm Dynamics and Institutional Participation," World Bank.

Lewis, Arthur
1972 "Desarrollo económico con oferta ilimitada de mano de obra", en Edmundo Flores, "Desarrollo agrícola", serie Lecturas de "El Trimestre Económico" no. 1, FCE.

Maloney, William

1998 "Does Informality Imply Segmentation in Urban Labor Markets? Evidence from Sectoral Transitions in Mexico", World Bank.

2000 "Informalidad" en *Revista del Mercado de Valores*, agosto.

Mazumdar, D.

1983 "Segmented Labor Markets in LDC's." en revista "American Economic Review", vol. 73, num. 2.

North, Douglas

1995 "Instituciones, cambio institucional y desempeño económico". Fondo de Cultura Económica.

Ochoa, León Sara

2005 "Economía informal: evolución reciente y perspectivas". Centro de Estudios Sociales y de Opinión Pública (CESOP).

Olson, Mancur

1982 "Auge y declive de las naciones".

Pejovich, Svetozar

1985 "Fundamentos de economía. Un enfoque basado en los derechos de propiedad". Fondo de Cultura Económica.

Portes, Alejandro

1995 "En torno a la informalidad. Ensayos sobre teoría y medición de la economía no regulada", FLACSO y Miguel Ángel Porrua.

Ranis, Gustav

2004 "Arthur Lewis's contribution to development thinking and policy". The Manchester School, vol. 72 núm 6.

Ranis, G. y F. Stewart

1999 "V–Goods and the role of the urban informal sector in development". Economic Development and Cultural Change, vol. 47, núm. 2, Enero, 1999.

Roubaud, Francois

1995 "La economía informal en México". Fondo de Cultura Económica.

Salas, Carlos y Rendón Teresa

2000 "Vendaval sin Rumbo. Los avatares de la noción del sector informal", en revista "El Mercado de Valores", agosto.

Secretaría del Trabajo y Previsión Social

2000 Subsecretaría de Capacitación, Productividad y Empleo. "El empleo en el sector informal de la economía. Comportamiento reciente y políticas públicas en México", en revista "El Mercado de Valores".

Soto, Hernando de

1991 "El otro sendero", Diana.

Sraffa, Piero

1966 "Producción de mercancías por medio de mercancías". Barcelona, Oikos Tau.

Stigler, George y C. Friedland

1962 "What can regulators regulate? The case of electricity", en revista "Journal of Law and Economics" no. 5 octubre.

Tannen, Michael

1991 "Labor Markets in Northeast Brazil: Does the Dual Market Model Apply?". Economic Development and Cultural Change, vol. 39, núm. 3, abril.

Tokman, Víctor

1987 "El sector informal: quince años después". El Trimestre Económico, num. 215, México, Fondo de Cultura Económica, julio–septiembre.

Tokman, Víctor

1990 "Sector informal en América Latina: de Subterráneo a Legal" en Víctor Tokman (comp.), "Más allá de la regulación: el sector informal en América Latina". OIT–PREALC, Santiago de Chile.

Tullock, Gordon

1984 "The Backward Society: Static Inefficiency, Rent Seeking, and the Rule of Law" en James Buchanan y Robert D. Tollison (comp). "The Theory of public choice ". Michigan Univ. Press.

1967 "The Welfare Cost of Tarifs, Monopoly and Theft", Univ. of Virginia Press.

CAPÍTULO 8
LA POLÍTICA INSTITUCIONAL. DESDE WASHINGTON A HUATUSCO

*Fernando Jeannot**

1. INTRODUCCIÓN AL CAPÍTULO 8

Finalizó un siglo y comenzó otro al tiempo que los consensos institucionalistas ganaban predicamento. Después de que el FMI pasara desde el ajuste en función de la balanza de pagos al estructuralismo, y el Banco Mundial de realizar la apología liberal de los Dragones Asiáticos a la revalorización de un Estado institucionalmente fuerte, los Consensos de Washington subrayaron la importancia estratégica de las instituciones en las políticas de oferta, mientras que Stiglitz y los neo keynesianos hacían lo propio, pero desde el lado de la demanda. Sensibles a esta evolución de diversos líderes de la ciencia económica en el ámbito internacional, cincuenta economistas representantes de muy diversas ideologías se reunieron en Huatusco, Veracruz para diagnosticar que la economía mexicana no crece porque hace falta avanzar en las reformas estructurales a partir de una revalorización de lo que debe hacer el Estado, pero no lo que debe dejar de hacer.

El ajuste estructural consiste en un programa de reformas por medio de las cuales el Estado apuntala al mercado gestionando una estrategia de cambio institucional. El mismo parte de la estabilización de precios internos en función de los balances externos, para continuar con el ajuste de los precios relativos internos con respecto a la economía mundial y, finalmente, culminar con el funcionamiento eficiente (macro economía)

* Departamento de Economía. Universidad Autónoma Metropolitana–Azcapotzalco. fjean@correo.azc.uam.mx

y eficaz (empresas) de los mercados (economía competitiva). Este ajuste estructural implica necesariamente una participación activa del Estado Gobierno mediante su propia transformación de acuerdo a los criterios que usualmente se conocen como los Consensos de Washington I y II (CW13 en adelante). Paralelamente, este ajuste puede aplicarse con una política neo keynesiana de sostenimiento a la demanda durante el choque antiinflacionario. Ambas vertientes, la del lado de la oferta y la del lado de la demanda, convergen en el desarrollo competitivo que implica mucho más su complementación dinámica que el doctrinarismo de la oferta o la idealización neo keynesiana de la demanda.

Recordamos que los Consensos de Washington I y II pueden resumirse en 13 criterios de gobernanza pública (Williamson 1990: 55 y Kuczynski 2003: 70): (1) disciplina presupuestal del gobierno, es decir, control de los déficits ligados a la inflación; (2) reorganización de las prioridades del gasto público, por ejemplo: reduciendo los subsidios, pero con salvaguarda de partidas del gasto esenciales como las de salud, educación e infraestructura; (3) reforma fiscal para ampliar la base fiscal, al mismo tiempo que para reducir las tasas impositivas marginales; (4) liberación de la tasa interés, pero acompañada del reciclaje de la regulación prudencial de la Banca comercial; (5) tipo de cambio competitivo como resultado de una combinación apropiada de los dos regímenes habituales: tipo de cambio fijo y durable o flotación limpia; (6) liberación del comercio exterior con plazos variables, pero siempre con una tendencia general hacia el arancel 0 y la eliminación de barreras a los intercambios con el exterior; (7) facilitar la IED pero no los capitales especulativos; (8) privatizaciones competitivas acompañadas de la reglamentación emergente; (9) desreglamentación para favorecer la concurrencia mediante libres o fáciles entradas y salidas de las empresas al mercado, pero no para eliminar los reglamentos imprescindibles como aquellos que protegen el medio ambiente; (10) formalización de los derechos de propiedad privada, muy en especial aquellos relativos a la economía informal; (11) consolidar las políticas macroeconómica contra cíclicas; (12) acentuar el establecimiento de instituciones eficientes; (13) instrumentar políticas de equidad en la distribución del ingreso por medio de la educación, el acceso a la formalidad de la propiedad privada informal, del micro crédito y, en ciertos casos, la reforma agraria. De esta forma, los CW13 se acercan explícitamente al institucionalismo (apartado 12), sino que toman partida por un criterio de justicia social tal cual es el reparto conmutativo del ingreso, pero sin dejarlo en manos de la autorregulación del mercado como lo hace el monetarismo o el ofertismo. Aún más, al dar paso a las políticas macroeconómicas contra cíclicas los consensuales de Washington se enfrentan a las conocidas posiciones monetaristas o de expectativas racionales que menosprecian mucho a las posibilidades que tiene la política pública de morigerar las fluctuaciones económicas.

Creemos que los consensuales de Washington no pudieron dejar de confrontar sus mandamientos de 1990 inclinados al ofertismo, con la puesta en práctica del ajuste estructural en México y otros países latinoamericanos; por lo que en 2003 acentuaron sus preceptos a favor de las políticas públicas, el institucionalismo y la equidad distributiva (apartados 11 a 13). De manera semejante a lo que le ocurrió al FMI y su ajuste contable de los 1960, el cual debió evolucionar hacia el estructuralismo con posterioridad a esta fecha, los CW13 representan una adaptación a los fallos de un ajuste estructural que desvaloriza a la participación del Estado en la economía y muy particularmente, al significado estratégico del cambio institucional en lo relativo a la riqueza de las naciones (North 1982: 89). En efecto, la política institucional mexicana desde 1983 en adelante registra los claroscuros de la transformación del mismo género durante la cual nunca se pudo verificar la existencia y repercusión de una masa crítica de empresarios innovadores, por lo que, mal o bien, siempre la iniciativa transformadora estuvo en manos del Estado gobierno. Mucho más que en Asia, lugar en donde se originó una nueva justificación de la participación del Estado en la economía basada en los fallos de la teoría neoclásica del mercado (Aoki 2000), los gobiernos mexicanos deben fortalecer con enjundia a su mercado carente de una masa crítica de empresarios innovadores. Cuando la Administración Fox incorporó un staff de súper gerentes privados, el cual se caracterizó por su atonía en la administración de la política económica, pero de ninguna manera por su capacidad innovadora, tal carencia fue irrefutable.

2. LECTURA INSTITUCIONAL DEL CONSENSO DE HUATUSCO

Desde el 5 al 7 de junio de 2003, 54 economistas mexicanos se reunieron para firmar el *Consenso de Huatusco* (Akle 2003: 4) al que nos permitimos leer como un diagnóstico institucionalista de la economía mexicana. Dado el bajo crecimiento de México después de 1982, estos consensuales se preguntaron *por qué no crece la economía mexicana.* ¿Quiénes respondieron?: *economistas de muchas clases, jóvenes y viejos, de izquierda y de derecha, académicos y políticos, teóricos y prácticos* (Akle 2003: 6). Puede consultarse el elenco de los que firmaron en Consenso de Huatusco (CH de aquí en adelante) en Akle (2003: 7). Según este CH, las causas del muy débil crecimiento de la economía mexicana durante 1983–2002 fueron (1) la baja productividad de las inversiones, (2) la ineficiencia de los Bancos y otros intermediarios financieros, (3) los bloqueos a la apertura del sector externo y el sub desarrollo del mercado interno, (4) la insuficiente creación de empleos formales, (5) la educación inapropiada, (6) la desigualdad de oportunidades, (7) la innovación tecnológica insuficiente, (8) el gobierno económicamente débil e inclinado al financiamiento inflacionista, quien mal se apoya en una agenda ambigua y deficiente, (9) la incapacidad política de lograr consensos democráticos para establecer políticas públicas eficientes, (10) el muy defectuoso estado de derecho.

Sin menospreciar las restricciones del exterior, la lista que precede muestra fundamentalmente que las políticas públicas capaces de hacer crecer la economía mexicana y lograr el desarrollo económico han fracasado o, simplemente, no existieron (Akle 2003: 5). El CH es, según nuestra opinión, realista porque detalla una serie de indicadores de una economía sumergida aunque hable solamente de políticas públicas, pero no de los empresarios rentistas quienes son los líderes naturales de la economía de mercado que se experimenta desde 1983 y a quienes se les apoyó sin cortapisas desde el Estado gobierno. Según la bibliografía que adoptamos (solo tres ejemplos: Tullock y Kershaw 2005; Wedeman y Kirby 2003; Khan 2000) la causa esencial de los 11 indicadores del CH es la economía de rentistas que configura tanto a una sociedad del mismo género, como a un capitalismo de compadres (Haber 2002: capítulo 1) que se definió en México entre 1970 y 1982 a causa de la renta petrolera, pero que perdura hasta el presente muy especialmente porque los empresarios privados se han mostrado insensibles ante el gran incentivo a la competitividad que representa la cercanía con los Estados Unidos. Viene al caso anotar estas observaciones, porque el CH hizo una lista de indicadores sin adoptar una teoría del desarrollo económico como la sustentada por los tres ejemplos dados recientemente, muy probablemente porque el CH quiso caracterizar el caso mexicano sin pasar por los debates teóricos que habrían hecho imposible el mencionado consenso.

El CH nos recuerda (Akle 2003: 8) que los debates económicos sobre el *crecimiento*, pero no el desarrollo económico (cursivas nuestras), que tuvieron lugar durante los últimos años, pueden resumirse en 3 incisos: (a) todo sistema capitalista dinámico se basa en la acumulación de factores productivos, (b) esta acumulación es productiva siempre que la tecnología sea endógena tanto para el sector público como para el privado, (c) las instituciones circunstanciadas representan motivaciones –positivas o negativas– con respecto a las ganancias de productividad y el crecimiento de los mercados emergentes. Con todo lo anotado en este capítulo (ver también el capítulo 6) estamos proponiendo una explicación sintética de la aplicación de estos tres incisos al caso mexicano. Fundamentalmente por la naturaleza del proceso de apropiación (ver capítulo 1), pero no por las formas de propiedad (ver capítulo 2), la economía mexicana es una versión capitalista (*variety of capitalism* según una extensa bibliografía de la cual solamente citamos a Charreaux 2004) que ve bloqueado su crecimiento por la dominancia de una economía de renta y rentistas que imprime una acumulación patrimonialista en los factores, no interioriza la variable tecnológica y se dota de un capital institucional que promueve la captura de rentas, pero no el desarrollo de las ganancias de productividad. Después de 1983 México trata de organizar una economía de mercado con la participación de un Estado gobierno que es mucho más acompañante del mercado que dueño de empresas, al mismo tiempo que en el régimen político el ciclo agotado del Partido Único ha cedido el paso a la democracia imperfecta, pero siempre sin contar con una masa crítica de empresarios innovadores. De cualquier forma, el CH sintetiza (Akle 2003: 11): "el crecimiento económico depende fundamentalmente del continuo aumento en la cantidad y sobre todo la calidad de la fuerza laboral, la expansión de los acervos de capital humano y físico, la rentabilidad de las nuevas inversiones, la innovación tecnológica y las mejoras en la productividad factorial total, que el sistema económico, político e institucional haga posible. Las políticas públicas, al modificar el marco de incentivos para la toma de decisiones que conducen a ese proceso de creación de riqueza nacional, pueden influir significativamente en el patrón de crecimiento económico" (negrillas nuestras). El *régimen* (versión empírica del sistema) rentista de México, pensamos nosotros, bloquea el desarrollo de la productividad global de los factores a causa de un orden institucional que es político económico porque basado en la iniciativa gubernamental, pero no en la privada, y rezagado en el capital humano o tecnológico porque la economía política del rentismo hace que prevalezca la lógica de acción improductiva sobre la productiva.

El CH (Akle 2003: 16) piensa que las instituciones tienen un rol indirecto y solamente público en el crecimiento económico, por lo que relegan el papel esencial que cumple la innovación empresarial en el desarrollo de la competitividad que produce crecimiento. Con este encuadramiento, el CH (Ibídem) distingue a los *aspectos directamente vinculados con los procesos productivos como el ahorro y el financiamiento, el comercio, las estructuras de mercado, la distribución del ingreso y la educación; de los aspectos institucionales indirectos como el papel de la democracia, el Estado de Derecho y las políticas de Estado*. Creemos que todos los aspectos entendidos por el CH como *directamente vinculados con los procesos productivos* dependen básicamente de las reglas del juego que presiden los intercambios, no son un marco, es decir de las instituciones. Tanto las empresas como las familias, agentes económicos distintos del sector público, ahorran, comercian, reparten el ingreso, etc. de acuerdo a las instituciones formales o informales que hacen posible cualquier forma de intercambio como la transacción de mercado, la recaudación/transferencia del Estado o el don en las familias. A fin de vincular el análisis institucional de una economía de rentas con las políticas correspondientes, se puede formular un modelo institucional de México (Jeannot 2001) seleccionando un número reducido de variables evolutivas que nos permiten identificar dos lógicas de acción: la productiva y la improductiva.

La causalidad del comportamiento económico reside en la forma de apropiarse de los beneficios, la cual puede ser productiva al desarrollar las ganancias de productividad o improductiva al capturar rentas. En un capitalismo competitivo predomina el desarrollo de las ganancias de productividad como forma de apropiarse de los beneficios y solamente de manera derivada la definición de los derechos de propiedad privada, en un orden de prioridades diferente del que aconseja la Escuela de los Derechos de Propiedad (EscDerProp en adelante). Es este mismo orden de prioridades el que debe agendar las reformas en México donde la economía rentista e improductiva posterga mucho más la reforma del régimen de acumulación que la definición de los derechos de propiedad. Dado que las instituciones representan a los fundamentos macroeconómicos de la micro, éstas favorecen de manera formal o informal a un capitalismo competitivo o a una economía de rentas. *Un resultado que preocupa es el deterioro en la productividad de la inversión para generar crecimiento. Se observa que si bien el coeficiente de inversión ha permanecido relativamente constante en los últimos 40 años, su contribución al crecimiento ha disminuido significativamente* (Akle 2003: 17). En efecto, pensamos nosotros, un coeficiente de inversión constante no se traduce en las ganancias de productividad que pueden dinamizar al crecimiento del producto porque predomina la renta como forma del beneficio que genera la apropiación basada en los bienes de producción de un empresariado seguidor pero no innovador.

El Estado gobierno tiene, a no dudarlo, un rol muy importante en el crecimiento económico porque le corresponde desarrollar la ventaja competitiva nacional, pero son los empresarios privados quienes van a administrar las empresas de los sectores ganadores o *winers* que serán propulsores de la productividad de los factores. De todas maneras y como es función gubernamental desarrollar la ventaja competitiva de todos los agentes de economía mexicana, comentaremos los tres aspectos institucionales públicos que detalla el CH, sin desmedro de todo lo tratado en los capítulos anteriores. En primer lugar, las políticas económicas de Estado o la gobernanza pública que muestran cómo la economía mexicana es mucho menos eficiente no sólo con respecto a economías muy competitivas como los Estados Unidos o Finlandia, sino también en relación a Chile o España. Tal como señalan diversos líderes de opinión (OCDE, Banco Mundial), la primera explicación de esta ineficiencia es la debilidad fiscal de una secretaría del ramo que recauda muy pocos ingresos del mismo carácter. En este sentido, el CH dice (Akle 2003: 24): el gobierno ha perdido mucha de su capacidad de acción, por lo que se requiere fortalecerlo mediante el aumento de la carga tributaria; y un poco más adelante la agenda de políticas públicas de los últimos años estableció las actividades que el sector público debía abandonar, pero, por el contrario, esa agenda no detalló la buena gobernanza de las actividades que el mismo sector público debe sostener. Con respecto a México, debe abandonarse la letanía del adelgazamiento del Estado para proponer todo lo que debe hacer y de qué manera. Desde nuestro punto de vista, es prioritario que el gobierno lidere el desarrollo de la ventaja competitiva nacional a través de políticas institucionales centradas en la innovación que trasciendan los plazos sexenales para desterrar al laxismo fiscal propio de una economía rentista.

En segundo lugar, la democracia política es fundamental no solamente como paralelo de la democracia de mercado, sino y sobre todo como pilar de la calidad de vida. El CH dice: *las tendencias actuales no aseguran que se podrá mantener la estabilidad sin crecimiento, ni que seremos capaces de hacer una reforma del Estado que consolide la democracia y dé sustento a una mayor efectividad de las políticas públicas* (Akle 2003: 25). En efecto, pensamos nosotros, el Estado gobierno debe ser eficiente no sólo en apoyar al mercado para que realice una correcta asignación de recursos, sino que debe optimizar los costos de las transacciones que hacen posible el desarrollo de los intercambios. Sin embargo y entendida la estabilidad política como la perdurabilidad de un régimen de gobierno, ella puede reciclarse durante siglos sin que se altere la improductividad de la economía de rentas totalmente proclive a los enormes beneficios de la oligarquía de cazadores de rentas, por lo que cabe desechar cualquier asociación simplista entre crecimiento y conflictos sociales. No se olvide que el Estado es básicamente un fenómeno político consistente en una relación de dominación colectiva, pero no otro económico residente en la producción de bienes o servicios. Como siempre las democracias necesitan ser circunstanciadas, adjetivadas, la democracia no es un lujo sino una opción institucional que pueden realizar economías con diversos niveles de crecimiento, por lo que no hay un círculo perverso entre falta de crecimiento y democracia imperfecta tal como señala el CH (Akle 2003: 25) sino una evolución relativa tanto del crecimiento como de la democracia que hacen del progreso un desafío colectivo que puede dirimirse con éxito o no, pero nunca porque existe alguna ley de la historia de consecuencias deterministas.

En tercer lugar, el CH asimila el Estado de Derecho con la definición y protección de los derechos de propiedad privada mediante un discurso que bien podría haber sido pronunciado por la EscDerProp. De esta forma, el orden jurídico *entendido como las reglas formales bajo las cuales interactúan los individuos y la organizaciones, es definir los derechos de propiedad sobre los recursos que cada uno de los agentes económicos posea y permitir a los agentes económicos apropiarse del flujo de ingresos que se deriva de la utilización de estos recursos, ya sean físicos o humanos* (Akle 2003: 25 negrillas nuestras). Aparte de que la correcta redacción no es uno de los atributos de los consensuales de Huatusco, podemos decir que la Constitución como ley de leyes debe promover un capitalismo competitivo donde la propiedad privada sea tan libre como restringida en función de los procesos de apropiación que desarrollen las ganancias de productividad, pero no la captura de rentas. Cuando las leyes se limitan a garantizar la propiedad privada de los bienes de producción, bien puede configurarse un régimen de acumulación *patrimonialista* (demasiadas inversiones en lo inmobiliario, en obras de arte o joyas, en papeles financieros y fuga de capitales; pero pocas inversiones en capital riesgo, creación de empresas formales o planes de largo plazo), propio de una economía de cazadores de rentas, pero no de empresarios schumpeterianos: la propiedad privada no es productiva por sí misma como nos dice la EscDerProp, sino cuando está institucionalizada dentro de un régimen de apropiación que desarrolla las ganancias de productividad. Los derechos de propiedad son totalmente institucionales porque resultan de convenciones sociales con respecto a los recursos, por lo que siempre y dado que nunca se trata de Robinson Crusoe, se establecen facultades para los propietarios como limitaciones a estas facultades. Si el caso se refiere a una apropiación competitiva de los beneficios dentro de un capitalismo del mismo género, el proceso de apropiación pertinente es el basado en las ganancias de productividad y, en forma derivada, en la propiedad privada que puede ser tal porque existe un Estado representante de la colectividad que la define y vigila.

3. PRIVATIZACIONES EN COMPETENCIA DE BAJA INTENSIDAD

Comenzamos por algunas precisiones conceptuales que aclaran el contenido de las páginas siguientes. El Estado es una matriz de instituciones formales e informales, la cual corresponde a una nación y a un gobierno. Las instituciones son normas o reglas del juego o convenciones, pero no organismos ni empresas. El Estado es un intangible, mientras que la nación o el gobierno no. La nación corresponde a un conjunto de habitantes y el gobierno se caracteriza por poner en práctica la conducción económica y administrativa del Estado a través de un elenco de personas y los instrumentos respectivos. No existe un Estado Gobierno Mundial, pero sí Estados Gobiernos nacionales.

La concepción liberal del gobierno se adscribió al rótulo de Estado Gendarme porque este debía limitar su accionar a la provisión de bienes públicos específicos como el aseguramiento de las fronteras, un ejército garante de la soberanía nacional, el sistema judicial, la salud pública y otros pocos aspectos más. Fue un concepto organizativo del gobierno que se opuso tanto al keynesianismo del Bienestar como al marxismo estatista desde una visión restrictiva del sector público propia del liberalismo económico. El Estado Gendarme fue una propuesta teórica muy condicionada por el clima intelectual de la Posguerra II, cuando la economía neoclásica no había experimentado el desarrollo que tendría en el último cuarto de siglo. Entonces, fue cuando la emergencia del institucionalismo neoclásico, particularmente la EscDerProp (Soto 1991 y 2001), hizo pensar que la propuesta del Estado Gendarme se transformaba para menos en un Estado Procurador de los derechos de propiedad privada que bien podía privatizar algunas funciones, no todas, anteriormente adjudicadas al Gendarme.

Ese Procurador de la propiedad o Gendarme privatizado tiene por cometido esencial definir y hacer respetar los derechos privados correspondientes a fin de que el mercado funcione eficiente y eficazmente. Es un concepto más específico que el de Estado Gendarme porque delimita sus funciones dentro de una gestión constitutiva u operativa de los derechos de propiedad. Al mismo tiempo y evidentemente, es una concepción institucionalista del Estado Gobierno que se viene configurando no solamente por las aportaciones de Douglas North modelizadas por Eggertsson (1995: 145), sino también por la Escuela de la Elección Pública de Buchanan y Tullock (1993), sumada a la EscDerProp tratada especialmente en el capítulo 1 (Coase, Alchian, Demsetz, Pejovich, Soto). Este gobierno formador de derechos de propiedad bien puede desembocar en la privatización del Gendarme porque entiende que el incentivo de la propiedad privada reemplaza con eficiencia y eficacia a la mayor parte de la gendarmería: se pueden subcontratar las fronteras, desarrollar la vigilancia privada, transformar las cárceles en hoteles y hasta reemplazar a los tribunales estatales por aquella mediación privada que solucione conflictos de intereses.

Coase (Lessig 2004: 15) atribuye al Estado Gobierno la tarea esencial de regular y reglamentar los derechos de propiedad porque ni aún los liberales piensan que los mismos vienen dentro de coliflores. Luego, se establecen las responsabilidades por daño y siempre que el sistema funcione sin costos de las transacciones, por ejemplo de información sobre los precios, se maximizará el valor de la producción con cambios en los derechos de propiedad a causa de los conflictos de intereses entre particulares. Por lo tanto, no es necesaria la intervención gubernamental en el remedio del conflicto mismo sino, nada más ni nada menos, en el establecimiento de los derechos de propiedad y, sobre todo, en la vigencia y protección de esos derechos privados que se definen y tienen vigencia porque el Estado Gobierno detenta un suficiente poder de coerción. De esta forma se justifica la procuración gubernamental de los derechos de propiedad privada: son los agentes privados, pero no los elencos gubernamentales quienes evalúan los términos de los conflictos de intereses. Si no existen precios que permitan tales decisiones de mercado, tendrá que jugar el proceso político como suplente porque se trata de bienes públicos, pero sin distorsionar las hipótesis del intercambio voluntario que realizan los entes privados en trato con el sector público. De todas maneras, se desconoce al gobierno como tutor bienintencionado que puede decidir en nombre de la colectividad, tal como postulan todas las escuelas socialistas; mientras que solamente se le reconoce ese papel institucional para definir y hacer cumplir los derechos de propiedad.

Los procesos de apropiación conducen a los derechos de propiedad. Estos últimos resultan de un proceso generativo de esos derechos. La apropiación es un comportamiento económico destinado a adueñarse, a poseer en propiedad una cosa en función de los incentivos, es decir las instituciones, prevalecientes en un régimen económico determinado. La apropiación es distinta del derecho de propiedad, porque derechos de propiedad hay tanto en una economía improductiva como en otra productiva; pero las formas de apropiación difieren entre uno y otro régimen económico. Esto último no es destacado por la EscDerProp. En la improductiva, las formas de apropiación prevalecientes derivan del usufructo de rentas; mientras que en la productiva ellas resultan del desarrollo de las ganancias de productividad. Ahora bien y como hemos visto en los capítulos anteriores, los incentivos, las motivaciones, son esenciales para justificar uno u otro tipo de racionalidad (productiva o improductiva). La racionalidad prevaleciente es tanto pública como privada porque los agentes económicos no disocian su comportamiento en función de las formas de propiedad existentes, sino que adoptan la racionalidad del sistema general, productiva o improductiva, bien sea en el sector público o en el privado. Si el gobierno se limitara a definir y hacer cumplir los derechos de propiedad muy bien podría estar promocionando una economía patrimonialista e improductiva. Por ello la procuración gubernamental de los derechos de propiedad muestra sus límites, se agota, y traza el retorno hacia un gobierno acompañante o coordinador del mercado quien modificará las reglas del juego para favorecer el desarrollo de la productividad competitiva no solamente en el ámbito patrimonial de los derechos de propiedad, sino también en todas las ramas de la política económica que involucran a la gestión público privada de esos derechos: la Constitución y sus leyes (ver capítulo 2) como fundamento de la administración gubernamental, los sectores de actividad (ver capítulo 3), las finanzas públicas (ver capítulo 5), el buen gobierno (ver capítulo 6) y hasta la informalidad (ver capítulo 7).

Los modelos clásicos y neoclásicos de la economía consideran al agente estatal como consecuencia de una cosmovisión liberal de tipo creacionista que termina siendo reduccionista y sesgada. En cambio, una perspectiva institucionalista propende el análisis de los hechos económicos producidos tanto por el Estado como por el mercado. Retorna el Estado en el sentido de que durante los 1980 y los 1990 la EscDerProp difundió con bastante éxito el mito de la autorregulación del mercado en una economía sin gobierno. Pudimos escuchar una y mil veces que al definirse correctamente los derechos de propiedad, la mecánica del mercado representada por precios y cantidades no solamente produciría la autorregulación del mismo, sino también que elevaría los niveles de bienestar y empleo en las colectividades nacionales. Sin embargo y después de veinticinco años de dura realidad durante los cuales las estrategias liberales más fundamentalistas del mercado experimentaron diversos fracasos, retorna el Estado no solamente porque debemos aprender las lecciones de la realidad, sino porque debemos revisar diversas fuentes bibliográficas (Lessig 2004: 5) para diagnosticar cuándo deben haber, o no, derechos de propiedad privada.

Retorna el Estado porque la experiencia del ajuste estructural en muy diversas latitudes nos enseña que en algunos casos nacionales ella fue exitosa, pero que en otros produjo serias crisis que evidenciaban la falta de progreso desde el impacto estabilizador hacia la recuperación económica, particularmente en México. En vez de ser verdaderamente estructural, tal como lo plantea la teoría correspondiente, la práctica de este ajuste, en ciertos casos aunque no en todos, pareció mas que nada financiera y, peor aún, que quien se presenta como el gran divulgador del ajuste estructural, o sea el FMI, actúa mucho más como un bombero que como un proveedor de seguridad preventiva. Por lo anterior, retorna el Estado porque este tipo de situaciones evidencia la necesidad de un Estado fuerte en el sentido institucional, aunque no intervencionista, pero, de cualquier forma, no solamente financiero. Subrayamos que los CW13 (Kukcynzki 2003: 121) no se postulan monetaristas (Williamson 2003: 57) ni el recuento de sus mandamientos que hemos detallado anteriormente permite pensar que lo sean en realidad.

Fueron los monetaristas como Milton Friedman (2002: 22), pero no el FMI ni los CW13 quienes nos dijeron que había que llevar a cabo la privatización radical del Estado de acuerdo a un principio doctrinario que no admitía matices. Poco a poco, pero nítidamente, la experiencia mundial de las privatizaciones nos fue mostrando que las que fueron exitosas no solamente utilizaban fórmulas vinculantes de lo público con lo privado, sino que una vez privatizadas las actividades, ellas necesitaban imperiosamente de nuevas regulaciones emanadas del sector público. Retorna el Estado, entonces, porque en la realidad no se trataba de aplicar políticas tendientes a abolirlo, sino de transformar al Estado Propietario en un Estado Coordinador o Fortalecedor del mercado como sistematizan Aoki (2000) o Stiglitz (1993).

En lenguaje marxista, todo desarrollo del mercado representa un progreso de las fuerzas productivas, por lo que las instituciones que promuevan mercados diversificados e integrados, deben verse como la base de un crecimiento estable e integrador que puede redundar tanto en mayor bienestar, como en mejores oportunidades de empleo. Este ha sido el caso de los mercados emergentes de Asia, donde el sector privado contó con un capital institucional caracterizado no por el fundamentalismo liberal que podría atribuirse a la EscDerProp , sino por una voluntad pública de fortalecimiento del mercado (Aoki 2000: 15). De esta forma, en los medios nacionales donde se supo conjugar al Estado con el mercado, las reformas han contribuido al bienestar de la población, mientras que en otros no, por diversas razones entre las que destaca la corrupción en sector público, quien recaerá sobre los pobres tres veces más que sobre las personas menos necesitadas (Banco Mundial 2002: iii). Mercado y Estado configuran un binomio en tanto que ambos resultan del capital institucional que gesta y desarrolla la sociedad. Este capital consiste en la capacidad organizativa de una economía nacional determinada; es decir el conjunto de normas formales o informales que conforman la calidad y cantidad de las interacciones sociales de una comunidad, las cuales dan por resultado organizaciones macro y micro económicas más o menos competitivas. La institucionalidad del capitalismo se define durante los siglos recientes cuando la aparición de gobiernos formadores del mercado, establecieron contratos constitucionales y leyes orgánicas destinados a proteger y definir los derechos de los inversionistas, permitiendo a las empresas explotar las oportunidades generadas por el desarrollo tecnológico con base en la recolección del ahorro público que configura la propiedad corporativa.

China representa un caso de verdadera innovación institucional no por el terrorismo de Estado prevaleciente, sino por la originalidad de su transformación en capitalismo privatista (Wedeman y Kirby 2003: 167). Por ejemplo y en la agricultura, el tránsito hacia formas de propiedad privada no fue nítido, sino poco claro en tanto que la propiedad comunal era atribuida a las familias, pero no a los individuos y el mercado correspondiente estuvo, desde los orígenes de las reformas en los novecientos setenta y hasta ahora, muy lejos del perfil institucional liberal de mercado que tiene en las economías avanzadas (compra venta de predios, mercados de futuros, etc.). Sin embargo, esta modificación en la forma de propiedad se desempeñó paralelamente al incentivo de los mecanismos de apropiación quienes se hicieron más productivos aunque menos utilizadores de la fuerza laboral. Sobre estos elementos, el Banco Mundial (2002: 22) sostiene que las reformas chinas se caracterizaron por dar un alto valor a la interacción entre prueba y error, por reconocer los lapsos temporales en forma adecuada, por incentivar la competencia entre jurisdicciones gubernamentales centralizadas y locales y por dar prioridad a la eficiencia por encima de la equidad social. Tanto en el capitalismo de Estado como en el privado, no es cualquier mercado quien puede mejorar las condiciones de vida de los pobres, sino aquellos que hacen progresar a la economía nacional en la sustentabilidad de los factores de la producción. Ello se logra mediante un desarrollo competitivo que más que entonar la letanía de la deuda social, movilice a los factores de la producción en todos los estratos tecnológicos, por lo que el desarrollo competitivo muestra una vez más su dimensión social.

El gobierno de la economía se consolida como tal en la medida que la primera gran etapa del ajuste estructural constituida por el impacto estabilizador pasa exitosamente a la segunda que consolida el ajuste. En esta evolución institucional, el Estado Gobierno tiene que desarrollar la ventaja competitiva nacional en el ámbito de la macro economía abierta que impone la mundialización en curso. Es coordinador de los mercados porque fortalece a estos últimos (Aoki 2000: 23) a través del crecimiento endógeno y, antes que nada, la transformación institucional que logre el desarrollo competitivo. De acuerdo a esta funcionalidad básica, es necesario regular y reglamentar para apuntalar la coordinación de mercado, pero también para producir bienes públicos o para corregir el reparto primario del ingreso que estableció la iniciativa privada. Así se justifica actualmente el accionar del sector público en las economías abiertas, desreglamentadas y privatizadas. Los organismos y las instituciones registran una evolución de la acción colectiva que nos conduce a una alternativa entre dos posiciones extremas: por una parte el Estado Leviatán que puede ser un epifenómeno del Estado Benefactor, mientras que, por otra parte, se encuentra el estado de anarquía al que podría llevarnos una versión radical de la EscDerProp. La alternativa entre Pigou y el Leviatán versus Coase y la anarquía de mercado, está situada en un diagnóstico circunstanciado de cómo complementar integradamente al Estado con el mercado, al sector paraestatal con el privado (Ostrom 1990: 67). Como nuestras economías representan mercados emergentes donde tiene lugar una competencia de baja intensidad (ver capítulos 3 y 4), las privatizaciones quedan muy condicionadas por este ambiente nacional de negocios. Después de veinte años de privatización bancaria en México, la Banca comercial no solamente recibió mucho más del Estado a través del Fobaproa que lo que pagó para comprar los organismos para públicos correspondientes, sino que captura la mayor parte de sus beneficios por medio de un altísimo margen de intermediación solamente posible porque basado en una renta de reglamentación. Hay renta de reglamentación cuando el país que la permite registra un ambiente nacional donde se compite con baja intensidad.

Margen de Intermediación. 2001

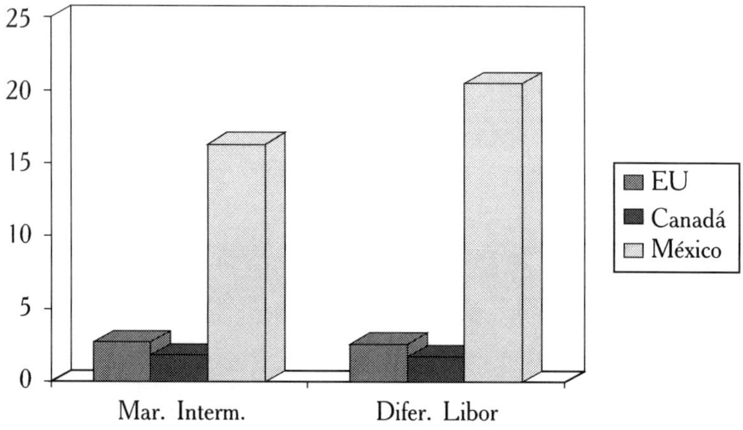

Fuente: Banco de México 2002.

En el gráfico anterior vemos que el margen de intermediación es muy superior en México que en los dos socios comerciales. El histograma de la derecha corresponde a México, el del centro a Canadá y el de la izquierda a Estados Unidos. Mientras los Estados Unidos tienen un margen de intermediación de 2.7, Canadá de 1.9 y México de 16.3; en este mismo orden de países la diferencia con la Tasa Libor es de 2.6; 1.8 y 20.5 respectivamente, por lo que se constata desde otro dato que la tasa de interés mexicana sigue siendo muy alta. Esto es un claro indicador de la baja competencia entre los Bancos que existe en México y que ha permitido que la concurrencia oligopolística redundara en un alto margen de intermediación compartido mucho más que en la eficacia micro y en la ampliación del crédito a las empresas, particularmente las pequeñas y medianas.

Tanto como se han registrado numerosas terceras vías en la historia económica, de la misma forma se han reiterado diversos contenidos de economías mixtas, algunas de las cuales promueven ambientes de alta competencia como los Estados Unidos situados en los dos primeros puestos de la clasificación hecha por el World Economic Forum (2005), (ver capítulo 4), mientras que México se sitúa en el 54. De todas maneras, la economía mixta ha sido siempre tal por combinar sector público con sector privado. Sin embargo, tuvo una configuración especial durante 1945–1975 por asociarse al keynesianismo, especialmente con respecto a tres características. En primer lugar, el gobierno podía intervenir en la economía privada manipulando el mercado a través de subsidios, los impuestos o la reglamentación directa. En segundo lugar, el carácter mixto no estaba determinado por la proporción del gasto público en el ingreso nacional, como suele pensarse erróneamente, sino por las funciones reguladoras de la macroeconomía que cumplía el gobierno a través de los mecanismos señalados anteriormente o a través de un considerable sector de empresas públicas. Y, en tercer lugar, una función esencial de los gobiernos era la de mitigar los efectos causados por las fluctuaciones del ciclo de negocios privados, particularmente los recesivos a través de las empresas públicas y la política económica, particularmente la fiscal, todo ello en economías cerradas por los controles y aranceles del comercio exterior. Durante el último cuarto del siglo pasado, la nueva economía mixta modificó las tres características reseñadas pasando del Estado Keynesiano al Neoliberal. En primer lugar, porque este último manipula cada vez menos a los mercados privados al reducir la carga fiscal y ser consecuente con la estabilización de precios. En segundo lugar, porque privatiza buena parte de las empresas públicas. Y, en tercer lugar, porque las fluctuaciones económicas dependen más de los negocios privados, tanto nacionales como extranjeros, en lo que se ha dado en llamar la macro economía abierta, que del Estado quien, de todas maneras cumple con las tareas contra cíclicas tal como prescriben los preceptos de Washington reseñados más arriba.

Dentro del escenario internacional de posguerra II que se agotó en los 1970, muy diversas razones justificaron la ampliación del número de empresas públicas, por lo que se crearon o expandieron muchas empresas públicas en actividades mercantiles o en servicios públicos. Entre 1976 y el presente, se registró mundialmente una corriente inversa a favor de las privatizaciones en el entendido que buena parte de las funciones anteriormente confiadas al Estado Keynesiano podían ser cumplidas con mayor eficiencia y eficacia por empresas privadas, dentro de una evolución que puso en jaque no solamente a los feudos económicos del sector público, sino también a las redes políticas que los controlaban. El caso mexicano se caracteriza por una falta de competitividad no solamente económica, sino también política en tanto que el Poder Legislativo tiene una escasa producción de leyes.

Aún antes de 1989, la coyuntura histórica hizo posible el ascenso de un liberalismo radical al comando de los gobiernos de numerosos países. De esta forma y en el Reino Unido desde 1979 en adelante, las privatizaciones adquirieron nuevo contenido. Un verdadero mesianismo liberal pronunció el discurso de la EscDerProp para ampliar decididamente las privatizaciones por medio de la red de carreteras, la telefonía, las compañías de aviación y aún la fabricación de automóviles. Sin embargo y dentro de esta oleada privatizadora, rápidamente hubo que distinguir dos tipos de situaciones. Por una parte, se registró el caso de los fabricantes de automóviles o las compañías de aviación, donde el gobierno vendió su participación en acciones a los particulares y se desvinculó totalmente de las mismas, salvo en el caso de conservar un puesto en el consejo de administración. Por otra parte, se realizaron concesiones que iniciaron una larga lista de fórmulas privatizadoras, la cual facilita la implementación de diferentes modelos competitivos. En el caso mexicano y durante las dos últimas administraciones de gobierno, la nota sobresaliente es la falta de capacidad para poner a funcionar un determinado modelo competitivo porque, entre otros aspectos, no se corrigieron las privatizaciones tal como lo demandaban los fallos de las mismas.

En cualquier caso nacional, las privatizaciones deben satisfacer a los intereses de la colectividad doblemente. En primer lugar, porque se deben evitar los derroches que implica la gratuidad en los servicios públicos, y de esta forma se privatiza con el propósito de que la venta del servicio público condicione al usuario a revelar tanto sus preferencias como su disposición a pagar por el servicio recibido. En segundo lugar, porque el liberalismo económico supone que pasando a manos privadas el prestador del servicio lo hará con mayor eficacia, dado que la administración microeconómica seguirá patrones de rentabilidad tanto con respecto a los recursos humanos como a los materiales u otros intangibles. Tenemos entonces dos características de las privatizaciones: (a) las privatizaciones deben acabar con el paternalismo propio del Estado Benefactor para desarrollar el Estado Procurador de los derechos de propiedad privada, y (b) sólo se justifica la privatización si los propietarios emergentes administran las empresas con mayor eficacia y sin desmedro de los consumidores, todo ello en un ambiente de alta competencia (Coase 1973: 392).

Matizando los prejuicios de la EscDerProp, sabemos que la producción pública es objeto de actos de malversación, de ineficacia o de burocratización tanto como la privada (Enron, Vivendi, Parmalat, Yokus, etc.), por lo que la privatización de los servicios públicos siempre debe acompañarse de un reciclaje de la reglamentación que prevea la actuación de los compadrazgos privados. Al mismo tiempo y en función del desarrollo de la sociedad civil, no solamente la autoridad gubernamental deberá supervisar el desenvolvimiento de las privatizaciones, sino que los propios usuarios serán quienes velarán por la transparencia y la fidelidad a los objetivos originarios que correspondan. Privatizar no debe significar vender la platería, sino reorganizar para llevar a un escenario de desarrollo competitivo tanto a la oferta como a la demanda. La fórmula privatizadora del remate, tan aconsejada por Milton Friedman y los monetaristas, no es otra cosa que vender la platería, aún si se apela a las distintas formas de subastas estudiadas por Smith (1991: 33).

Si bien las formas de propiedad más difundidas son la privada y la gubernamental, existen varias fórmulas privatizadoras que pueden arribar a otras formas de propiedad como la comunal o la cooperativa, o una combinación de privada y gubernamental, etc. Por el lado de la demanda, el tipo de consumo puede ser excluyente e individual o no excluyente y colectivo, por lo que la finalidad privatizadora cambia mucho de una situación a otra: si se privatiza un parque público, podrán instalarse molinetes de entrada, pero no sería adecuado que las autoridades permitieran cobrar tarifas prohibitivas a los nuevos administradores. Por último y de acuerdo a la forma de financiamiento, puede provenir de los mismos usuarios que soportarán cuotas de recuperación, de nuevos inversionistas, del gobierno o de diversos participantes como los que patrocinan mensajes publicitarios.

Dentro del ámbito internacional y durante los años 1980 y 1990, la mayor parte de las privatizaciones se habían dirigido hacia los Bancos, las industrias y los seguros, pero a partir de esos años se fueron ampliando en sectores como transportes o telecomunicaciones. Naturalmente que se vislumbró la posibilidad de hacer avanzar las privatizaciones hacia educación, salud y vivienda, pero ello planteó con mayor agudeza el conflicto doctrinario y de intereses que representa la reforma, eventualmente el desmantelamiento, del Estado Benefactor. Aún más, llevar las privatizaciones a los últimos sectores indicados, formalizó el conflicto entre el modelo europeo de desarrollo económico y social como oponente del americano. La EscDerProp tuvo un éxito académico y político que fue sincrónico con el descontento que produjo durante 1945–75 la burocratización del sector público keynesiano. El transcurso y fin de los 1990 produjo otra sincronía; esta vez de la necesidad reglamentaria con los defectos de las privatizaciones, por varias razones entre las que cabe destacar las siguientes. Por una parte se juzgó atinado dividir a los servicios públicos esenciales de otras actividades donde no existe ningún reparo para someterlas a la competencia: la provisión de agua potable representa una relación entre productores y consumidores bien diferente de la que se establece entre una sala cinematográfica y el público. Y, por otra parte, porque una lectura cuidadosa del liberalismo económico permite constatar que la funcionalidad de los bienes públicos no está rechazada por ningún autor serio de esta escuela, por lo que si las privatizaciones no redundan en una provisión adecuada de los bienes públicos respectivos, la misma debe ser corregida, eventualmente con nuevas estatizaciones.

Si hasta hace poco tiempo la EscDerProp asumía la interpretación privatizadora de la evolución entre las distintas formas de propiedad con base en la conocida tragedia de los comunes o tragedy of commons (Hardin 1968: 123 y North/Le Roy 1971: 124), ahora no puede menos que resentir la influencia (Lessig 2004) de una tragedia simétrica de la anterior, tal cual es la tragedia de los anti comunes (Buchanan y Yoon 2000: 1; también Heller y Eisenberg 1998: 698). En efecto, si Hardin (op cit) nos había hablado de la mala asignación de recursos que producía el sobre pastoreo en un predio de propiedad común, actualmente constatamos que un gran número de patentes en la rama biomédica también representa una mala asignación de recursos aunque, en la situación anti commons, se registre un claro dominio de la forma de propiedad privada. Cabe aclarar que desde Hardin (1968: 126) la palabra tragedia no se utiliza como sinónimo de tristeza sino como la solemnidad despiadada que existe en el desarrollo de los sucesos; es decir, que el uso de un bien común pone en acto la lógica de la acción colectiva basada en un comportamiento extractivo o predador del bien común, porque cada campesino tiende a incrementar la cantidad de animales de su propiedad que van a pastorear en el predio común. En la propuesta de Hardin, La tragedia se verifica sobre el bien común, pero no en la propiedad privada de los bovinos; mientras que en la tragedia simétrica de los anti comunes o bienes privados, es al revés. En este último caso (Heller 1998: 702), el excesivo número de patentes de innovaciones muy similares en la rama biomédica, configura otra mala asignación de recursos porque la forma de propiedad privada que representan las patentes excluye demasiado número de usuarios potenciales. Buchanan y Yoon (2000: 3) generalizan las dos tragedias: en la de los comunes, cuanto más usuarios hay mayor es la predación del bien común, mientras que en la tragedia de los anti comunes, cuanto más excluidos hay mayor es la tragedia de la propiedad privada.

Algunos casos tan notorios como el del Juez Jackson en contra de Microsoft, nos recordaron que no siempre las empresas privadas propenden la mejor calidad de los productos o la concurrencia de mercado o la defensa del consumidor; por lo que se entiende rápidamente que en todas partes se hayan creado organismos correspondientes a diversos niveles de gobierno con la finalidad de supervisar la competencia interna o el comercio internacional. Al mismo tiempo, las argumentaciones ecológicas así como las relacionadas con la biotecnología, hicieron patente que las nuevas reglamentaciones tenían que velar por la eficiencia económica, pero también por la calidad de los productos y el buen funcionamiento de los mercados privados con respecto a la colectividad que los alberga, tal como se plantea actualmente en México con respecto a las telecomunicaciones (ver capítulo 3).

Todos los casos anteriores nos deben hacer claro que existe una fuerte interacción entre la privatización y la reglamentación, ya que hay que reformar a los reglamentos para asegurar el éxito de la privatización al mismo tiempo que la nueva reglamentación debe ser más sensible a los mecanismos del mercado que la anterior. También es cierto que la nueva reglamentación debe prever la reacción política de los empresarios afectados a través de disposiciones que las neutralicen. Si bien las reformas y adecuaciones de los reglamentos a las privatizaciones deben inclinarse hacia los mercados privados más que en la época de la economía cerrada y el intervencionismo, ahora deben ser muy sensibles a los razonamientos de la economía política con respecto a las respuestas privadas que causará la privatización. Este es un corolario que nos parece muy importante: las privatizaciones necesitan de un reciclaje de los reglamentos que sea todo lo funcional que se necesite, pero que otorgue nuevas atribuciones al sector público.

La necesidad de motivar cambios en los comportamientos de los agentes del mercado aparece cuando existe una asimetría de la información tal que hace posible la captura de rentas en detrimento de los otros contratantes o, no se olvide, de la sociedad. Por ejemplo: en el sector paraestatal los funcionarios que administran un monopolio natural conocen mejor que nadie sus funciones de costos y los mecanismos de la productividad. Pueden así manejar la selección adversa (oportunismo ex ante) haciéndose pasar por menos eficaces a fin de obtener tarifas elevadas por medio de la reglamentación o, en otro caso, pueden tergiversar la información para sesgar el desenvolvimiento del contrato (riesgo moral u oportunismo ex post) con perjuicio del que compra todo o parte del monopolio natural. De todas maneras, no parece que la teoría de la información iniciada por Stigler invalide a la reglamentación, sino que demanda el perfeccionamiento de esa reglamentación particularmente durante las post privatizaciones y con miras al desarrollo competitivo de los mercados emergentes.

La propiedad privada informal es una manifestación de lo que podríamos llamar la privatización salvaje porque es una forma de apropiación de bienes (la vía pública) o ingresos (impuestos evadidos) públicos propia del subdesarrollo capitalista que bloquea su progresividad misma (Soto 2001: 27). Aquí, como en otros casos, es muy significativo integrar el análisis de la apropiación con el de la propiedad. Los informales (ver capítulo 7) se apropian de la vía pública mediante coaliciones de pasajeros clandestinos o rentistas que no tienen derecho a ocupar el recurso común y que fundan su micro empresa capitalista con base en el costo cero del local. Por ello es que no formalizan el derecho de propiedad privada correspondiente, porque están generando una economía de rentistas o gorrones que obtiene beneficios con base en la captura de rentas, como la de situación al estar ubicados cerca de una salida del Metro, pero no en las ganancias de productividad. Claro está que si los informales se avinieran a formalizar los derechos de propiedad privada tal como nos propone la EscDerProp (Soto 2001: 231), estarían verificando el pasaje de una economía de rentas a otra productiva donde la forma de apropiación representa una acumulación capitalista progresiva porque el costo de los factores se computa a su valor, no a cero, para generar un excedente organizacional basado en la productividad. Pero también está claro que las coaliciones de pasajeros clandestinos difícilmente van a permitir que se ataque su forma de hacer beneficios por medio de la formalización de sus derechos de propiedad privada informal.

Existen diversos tipos de reglamentaciones tarifarias en las empresas públicas, las cuales pueden servir como instrumento de desarrollo competitivo. Recordemos los más comunes. En primer lugar, la reglamentación tipo costo plus o mark up que se guía por la tasa de rendimiento para obtener los beneficios deseados. Durante la vigencia del contrato respectivo, las tarifas de la empresa paraestatal surgen de adicionar al costo promedio un margen o costo plus o mark up que remunera al capital por arriba de lo que pagaría el mercado abierto. A esta forma de reglamentación se le señalan tres defectos: (a) durante todo el contrato la empresa pública no está motivada a reducir costos; (b) la misma empresa puede sobre capitalizarse; (c) en muchas ocasiones los regulados son más poderosos que los reguladores por lo que pueden imponer los criterios de costo plus. En segundo lugar, existe la reglamentación que fija techo de precios (price cap), la cual incita a la productividad durante la vigencia del contrato, pero la empresa pública es la que captura la renta de monopolio u oligopolio. Algunos autores representativos de la expansión paraestatal de posguerra II como Maurice Allais (Ouvrage Collectif 1986: 176) muy cercana del socialismo del mismo carácter, justificaron las estatizaciones precisamente a partir de este hecho y en el entendido que al estatizarse una empresa privada, la renta de monopolio sería transferida a la colectividad nacional. De allí la denominación de nacionalizaciones, la cual es muy cuestionable porque no resulta nada evidente que la renta de monopolio se transfiera efectivamente a la colectividad nacional.

De acuerdo a problemas instrumentales como el objeto y el mecanismo fiscal, Maurice Allais (Ibídem: 100) consideró como muy difícil que la renta de monopolio fuera capturada por el sector público a través de los impuestos. Vale la pena confrontar esta opinión académica con lo que sucede actualmente en Bolivia, Ecuador y Venezuela. Por lo tanto y de acuerdo a los principios de justicia social que se sustentaban los socialistas de la posguerra II, los cuales estaban muy ligados al auge del intervencionismo keynesiano y la Escuela del Bienestar, procedía la política nacionalizadora sin que ello se contrapusiera al cálculo marginal de las tarifas públicas. Otros autores (por ejemplo: Massé 1968) propusieron formas de tarifas calculadas en distintos niveles o específicas para los horarios pico (peak–load pricing) donde el cálculo marginal o no era procedente o debía ser adaptado. Finalmente, las tarifas Ramsey Boiteux (Ouvrage Colletif 1986: 99) propusieron la regla siguiente:

las diferencias entre los precios de los diferentes servicios públicos y sus costos marginales son inversamente proporcionales a la elasticidad precio de la demanda correspondiente, con lo que se buscaba racionalizar la fijación de tarifas públicas a fin de hacer competitivos a las empresas del mismo género sin necesidad, obviamente, de privatizarlas. Ninguno de estos autores ignoraba la existencia de los grupos de presión o de las internalidades en el sector público, pero pensaban que la racionalización de las tarifas públicas cumplía una función didáctica y política muy importante que tendería a combatir la corrupción propia de los ambientes competitivos de baja intensidad.

4. LOS LÍMITES DE LA ESTABILIDAD MACROECONÓMICA

Actualmente se ha generalizado la aplicación de políticas anti inflacionarias como paso previo al despegue competitivo o como paralelo al mismo. En el caso de los mercados emergentes, estas políticas estabilizadoras tenían como objetivo fundamental lograr el despegue competitivo de las naciones, pero no una secuencia indefinida de impactos estabilizadores de características recesivas. La experiencia mexicana actual está mostrando que todo ajuste estructural limitado a imponer políticas estabilizadoras sin avanzar en las reformas estructurales, solo puede transformarse en un funcionamiento recesivo tendiente a crisis de financiamiento externo.

Los criterios de gobernanza que guían a las reformas estructurales deben transformar el régimen de incentivos prevaleciente en las economías improductivas para que la estabilización se encadene con la emergencia competitiva. Sólo en este sentido adquiere validez sistémica la política estabilizadora como paralela a los obstáculos que levanta ante la modernización competitiva un régimen de acumulación que fomenta el usufructo de rentas, pero no el desarrollo de las ganancias de productividad. Durante las últimas decenas de México, por ejemplo, los distintos ciclos inflacionarios dieron lugar a una inflación de apropiación que nunca fue de manera perdurable y consistente una inflación de crecimiento como lo afirmaba cierto keynesianismo. En cambio y desde el inicio de los 1990, se difundió la práctica de las políticas estabilizadoras como criterio de gobernanza, pero no las reformas estructurales que pueden modificar el régimen de incentivos hacia el desarrollo de las ganancias de productividad.

PIB e inflación. 1986–2004

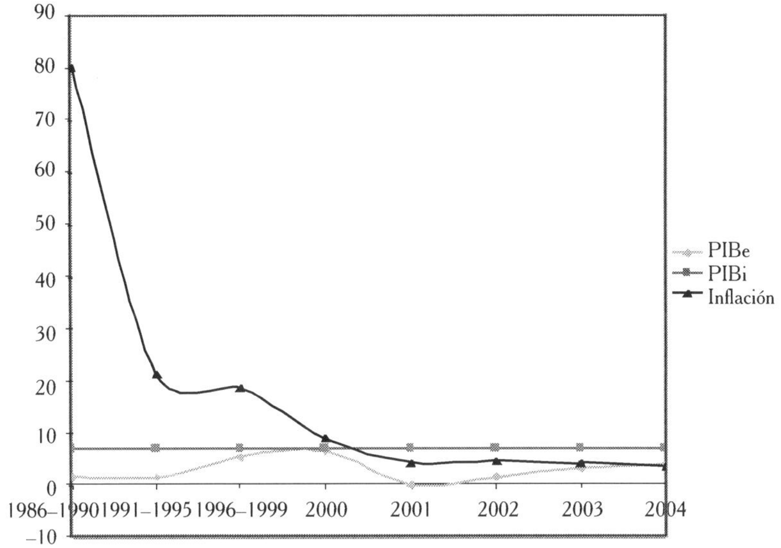

En el gráfico anterior se compara la inflación (curva con triángulos) con el PIB ideal (PIBi) en el umbral del 7% anual como crecimiento (curva con cuadrados) y con el PIB efectivo (PIBe en la curva con rombos). El trazo de las curvas fue suavizado. Las características generales son, en primer lugar, que la inflación tiende a aparearse con el PIB efectivo, mientras que en segundo lugar, sólo de manera excepcional el PIB efectivo se iguala con el ideal. Esta es una manera gráfica de comprobar que la deflación en México no es competitiva.

Para que las políticas estabilizadoras tengan validez estratégica, la deflación debe hermanarse con el despegue competitivo de la nación, por esto se la llama deflación competitiva. Pero como la transformación de un régimen de producción entraña una serie cualitativamente muy importante de mediaciones sociales y de intereses sectoriales, ese intento puede, muchas veces, no coronarse con el éxito. Diversas experiencias nacionales muestran que aunque la inflación haya sido revertida, el ajuste estructural se ve frenado en tanto que no puede ir concretando la reasignación de recursos que requiere la emergencia económica. Entonces vuelve a hacerse cierto que la carrera inflacionaria forma especuladores, permanentes y ocasionales, dentro de un contagio im–

productivo que hace proliferar a los cazadores de rentas. Cuando esto sucede, la selectividad de la política económica no cuenta y el deseo de justicia social se transforma en una preocupación ociosa porque la inflación de apropiación es el mecanismo más contundente para operar la concentración del ingreso. Ha sido un gran avance haber reducido la inflación en México, pero de no mediar reformas tanto macro como microeconómicas que premien la productividad del trabajo, la concentración del ingreso perdurará.

La experiencia asiática nos muestra que es posible lograr estabilización sin recesión, no con respecto al momento del despegue competitivo, sino después de la crisis de 1997. Haciendo a un lado definirnos por la medida de esta recesión, todo plan estabilizador debe frenar la actividad económica a fin de contrarrestar la tendencia alcista de los precios. Ello no implica que se haya logrado modificar el régimen de acumulación tal como lo pretende el monetarismo global, sino que se están atacando las manifestaciones más sobresalientes de las economías improductivas, tales como la inflación inercial y la especulación financiera. Una comparación internacional muy breve puede apuntalar lo dicho anteriormente: Chile ha definido una tendencia deflacionaria a la baja en el largo plazo acompañada de un crecimiento del producto no desdeñable. Hasta el presente, México solamente ha podido concretar uno solo de esos dos desarrollos paralelos, aunque el criterio de gobernanza es uniforme: la deflación debe ser competitiva, pero no meramente restrictiva.

Suele constatarse que la alternancia de políticas económicas monetaristas y keynesianas no logra articular la estabilización con el crecimiento competitivo. ¿Por qué? Porque falta o iniciativa o maduración o perfeccionamiento en los cambios institucionales que modifican al régimen de motivaciones de una economía improductiva. Por el lado de las políticas keynesianas, no se percibió la manera real en que los agentes económicos de las economías improductivas desvirtuaban los principios teóricos postulantes de la inflación de crecimiento para practicar la inflación de apropiación. Y del lado monetarista, no se percibió la forma real en que los agentes económicos de las economías improductivas desvirtuaban las bondades de la estabilización de precios en favor de la reconcentración del ingreso pero sin desarrollar las ganancias de productividad. En este último sentido bien cabe la crítica a la EscDerProp: la formalización de los derechos de propiedad debe acompañarse de las reformas al régimen de acumulación que propendan el desarrollo de las ganancias de productividad, pero no la captura de rentas.

Cuando se estudia el desarrollo económico comparado de varios países y en períodos extensos de tiempo se puede constatar una relación muy estrecha entre el crecimiento de la producción y el de la productividad. Ello quiere decir, naturalmente, que mientras las naciones avanzan hacia una economía competitiva, existe una alimentación cruzada entre productividad y producción. En el caso de que los incrementos de la productividad de los factores sea consecuencia de la expansión de las exportaciones, ello probaría una validación externa de este tipo de asociación, lo cual acarrea el imperativo de competitividad externa para los mercados emergentes. Por el contrario, si el crecimiento de la productividad es frenado por un escaso crecimiento del producto debido a la expansión de las importaciones, tal cual se produce al registrarse el síndrome holandés, las posibilidades de desarrollar la ventaja competitiva estructural quedan anuladas por el débil dinamismo de la producción doméstica. En este último caso y como ha podido comprobarse en diversos medios, los productores de bienes no comerciables son la punta de lanza de las prácticas, ahora privadas y de ninguna manera pública, que invalidan a la deflación competitiva y relanzan la inflación de apropiación. Como vimos con detenimiento en los capítulos 1 y 2 de este ensayo, para lograr el desarrollo de una economía de mercado productiva, no basta en absoluto que los derechos de propiedad privada estén bien definidos en este escenario de los productores de no comerciables, tal como propone la EscDerProp, sino que hay contar con mecanismos de apropiación productivos (la inflación de apropiación no lo es) que desarrollen las ganancias basadas en la productividad de los factores.

En una economía emergente, todo intento de deflación competitiva resulta contradictorio si la política de demanda interna es poco restrictiva bajo el supuesto de que los influjos de capitales externos pueden financiar a los déficits comerciales crecientes. Al utilizar políticas laxistas con respecto a la demanda interna, de hecho, se está contradiciendo una norma esencial de la deflación competitiva, tal cual es el de relanzar la economía en función de las políticas de oferta. Por lo que aún bajo el supuesto plan estabilizador se está relanzando a la inflación que promueve la especulación financiera en detrimento del desarrollo de los fundamentales que correspondan a la economía nacional del caso.

Aplicada de manera consistente, la deflación competitiva hace posible conciliar la transformación de la oferta con los cambios en los perfiles de la demanda porque suben los salarios reales, no porque se desaten las remuneraciones nominales o se dispare el crédito al consumo. Aún con mayor razón si se cuenta con un consenso social que controle la política de ingresos a fin de asociar las reivindicaciones salariales tanto con respecto a las ganancias de productividad como a los términos reales. Es posible afirmar que una asociación virtuosa de la política de ingresos como viene de ser evocada, logra que la deflación competitiva contribuye a reemplazar la pugna distributiva propia de las economías improductivas donde el conflicto entre patronos y asalariados por la partición del excedente tiene lugar en una economía que no dinamiza el crecimiento del producto, por el conflicto de repartición que normalmente alberga cualquier economía productiva donde, por supuesto, existe disputa por la partición del excedente, pero sobre el zoclo de un crecimiento dinámico del producto. En general, si la etapa de la economía cerrada en México estuvo signada por la inflación de apropiación, las economías mundializadas del presente deben instrumentar una deflación competitiva que entraña peligros bien reales. En efecto, en diversas economías nacionales pudo comprobarse los límites y las contradicciones de una política deflacionista que no pudo encadenarse con el despegue competitivo; es decir, que el procesamiento político de las decisiones no pudo reformar al régimen de incentivos a fin de que cambiaran las estructuras de oferta para marcarle el paso tanto a la expansión de la demanda como a las fuentes de financiamiento del sector público.

En las economías improductivas asoladas por la inflación de apropiación, hay un solo nivel de equilibrio que corresponde al de pleno empleo según las posibilidades tecnológicas y organizativas de una economía rezagada competitivamente, la cual se caracteriza por la rigidez de la oferta a causa de las reglamentaciones gubernamentales excesivas, por el comportamiento empresarial especulativo y otros componentes de una sociedad de cazadores de rentas. En este caso, las políticas de demanda no tienen ningún efecto virtuoso como supuso Keynes para superar la deflación sino que, al contrario, ellas presionan al alza el nivel de precios sin imprimirle plasticidad a la oferta, por lo que el gasto incrementado sólo genera depreciación de los salarios reales y endeudamiento público. Como la deflación competitiva no es tal sin fle–

xibilización de la oferta, debe prestarse atención en no malinterpretar a esta última. Ella no constituye ninguna novedad, sino que presenta una reformulación de los autores clásicos quienes desde hace mucho tiempo han insistido en la necesidad de conformar un régimen de incentivos que propicie el progreso económico, o sea, reformar el capital institucional para incitarlo a obtener ganancias de productividad. La misma idea con otras palabras: conformar un capital institucional apto para montar las sinergias correspondientes a las ganancias de productividad en el lado de la oferta. Por lo tanto, se aplica una vez más que se debe alentar la apropiación de los beneficios a través de la producción eficiente que explote las ganancias de productividad, pero no la especulación con respecto a la demanda y el nivel de precios. Asimismo, las políticas de oferta tienen una significación estructural innegable y de allí que la denominación ajuste estructural no sea obra del azar porque nadie puede pensar que estos cambios en la estructura de motivaciones podrán ser logrados en el corto plazo: la inflación se frena en el corto plazo con políticas monetaristas, pero se erradica en el largo plazo con el complemento de la política fiscal y la de desarrollo tecnológico; por no citar más que dos componentes de significado francamente estructural. En los mercados emergentes que padecen un alto grado de informalidad, es parte esencial de estas reformas estructurales formalizar los derechos de propiedad como bienes de producción en tanto que evolución real de los derechos de propiedad (Roe 1996: 51 a 124).

5. PARÁMETROS DEL FUTURO

El rezago competitivo de las naciones muestra claramente que la economía basada en el mercado no es condición suficiente para eliminar este atraso. Aún las teorías endógenas del crecimiento como expresión reciente del pensamiento económico, si bien mejoran la comprensión de los determinantes del desarrollo, dejan subsistir una laguna importante en el conocimiento de estos procesos siempre dinámicos y ligados al conjunto de las reglas del juego, los usos y las costumbres. Por el contrario, el enfoque institucionalista pone en evidencia que el desarrollo competitivo encuentra su piedra de toque en la calidad de las instituciones que dotan a las naciones de una ventaja estructural fincada no solamente en el mercado, sino también en la sociedad. Este es el significado que debe interpretarse en cualquier tabulador de los parámetros del futuro.

Como dijera Joan Robinson, los países desarrollados están condenados a crecer. Esta expresión significa que los países desarrollados han alcanzado un alto nivel de ingreso nacional donde operan procesos acumulativos que sostienen el crecimiento del producto en ritmos estables y el ingreso per cápita provee de bienestar a la población, aunque la tasa de crecimiento no sea muy cuantiosa. El estudio empírico revela que estos países han logrado dotarse de instituciones de una alta calidad en cuanto a la sustentabilidad de los factores de la producción. De otra forma, los mercados realmente *emergentes*, por ejemplo en el Sudeste Asiático, partieron de un nivel de ingreso nacional mucho más bajo que el aludido antes. Sin embargo, sumaron a ello un catálogo institucional de calidad en cuanto a la sustentabilidad de los factores de la producción y el desarrollo de la ventaja competitiva nacional. De esta forma, registraron tasas de crecimiento muy altas que les permitieron ir cerrando la brecha del desarrollo en períodos de tiempo relativamente cortos. Porque no son mercados emergentes, muy distinto es el caso de países con bajo ingreso nacional como México, donde las tasas de crecimiento son bajas y la calidad de las instituciones en cuanto a la sustentabilidad de los factores y la ventaja competitiva, es decepcionante.

Por todo ello es necesario examinar los principios y criterios que deben presidir la creación de instituciones que promuevan la diversificación y la profundización de los mercados (North 1990: 201), pero también la modernización del sector público y la consolidación de las redes sociales. Siguiendo al Banco Mundial (2002: iv), la construcción de instituciones eficientes, debería guiarse por cuatro criterios operativos que pueden rotularse como completar, innovar, conectar y concurrir. Completar en el sentido de diseñar instituciones que perfeccionen las ya existentes. Innovar en tanto que establecer nuevos ordenamientos institucionales, pero también en el sentido de cancelar a las experiencias fallidas. Conectar a los agentes económicos y sociales a través de flujos de información cada vez más abiertos y propiciatorios de las transacciones mercantiles. Y hacer concurrir entre jurisdicciones, organizaciones e individuos de manera tal que se obtengan resultados cualitativos no solamente en la producción, sino también en el consumo.

Desde un punto de vista institucional es cada vez más necesario un Estado gobierno fuerte que pruebe esta condición por su capacidad de iniciativa y de implementación, aunque no por su carácter de propietario. Pero también es cierto que dada la imbricación entre Estado y mercado, el gobierno no puede limitarse a ser un Estado Procurador, tal como enfatiza la EscDerProp, sino que debe velar para que los derechos de propiedad privada tengan validez en una economía donde las formas de apropiación respondan a una racionalidad productiva. El Estado está constituido por la sociedad política, por lo que capítulos básicos de la misma como la Constitución, la división de poderes o la supervisión de los mandantes radicados en la sociedad civil, son cruciales para la participación productiva del sector público, particularmente en las economías de modernización emergente. Se trata de una verdadera y compleja relación de agencia donde las características de mandantes y mandatarios definirán una rentabilización adecuada del capital nacional o, por el contrario, una rentabilización improductiva.

Si bien México cuenta con la estabilidad macro económica y la calidad monetaria para llevar al cabo las reformas del nuevo modelo económico, después de 23 años no se han consolidado las reformas de la primera generación y, menos aún, se ha logrado avanzar en las de la segunda. Esto se detecta en los principales sectores de actividades cuya situación puede caracterizarse como sigue. El campo permanece mayoritariamente al margen de la economía de mercado fundamentalmente porque hay formas de propiedad inadecuadas con los procesos de apropiación productivos. La industria se apoya en un fuerte contenido importación y por ello carece de la capacidad de transformación necesaria para apoyar el despegue económico. El comercio exterior no ha aprovechado, como ha sucedido en otras latitudes, la oportunidad que brindan los acuerdos de libre comercio. La Banca consolida la autonomía del Banco de México, pero los Bancos comerciales son usufructuarios de la renta correspondiente a los muy altos márgenes de intermediación. El sector público, por su parte, sigue ejercitando una fiscalidad verdaderamente benigna mientras que se atrasa en el desarrollo la ventaja competitiva estructural.

La tan enunciada estabilidad macroeconómica es cierta, pero no suficiente como para configurar un escenario de transformación institucional porque debería encadenarse con otros indicadores de cambio institucional. Cierto es que no ha sido un logro desdeñable controlar la inflación, contener el déficit de cuenta corriente y lograr reducciones en las tasas de interés, pero se trata de una deflación no competitiva por varias razones, en particular por la baja tasa de crecimiento del producto. Durante los últimos 15 años, el World Economic Forum ha situado a México alrededor del puesto 50 en un universo de aproximadamente 200 países. Si la voluntad política fuera apoyarse en las reformas de la primera generación para pasar a las de la segunda, es posible afirmar que diversos consensos de economistas avalarían comenzar por una fiscalidad competitiva (por ejemplo el de Huatusco según Akle 2003), coinciden en priorizar el fortalecimiento del Estado no en el sentido del Estado Propietario del viejo modelo económico sino en el de que cuente con los medios necesarios para ejercitar una vasta política económica. Mucho puede hacerse para reformar la política fiscal sin la mediación legislativa. También puede pensarse en reducir los gastos de la burocracia en lugar de ampliar el padrón fiscal, pero no parece que esto fuera suficiente cuantitativa ni cualitativamente. Cuantitativamente, porque la reducción del gasto burocrático sería inferior al aumento de los ingresos fiscales que produciría una ampliación del padrón fiscal y la recaudación correspondiente; y cualitativamente, porque el combate a la evasión fiscal representaría combatir en buena medida tanto al oportunismo contractual como a la sociedad de desconfianza. No olvidemos que en la misma medida que pierden fuerzas el oportunismo contractual y la sociedad de suspicacia, se abaratan los costos de las transacciones (Sen 1998: 89)

La estrategia de reformas que comienza por la fiscalidad no repercute negativamente sobre la estabilidad macro económica, particularmente el tipo de cambio, la inflación o las tasas de interés. Su carácter multi clasista es la plataforma de consensos políticos suficientemente amplios. Contrariamente a lo que podría proponer un socialismo nostálgico del siglo XIX, una reforma fiscal no puede ser de revancha social sino que debe redundar en la modernización competitiva al cabo de un juego para ganar basado en el crecimiento del producto antes que en la exacción fiscal. Como fue el caso en la España post franquista, las reformas mexicanas pueden conducirse con más democracia, más integración internacional y más sector público. Más democracia, porque si bien la mexicana adolece de serios defectos como la falta de operatividad y los altos costos de las transacciones del mercado político, no cabe duda que ha habido claros progresos después del ciclo de partido único. Más integración internacional, porque la macro economía abierta que es eficiente se integra crecientemente a los polos dinámicos de la economía planetaria (véase caso chino) sin limitarse, por supuesto, a los acuerdos de libre comercio. Y más sector público, porque aunque el gobierno se constriñera a definir los derechos de propiedad privada tal como lo propone la EscDerProp, aun en este caso de Estado mínimo minimorum se necesita de una expansión de la actividad pública o para pública para definir y hacer cumplir estos derechos.

Un buen acompañamiento del progreso democrático a las reformas de eficiencia económica en el futuro cercano, tendría que registrar los indicadores siguientes: (1) elecciones más concurrenciales por el grado de participación ciudadana, pero no por el número de partidos en disputa; (2) más legitimidad de los resultados electorales no solamente en la capital del país, sino también en provincia; (3) consolidación de la división de poderes mediante su operatividad medida por la producción de instituciones formales, pero no por su rivalidad paralizante. Sin embargo, hasta el presente el abstencionismo electoral, aún con 61% de participación, es un indicador de apatía social. Recordemos que las democracias son tales no por basarse en el proceso electoral, sino por la ocupación ciudadana de los espacios plurales de participación. Ninguna iniciativa política, ni aún la más reciente encabezada por Carlos Slim, logra establecer y poner en práctica un Pacto Social similar al de la Moncloa que constituya un programa de gobernanza público privada. El oposicionismo sigue siendo practicado con enjundia por los actores correspondientes, sin que ello sea obstáculo a las cuantiosas remuneraciones de la clase política ni al florecimiento de la democracia espectáculo.

Las reformas progresistas que desarrollan la ventaja competitiva estructural son favorables a las clases medias, particularmente a los asalariados, y a los pequeños o medianos empresarios. Por el contrario, las reformas que se limitan a combatir la extrema pobreza representan una filantropía de Estado que algunos especialistas (Rosanvallon 1995: 101) califican como política social de derecha. En general, una política social progresista debería cumplir con los indicadores siguientes: (a) sumado a la reducción de la extrema pobreza, las clases medias aumentan su participación en la distribución del ingreso, por lo que se reduce el peso relativo de los tres primeros deciles, (b) el Estado Benefactor aumenta los servicios públicos de educación, salud y vivienda sin menosprecio de su calidad y evitando las crisis financieras de las pensiones y jubilaciones, (c) el INEGI y similares se perfeccionan tanto por la masa de informaciones transparentes que se ponen a disposición del público, como por la fiabilidad de sus cálculos, (d) los medios de comunicación basados en las nuevas tecnologías de la información y las comunicaciones florecen contrarrestando la concurrencia duopolística, (e) la seguridad pública mejora sin ambages mediante, por ejemplo, la reducción substancial de la cifra negra (delitos no denunciados). Recordemos que la seguridad pública es la primera de las libertades en cualquier democracia. Sin embargo y hasta ahora, la informalidad y el delito organizado crecen dentro de una sociedad de suspicacia donde la calidad de la vida es tan mala como la seguridad pública. El gobierno de esta sociedad sigue siendo un proveedor de incertidumbre no solamente con respecto a los derechos de propiedad privada –tal como no repite la EscDerProp– sino también en lo que hace al desempleo, las jubilaciones, o las catástrofes ecológicas y, repetimos en último lugar porque es lo más importante, la seguridad pública. El aparato de justicia es fundamentalmente una subasta de sobornos. La migración constante e imparable hacia los Estados Unidos profundiza la dualización del país entre conectados y desconectados. Se crean menos de 500,000 empleos formales al año correspondientes a una tasa vegetativa de 2% anual sobre 106 millones de habitantes. La calidad de la educación deja mucho que desear.

Con todo lo dicho sobre la economía, la política y la sociedad, podemos resumir las alternativas mexicanas que se presentarán en el futuro cercano en dos columnas: la primera (transformación) se refiere a las alternativas de cambio institucional que podrían tener lugar si los agentes económicos, principalmente el Estado gobierno, innovan con respecto a las reglas formales que presiden a los intercambios económicos; en cambio, la segunda columna (transición), se refiere a una política económica que se apoye en las inercias sin innovar con respecto a las instituciones. A continuación de la tabla, anotamos muy breves comentarios con respecto a los sectores de actividades.

El sector primario (casillero 2.4) debería modernizarse competitivamente por medio del desarrollo (diversificación y profundización) de los mercados agrícolas, forestales o pecuarios y los subsidios a los rendimientos (por hectárea sembrada, en kilos de carne por cabeza de ganado, etc.). El nivel de producción y de exportación debería aumentar porque se produciría internamente la canasta básica de alimentos al mismo tiempo que se diversificarían las exportaciones competitivas. Este incremento substancial de la capacidad de producción primaria tendría que hacer positivo de manera perdurable al balance comercial del

Criterios de transformación o transición institucional en México

Asunto	*Transformación*	*Transición*
1.1. La economía	2.1. Competitiva	3.1. Rentista
1.2. La política	2.2. Funcional	3.2. Patrimonialista
1.3. La sociedad	2.3 Participativa	3.3. Abstencionista
1.4. Difusión de los incentivos de mercado en el campo	2.4. Establecimiento de los derechos de propiedad y las formas de apropiación productivas	3.4. Bloqueos productivos
1.5. Aumento de la capacidad de transformación en la industria	2.5. Flexibilización del proceso de trabajo	3.5. Subdesarrollo de la proveeduría nacional
1.6. Balance comercial y de cuenta corriente	2.6. Inserción progresiva en el comercio internacional	3.6. Inserción compradora
1.7. Intermediación financiera para la producción	2.7. Ampliación y diversificación del crédito	3.7. Rentabilizar servicios
1.8. Ventaja competitiva estructural	2.8.Dividendos del crecimiento competitivo	3.8. Fiscalidad cautiva

campo. Fruto de procesos de trabajo que reducen la entropía y de una mejoría substancial en el hábitat de los campesinos (comportamientos), el daño ecológico tendría que reducirse notoriamente, particularmente en los bosques. La pobreza extrema y la exclusión social tendrían que reducirse por medio de una integración creciente de las sociedades campesinas tanto al mercado como al Estado.

Por oposición a lo anterior (casillero 3.4), el campo detenta un altísimo grado de informalidad que bloquea al desarrollo productivo no solamente con respecto a los derechos de propiedad privada, sino también a la utilización del agua, o el daño ecológico. Las importaciones de productos de la canasta básica son muchas por lo que, paradójica y milagrosamente, si los Estados Unidos eliminaran las subvenciones a sus campesinos, estos productos se encarecerían en México. Las agro industrias están subdesarrolladas, particularmente la del azúcar, quienes en muchos casos son demandantes de mano de obra por su atraso tecnológico. Los centros de distribución de los productos agrícolas siguen estando muy concentrados en el DF, Guadalajara y Monterrey. Los emigrantes del campo no fincan en las ciudades de dimensiones medias. Las exportaciones siguen siendo las tradicionales de naranja, jitomate, ganado en pie, pero no evolucionan hacia otras como flores, maderas y pasta de papel o diversos frutos del mar diferentes del camarón.

La industria (fila 5) debería incrementar su capacidad de transformación de las materias primas, en particular mediante el desarrollo de la proveeduría nacional a las maquiladoras. La proporción del PIB correspondiente a las Pymes debería incrementarse pero no solamente el del empleo. La petroquímica debería despegar con vistas a la concurrencia internacional, eventualmente con mayores inversiones extranjeras y aun privatizaciones, pero no solamente la exportación de petróleo bruto. La capacidad ociosa, habitualmente alrededor del 40%, debería reducirse: uno de los éxitos recientes de la economía japonesa se debe a que en cierto tramo de la rama automotriz aventajaron en 10% a los Estados Unidos, quienes utilizan el 100% de la capacidad instalada. Por el contrario (casillero 5.3), la industria mexicana no incrementa notoriamente su capacidad de transformación de inputs nacionales. Numerosos son los depósitos que se auto designan industrias. PEMEX procesa solamente una de las gasolinas vendidas en el mercado interno e importa el 30% de todo lo vendido aquí. Los capitanes de industria que le sirvieron de inspiración a Schumpeter no existen en México.

En cuanto al comercio exterior (fila 6), las exportaciones deberían crecer no solamente en volumen sino en su parte de insumos nacionales. Con esto sería normal mantener un déficit en cuenta corriente por abajo del 3% del PIB y, aún más, la cuenta de capital arrojaría reiterados excedentes a causa de la IED. Es decir, un volumen adecuado de déficit en la fase expansiva del ciclo de negocios. Las tarifas aduaneras progresivamente cercanas de 0 serían paralelas a un aumento de los desfogues tanto en Estados Unidos como en Canadá. Por el contrario (columna de la derecha), los numerosos tratados de libre comercio firmados por México no hacen que el crecimiento de las exportaciones represente un incremento en la capacidad de transformación de las materias primas (petróleo u otras), evidenciado que los empresarios privados reaccionan con rigidez a los incentivos que brinda la economía mundializada, particularmente los Estados Unidos. La principal vinculación a los Estados Unidos de acuerdo a la cifra de negocios, pero no al número de personas involucradas, sigue siendo el narcotráfico, quien últimamente no solamente transporta droga hacia allá, sino que importa productos elaborados. No es casual que las mediciones habituales de la economía informal ignoren a este rubro. Por otra parte, las exportaciones mexicanas como textil, naranja y hasta artesanías, pierden mercados en el Vecino del Norte a causa de la competencia china.

La Banca (fila 7), debería igualar sus márgenes de intermediación con los de los países desarrollados, particularmente los Estados Unidos y el Canadá, al mismo tiempo que debería aumentar la parte del crédito a las Pymes en función de los proyectos de inversión, pero no de las garantías. La calidad monetaria (unidad de cuenta, reserva de valor y medio de cambio), la estabilidad de precios y la autonomía del Banco Central, deberían ser perdurables tanto como el crecimiento del producto que permite desarrollar la riqueza nacional. Muy especialmente, no debería corregirse so pretexto de cambio de modelo la deflación lograda que debería redundar, eso sí, en el crecimiento dinámico del producto (umbral de 7% anual). Al aumentar su eficacia micro, los Bancos deberían reducir (intereses en las tarjetas de crédito) o eliminar (cobro por cheques emitidos) el costo de los servicios. Por el contrario, la Banca (casillero 7.3) es mucho más rentista que competitiva porque da poco crédito a la producción (por abajo del 25% del PIB) y así no tiene efectos sobre el crecimiento. Aunque la calidad monetaria sea buena, el Banco Central aplica una reglamentación laxista a los Bancos comerciales que no los obliga a incrementar sus préstamos en función de los planes de inversión y con respecto a todos los niveles de prestatarios. La Bolsa, aparte de ser raquítica por su volumen de operaciones, es sumamente especulativa y solamente beneficia a ciertos rentistas que acceden a información privilegiada. En todo caso, ni la Banca corresponde al modelo ideal de intermediación financiera, ni la Bolsa lo hace con respecto a un *capitalismo popular* (clase media posee acciones) tal como se verificó en los Estados Unidos durante la década pasada.

El sector público (fila 8), debería aumentar la carga fiscal hasta el 30% del PIB (mediana de los países de la OCDE) y reorganizar el gasto público. La descentralización debería transferir un número más grande de funciones a los estados y municipios, particularmente en materia financiera. El gasto burocrático de los gobiernos debería reducirse, particularmente la proporción de los salarios de los altos funcionarios y de la clase política. Debería mejorarse notoriamente la posición en el Transparency International Index desde el 3.6 alcanzado por México en 2004 hacia el 8.7 que es el umbral de los diez países menos corruptos y, naturalmente, más competitivos. En materia de competitividad estructural, México debería aproximarse a los diez primeros países en la clasificación respectiva del World Economic Forum y allí permanecer por lo menos durante diez años. En las economías abiertas del presente, esta es la función esencial del Estado. La tasa de desempleo debería quedar por abajo del 3% de la PEA. La clase media (4 a 8 decil) debería superar al 30% de la población, junto al hecho de que los salarios reales deberían aumentar tanto como la proporción de asalariados en el reparto funcional del ingreso. La flexibilización del proceso de trabajo debería difundirse, pero no solamente la del mercado de trabajo. El PIB debería crecer por lo menos 7% durante diez años. La erogación en ID debería aumentar desde el 0.5% del PIB hacia el 2.2 que es la mediana de los países de la OCDE. El número de patentes registradas por los mexicanos debería incrementarse substancialmente. La tasa de ahorro interno debería representar el 35% del PIB (umbral de los mercados asiáticos emergentes), en relación al 20% mexicano del 2000 (Chile misma fecha = 33%). La IED debería crecer de manera sostenida contrariamente a los capitales especulativos.

Sin embargo, México no recupera los niveles de competitividad alcanzados entre 1990 y 1993, con el agravante de que en los últimos años empeora su situación en el tabulador que hace el Foro Económico Mundial. El desarrollo de la competitividad sigue siendo condición indispensable para el desarrollo de los mercados emergentes (Chile, los Dragones asiáticos, aún Irlanda) o para conservar el liderazgo competitivo (Estados Unidos, Finlandia). En el caso mexicano, el PIBpc crece muy lentamente, por lo que la pobreza se recicla. No solamente el desempleo supera a la tasa de crecimiento vegetativo (3% contra 2), sino que las dimensiones del subempleo son muy altas. Las remuneraciones no siempre siguen a las mejoras de la productividad como sucede en el sector industrial. El crecimiento del empleo en la economía informal representa la flexibilización salvaje del mercado de trabajo, la cual escapa a las reglamentaciones estatales. Corresponde a la clase media una parte pequeña en la distribución del ingreso, aunque los salarios reales del sector formal no se hayan empeorado y el salario mínimo crezca muy lentamente. La calidad de la educación pública o privada progresa muy lentamente y la inversión en ID no sobrepasa el 1% del PIB siendo que los empresarios privados no invierten en ID. La mayoría de las patentes registradas en México corresponden a las empresas transnacionales. La tasa de ahorro interno sigue siendo exigua para la emergencia económica, de manera similar al capital riesgo que prácticamente no existe. Por el contrario (casillero 8.3), el sector público recauda una carga fiscal después de muchos años inferior al 15% del PIB y conserva el perfil histórico del gasto público caracterizado por subsidios poco puntuales y selectivos (agua, electricidad), mientras que las remuneraciones de la burocracia siguen siendo muy bajas. El Estado Propietario que subsiste (PEMEX y CFE) es ineficaz no por la forma de propiedad de las empresas, tal como enfatiza la EscDerProp, sino porque la gestión de las mismas está ligada a un modelo rentista que cumplió su ciclo en 1982. El peso del sector público en el PIB es similar durante los últimos años y también el gasto social, pero todo ello se relaciona con una economía de muy baja tasa de crecimiento del producto que implica una baja utilización de los factores, aun los tradicionales. Una empresa de 5 paga a los legisladores para obtener reglamentaciones que les sean favorables (CEESP 2005). La bipolarización de la violencia se afirma, siendo que todo Estado, democrático por supuesto, tiene que detentar el monopolio de la misma aún si constriñe sus funciones a definir y hacer cumplir los derechos de propiedad.

6. RESUMEN DEL CAPÍTULO 8

La experiencia de diversos países en los últimos años muestra que se necesita un Estado Gobierno con capacidad de iniciativa y con mucha pericia en la gestión de los consensos para contribuir eficientemente a modernizar las economías nacionales. En este aserto coinciden numerosos economistas más o menos vinculados al institucionalismo. Tanto el ajuste estructural del FMI, como los últimos informes del Banco Mundial, como los Consensos de Washington, como las recomendaciones de Stiglitz y los neos keynesianos, y aún el conclave de Huatusco en México así lo comprueban. La marcha del Estado Gendarme, el sendero del ajuste estructural, la ruta de las privatizaciones, todos ellos conducen a un retorno del Estado Gobierno como agente de la transformación institucional que puede conducir al progreso competitivo de las naciones.

El gobierno especializado en definir y hacer cumplir los derechos de propiedad privada que promueve la EscDerProp no basta, sino que tiene que ser acompañante del mercado en tanto que eficiente en la transformación institucional modernizadora, pero no solamente para garantizar las formas de propiedad liberales, sino también la consolidación de los mecanismos de apropiación productivos. Entonces, el retorno del Estado consiste en una superación de las limitaciones del Gendarme para configurar otro que no es propietario por él mismo, sino que acompaña al mercado para que la interacción entre los derechos de propiedad y los procesos de apropiación redunden en ganancias de productividad sostenidas.

El ajuste estructural compendia aspectos coyunturales y estructurales para transformar las reglas del juego en una economía nacional y con el fin de pasar de una posición competitiva atrasada a otra avanzada. Así como transforma el régimen de propiedad, transforma la dinámica de la apropiación desde una racionalidad improductiva a otra productiva. El ajuste estructural no es ni de izquierda ni de derecha, porque consiste en un esquema genérico destinado a sintetizar cómo se pone a funcionar una economía competitiva de mercado. La aplicación del mismo, su práctica, da lugar a tantas versiones particulares de la geometría política como naciones existen, pero siempre en la dinámica de un verdadero desafío nacional que los Estados Gobiernos deben asumir como agentes estratégicos de la transformación institucional correspondiente.

Desde el punto de vista del progreso competitivo, no es suficiente, ni de lejos, reemplazar la propiedad gubernamental por la propiedad privada. Primero, puede ser que no sea oportuno privatizar; segundo, hay que saber privatizar; y tercero, toda privatización recicla las funciones reglamentarias del Estado. No es necesario ser socialista para aceptar todo esto porque una lectura institucionalista del liberalismo real puede hacerlo con más análisis y menos doctrina. Fue solamente el populismo privatizador de los cruzados del liberalismo, quien pudo hacernos olvidar que este liberalismo sesgado está muy distante de las propias posiciones contestatarias, republicanas y hasta humanistas que puede tener tal escuela de pensamiento en Walras u otros fundadores. Solamente un Estado patrimonialista, más que liberal, puede limitarse a transformar la propiedad estatal en privada, porque la tragedia de los comunes es el reverso de la medalla de la tragedia de los anti comunes. Todo gobierno competitivo debe instrumentar una buena administración de los comunes, al mismo tiempo que debe hacer lo propio con las limitaciones a los derechos de propiedad privada.

El capitalismo postmoderno se caracteriza no solamente por una economía liderada por la biotecnología, la informática o las telecomunicaciones, sino igualmente por ser escéptico con respecto a las grandes utopías decimonónicas, entre las cuales tiene posición destacada la mitología liberal de la concurrencia perfecta. Los criterios de gobernanza estatal que se están perfilando en el mundo entero, forman parte constitutiva de ese capitalismo actualizado que no cree en la autorregulación del mercado. Más que ensoñaciones con respecto a un subastador walrasiano que mágicamente administra el proceso general de intercambios, los criterios de gobernanza pública son pautas o normas organizativas que buscan hacer eficiente a los mercados mediante la participación del Estado para definir los derechos de propiedad pero también para cumplir otras funciones más importantes que la procuración de la pertenencia privada, tal como lo es desarrollar la ventaja competitiva nacional.

La estructura institucional de un país o región económica está representada por el conjunto de proporciones y relaciones que corresponden a las normas formales o informales que hacen posibles a los intercambios públicos o privados. Son incentivos o motivaciones que propenden una economía productiva o, por el contrario, otra de rentas y rentistas. Ante esta disyuntiva están situados actualmente América Latina y México para progresar en la riqueza de sus naciones o para reciclar fábricas de pobres. Nuestras oligarquías compradoras son renuentes a liderar una transformación institucional que ponga a funcionar un capitalismo competitivo basado en una buena gobernanza pública. No ha sido otra la razón esencial por la cual las reformas del nuevo modelo económico se encuentran estancadas, ni fue otra la causa primordial por la cual el viejo modelo terminó en el sobreendeudamiento público, la resustitución de importaciones o la hiper inflación. Como siempre sucede, la historia que haremos a partir de mañana nos da una nueva oportunidad. Este reto colectivo nos sitúa en las políticas económicas de centro, pero no en los radicalismos ni de izquierda ni de derecha, ni tampoco en más populismo que el necesario para competir en el mercadeo electoral.

Si el pronóstico de corto plazo es que México tendrá crecimientos escasos no solamente con respecto al Primer Mundo sino también con respecto al Tercero, no es dable esperar en el mismo plazo una mejoría de las competitividades respectivas. Los criterios de transformación institucional que hemos reseñado nos ayudan a visualizar en forma para métrica cómo podríamos ir registrando en el futuro cercano una transformación que mejorara las posiciones competitivas nacionales en forma sostenida. Tanto el nivel de ingreso nacional como la calidad de vida con que puedan contar nuestras poblaciones pueden mejorar siempre que se satisfaga una primera condición: el crecimiento duradero y suficiente del producto. En el caso de México y de acuerdo al crecimiento vegetativo de la población, tal crecimiento es de 7% anual como mínimo durante 10 años. Sólo con una clara voluntad política para implementar las reformas de eficiencia y eficacia, las nuevas administraciones gubernamentales liderarán las transformaciones institucionales que pueden lograr este crecimiento basado en la sustentabilidad de los factores productivos.

7. BIBLIOGRAFÍA

Akle, Luis et al
2003 "¿Por qué no crecemos? Reflexiones de 54 economistas", fotocopia sin datos de edición, Huatusco, Veracruz, 7 junio.
Aoki, Masahiko et al (compiladores)
2000 "El papel del gobierno en el desarrollo económico de Asia Oriental. Análisis institucional comparado", Fondo de Cultura Económica.
Banco de México
2002 "Informe anual.", Banco de México.
"Informe sobre el desarrollo mundial 2002. Instituciones para los mercados", Banco Mundial.
Buchanan, James y Gordon Tullock
1993 "El cálculo del consenso", Planeta Agostini.
Buchanan, James y Yong Yoon
2000 "Simetric tragedies: commons and anticommons", en "Journal of Law and Economics", volumen 43 no. 1, abril.
Charreaux, Gérard
2004 "Les théories de la gouvernance", Cahiers de Fargo 1040101 Université de Bourgogne.
Eggertsson, Trainn
1995 "El comportamiento económico y las instituciones". Alianza.
Friedman, Milton
2002 "Capitalism and freedom. Fortieth anniversary edition", Chicago Univ. Press.
Haber, Stephen
2002 "Crony capitalism in Latin America. Theory and evidence", Hoover Institution Press.

Hardin, Garret
1968 "The tragedy of commons", en revista "Science", no. 162.
Heller, Michael y Rebeca Eisenberg
1998 "Can patents deter innovation? The anti commons in biomedical research", en revista "Science" no. 280.
Jeannot, Fernando (2001). "Las reformas económicas en México. El desafío de la competitividad", Miguel Ángel Porrúa.
Khan, Mushtaq
2000 "Rents, rent–seeking and economic developpement", Cambridge.
Kuczynski, Pedro P. y John Williamson
2003 "After the Washington Consensus. Restarting growth and reform in Latin America", Institute for International Economics.
Lessig, Lawrence
2004 "Coase first question: when should there not be property rights", Cato Institute.
Massé, Pierre
1968 "Le choix des investissements", Dunod.
North, Douglas
1982 "Structure and change in economic history", Norton.
1990 "Institutions, institutional change and economic perfomance. Political economy of institutions and decisions", Cambridge Univ. Press.
North, Douglas y Roger Le Roy Miller
1971 "The Economics of Public Issues", Harper and Row.
Ostrom, Elinor
1990 "Governing the commons: the evolution of institutions for collective action", Cambridge Univ. Press.
Ouvrage Collectif
1986 "En l'honneur de Maurice Allais", Economica.
Roe, Mark
1996 "Strong managers, weak owners" Princeton.
Rosanvallon, Pièrre
1995 "La nouvelle question sociale. Repenser l'Etat–providence", Seuil.
Smith, Vernon
1991 "Papers in experimental economics" Cambridge Univ. Press.

Soto, Hernando de
2001 "El misterio del capital", Diana.
Stiglitz, Joseph
1993 "El papel económico del Estado", Instituto de Estudios Fiscales.
Tullock, Gordon y Charles Kershaw
2005 "The rent–seeking society", Liberty Fund.
Wedeman, Andrew y William Kirby
2003 "From Mao to market", Cambridge.
Williamson, John
2003 "From reform agenda to damaged brand name", en revista "Finance and development", FMI septiembre.
1990 "What Washington means by policy reform", en John Williamson (editor) "Latin American adjustment", Institute for International Economics.
World Economic Forum
2005 "The global competitiveness report 2005–2006", World Economic Forum.

CONCLUSIONES

*Fernando Jeannot**

Cuando no se especifica el orden institucional de los derechos de propiedad y los procesos de apropiación, tenemos consumidores sin humanidad, empresas sin organización y hasta intercambio sin mercados. Ello se debe a que si bien los economistas neoclásicos se proclaman estudiosos del mercado, en realidad apelan a una concepción creacionista de la economía formalizada con la teoría mecanicista de los precios. Opuesto a lo anterior, los institucionalistas proponen que los mercados representan un orden institucional que existe para facilitar el intercambio, es decir, instituciones que no solamente definen a los derechos de propiedad sino que hacen lo propio con los procesos de apropiación productivos. En efecto y contra toda concepción creacionista, los derechos de propiedad surgen de procesos de apropiación circunstanciados, los cuales son el fruto de la evolución institucional dentro de ambientes nacionales productivos o no porque su capital institucional incentiva al desarrollo de las ganancias de productividad o, por el contrario, a la captura de rentas.

Una aplicación demasiado fiel del estado de naturaleza neoclásico con respecto a la distribución inicial de los recursos, podría conducirnos a menospreciar las formas de apropiación y a sobre valorar las formas de propiedad. Por ello es que el análisis de las externalidades, de los bienes públicos, de los rendimientos crecientes y otras imperfecciones del mercado debe unir propiedad con apropiación porque, por ejem–

* Departamento de Economía. Universidad Autónoma Metropolitana–Azcapotzalco. fjean@correo.azc.uam.mx

plo, la externalidad negativa para unos es positiva para otros. En vez de permanecer en las idealizaciones del mercado, debemos aplicar una economía política de los derechos de propiedad.

La regulación de mercado se basa en variables endógenas al mismo como los derechos de propiedad privada, quienes no constituyen solamente una forma de libertad individual, sino que también son un instrumento eficaz de asignación de recursos y aún un eje central en la teoría del poder. En efecto, forma de expresión de la libertad porque le reconoce al individuo la posibilidad de usar y disfrutar de un bien o servicio al punto de poder destruirlo si lo juzgare conveniente; pero también un instrumento eficaz en la asignación de recursos, porque la propiedad entraña eficiencia en la utilización del bien objeto de la misma: se cuida el jardín propio, pero se daña un parque público. Pero también los derechos de propiedad son un elemento explicativo esencial de la teoría del poder porque propiedades diferenciales otorgan poderes también distintos, quienes solamente son mitigados, en la óptica liberal, por la equidad institucional que deriva del principio doctrinario que prescribe normas iguales para individuos desiguales. Si esa normatividad es equitativamente aplicada, es decir sin distinciones de poder, prestigio, u otras formas de diferenciación social, existirá democracia económica y social, tanto como control social del poder. Caso contrario, los derechos de propiedad estarán justificando un régimen de poder patrimonialista donde la propiedad privada no cumple la función eficiente de asignar los recursos, sino que recicla la ineficiencia por medio de procesos de apropiación improductivos.

Vamos pasando así de lo tangible a lo intangible, de lo material a lo inmaterial. El derecho de propiedad se ejerce sobre una cosa, pero él en sí mismo es intangible. Los argumentos de Escuela de los Derechos de Propiedad (EscDerProp en adelante) tienden a mostrar que estos derechos siguen una lógica de mercado donde opera, bajo condiciones ideales, un proceso de autorregulación del mismo carácter que internaliza las externalidades. El gobierno y la sociedad en su conjunto, deben cooperar para establecer una buena definición de los derechos de propiedad a fin de que los contenidos autorreguladores del mercado tengan lugar. Nótese entonces que la autorregulación del mercado, aun ella, tiene que ponerse a funcionar por medio del sector público. Coherentemente con lo anterior, una mala definición de los derechos de propiedad bloquea y desnaturaliza la función asignativa eficiente que pueden tener los derechos de propiedad, por lo que el proceso de internalización de externalidades que tendría que operarse en los mercados privados no tiene lugar sino que, por el contrario, se registra otro de rentabilización privada de las externalidades públicas, el cual es característico del patrimonialismo ejercitado por propietarios rentistas.

Al tomar en cuenta la dimensión social de los derechos de propiedad y las externalidades, aparece la confrontación entre costos sociales y privados. Si los costos sociales superan a los privados, habrá lugar a una corrección que no necesariamente debe ser resuelta por el gobierno en tanto que productor, sino que bien puede dar lugar a la producción privada. En cambio, si los costos privados superan a los sociales, no habrá nada que corregir. Por esta vía, el arreglo con respecto a los derechos de propiedad se decide en una cuestión de cálculo económico. Cálculo que no basta en sí mismo para lograr la solución, sino que ésta última se vinculará con la capacidad de negociación de los agentes económicos quienes acordarán contractualmente la solución del fallo del mercado. Se tiene más o menos capacidad de negociación según sea el poder de mercado que se ejercite durante el proceso de apropiación. El capitalismo comercial acaecido hace más de 300 años dio poder de mercado preferente a ciertos agentes económicos, así como el industrial a otros y el post industrial a los controladores de los mercados virtuales. Siempre hubo ponderación de los costos sociales con los privados, particularmente cuando el resultado es muy negativo en los capitalismos improductivos de los cazadores de rentas.

La dotación inicial en derechos de propiedad se transforma mediante el proceso de apropiación para generar nuevas propiedades. En economía, estas nuevas propiedades resultan de un proceso dinámico residente en la producción, la distribución o el consumo de bienes, el cual puede basarse en las ganancias de productividad o en la captura de rentas y de esta forma dar lugar a una economía competitiva u otra improductiva. La EscDerProp otorga gran importancia a la definición de los mismos derechos y con ello se vincula claramente al institucionalismo; sin embargo, lo que no destaca esta Escuela desde el Teorema de Coase en adelante es que las limitaciones a los mismos derechos, dependen superlativamente de las convenciones sociales circunstanciadas. Todo lo cual nos lleva a valorizar la naturaleza institucional de los derechos de propiedad y sus procesos de apropiación, pero no la doctrina creacionista que remite la dotación inicial de estos derechos a los estados de naturaleza. En efecto y desde el punto de vista institucional, los derechos de propiedad intercambiados afectan tanto a la producción como a la distribución o al consumo de bienes y servicios. Se intercambia para obtener satisfactores, pero también para montar procesos de apropiación a partir de los bienes o servicios entregados o recibidos. Estos procesos de apropiación pueden ser productivos o su contrario, aunque siempre desembocan en propiedades.

Con respecto a nuestros capitalismos actuales basados en los intangibles y la economía del conocimiento, la EscDerProp hace un gran aporte analítico cuando señala que el intercambio no solamente existe para operar la transferencia de mercancías o servicios, sino que también encuentra una razón de ser fundamental en la transferencia de derechos de propiedad los cuales, mediante formas de apropiación consecuentes, darán lugar a nuevas propiedades. No se intercambian derechos de propiedad para ponerlos en un cuadro de la sala, sino para instrumentar procesos de apropiación como consecuencia de tal intercambio de derechos de usar y gozar de los bienes y servicios respectivos, particularmente la fuerza de trabajo, y así generar excedente organizacional. Por el contrario, lo que significativamente la EscDerProp no distingue, es que la propiedad de un cepillo de dientes es muy diversa de la propiedad de los medios de producción, porque mientras la primera solo se relaciona con un valor de uso, la segunda lo hace con la posibilidad de generar y apropiarse del excedente organizacional merced al conjunto de los factores productivos, pero no solamente los derechos de propiedad.

Aún para la EscDerProp el gobierno y la sociedad en su conjunto deben cooperar para establecer una buena definición de los derechos de propiedad, a fin de que los contenidos autorreguladores del mercado tengan lugar. Una mala definición de los derechos de propiedad bloquea y desnaturaliza la asignación eficiente que pueden tener los derechos de propiedad, por lo que el proceso de internalización de externalidades que tendría que operarse en los mercados privados no tiene lugar sino que, por el contrario, se registra otro de rentabilización privada de las externalidades públicas, el cual es característico del patrimonialismo ejercitado por propietarios rentistas. La teoría de los derechos de propiedad intenta mostrar de qué manera distintos regímenes de propiedad influyen sobre los comportamientos individuales y por ello, sobre la eficiencia general de la economía. Los individuos convienen ejercer sus derechos de propiedad y sus capacidades de apropiación sin violentar el derecho de propiedad correspondiente a terceros. Más aún, derechos de propiedad y conductas de apropiación no admiten el derroche, sobre todo en un mundo de escasez, pero sí pueden albergar economías improductivas donde la racionalidad macroeconómica sea la captura de rentas.

Aceptando al modelo clásico de la propiedad como representativo del mundo de monopolios en el que vivimos, aún allí hay ciertos bienes que son propiedad de todos como la riqueza biológica, con respecto a la cual el derecho liberal podría limitar los abusos siempre que la sociedad respectiva demande a sus dirigentes una regulación adecuada de los derechos de propiedad privada y pública. No sólo los valores económicos de la ciencia de lo escaso son válidos porque la justicia depende mucho más de las convenciones sociales que de la asignación de recursos. En este sentido, no hay reforma ni del Estado ni del poder judicial que pueda pensarse y planearse más allá de evacuar los grandes temas del derecho: hay que reformar al Estado para adecuar su organización con respecto al desarrollo de la ventaja competitiva nacional. Ello debe hacerse en pos del interés general que establece una agenda donde el crecimiento competitivo es prioritario con respecto al desarrollo económico y social. La forma de hacerlo es aplicando una estrategia de transformación estructural donde la política institucional tendiente a definir y hacer cumplir los derechos de propiedad es precondición del funcionamiento del mercado porque, valga la insistencia, no hay mercado sin Estado, como no hay derechos de propiedad sin procesos de apropiación.

Desde la forma clásica hasta la intelectual, la evolución de la propiedad nos muestra que se está en presencia de un desarrollo de las formas de apropiación colectivas, aunque no siempre productivas. Se incrementa la propiedad que tiene como intermediarias a las grandes empresas, las cuales no solamente tienen dimensiones que superan a las de muchos Estados nacionales, sino que colectan el ahorro público de la economía planetaria. Aquí el asunto crucial es estar conscientes de quien toma las decisiones en el interior de estas empresas mercantiles, porque el asunto compete a una legislación actualizada de formas de propiedad que hace tiempo dejaron de ser meramente privadas. Pero también el Estado debe seguir el paso de las mutaciones en las formas de propiedad y los procesos de apropiación, porque si la EscDerProp y numerosos autores liberales nos repitieron en numerosísimas ocasiones el drama de los comunes, ahora toca razonar sobre las maneras eficientes y eficaces de administrar los anti comunes basados en la proliferación de la forma de propiedad privada. Ni el sector público ni el privado pueden basarse en una concepción clásica de la propiedad, sino que ambos deben ser sensibles a las nuevas funcionalidades que le demanda la actualidad histórica a esos derechos de tener para producir competitivamente.

La economía mexicana se ha mostrado como más abierta, pero no más competitiva. Mientras subsistan falencias del capital institucional como la de una escasa concurrencia y una pésima regulación, los productores nacionales no podrán competir en condiciones de igualdad con los del exterior. La experiencia mexicana muestra que las reformas estructurales exitosas requieren algo más que la simple privatización aconsejada por la EscDerProp, como un vigoroso impulso a las políticas de competencia que reformen el régimen de apropiación excesivamente basado en el poder de mercado y, eventualmente, una regulación sectorial que asegure el acceso abierto tanto a las empresas en red como a los recursos esenciales. Con esto México no se marginará de la economía mundializada, sino que se articulará a ella de manera eficiente. Pero en este cometido debe ser reformado el régimen de los derechos de propiedad al lado del gran incentivo a la acumulación capitalista que representa el proceso de apropiación.

Un Estado que por incapacidad o por miedo a regular mal, o por simple desviación ideológica, renuncia a una intervención eficaz y eficiente, es un Estado débil e incapaz de promover el progreso de su sociedad. El gobierno debe aproximarse de manera infinitesimal de un ordenamiento institucional óptimo sin el cual cualquier sociedad se vuelve incapaz de alcanzar sus metas de bienestar general. El problema puede rebasar lo simplemente económico y afectar las bases mismas de la convivencia. Un Estado gobierno ausente es una amenaza para la sociedad, por lo que las políticas públicas de México parecen haber transitado en el lapso de unas cuantas décadas de un extremo al otro. Desde gobiernos populistas e intervencionistas en exceso durante la década de los setenta, hasta el pasmo conservador de las dos últimas administraciones que puso en evidencia la falta de capacidad consensual que impide llevar adelante reformas estructurales como la definición y protección de los derechos de propiedad.

Si bien la competitividad nacional comprende a todos los sectores de actividad económica, el campo permanece mayoritariamente al margen de la economía de mercado fundamentalmente porque hay formas de propiedad inadecuadas con los procesos de apropiación productivos. La industria se apoya en un fuerte contenido importación y por ello carece de la capacidad de transformación necesaria para promover procesos de apropiación competitivos. El comercio exterior no ha aprovechado la oportunidad que brindan los acuerdos de libre comercio y evidenciando la falta de innovación empresarial en los procesos de apropiación. Los Bancos comerciales son usufructuarios de la renta correspondiente a los muy altos márgenes de intermediación y al alto costo de los servicios. El sector público sigue inclinándose por la solución de facilidad del laxismo fiscal mientras que se atrasa en el desarrollo la ventaja competitiva estructural. Con crecimiento endógeno y orientación evolutiva, mucho hay por hacer para transformar esta economía improductiva porque está atrasada tanto en la definición y protección de los derechos de propiedad como en los procesos de apropiación conducentes a una economía de rentas y una sociedad de pasajeros clandestinos.

La macroeconomía estable es condición necesaria, pero no suficiente, para apuntalar el desarrollo competitivo. El mejor escenario de transformación institucional debería encadenarse con otros indicadores de cambio como un crecimiento suficiente del producto o la formalización de los derechos de propiedad privada informal. No ha sido un logro desdeñable controlar la inflación, contener el déficit de cuenta corriente y lograr reducciones en las tasas de interés, pero se trata de una deflación no competitiva por varias razones, en particular por la baja tasa de crecimiento del producto per cápita. Dentro de un enfoque evolutivo de las instituciones, las empresas ganadoras no se reproducen en las seguidoras, por lo que el rezago en la competitividad estructural es inapelable. Si el orden público ha brindado la condición necesaria, falta la respuesta positiva de la iniciativa privada que no se muestra como tal, sino como un empresariado carente de innovaciones.

México avanzará en las reformas propias del nuevo modelo si logra instrumentar el paso de las reformas de la primera generación a las de la segunda, comenzando por establecer una fiscalidad competitiva no solamente por incrementar la recaudación impositiva, sino también porque el combate a la evasión fiscal representaría combatir en buena medida tanto al oportunismo contractual como a la sociedad de desconfianza, ambas originadas en la economía informal. En paralelo a que pierdan fuerzas el oportunismo contractual y la sociedad de suspicacia, se abaratan los costos de las transacciones en un ambiente para los negocios que por ello se hace mucho más propiciatorio de la difusión y profundización de los mercados. La estrategia de reformas que comienza por la fiscalidad no repercute negativamente sobre la estabilidad macro económica, particularmente el tipo de cambio, la inflación o las tasas de interés. Su carácter poli clasista es la plataforma de consensos políticos suficientemente amplios, por lo que una reforma fiscal no puede ser de revancha social sino que debe redundar en la modernización competitiva que monta un juego de todos ganan basado en el crecimiento del producto antes que en la exacción fiscal. En este cometido deben definirse y hacerse cumplir los derechos de propiedad comenzando por el ambulante que vende discos piratas en la esquina de nuestras casas, porque así se irá reformando el régimen de apropiación desde un patrón propio de la economía improductiva hacia otro patrón acorde con el capitalismo competitivo de la economía del conocimiento.

Es posible vincular a la política económica del presente con los derechos de propiedad de los inversionistas extranjeros, en el entendido que esta política del Estado gobierno busca mantener baja a la inflación para estabilizar al tipo de cambio y así retener y ampliar las inversiones globalizadas, nacionales o extranjeras. Dichas restricciones implican controlar el gasto público, regimentar los salarios, mantener altas tasas de interés, apoyar las exportaciones, contener la expansión de la demanda interna, e impedir que se disparen las importaciones. Como las restricciones no se acompañaron de reformas estructurales, se ha frenado el crecimiento y se ha estancado la producción y empleo, como ha quedado claramente de manifiesto a lo largo de las dos últimas administraciones de gobierno. Los términos estabilidad económica se han vuelto sinónimo de estancamiento para crecer, con una gran indefinición de los derechos de propiedad y peor motivación del régimen de apropiación capitalista. Podemos decir entonces que el presupuesto equilibrado del gobierno no representa otra cosa que un fetichismo financiero.

La racionalidad macroeconómica de una economía mexicana con tasas tan bajas de crecimiento se deben al predominio de la política fiscal restrictiva que acaba por limitar al mercado interno y desalentar la inversión productiva para, por el contrario, promover la economía rentista. Ello coloca a los productores nacionales en una situación en que el crecimiento de sus ingresos depende de estas rentas pero no del desarrollo de las ganancias de productividad. Se preserva la disciplina fiscal en espera de las reformas estructurales que, como Godot, nunca llegan. Los que sí están presentes al punto de imponer una configuración determinada tanto a los niveles presupuestales como a las partidas de gastos e ingresos públicos, son los cazadores de rentas que si otrora obtuvieron grandes beneficios a través de la deuda pública externa, ahora lo hacen a través de la interna; en ambos casos ha sido mucho más importante el proceso de apropiación que la definición de los derechos de propiedad.

Basados en los derechos de propiedad privada, el campo, la industria, el comercio exterior, la Banca, el sector público, todos registran un orden institucional híbrido de gobernanza de mercado con gobernanza de Estado, de liberalismo con dirigismo, de concurrencia imperfecta tanto en lo económico como en lo político, pero siempre albergando procesos de apropiación caracterizados por la captura de rentas pero no por el desarrollo de las ganancias de productividad. No es el carácter híbrido del capitalismo mexicano, o la economía mixta con una forma de expresarnos pasada de moda, lo que impide el transplante de las instituciones propias de la modernización competitiva, sino la economía de rentas. Contra los preceptos de la EscDerProp, es esta misma economía y sociedad de rentistas que perpetúa la indefinición de los derechos de propiedad, la evasión y la elusión fiscal, la corrupción y otros componentes del atraso competitivo de la nación. No es casual entonces que el índice global de gobernanza pública en México ni siquiera alcance una calificación de 60%. La poca dispersión dentro de cada indicador de gobernanza pública corresponde a una economía estancada por la captura de rentas que recicla al capital institucional del modelo económico pretérito, pero no al de la competitividad. Prueba de esto es que la informalidad propiciatoria de la corrupción es cada vez más gravitante cualitativa y cuantitativamente. La economía mexicana es reacia a transplantar los criterios de gobernanza pública que favorecen el desarrollo competitivo, primero porque su régimen de acumulación capitalista está basado en la apropiación rentista de los beneficios, y segundo porque tanto la definición como el cumplimiento de los derechos de propiedad son precarios.

No es la iniciativa privada quien se muestra como la más apta para transplantar las instituciones propias de un capitalismo competitivo tales como todas aquellas conducentes a la innovación, sino el Estado organizador de la política monetaria y financiera. Es el gobierno quien asimila los Criterios de Convergencia de Maastricht en tanto que componentes de la gobernanza financiera mundial del progreso competitivo, porque estos Criterios no solamente precedieron a la implantación del Euro sino que forman parte de la política económica de Estado destinada al saneamiento de las finanzas gubernamentales y la calidad monetaria de las naciones. La experiencia mexicana reciente muestra la adaptabilidad del país con respecto al transplante de las instituciones y los organismos correspondientes, aunque la rigidez sea notoria en cuanto a la definición y cumplimiento de los derechos de propiedad. Tanto o más cristalizado está el proceso de apropiación capitalista liderado por un empresariado privado que no innova, sino que imita, compra lo hecho en el extranjero o aún piratea.

Muy influenciados por las formas clásicas de la propiedad, los autores del mismo carácter pensaron que las actividades informales son un resultado de la existencia de dos procesos generales de apropiación: uno capitalista y el otro no capitalista. Confundiendo lo principal con lo accesorio, creyeron que la economía informal donde los derechos de propiedad privada son de hecho más que de derecho, representaba un sector de subsistencia caracterizado por la escasa o nula utilización del capital por parte de sus empresas, poca productividad del trabajo, niveles de educación laboral muy bajos, y utilización intensiva del factor trabajo. Así fue como tradicionalmente se remitió el estudio de la informalidad al del dualismo estructural con olvido del capital institucional que hace posible –o no– la emergencia económica tanto de los derechos de propiedad privada formales como de los informales, siempre que existe un proceso de apropiación progresivo que vaya cuadriculando a la captura de rentas al mismo paso que desarrolla las ganancias de productividad.

Los neoclásicos sesgaron el concepto de economía informal hacia el mercado de trabajo, lo que representó una visión clasista de los informales porque solamente serían tales los pobres, aún los organizados en sindicatos, pero no las empresas, ni los narcotraficantes, ni los delincuentes de cuello blanco. De cualquier forma y dando contenido a la acumulación de conocimientos, las teorías clásicas o neoclásicas de los derechos de propiedad informal, han mostrado a lo largo de su evolución una convergencia hacia el institucionalismo puesto que de alguna u otra forma han reconocido la importancia de las normas que hacen posible el intercambio económico basado en el oportunismo contractual que motiva toda informalidad. En el caso de los representantes latinoamericanos de la EscDerProp, de Soto ha repetido insistentemente que la excesiva y costosa regulación gubernamental obstaculiza el desarrollo de la economía de mercado y que, por lo tanto, los macro, micro o nano empresarios optan por la informalidad con un angelismo que los absuelve de toda crítica al oportunismo contractual, por lo menos, y a la rentabilización del delito, por lo más. Por esto es muy importante vincular a la EscDerProp con la teoría de la economía de rentas. De todas maneras, la EscDerProp tiene el mérito de vincular el análisis de los derechos de propiedad privada informal con la elección pública de políticas institucionales o con la economía de la información que mal puede propender una simetría de la misma cuando la economía informal crece en términos de personal ocupado, evasión fiscal o enormes beneficios de la apropiación improductiva.

Más allá de clásicos y neoclásicos, los enfoques heterodoxos e institucionalistas de la economía informal tienen dos aportaciones destacables: por un lado, reconocen que los sectores formal e informal mantienen estrechas relaciones puesto que dentro del sector informal coexisten tanto empresas capitalistas como no capitalistas siempre, claro está, dentro de una dominancia capitalista que proviene del sector externo. Por otro lado, establecen que pueden existir empresas informales que son más eficientes que las formales, sugiriendo que el proceso de apropiación es más importante que la forma de propiedad. Uno y otro lado nos llevan a pensar que el institucionalismo es una teoría más adecuada para estudiar este fenómeno porque no cae en la trampa del reduccionismo económico y se centra en la lógica de acción en todos los agentes económicos, la cual vulnera las instituciones formales, particularmente en el mercado de trabajo y las empresas privadas, porque el ambiente de negocios nacional contiene una racionalidad macro que promueve tanto la captura de rentas pero no el desarrollo de las ganancias de productividad, como la indefinición de los derechos de propiedad con procesos de apropiación improductivos.

Desde Washington hasta Huatusco existen consensos institucionalistas que revisan la experiencia de diversos países para concluir que se necesita un Estado Gobierno con capacidad de iniciativa para configurar y poner en práctica un Estado Empresario de nuevo tipo que participe activamente en la economía no solamente para definir los derechos de propiedad, sino también para reformar a los procesos de apropiación. La marcha del Estado Gendarme subdesarrollado, el sendero del ajuste estructural permanente, la ruta de las privatizaciones regalianas, la estabilidad macro con estancamiento del producto, todos ellos conducen a un retorno del Estado Gobierno como agente de la transformación institucional que puede conducir al progreso competitivo de las naciones. El gobierno procurador de los derechos de propiedad privada que promueve la EscDerProp no basta, sino que tiene que ser acompañante del mercado en tanto que eficiente en la transformación institucional del proceso de apropiación capitalista. Entonces, el retorno del Estado consiste en una superación de las limitaciones del Gendarme para configurar otro que no es propietario por él mismo, sino que acompaña al mercado para que la interacción entre los derechos de propiedad y los procesos de apropiación redunden en ganancias de productividad. Con distintos matices institucionales, desde Washington hasta Huatusco existe consenso entre los economistas para anteponer la política económica de Estado tendiente a implantar un capital institucional que promueva la competitividad nacional, a las elecciones por elencos políticos membretados según una geometría política tan ambigua como las pelucas que usaban los partidarios de la nobleza durante la Revolución de 1789.

Así como toda política institucional progresiva transforma el régimen de propiedad, también hace lo propio con la dinámica de la apropiación desde una racionalidad improductiva a otra productiva. El ajuste estructural que México intenta instrumentar desde 1983 no es ni de izquierda ni de derecha, porque consiste en un esquema genérico destinado a sintetizar cómo se pone a funcionar una economía de mercado competitiva. Su aplicación eficiente da lugar a tantas versiones particulares de la geometría política como naciones existen, pero siempre en la dinámica de un verdadero desafío nacional que los Estados Gobiernos deben asumir como líderes colectivos de colectividades nacionales que reclaman bienestar cada vez con mayor tono. En este sentido nos hemos permitido parametrar al futuro. Tanto el nivel de ingreso nacional como la calidad de vida con que puedan contar nuestras poblaciones pueden mejorar siempre que se satisfaga una primera condición: el crecimiento duradero y suficiente del producto. En el caso de México y de acuerdo al crecimiento vegetativo de la población, tal crecimiento es de 7% anual como mínimo durante 10 años. Sólo con una clara voluntad política para implementar las reformas del régimen de propiedad y sus procesos de apropiación las nuevas administraciones gubernamentales liderarán las transformaciones institucionales que pueden lograr este crecimiento basado en la sustentabilidad de los factores productivos. Solamente así se asumirá el desafío competitivo de un futuro que comenzó ayer.

Apropiación y propiedad. Un enfoque institucional de la economía mexicana, se terminó de imprimir en abril de 2007, en Artes Impresas Eón, S.A. de C.V., Fiscales núm. 13, Col. Sifón, C.P. 09400, Del. Iztapalapa, Tels.: 56 33 02 11 y 56 33 90 74; <arteon@prodigy.net.mx> La edición consta de 1000 ejemplares.

Made in the USA
Monee, IL
12 November 2026

68341130R00206